潭影空人心

TAN YING KONG REN XIN

刘丽烨 李健 主编

中国广播影视出版社

图书在版编目（CIP）数据

潭影空人心 / 刘丽烨，李健主编. --北京：中国广播影视出版社, 2018.8
ISBN 978-7-5043-8114-9

Ⅰ. ①潭… Ⅱ. ①刘… ②李… Ⅲ. ①课程—中学—教材 Ⅳ. ①G634

中国版本图书馆CIP数据核字（2018）第060042号

潭影空人心
刘丽烨　李　健　主编

责任编辑　任逸超　赫铁龙　刘　洋
装帧设计　文人雅士

出版发行　中国广播影视出版社
电　　话　010-86093580　010-86093583
社　　址　北京市西城区真武庙二条9号
邮　　编　100045
网　　址　www.crtp.com.cn
电子信箱　crtp8@sina.com

经　　销　全国各地新华书店
印　　刷　天津顾彩印刷有限公司

开　　本　710毫米×1000毫米　1/16
字　　数　447(千)字
印　　张　28.25
版　　次　2018年8月第1版　2018年8月第1次印刷

书　　号　ISBN 978-7-5043-8114-9
定　　价　62.00元

编 委 会

目　录

文学艺术篇

科学实验篇

体育健康篇

社会实践篇

文学艺术篇

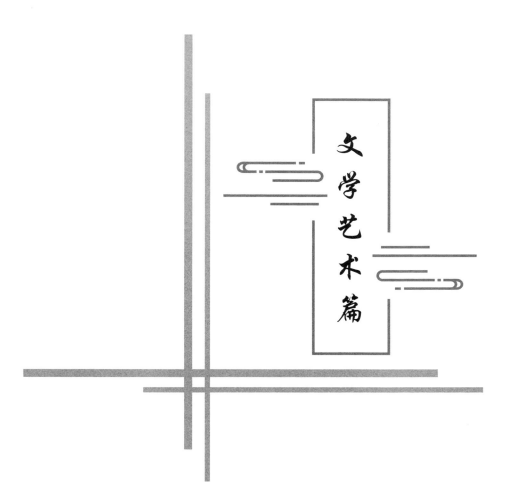

理性化的非理性存在——欧美文学四大名著

引言　我想看看更大的世界

欧美文学作为世界文学的瑰宝，和我们东方文化相得益彰。每个有阅读兴趣的读者都难以回避两希文学的巨大影响。高中学生已开始广泛地接触经典，欧美文学的四大支柱更是应该全面阅读和深入思考的。《荷马史诗》《神曲》《莎士比亚戏剧》《浮士德》是欧洲璀璨文化的集大成者和顶点。开设选修，和学生们一起研读，是一件教学相长的事情，笔者深感获益匪浅。

第一节　选修课内容

——凡是激情都能发现一片新大陆

一、《伊利亚特》《奥德赛》和荷马

史诗简介

两部史诗都分成24卷，这两部史诗最初可能只是基于古代传说的口头文学，靠着乐师的背诵流传。它作为史料，不仅反映了公元前11世纪到公元前9世纪的社会情况，而且反映了迈锡尼文明。它再现了古代希腊社会的图景，是研究早期社会的重要史料。《荷马史诗》不仅具有文学艺术上的重要价值，它在历史、地理、考古学和民俗学方面也提供给后世很多值得研究的东西。

荷马，古希腊盲诗人。生平和生卒年月不可考。相传记述公元前 12 至前 11 世纪特洛伊战争及有关海上冒险故事的古希腊长篇叙事史诗《伊利亚特》和《奥德赛》，即是他根据民间流传的短歌综合编写而成。据此，他生活的年代，当在公元前 10 至前 9、8 世纪之间。

作品内容

伊利亚特部分史诗中描写的战争，描写的人物，既有古代神话传说的因素，但又是希腊社会生活的写照。史诗中塑造的英雄群像，如阿基里斯、赫克托耳、阿伽门农、俄底修斯等。

“阿基里斯的愤怒是我的主题”——阿基里斯是欧洲文化中最伟大的英雄。他出生后被浸入冥河，从此获得刀枪不入的神力。但对于一个英雄而言，荣誉和尊严才是最重要的。神谕指出他可以拥有巨大财富在家乡安享晚年，也可以战死沙场获得永久荣誉。阿基里斯之踵是弱点的代名词。

史诗主要情节

召集英雄→往特洛伊→围城前九年→阿喀琉斯和阿伽门农的争执→墨涅拉奥斯和帕里斯的决斗→赫克托尔决战大埃阿斯→特洛伊人的胜利→主将之死→木马屠城。

作品结局

希腊联军围攻特洛伊十年未克，而勇将阿基里斯愤恨统帅阿伽门农夺其女俘，不肯出战，后因其好友战死，乃复出战。特洛伊王子赫克托尔英勇地与阿喀琉斯作战身死，特洛伊国王普利阿摩司哀求讨回赫克托尔的尸体，举行葬礼，《伊利亚特》描写的故事至此结束。

奥德赛部分

《奥德赛》（*Odýsseia*）又译《奥狄赛》《奥德修纪》或《奥德赛漂流记》延续了《伊利亚特》的故事情节。这部史诗是西方文学的奠基之作，是除《吉尔伽美什史诗》和《伊利亚特》外现存最古老的西方文学作品。

“十年归家路”是作品核心，奥德赛中的主人公奥德修斯是伊大卡岛的王。他聪明、勇敢、坚强而又善用计谋。在特洛伊战争中，他是一个足智多谋的政治家和领袖。他曾多次献计，屡建奇功。在《奥德赛》中，在与惊涛骇浪和妖魔鬼怪的搏斗中，也巧用智谋，勇敢地战胜了无数次艰险。困难吓不倒他，任何的荣华富贵，甚至爱情的诱惑也动摇不了他。鼓舞他战胜困难的是他对部落集体和对妻子的深厚感情。

史诗主要情节

帖雷马科寻父→卡吕普索→吃萎陀果的种族的地方→独眼巨人（κύκλωψ/Cyclops）和海神结怨→风神岛→忒勒菲罗斯城（是莱斯特律戈涅斯人居住的地方）刻尔克女神→赫尔墨斯→冥界→向亡灵献祭→英雄的灵魂→塞壬岛→海妖 Between Scylla And Charybdis 太阳神岛→第二次来到斯库拉→帖雷马科上了岸→一只鹰抓着鸽子飞过→珀涅罗珀→认夫→复仇。

作品主题

史诗《伊利亚特》的主题思想是歌颂氏族社会的英雄，因而只要代表氏族理想的英雄，不管属于战争的哪一方，都在歌颂之列。《伊利亚特》的基调是把战争看成正当、合理、伟大的事业，但同时又描写了战争的残酷、给人民带来的灾难、人民的厌战反战情绪，并通过英雄们的凄惨结局，隐约地表达了对战争的谴责。

《奥德赛》追求力量显现，表现为外向的，强悍的，乃至侵略性的特征，不看重人格的完美，而强调个体的力量；讲究道德的修炼，表现为内倾的，自律的，温和的特性，强调整体的统一与和谐。说得具体一点，《奥德赛》的主题就是对英雄的歌颂。是对在自然斗争和社会斗争中百折不挠，依靠个人的强健、善战、勇敢和机智取得胜利的英雄的歌颂，表现了人类童年时期的美好愿望、蓬勃朝气和英雄主义、乐观主义精神。

二、神曲和但丁

长诗简介

神曲（*La Divina Commedia*），意大利诗人阿利盖利·但丁的长诗。写于 1307 年至 1321 年，这部作品通过作者与地狱、炼狱及天堂中各种著名人物的对话，反映出中古文化领域的成就和一些重大的问题，带有“百科全书”性质，从中也可隐约窥见文艺复兴时期人文主义思想的曙光。在这部长达一万四千余行的史诗中，但丁坚决反对中世纪的蒙昧主义，表达了执着地追求真理的思想，对欧洲后世的诗歌创作有极其深远的影响。

《神曲》的意大利文原意是《神圣的喜剧》。但丁原来只给自己的作品取名为《喜剧》，后人为了表示对它的崇敬而加上“神圣”一词。起名《喜剧》是因为作品从悲哀的地狱开始，到光明的天堂结束。由于当时的人们习惯把叙事诗称为“喜剧”和“悲剧”，而这个故事有一个比较完满的结局，所以称为“喜剧”，翻译到中国的时候被译为：“神曲”。全诗为三部分：《地狱》（*Inferno*，*Hell*）、《炼狱》（*Purgatorio*，*Purgatory*）和《天堂》（*Paradiso*，*Paradise*），谴责教会的统治，但仍然未摆脱基督教神学的观点。

但丁·阿利盖利

（Dante Alighieri，公元 1265 至公元 1321）13 世纪末意大利诗人，现代意大利语的奠基者，欧洲文艺复兴时代的开拓人物之一。他被认为是西方最杰出的诗人之一，最伟大的作家之一。恩格斯评价说：“封建的中世纪的终结和现代资本主义纪元的开端，是以一位大人物为标志的，这位人物就是意大利人但丁，他是中世纪的最后一位诗人，同时又是新时代的最初一位诗人”。

作品内容

诗中叙述但丁在“人生旅程的中途”，即 1300 年，35 岁时，迷失于一个黑暗的森林。他竭力寻找走出迷津的道路，黎明时分来到一座洒满阳光的小山脚下。这是普照旅途的明灯。他正一步步朝山顶攀登，忽然三只猛兽（分别象征欲望、强横、贪婪的豹、狮、狼）迎面扑来。但丁高声呼救。这时，古罗马诗人维吉尔出现了，他受贝阿特丽切的嘱托前来帮助但丁走出迷途，并引导他游历地狱和炼狱。

地狱形似一个上宽下窄的漏斗，共 9 层。第一层是林勃，生于基督之前，未能接受洗礼的古代异教徒，在这里等候上帝的审判。在其余 8 层，罪人的灵魂按生前所犯的罪孽（贪色、饕餮、贪婪、愤怒、信奉邪教、强暴、欺诈、背叛），分别接受不同的严酷刑罚。地狱是一个大漏斗，中心在耶路撒冷，从上到下逐渐缩小，越向下所控制的灵魂罪恶越深重，直到地心，是魔王卢齐菲罗掌握漏斗顶端，他们从魔王的尾巴爬过地心，另一面是炼狱。炼狱如同一座高山，在耶路撒冷相对的地球另一面海中，灵魂在这里忏悔涤罪，山分七层象征着七大罪，每上升一层就会消除一种罪过，直到山顶就可以升入天堂。天堂分为九层，越往上的灵魂越高尚，直到越过九重天，才是真正的天堂，圣母和所有得救的灵魂所在，经圣母允许，就能一窥三位一体的上帝。

主要情节

我走过人生的一半旅程→三头猛兽→维吉尔→冥界之行→但丁的困惑与恐惧（1~42）维吉尔的慰藉与贝阿特丽切的救援（43~126）地狱门→无所作为者→这是一群胸无大志的懦弱之徒→阿凯隆特河与卡隆→冥河摆渡人→林勃（1~63）难道就不曾有人离开这里→亚伯→诺亚→摩西→大卫→亚伯拉罕古代名诗人→伟大灵魂的城堡→凯撒→萨拉丁→伟大的灵魂→米诺斯（1~24）古代英雄美人→贪食者与刻尔勃路斯→著名的弗洛伦撒人→最后审判后的受苦亡魂→普鲁托→贪财者与挥霍者→斯提克斯沼泽：易怒者→复仇女神→伊壁鸠鲁派信徒的坟墓→塌方与米诺陶→弗列格通河与肯陶尔→亚历山大和阿提拉→自杀者的丛林（1~30）→第七圈第三环蔑视上帝者→伊阿宋→第八圈第三层→买卖圣职的教皇。

作品主题

从《神曲》对人物的描写来看，《神曲》与意大利的现实和历史有着密切的关系。同时也强调人生道路的选择，因而它又具有很强的批判现实和弘扬正义的思想内涵。《神曲》在艺术上的成就无可比拟。《神曲》形式上“三”的重复，象征了西方基督教传统的“三位合一”的思想，体现了作者对和平、仁爱以及万物有序的理想的追求。

但丁根据自己的标准抑恶扬善，描述了他漫游炼狱、地狱和天堂时的所见所闻。在地狱里，他看到盗贼、贪官污吏和高利贷者；还见到给当时在世的教皇预留的一个位置；在炼狱里，一些事业上失利而受排挤的人，日后将可能升入天堂；在天堂里，正人君子和贤明君主享受着无上的快乐。

《神曲》虽然采用了中世纪特有的幻游文学的形式，其寓意和象征在解释上常常引发颇多争议，但它的思想内涵则是异常明确的，即映照现实，启迪人心，让世人经历考验，摆脱迷误，臻于善和真，使意大利走出苦难，拨乱反正，寻得政治上、道德上复兴的道路。

诗中热烈歌颂历史上具有伟大理想和坚强意志的英雄豪杰，希望世人以他们为榜样，振奋精神，避开怠惰，战胜一切艰险，去创造自己的命运。在但丁看来，坐在绒垫上或者睡在被子里，是不会成名的；只能是虚度一生。赞颂理性和自由意志，召唤对现世和斗争的兴趣，追求荣誉的思想，这是但丁作为新时代最初一位诗人的特征之一。这种以人为本，重视现实生活价值的观念，同中世纪一切归于神的思想，同宗教神学宣扬的来世主义，都是针锋相对的。

三、四大悲剧和莎士比亚

作品简介

《哈姆雷特》《奥赛罗》《李尔王》《麦克白》，故事均取自欧洲的历史传说。四大悲剧表现人文主义理想与现实社会恶势力之间的悲剧性冲突及理想的破灭。

《哈姆雷特》（*Hamlet*）是莎士比亚创作于1599年至1602年间的一部悲剧作品。戏剧讲述了叔叔克劳狄斯谋害了哈姆雷特的父亲，篡取了王位，并娶了国王的遗孀乔特鲁德；哈姆雷特王子因此为父王向叔叔复仇。《哈姆雷特》是莎士比亚所有戏剧中篇幅最长的一部，也是莎士比亚最负盛名的剧本，具有深刻的悲剧意义、复杂的人物性格以及丰富完美的悲剧艺术手法，代表着整个西方文艺复兴时期文学的最高成就。

《奥赛罗》（*Othello*）大约创作于1603年。作品讲述的奥赛罗是威尼斯公国一员勇将。他与元老的女儿苔丝狄梦娜相爱。因为两人年纪相差太多，婚事未被准许。两人只好私下成婚。奥赛罗手下有一个阴险的旗官伊阿古，一心想除掉奥赛罗。他先是向元老告密，不料却促成了两人的婚事。他又挑拨奥赛罗与苔丝狄梦娜的感情，说另一名副将凯西奥与苔丝狄梦娜关系不同寻常，并伪造了所谓定情信物等。奥赛罗信以为真，在愤怒中掐死了自己的妻子。当他得知真相后，悔恨之余拔剑自刎，倒在了苔丝狄梦娜身边。

《李尔王》（*The King Lear*）主线索讲述的是古代不列颠国王李尔年老昏聩，要根据爱他的程度把国土分给自己三个女儿。长女高纳李尔和次女里根都用甜言蜜语哄骗老人，唯独小女儿考狄利娅讲了老实话，说“我爱你只是按照我的名分，一分不多，一分不少”。李尔怒斥逐了小女儿，将她远嫁法国，把国土平分给了两个虚伪的女儿，结果自己却受到两个女儿无情的怠慢，一怒而跑到了暴风雨中的荒野，与乔装疯丐的爱德加为伍。后来小女儿从法国兴师来讨伐，终于父女相见，但是英法两军交战，法军战败，考狄利娅被俘，不久被爱德蒙密令害死，李尔抱着她的尸体在悲愤中疯狂而死。另一条次线索是葛罗斯特伯爵听信庶子爱德蒙的谗言，放逐了长子爱德加。后来由于他同情李尔，被挖去双目，在野外流浪时遇到沦为乞丐的儿子爱德加，由他搀扶前行，却不知搀扶他的就是被自己赶出门的儿子。庶子爱德蒙继承爵位后，同时与李尔的长女、次女勾搭，害得她们争风吃醋，相互残杀，最后次女被毒死，长女谋杀亲夫的阴谋败露后自杀。爱德蒙受到爱德加的挑战，在决斗中被杀。

《麦克白》（*Macbeth*）创作于 1606 年。苏格兰国王邓肯的表弟麦克白将军，为国王平叛和抵御入侵立功归来，路上遇到三个女巫。女巫对他说了一些预言和隐语，说他将进爵为王，但他并无子嗣能继承王位，反而是同僚班柯将军的后代要做王。麦克白是有野心的英雄，他在夫人的怂恿下谋杀邓肯，做了国王。为掩人耳目和防止他人夺位，他一步步害死了邓肯的侍卫，害死了班柯，害死了贵族麦克德夫的妻子和小孩。恐惧和猜疑使麦克白心里越来越有鬼，也越来越冷酷。麦克白夫人精神失常而死，麦克白无一丝难过。在众叛亲离的情况下，麦克白面对邓肯之子和英格兰军队的围攻，落得削首的下场。麦克白一出场即心怀异志，弑王篡位，为了巩固王位，又残暴屠杀人民，使全国血流成河，置社会于混乱，陷人民于水火，可谓与理查三世是同样的暴君。这样的暴君，其痛苦与覆亡乃罪有应得。

威廉·莎士比亚

（William Shakespeare，1564年4月23日~1616年4月23日），华人社会常尊称为莎翁，是英国文学史上最杰出的戏剧家，也是欧洲文艺复兴时期最重要、最伟大的作家，全世界最卓越的文学家之一。莎士比亚在埃文河畔斯特拉特福出生长大，18岁时与安妮·海瑟薇结婚，两人共生育了三个孩子。16世纪末到17世纪初的20多年莎士比亚在伦敦开始了成功的职业生涯，他不仅是演员、剧作家，还是宫内大臣剧团的合伙人之一，后来改名为国王剧团。1613年左右，莎士比亚退休到埃文河畔斯特拉特福，3年后逝世。

1590 年到 1613 年是莎士比亚的创作的黄金时代。他的早期剧本主要是喜剧和历史剧，在 16 世纪末期达到了深度和艺术性的高峰。接下来到 1608 年他主要创作悲剧，莎士比亚崇尚高尚情操，常常描写牺牲与复仇。在他人生最后阶段，他开始创作悲喜剧，又称为传奇剧。莎士比亚流传下来的作品包括 38 部戏剧、154 首十四行诗、两首长叙事诗。他的戏剧有各种主要语言的译本，且表演次数远远超过其他任何戏剧家的作品。

四、《浮士德》和歌德

作品简介

《浮士德》是以诗剧形式写成的，全书共有12111行，题材采自十六世纪的关于浮士德博士的民间传说。浮士德原是个真实人物，生活在十五世纪。他博学多才，在传说中人们添枝加叶，说有魔鬼帮助，才使他创造出那么多奇迹。

刚出场的浮士德满腹经纶，久负盛名，但是却对长期的生活状态感到迷茫和不满，不知道应该向什么地方去。学术上的成就不能使他收获内心的满足，理性和感性在这里发生了极大的冲突，在这时理性占据上风，压制了他的感性需要。极端的迷茫和苦恼状态下浮士德想到的第一种解决方案竟然是自杀。

魔鬼和上帝之间打了一个赌，作为赌注的浮士德自己却尚未知晓这件事。魔鬼引诱浮士德与他签署了一份协议：魔鬼将满足浮士德生前的所有要求，但是将在浮士德死后拿走他的灵魂作为交换。（这体现出了文艺复兴之后的人们所追求的精神状态得到了最真实的展现：我生前当及时享乐，死后哪管他洪水滔天）。当摩非斯特与他签约时，他说“思想的线索已经断头，知识久已使我作呕”。借助摩非斯特的帮助，久居书斋的浮士德开始了世俗生活，进入爱情生活阶段，尝试与体验另一种生活。浮士德到达的第一个的地方是“酒吧”，返老还童后的浮士德在大街上追逐少女玛甘蕾。一开始见到玛甘蕾，他就对摩非斯特表示：“你给我把那个小姑娘弄来”，可是甚至连玛甘蕾也无法满足浮士德对享受尘世生活的渴望，他又开始了新的追逐。通过魔鬼摩非斯特与酒室小伙的饮酒作乐，歌德肯定了人类自身的现世享受。然而又通过玛甘蕾肯定了爱情的无私与纯洁。浮士德之所以既不满足于书斋生活，又不满足于享受，正好是精神需求和物质需求之间的冲突造成的。他感叹“我们精神的翅膀真不容易，获得一种肉体翅膀的合作，可是，这是人人的生性”。浮士德的痛苦，来自这两种需求无法达到完美的平衡状态的痛苦。

之后，他又经历了政治生活阶段与对古典美追求的阶段。随着与玛甘蕾的爱情生活以悲剧结束，浮士德逃离现实，返回到以追求人性完美为目的的古典美，回归希腊。作为一种受到羡慕的古典美的典范，18世纪德国古典美学家希望让人性重新回归到古希腊“和谐”与“静穆”的境界，以克服人性分裂、克服困难。人们认为人应该在婴儿时就回到古希腊，接受古典美的熏陶，形成完善的人格，成年以后将这种人格带回以完善自己的民族。

主人公与海伦之间的结合生产出了欧福良，表现出歌德希望18世纪的人们能够找回古代那种完美的人格。歌德饱学的形象代表着近代社会科学的极大发展给人们带来的理性思维追求。而海伦则代表着历史中那种无法通过理性逻辑推理了解的部分，无法征服。然而欧福良很快就夭折，以及海伦的离去表明了近代科学并非万能，理性强行超越自己的应用领域将无可避免地遭到失败。最后通过"填海造陆"，浮士德，或者说歌德感受到了理性的力量，或者说弥补了理性无法触及某些领域的遗憾。至于与魔鬼的协议，歌德让天使用爱火把魔鬼打败，上天将浮士德解救，最终结束全篇。

约翰·沃尔夫冈·冯·歌德

（Johann Wolfgang von Goethe，1749~1832），德国著名思想家、作家、科学家魏玛古典主义最著名的代表。而作为诗歌、戏剧和散文作品的创作者，他是最伟大的德国作家之一，也是世界文学领域的一个出类拔萃的光辉人物。

众所周知，歌德是一个伟大的诗人。但是却很少有人知道，他还是一个科学研究者，而且涉猎的学科很多：他从事研究的有动植物形态学、解剖学、颜色学、光学、矿物学、地质学等，并在个别领域里取得了令人称道的成就。

1784年歌德在人类的颅骨旁发现了颚间骨。虽然法国科学家魏克·达苏在此之前四年就已经发现，但歌德是在自己不知情的情况下独立完成的。1795年他开始了和席勒的友谊。他们的友谊一直延续到1805年席勒去世。从1813年10月始，歌德把兴趣集中到了遥远的中国。他先后在图书馆借阅了10多种有关中国的书籍。1827年至1829年间，他便写了14首题名为《中德四季晨昏吟咏》的抒情诗，抒发了他对东方古国的憧憬。恩格斯甚至曾经把歌德和黑格尔并提，给予高度的评价，称"歌德和黑格尔各在自己的领域中都是奥林匹斯山上的宙斯"。

作品主题

《浮士德》全书的主题是追求。这是启蒙运动的一个很重要的思想。莱辛就说过：人的可贵不在于拥有真理，而在于追求真理。浮士德博士就是一个永远追求的人物典型，是一种新的时代进取精神的体现者。他不局限于从书本里去了解世界，而渴望在实践中，在行动中去改造世界，这是一种为腐朽的社会里所没有的新型的人的精神气质。他一生的精神发展经受一番脱胎换骨的历程。他追求过知识，追求过爱情和物质，追求过美，他为了有所作为不惜与统治者妥协。但每一次失败和迷途，都使他向真理靠近了一步，因为他没有放弃追求。最后终于在改造大自然中找到了真理。因此在每一个局部世界中浮士德都是个失败者，但在整体世界中他却是个胜利者。书中告诉人们：前进的东西总是要胜利的，不过它是以无数悲剧为代价的。

其次，浮士德始终处于矛盾和冲突之中。知识悲剧是他灵魂冲突的第一个阶段。爱情悲剧是他灵魂冲突的第二个阶段。政治悲剧是他灵魂冲突的第三个阶段。艺术悲剧是他灵魂冲突的第四个阶段。浮士德在经过了地狱和天堂的几番较量之后，终于明确了地狱映照后的天堂世界的最高定位，频繁冲突的世界给予他丰富经验的汲取，事业的“大我”追求是经验积累后的总爆发，更高境界的追求呼唤出了浮士德的心声：“在这个地球上，还有干大事的余地，我要做出惊人的成绩”。

从知识追求到事业追求，浮士德经历了由低到高的追求过程。虽然在每一个阶段的追求中都包含着辩证的分化和辩证的统一，但却时时显示出二重心理结构的矛盾与组合，作为整一性的全人格，它不同于分裂的二重人格，它不是在痛苦的分裂中而无法找寻到自我，却是在不断的分合中使生命始终处于运动中，并使最终的自我呈现为快乐的极限。

第二节　选修课形式

——文学是人们在路边来回移动的一面镜子

一、合作探究

克诺索斯王宫的真实性

从《荷马史诗》描述得知，国王米诺斯（Minos）统治着辽阔的土地，征伐的胜利冲昏了他的头脑，于是变得暴虐专横且狂妄自大，不再对诸神顶礼膜拜，宙斯决定对他施以惩罚，将他的妻子与公牛私通并生下一个牛首人身的怪物，名为米诺陶洛斯（Minotaur）。为了遮丑，米诺斯将他关在一座迷宫中深处。并勒令雅典献出男女供养米诺陶。以这个传说为依托，后人经过努力发掘，终于在克里特岛找到大片文明遗迹。遗迹半地下的建筑超过两千间，确实让人置身迷宫。牛头作为克里特的图腾处处可见，这也证实了王宫的真实性。

木马计广泛影响

劝说特洛伊人把木马拉进城的希腊人是个间谍。他走到木马边，轻轻地敲了三下，这是约好的暗号。藏在木马中的全副武装的希腊战士一个又一个地跳了出来。他们悄悄地摸向城门，杀死了睡梦中的守军，迅速打开了城门，并在城里到处点火。隐蔽在附近的大批希腊军队如潮水般涌入特洛伊城。10年的战争终于结束了。希腊人把特洛伊城掠夺成空，烧成一片灰烬。男人大多被杀死了，妇女和儿童大多被卖为奴隶，特洛伊的财宝都装进了希腊人的战舰。

地狱七君王是谁以及相应的故事

地狱七君王是掌控七原罪的恶魔。有些人认为【撒旦】之名指的并非是任何一个恶魔，而是由路西法等共同治理地狱的六人所拥有。【撒旦】是一个地狱的职权象征，而这七人中每一个人都可以被称为【撒旦】。附：人的七原罪（也就是传说中七大魔王的职位）——饕餮、贪婪、懒惰、淫欲、傲慢、嫉妒和愤怒。傲慢之罪为路西法（Lucifer），贪婪为玛门（Mammon），好色为阿斯蒙蒂斯（Asmodeus），愤怒为撒旦（Satan），暴食为贝鲁赛巴布（Beelzebul），懒惰为贝利尔（Berial），而利卫旦（Leviathan）或该隐（Cain）为嫉妒之罪。（对于七宗罪所指的人物说法不一，以上只是其中的一种。）（路西法尔的骄傲、玛门的贪婪、撒旦的愤怒、阿斯莫德的欲望、别西卜的暴食、利未安森的嫉妒、巴力毗珥的懒惰——这是另一种音译。）

基督教基本常识

阅读《神曲》要掌握基础宗教常识，阅读《圣经故事》会对此有所帮助。基督教信仰以耶稣基督为中心，以《圣经》为蓝本，核心思想是福音，基督教与佛教、伊斯兰教并称三大宗教。

浮士德难题

歌德以深刻的辩证法意识揭示了浮士德人格中的两种矛盾冲突的因素，即“肯定”和“善”的因素同“否定”和“恶”的因素之间的复杂关系及其发展历程，更以乐观主义的态度表现了浮士德永不满足，不断地克服障碍、超越自我，“不断地向最高存在奋勇前进”的可贵精神。“浮士德难题”其实是人类共同的难题，它是每个人在追寻人生的价值和意义时都将无法逃避的“灵”与“肉”，自然欲求和道德灵境，个人幸福与社会责任之间的两难选择。这些对立给浮士德和所有人都提出了一个有待解决的内在的严重矛盾。在《浮士德》中，这一矛盾贯穿了主人公的毕生的追求，体现为浮士德的内心冲突和他与墨菲斯托的冲突的相互交织。从某种意义上说，浮士德的内心冲突同时也是他与墨菲斯托的矛盾冲突的内在化的体现。在与墨菲斯托这“一切的障碍之父”、恶的化身结为主仆，相伴而行之后，浮士德的前途可谓危机四伏，随时可能丢掉自己的灵魂。但是，不断追求，自强不息，勇于实践和自我否定是浮士德的主要性格特征，这使他免遭沉沦的厄运，实现了人生的价值和理想。而恶在这里却从反面发挥一种“反而常将好事做成”的推动性作用。作者辩证地看待善恶的关系，不是视之为绝对的对立，而是把它看作互相依存、互相转化的关系，揭示了人类正是在斗争中克服自身的矛盾而不断取得进步的深刻道理。这在作品开头时“上帝有关善人须努力向上才不会迷失正途”的议论，以及诗剧结束时天使们唱出的“凡是自强不息者，必获拯救”的歌词中都得到了明确的体现。

二、视频呈现

（一）介绍电影《特洛伊》《斯巴达300》《战神》的视频剪辑

《特洛伊》（*Troy*）是一部2004年的史诗电影，由沃尔夫冈·彼德森执导，布拉德·皮特、奥兰多·布鲁姆、黛安·克鲁格、艾瑞克·巴纳主演。作品没有延续史诗的神话特质而是尝试回归古代希腊的历史真实。对此评论界毁誉参半。我推荐学生看这个电影是为了帮他们融入相隔三千年的社会生活。在高大的石头建筑、青铜胫甲、主神崇拜前，语言的能力是有限的。

《斯巴达300》由扎克·施奈德（Zack Snyder）执导，改编自漫画大师弗兰克·米勒作品，由扎克·施奈德和柯特·约翰斯塔德编剧，杰拉德·巴特勒、琳娜·海蒂、多米尼克·威斯特等主演的一部战争题材的电影。

《战神》是索尼电子娱乐开发的一款动作类单机游戏，于2005年3月在北美PS2平台首次推出。游戏以希腊神话为背景，讲述由凡人成为战神的奎托斯（Kratos）成为战神并展开弑神屠杀的冒险历程。这也许是学生了解希腊文化的一个途径。选修的目的是调动学生的兴趣，开拓他们的视野。不得不承认，索尼公司的这部作品非常精彩。

（二）介绍电影《奥德赛》《加勒比海盗》《少年派的奇幻之旅》

《奥德赛》，美国1997年电影。导演安德烈·康查洛夫斯基，主演阿曼德·阿山特、格列塔·斯卡奇。影片基本演绎了原著的情节。但拍摄年代较早，学生们平时看画面华丽的美国商业大片，对20世纪的摄影技术并不满意。但这部电影却是全面再现原著的最好版本。

《加勒比海盗》系列电影是由戈尔·维宾斯基、乔阿吉姆·罗恩尼以及艾斯彭·山德伯格执导，约翰尼·德普、奥兰多·布鲁姆、凯拉·奈特莉等人主演的奇幻冒险电影。系列电影包括《加勒比海盗：黑珍珠号的诅咒》《加勒比海盗：聚魂棺》《加勒比海盗：世界的尽头》等共5部。虽然这和选修中的希腊文化背景没有关系，但场面宏大，情节起伏。最重要的是它真实地再现了大海的惊涛骇浪，对于成长于大陆文明的学生们是个不错的补充。其中第二部第三部的巨大海怪袭击航船的情节与奥德赛非常相似。

《少年派的奇幻漂流》是根据扬·马特尔于2001年发表的同名小说而改编的一部3D电影，由李安执导，苏拉·沙玛、拉菲·斯波、伊尔凡·可汗等主演。影片讲述的是少年派遇到一次海难，家人全部丧生，他与一只孟加拉虎在救生小船上漂流了227天，人与虎建立起一种奇特的关系，并最终共同战胜困境获得重生。2013年，该片在第85届奥斯卡奖颁奖礼上获得了包括最佳导演、最佳视觉效果在内的四项奖项。派的孤独漂流最符合奥德赛的旅程，所以我特别推荐了这部作品。另外有私心的地方在于，导演李安是三次获得奥斯卡奖的华人导演，这真的特别让人自豪。

（三）介绍电影《但丁的地狱之旅》《地狱神探》《但丁密码》

《但丁的地狱之旅》是一部奇幻动画电影。基于但丁作品《神曲》改编而成。影片讲述了意大利诗人阿利盖利·但丁在英雄维吉尔的带领下，穿越一层层地狱，走遍地狱的各个区域，最终来到地心，并来到另一半球，即炼狱。作品以十字军东征为背景，架空了但丁的诗人身份而演绎为战士。可以理解为中世纪风格的动作类游戏。作品的画风夸张而血腥，本不适于给学生看，但其中对于地狱景象的理解和夸大符合《神曲》原著的描述，因此可以节选给学生参考。

《地狱神探》是改编自同名漫画，由弗朗西斯·劳伦斯导演，基努·里维斯、蕾切尔·薇兹等出演的惊悚恐怖电影。影片讲述了康斯坦丁从小具有辨认恶魔与天使的能力，这种超能力对他造成无尽的困扰，迫使他选择自杀。但是天堂与地狱都不愿接纳康斯坦丁，对人类、恶魔甚至天使都失去信心的他从此游荡在天堂、地狱和人间。电影情节紧张，神与路西法争夺康斯坦丁灵魂的部分和多部经典作品一致。片中基努里维斯的清冷英俊给人深刻印象，是同类题材中最经典的演绎。

《但丁密码》是由美国哥伦比亚影片公司出品的惊悚悬疑片，由朗·霍华德执导，汤姆·汉克斯、菲丽希缇·琼斯主演。该片讲述了哈佛大学符号学教授罗伯特兰登在失忆与追杀的双重威胁下，他穿越欧洲与时间赛跑，竭力阻止一场祸及全球的阴谋。罗伯特·兰登不得不依靠自己符号学的知识和对但丁《神曲》的解读来破解谜题，才能有可能使自己走出困境。在寻回记忆的过程中，他也在但丁、米开朗基罗、帕尼尼等大师的作品中发现了暗藏的密码，为了阻止一起大规模的病毒屠杀。电影的拍摄地点正好是但丁的故乡佛罗伦萨，影片中不少镜头和神曲的情节有关。所以真实清晰的美第奇家族王宫是帮助学生融入文本的最佳途径。

（四）介绍电影《浮士德》

《浮士德》是由俄罗斯 Proline Film 制作的 134 分钟剧情影片。该片由亚历山大·索科洛夫编剧、指导，安东·阿达辛斯基、乔汉内斯·泽雷尔、汉娜·许古拉等主演，于 2011 年 9 月 8 日在意大利上映。该片改编自歌德所著《浮士德》以及托马斯·曼所著小说《浮士德博士》，是亚历山大·索科洛夫“权力四部曲”系列电影的最后一部，讲述了浮士德为了换取权力和美色而将灵魂出卖给了魔鬼的故事。

三、鉴赏揣摩

（一）荷马史诗的语言

如同一位迈俄尼亚或卡里亚妇女，用鲜红的
颜料涂漆象牙，制作驭马的颊片，尽管许多驭手
为之垂涎欲滴，它却静静地躺在
里屋，作为王者的佳宝，受到双重的
对生命的挚爱，没有使英雄成为生命的奴仆！
珍爱，既是马的饰物，又能为驭者增添荣光
就像这样，墨奈劳斯，鲜血浸染了你强健的
大腿，你的小腿和线条分明的踝骨。

荷马史诗采用六音步诗行，不用尾韵，但节奏感很强。这种诗体显然是为朗诵或歌吟而创造出来的，在歌吟时，大概还弹着琴来加强其节奏效果。由于这种叙事长诗是由艺人说唱，因此常常重复不少惯用的词句，甚至整段重复，一字不改。有时有些形容词的重复使用，只是为了音节上的需要，并不一定对本文意思有多少加强。

（二）神曲的语言

《神曲》结构严谨，形式和内容达到完美的统一。全诗三卷，每卷三十三篇，加上序共一百篇。三卷分别为“地狱”“炼狱”和“天堂”三个国度。全诗由三行一组的押韵诗体 tercets 写成连锁押韵（aba，bcb，cdc，……），形式工整匀称，韵律平稳有力。各篇长短大致相等，每部也基本相等。（地狱 4720 行；炼狱 4755 行；天堂 4758 行），每部都以“群星”（stelle）一词结束。

你随我（按：指象征理性的诗人维吉尔）来，
让人们去议论吧，
要像竖塔一般，
任凭狂风呼啸，

塔顶都永远岿然不动。
一个太阳把另一个熄灭，
宝剑和十字架都拿在一个人的手里。

这个比喻生动地说明，政权和教权是分别照耀尘世生活和精神世界的两个太阳，它们之间应当是独立平等、分工合作的关系，而不是从属、争斗的关系，更不可合而为一。

（三）哈姆雷特的经典独白

“生存还是毁灭，这是一个值得考虑的问题；默然忍受命运的暴虐的毒箭，或是挺身反抗人世的无涯的苦难，通过斗争把它们扫清，这两种行为，哪一种更高贵？要是在这一种睡眠之中，我们心头的创痛，以及其他无数血肉之躯所不能避免的打击，都可以从此消失，那正是我们求之不得的结局。死了；睡着了；睡着了也许还会做梦；嗯，阻碍就在这儿；因为当我们摆脱了这一具朽腐的皮囊以后，在那死的睡眠里，究竟将要做些什么梦，那不能不使我们踌躇顾虑。人们甘心久困于患难之中，也就是为了这个缘故；谁愿意忍受人世的鞭挞和讥嘲、压迫者的凌辱、傲慢者的冷眼、被轻蔑的爱情的惨痛、法律的迁延、官吏的横暴和费尽辛勤所换来的小人的鄙视，要是他只要用一柄小小的刀子，就可以清算他自己的一生，谁愿意负着这样的重担，在烦劳的生命的压迫下呻吟流汗，倘不是因为惧怕不可知的死后，惧怕那从来不曾有一个旅人回来过的神秘之国，是它迷惑了我们的意志，使我们宁愿忍受目前的磨折，不敢向我们所不知道的痛苦飞去？这样，重重的顾虑使我们全变成了懦夫，决心的赤热的光彩，被审慎的思维盖上了一层灰色，伟大的事业在这一种考虑之下，也会逆流而退。失去了行动的意义。”

这是最经典的独白。也是最考验男艺人功力的试金石。四百年来，有上千位出色的艺人尝试用自己的理解演绎它。上课的时候安排学生朗读，并点评。戏剧归根结底是要演的，一定要演了才能入戏。也能自然而然的理解人物，体会情节。

（四）浮士德原文鉴赏

浮士德作品中流传最广泛的当属《珠宝之歌》，感兴趣的同学可以在网上搜索中文和法文的歌剧。下文选择的内容是浮士德贴吧中评选出的精彩章节，推荐给大家品评："我只在世上匆匆一游，把一切欢快都紧抓在手，心所不满的就把它扔掉，从我溜开的就让它溜走。我只是追求，实现，再追求，我一生用猛力奔腾驰骤，起初贪大而不顾一切，如今却行事明智而迷惘。对这人世间我已经参透，对彼岸的憧憬一任东流。愚人才目光向彼岸闪烁，想象着有同类住在天国；有为者岿然看定四周，这世界对他几曾沉默！他何须去到永恒中漫步！认识到了的就径直抓住。他只踏住这一世光阴，任魔怪现形，我行我素。前进中会有苦乐悲欢，他任何时候都不满足。"

第三节　选修课特色

——他还没有被理解，怎么会被超越

一、广泛和深入地了解西方文化

（一）希腊文化

希腊神话十二主神：希腊神话中的神与人同形同性，既有人的体态美，也有人的七情六欲，懂得喜怒哀乐，参与人的活动。神与人的区别仅仅在于前者永生，无死亡期；后者生命有限，有生老病死。希腊神话中的神个性鲜明，没有禁欲主义因素，也很少有神秘主义色彩。希腊神话的美丽就在于神依然有命运，依然会为情所困，为自己的利益做出坏事。因此，希腊神话不仅是希腊文学的土壤，而且对后来的欧洲文学有着深远的影响。十二位主神里，有十位一定会出现，他们分别为：宙斯、赫拉、波塞冬、阿瑞斯、赫耳墨斯、赫斐斯托斯、阿佛洛狄忒、雅典娜、阿波罗及阿尔忒弥斯。

（二）施里曼发掘特洛伊遗址

在 19 世纪末，德国学者施里曼曾在小亚细亚西岸的希萨里克发掘一座古城的遗址，这个古城就是古代特洛伊人的都城伊里昂。它曾在公元前 2000

年到公元前1000年间至少被焚毁过9次，其中第7次被毁可能就是攻打伊利昂城战争的历史依据。希腊的迈锡尼地方，考古学家也曾发现古代巨大陵墓和巨石建筑的城址和石狮，陵墓里还发现死者所穿戴的华丽的服装和金银首饰，以及装在死者面上的黄金面具和精美的青铜兵器。这些发现证明有关古代迈锡尼的霸主阿伽门农的传说也是有历史根据的。20世纪初，英国学者伊文思又在克里特岛发现了重要的古代文化遗址，说明这里有较迈锡尼更早且更繁荣的文化。他发现了两座规模巨大的古代王宫以及工场、库房、陵墓等，还有很多涂有精美图案的陶器、青铜雕刻和兵器，反映舞蹈和战争、狩猎等场面的彩色壁画，以及一种类似象形文字的古代文字。

（三）宗教故事例如《圣经故事》

例如创世纪、伊甸园、大洪水、方舟。基督诞生、摩西、出埃及、十诫。这些内容虽然牵扯到宗教，但可以从文学的角度去扩充自己的知识积累。

旧约文学

《旧约》一共39卷，除了个别章节有亚兰语外，全部用希伯来语写成。一般可分为如下几部分：

经书或法律书——就是所谓的“摩西五经”——《创世纪》《出埃及记》《利未记》《民数记》《申命记》。

历史书——《约书亚记》《士师记》《撒母耳记》（上、下），《列王记》（上、下），《历代志》（上、下），《以斯拉记》《尼希米记》等十卷，是以色列和犹太立国到亡国的史记，成书年代大约是公元前三百年左右。

先知书——从《以赛亚书》《耶利米书》以下十五卷、《旧约》的目录中有先知书十八卷、《耶利米哀歌》《约拿书》和《但以理书》三卷，是诗歌和小说，应归入第四类“诗文集”。

诗歌、智慧书——有《诗篇》《雅歌》等抒情诗集，有《箴言》《传道书》等哲理诗集，有《约伯记》那样大型的诗剧。这部分作品成书年代最晚，大约在公元前400年到公元前150年之间；编入“圣经”的时间，最迟的在公元后100年左右。

（四）东西方文明的对立关于奥赛罗的真正主人公

《奥赛罗》的中心人物其实并非是黑人将军奥赛罗，而是白人旗官伊阿古，奥赛罗只不过是作为一种参照来衬托主角。在对奥赛罗的愚昧无知的淋漓尽致地表述中，伊阿古的聪明机智得到了最充分的体现。赛义德认为这是西方对东方建立霸权的主要手法，即“推论东方是低于西方的他者，并主动异化——当然甚至部分是建构——西方作为一种文明的自身形象。东方就被制作成沉默、女性化、暴虐、易怒的形象。正好相反，西方则被表现为男性化、民主有理性、讲道德、有活力并思想开通的形象。”

（五）东西方同时出现的伟大剧作家——莎士比亚和汤显祖

“显祖之诞生，先于英国莎士比亚十四年，后莎氏逝世一年而卒，东西曲坛伟人，同出其时，亦奇也”。（日本戏曲史家青木正儿）汤显祖和莎士比亚都是他们所处时代的伟人、骄子。他们同处在“人类从来没有经历过的最伟大的、进步的变革”时期。他们同作为“巨人时代”的“时代巨人”，都以他们对人的尊严、价值和力量的热情讴歌，成为西方文艺复兴和东方人文启蒙的“时代的灵魂”，而且以他们所创造的艺术的巨大魅力，使他们“不属于一个时代而属于所有的世纪”。

（六）莎士比亚的四大喜剧

《莎士比亚四大喜剧》包括莎士比亚的《仲夏夜之梦》《威尼斯商人》《皆大欢喜》和《第十二夜》四部喜剧。四大喜剧代表了莎士比亚喜剧艺术的最高成就。其基本主题是歌颂爱情和友谊。

《仲夏夜之梦》是威廉·莎士比亚青春时代最后一部也是最为成熟的喜剧作品，同时也是莎士比亚最著名的喜剧之一。整部戏剧情调轻松，它所包含的是纯净的快乐，仿佛是一部戏剧的狂欢，中间也掠过一丝爱情所固有的烦恼，但亦是加以欢乐化、喜剧化的。

《威尼斯商人》入选初中语文教材，在这里不再赘述。《皆大欢喜》《第十二夜》中那些追求爱情自由的年轻人历经磨难，终成眷属。作者无情地批判了封建家族观念、家长专制，批判了中世纪以来的禁欲主义和蒙昧主义，并在对爱情自由和个性解放的赞美中，表现了人文主义的生活理想。

（七）浮士德中的欧福良和拜伦的关系

乔治·戈登·拜伦（George Gordon Byron，1788~1824），是英国 19 世纪初期伟大的浪漫主义诗人，代表作品有《恰尔德·哈洛尔德游记》《唐璜》

等，并在他的诗歌里塑造了一批“拜伦式英雄”。他不仅是一位伟大的诗人，还是一个为理想战斗一生的勇士，积极而勇敢地投身革命——参加了希腊民族解放运动，并成为领导人之一。

浮士德游历了古希腊，见到很多希腊神话和史诗中的人物。他在艺术王国里尽情漫游，心里充满奇异之感。带领他去会见海伦的，是一个没有身体，只有精神的人造人。在某种意义上，这可能也表明艺术美属于精神世界，而且是特别富于创造性和想象力的精神世界。在这个世界里，艺术美被尊崇为至高无上的财富（8517 行）。在这个一切都带有梦幻色彩的艺术世界里，浮士德拜倒在海伦脚下，让海伦来统治他的王国。他们很快结合，共同治理王国，并育有一子，取名为欧福良（Euphorion）。小家伙已显示出是一切美的继承者，对音乐的感觉非常灵敏。他有强烈的、向上飞翔的欲望和冒险冲动。稍稍长大一点儿，他又想奔赴战场当一名勇士。总之，他热情奔放，无拘无束，又有过盛的勇气和过高的心气。父母早料到他会夭折。果然，在一次向上飞翔的时候，他掉下来摔死了。

歌德对拜伦深深同情，不可自抑。《浮士德》中的欧福良，是对拜伦追念。而歌德一大段悼念欧福良的诗，很明显，针对拜伦。拜伦的一生是十足的诗人的一生，是伊卡洛斯的一生。

二、自由地抒发自己的感想

（一）斯巴达

斯巴达以其严酷纪律、独裁统治和军国主义而闻名。斯巴达的政体是寡头政治。在伯罗奔尼撒战争中，斯巴达及其同盟者战胜雅典军队并霸占整个希腊。但斯巴达在称霸希腊不久便被新兴的底比斯打败，在北方的马其顿崛起后，斯巴达失去了在希腊的影响力。斯巴达人需要一只强壮的军队。他们形成了一种独特的政治制度，整个社会过着军事化的生活。斯巴达的军事：一生都服从军事需要，男孩 7 岁开始军事训练，女孩也要练习跑步、投矛。斯巴达以强悍的战斗力震慑其他城邦，据说一件斯巴达步兵的披风可以让其他城邦的领袖改变外交政策。孩子出生用烈酒沐浴，不能忍受灼热痛苦的婴儿全被抛弃。

（二）著名的航海故事《一千零一夜》《辛巴达七海传奇》

故事描写了辛巴达七次航海经历。辛巴达原本生于富裕之家，由于他挥霍无度，只图享乐，最后剩下的只是孑然一身。于是，出于生计，他决定航海“到远方去碰碰运气，找些生意做做”。故事给我们呈现了浩瀚的大海，以及海上的各种见闻，这对于生活在陆地的我们是难得的体验。而故事中让人惊讶的钻石谷的巨蟒，猿人山的怪兽；吃人的乌鲁国王，恐怖的陪葬都写的精彩动人。

（三）希腊神话故事——普罗米修斯和赫拉克勒斯

赫拉克勒斯（Ηρακλής）希腊神话中最伟大的英雄。是主神宙斯与阿尔克墨涅之子，因其出身而受到宙斯的妻子赫拉的憎恶。他神勇无比、力大无穷，后来他完成了 12 项被誉为“不可能完成”的任务，除此之外他还解救了被缚的普罗米修斯，隐藏身份参加了伊阿宋的英雄冒险队并协助他取得金羊毛。赫拉克勒斯英明一世，却最终遭赫拉迫害，难耐痛苦而自焚身亡，死后升入奥林匹斯圣山，成为大力神，他惩恶扬善，敢于斗争。在今天的西方世界，赫拉克勒斯一词已经成为大力士和壮汉的同义词。

（四）《北方的奥德赛》《尤利西斯》

《北方的奥德赛》是美国作家杰克·伦敦创作的中篇小说，收录于杰克·伦敦的第一个中短篇小说集《狼之子》。小说讲述白人入侵阿留申群岛后，一个名叫阿克赛尔·冈德森的欧洲人抢走了当地酋长纳斯的妻子恩卡，纳斯在海洋和陆地上紧追不舍，四处搜寻，历尽艰辛，终于复仇，但他的妻子却不愿跟他回去而宁可跟他的仇人一同死去。纳斯在心灰意冷之时将他的故事告诉了曾经帮助过他的马尔穆特·基德。

长篇小说《尤利西斯》是爱尔兰作家詹姆斯·乔伊斯的作品。小说以时间为序，描述了男主人公利奥波德·布卢姆于 1904 年 6 月 16 日 1 天 18 个小时之内在都柏林的生活经历。该小说讲述的是青年诗人斯蒂芬寻找一个精神上象征性的父亲和布卢姆寻找一个儿子的故事。乔伊斯通过描述一天内发生的单一事件向人们展示了一幅人类社会的缩影，通过对一个人一天日常生活和精神变化的细致刻画揭示了人类社会的悲与喜，英雄与懦夫的共存以及宏伟与沉闷的同现。

（五）《神曲》堪称一座多姿多彩、形象鲜活的人物画廊

作为这部史诗的主人翁，但丁本人苦苦求索的品格和丰富复杂的精神世界，刻画得最为细微、饱满。维吉尔和贝阿特丽切这两位向导，虽然具有象征性和寓意性，但仍然各具鲜明的个性。维吉尔是导师，在对但丁的关怀和教诲中，显示出父亲般和蔼、慈祥的性格。贝阿特丽切是恋人，在对诗人的救助和鼓励中，显示出母亲般温柔、庄重的性格。但丁擅长在戏剧性的场面和行动中，以极其准确、简洁的语言，勾勒出人物外形和性格的特征。在哀怨欲绝的悲剧性氛围中，诗人描写保罗与佛兰切丝卡这对恋人对爱情忠贞不渝的品格，在阴暗、愤懑的情境中，诗人勾画教皇博尼法丘八世贪婪、欺诈的性格，无不入木三分。《神曲》中种种惊心动魄和神奇的景象，地狱形形色色的妖魔鬼怪，如吞噬幽灵的三个头的恶犬，飞翔于自杀者树林之上的人面妖鸟，长着三副不同颜色的面孔、三对庞大无比的翅膀的地狱王，满身污血、头上盘着青蛇的复仇女神，在但丁的笔下，寥寥数笔，便形象逼真、栩栩如生地勾画了出来。他们不只是高度写实的艺术形象，而且出色地烘托了地狱各个特定环境的氛围。

（六）麦克白夫妇的悲剧性格分析

《麦克白》全剧弥漫着一种阴郁可怕的气氛。莎士比亚通过对曾经屡建奇勋的英雄麦克白变成一个残忍暴君的过程的描述，批判了野心对良知的侵蚀作用。由于女巫的蛊惑和夫人的影响，不乏善良本性的麦克白想干一番大事业的雄心蜕变成野心，而野心实现又导致了一连串新的犯罪，结果是倒行逆施，必然死亡。在迷信、罪恶、恐怖的氛围里，作者不时让他笔下的罪人深思、反省、剖析内心，麦克白夫妇弑君前后的心理变化显得层次分明，这就更加增大了悲剧的深度。

麦克白夫人是个极聪明的女性，她深谙其夫的个性和弱点。所以其鼓动言语才会有立竿见影之效。她先以爱情来挤兑麦克白："从这一刻起，我要把你的爱情看作是同样靠不住的东西。"继而，又用一个军人最忌讳的懦弱来激将麦克白："你宁愿像一只畏首畏尾的猫儿，顾全你所认为的生命的装饰品的名誉，不惜让你在自己眼中成为一个懦夫，让'我不敢'永远跟在'我想要'后面吗？"这两点都是麦克白的致命之处，因此他才铁定了谋杀邓肯

之心，他说："请你不要说了，只要是男子汉做的事，我都敢做，没有人比我有更大的胆量。"但由她在背负杀戮梦魇的梦游往回考察，可以发现，麦克白夫人内心的风暴并非像剧本表面描写的那样平静，事实上，她内心的风暴一直都是激烈的，但是她为了安慰麦克白，只好把自己的内心风暴压抑着，第三幕第二场，麦克白夫人独处时，独白道："费尽了一切，结果不是一无所得，我们的目的虽然达到，却一点不感觉满足。要是用毁灭他人的手段，使自己置身在充满着疑虑的欢娱里，那么还不如被我们所害的人，倒落得无忧无虑。"其内心的痛苦与冲突是深邃的。

（七）浮士德中魔鬼靡非斯特形象的鉴赏

上帝肯定人类会达到真善美，并不理解上帝的功业的靡菲斯特，否定人性本善，并嘲笑上帝创造的人类为可怜的存在。他专注于破坏人类且只着眼人类的缺点。可是当他的行恶在客观上推动了善——他引诱浮士德堕落，却使得浮士德不断克服弱点和恶的引诱，朝更高的境界前进的同时，道德上又跃上了一个新台阶。因此靡菲斯特的作恶有两重性：作恶引诱浮士德的过程中在客观上往往成了推动着"善"的作用力。恶也成了神力的一部分。恶魔有时在恶的表象下透射的甚至是种淡然正气，它兼有诱惑和反叛，有时又是拷问和审判者的多重身份。当他行恶的对象是被否定的黑暗丑恶的现实、是不合理的违背人类传统精神价值的社会时，甚至会成为绝对的善与正义。歌德利用靡菲斯特的否定精神来讽刺、批判德国沉滞僵化的现实，大胆说出真理，揭露黑暗，这也是靡菲斯特的一个作用。

三、从经典开拓视野

（一）去国博参观卢浮宫精品馆藏。近距离认识真实的希腊。比如"亚历山大银币" "迈锡尼文明的陶罐"等。

（二）在国家大剧院观看莎士比亚歌剧《麦克白》。

（三）莎翁戏剧的各种改编

莎翁四百年，他的剧目被以各种形式演绎。从最初的戏剧舞台到意大利歌剧，然后是电影，再用动画片包装进入流行消费领域。20 世纪，除了迪士尼把《哈姆莱特》用非洲大草原的《狮子王》改编了一下。最有代表性的改编者是日本导演黑泽明。

黑泽明，1943 年首次独自执导处女座《姿三四郎》；1951 年，凭借《罗生门》在威尼斯影展上获得金狮奖，成为金狮奖历史上第一位亚洲人；1954 年执导的第一部真正加入西片趣味的时代剧《七武士》受到广泛关注。由他改编，用日本战国历史为背景的《蛛网城堡》《乱》是对莎翁名著《麦克白》《李尔王》的经典翻拍。

另外，由冯小刚导演的《夜宴》是 2006 年上映的一部宫廷悲剧电影，该片根据莎士比亚名剧《哈姆雷特》改编，主要演员有章子怡、葛优、吴彦祖、周迅等明星。该片讲述了中国的五代十国时期，宫廷斗争中权力、爱情、死亡的故事。吴彦祖表现的哈姆莱特是东方人刻画的忧郁王子。虽然对于电影本身，我们褒贬不一。但这也开启了中国人电影改编莎翁经典的旅程。

（四）罗密欧与朱丽叶

几乎成为爱情悲剧的代名词。可以轻易地搜索到相关的图书、电影、舞台剧若干。在国内的影响和《白蛇传》《天仙配》等剧目一样家喻户晓。其中巴兹·鲁赫曼导演，莱昂纳多·迪卡普里奥、克莱尔·丹尼斯等主演的爱情片是比较精致的作品。

其中 What's in a name？ That which we call a rose？

By any other name would smell as sweet？

名字代表什么？我们所称的玫瑰。换个名字还是一样芳香等经典名句早已家喻户晓。

“话”里“话”外的艺术人生

什么是话剧

话剧是什么？顾名思义，话剧就是说话的戏剧。话剧是从西方传入东方的，可是在遥远的欧洲——话剧的故乡，人们并不把这一戏剧形式叫作话剧，他们称之为：drama。英文 drama 的中译词是：戏剧。很明显，“话剧”这个名词是中国人发明的。我们把话剧译成英文应读作：spoken drama，即：说话的戏剧；咱们的字典上也译成 modern drama，即：近代戏剧。

咱们为什么把这一戏剧形式叫作“话剧”呢？那是有一个特定的历史原因的。

欧洲戏剧传入我国是在 19 世纪末、20 世纪初。在欧洲戏剧史上，这个时期正是以易卜生为旗帜的现实主义戏剧，以左拉为旗帜的自然主义戏剧，以梅特林克为旗帜的象征主义戏剧，以斯特林堡为旗帜的表现主义戏剧兴起的时代。这一时代的戏剧已经跳出了浪漫主义史诗的理想光环而面对人们的日常生活。在漫长的创作道路上，这些戏剧大师们创作了大量的作品，其中易卜生表现得最为突出，被誉为“现代主义之父”。他的《玩偶之家》的出现，在题材上不像古典题材那样人所共知，而是在极寻常的日常生活中，在人们可能发生的事情里，揭示出一种极不寻常的真理，是一次前所未有的爆炸性的壮举。这个戏的内容是：娜拉和海尔茂结婚不久，海尔茂得了一场大病，医生让他们去南方修养，可是他们经济上不富裕。天真热情的娜拉为了挽救丈夫的生命，暗地里以自己父亲的名义担保，向柯洛克斯泰借了钱给丈夫治病。娜拉的做法是违法的，八年来，娜拉一直对丈夫瞒着这个秘密，自己悄悄还债。就在债务快还清的时候，当上了银行经理的海尔茂恰巧要裁员，裁去的正是柯洛克斯泰，柯洛克斯泰只得来找娜拉帮忙。可是，娜拉的求情丝毫没有改变海尔茂对这个也干过假签名的柯洛克斯泰的憎恶态度。柯洛克斯泰被迫无奈威胁娜拉，结果，娜拉的假签名秘密被海尔茂发现。海尔茂出于胆怯和自私，不仅不感谢妻子八年前救了他的命，反而严厉地斥责她。娜拉终于认识到，原来，多年来自己扮演了一个玩偶的角色，必须从这种玩偶式的地位中解放出来。于是，娜拉离家出走了。随着娜拉“砰”的一声关上门，义无反顾地从海尔茂的家中走出，这个人物便成为妇女解放的代名词吸引了整个欧洲，整个世界，并且为戏剧艺术的领域开创了一个新天地，这个新天地的名称就叫作：社会问题剧。社会问题剧的剧情一般都是在室内发生，在普通的四堵墙的房间里发生，所以也有人称它“室内戏”。这类戏剧的创作方法也是西欧戏剧发展中的一大改革。它的具体表现，用当代英国一位易卜生戏剧研究者迈克尔·迈耶的话说，那就是：“自欧里庇得斯以来，易卜生首创让戏剧成为争论的场所”。迈克尔·迈耶这段话指出了易卜生的社会问题剧把戏剧和讨论合而为一的特征。于是，对话很自然地在这个特定的时期成为戏剧演出中最主要的表现手段。就在这时，也就是我国的五四运动后，欧洲戏剧带着生气勃勃的易卜生戏剧气息传入我国，中国的现代话剧兴起了。

和话剧并列的还有三种美丽的形式，它们都属于“戏剧”这个宽阔的范畴，它们分别是：歌剧、舞剧、戏曲。这四种剧在本质上是一致的，希腊人把 drama（戏剧）解释成“动作”，世界上不少戏剧家也这样理解戏剧的本质。傅成兰在其所著的《话剧 ABC（文化生活丛书）》（宝文堂书店 1988 年 10 月 1 日出版）一书中给它下了一个定义：戏剧的本质应该是，由活人（演员）当场、当众扮演角色，搬演故事，与观众直接交流的动作艺术。歌剧、舞剧、戏曲、话剧都具有这一特征，只是它们各自的表现手段不同。歌剧把音乐作为戏剧演出的主要手段，舞剧把舞蹈作为戏剧演出的主要手段，戏曲是以唱念做打的综合为基础的载歌载舞的舞台艺术。而话剧是一个较为复杂的现象，我们自 19 世纪末、20 世纪初引进欧洲易卜生式的话剧以来，广为流传在中国舞台上的、作为戏剧演出的主要手段的，基本上是把歌与舞的因素分离出去，以最接近生活的对话和动作扮演角色、搬演故事。

如何欣赏话剧

当我们了解了什么是话剧的定义、本质和历史之后，我们对话剧的面貌有了一个基本的认识，可是我们仍然不能以一个话剧鉴赏者的身份面向今天的话剧演出，我们还需要认识一个更生动、更具体的艺术内容，那就是话剧舞台的演出艺术。

你认真地想过吗？小小的话剧舞台，深不过十余米，高不过十来米，宽不过十几米，就在这方寸之地，就在舞台演出的三两个小时之内为什么可以展现上下几千年，纵横数万里，感天动地，震撼人心的英雄悲歌，好汉壮举，儿女情思，百姓苦难呢？我们为什么就会被这一切震撼、感动，久久不能平静呢？如果我来回答这一提问，那就是说，话剧舞台上发生的一切都不是生活本身，而是对生活创造性的反映，与生活真相比较，它是假的。正是由于戏剧假定性的本质，戏剧舞台的时间、空间才可以呈现出极大的自由和无限的表现力。那么按照这个说法，戏剧既然是假的，为什么能产生震撼人、感动人的力量呢？因为那个能震撼人、感动人的东西，是一种极其真挚、可贵的东西——那就是在一个好剧本的基础上，在剧本规定情境中的演员表演的热情的真实，情感的逼真和技巧的高超。“规定情境”也和“假使”一样，是一种假定，是想象的虚构。“热情的真实”和“情感的逼真”在于演员用自己真实的、活生生的、作为人的热情和情感去拥抱、体验剧中人的情感和精神生活。而演员把自己体会到的一切传达给观众，是需要高超的表演技巧的，演员有了高超的表演技巧才能使观众感到演员的热情的真实，和演员创造出来的角色的逼真的情感，这便构成了戏剧可以感动人、震撼人的基础，要做到一点，仅仅作为演员个人的力量是达不到的，还要依靠舞台演出各部门的努力和真诚协作。这种协作要达到一种完全和谐的境地，必须建立在对剧本的共同认识上，必须紧紧围绕着表演艺术为中心区创造。任何一个小小的环节出了毛病，都会影响戏剧感染人的力量。

那么，我们在欣赏一部话剧的时候，我们可以从哪些角度来赏鉴它呢？要回答这个问题，就要先搞清楚，看话剧不同于看广播剧、电视剧，话剧毕竟是一门舞台艺术，既然如此，我们才更需要走进剧场去直观地感受话剧的魅力，而不只是看剧本，所以，包括舞台布景、灯光、音响、舞美、导演、表演等这些方面都应该是我们关注的内容，实际上，只有在剧场里才能加深我们对话剧作品的理解。所以，当我们再次走进剧院，我们不妨从这些角度来欣赏话剧：

一、品导演的场面调度

一部话剧的导演正如这部话剧的灵魂，当话剧层层展开的时候，你看不见导演的存在，但他却是能否使这台演出创造性地、绝妙地表达出剧本精神，是否收到观众欢迎的关键。导演的这一重要作用，我把它称之为导演的“综合艺术”。综合艺术是指导演要把包括文学、美术、音乐、舞蹈、建筑等诸种艺术的手段进行创造性的综合处理，使它们成为舞台演出的有机组成部分，使全剧具有统一的性质、色彩和调子。而导演的任务就是运用以演员为中心环节的舞台艺术综合手段，组织舞台行动，对剧本进行再创造，在舞台上塑造形象，再现或者是表现剧本生活，体现剧本思想及其剧本演出的现实意义。场面调度不只是一种单纯的技巧，它和内容是不可分离的。好的场面调度应该能够综合处理剧本演出的一系列创作任务，包括剧本和角色的贯串行动，演员形象的完整性，登场人物的自我感觉，包括协调人物间的关系，人与景物的关系，包括创造气氛，包括整个舞台的结构，场面调度要能够把这些内容直接或间接地表现出来。

场面调度要以剧本为依据。

世界上有各种各样的戏剧导演，他们有着各自的追求，有的是以剧本为依据来叙述、表现剧中人；有的演故事不演人；有的则把剧本当佐料，拌在远隔数千年之后的面条里，借用剧中人的名字，凭他们的主观意识塑造一个新的剧中人。我国著名的导演艺术家焦菊隐先生说：“导演的创造性，并不是漫无目的地发展的。导演的创作过程，必须和原剧作的创造过程结合，他得深深体会原剧本的精神、思想、情感、风格，掌握住原剧作者创造人物的‘内在动力’，从而以同样的思想感情，同样的‘内在创造力’去处理剧本。导演的基本责任，是要做到实现原剧本作者的意图，刻画出原剧作者‘灵魂的眼睛’里所看到的人物（这些人物，原剧作者写出来的并不一定完全是他“灵魂的眼睛”里所看到的）。导演进一步的责任，是发扬作者的思想和情感。原剧作者的思想与情感，必须活在导演心里边而成为导演自己的，原剧本的主题、生活、人物必须成为导演内心所迫切地要求创造出来的，要求发挥出来的，舞台上的戏剧才能成为现实的、富有感染力的、活生生的；否则……在导演卖弄架空的技巧下，原剧本的主题会被歪曲，原剧本的人物会被损害”。焦先生是一个导演艺术家，他的这番理论是有根基的，实践是他的土地。实践也是每一个导演产生经验、观点、理论的土地。不论是在中国的舞台上还是在世界各国的舞台上，许许多多台演出证明了焦先生的理论是正确的。

比如：中国青年艺术剧院演出《上海屋檐下》，这是金山导演的。《上海屋檐下》这部话剧写了一幢上海的里弄房子里楼上楼下五家人的生活。要把他们的矛盾冲突，悲欢离合，同时展现在观众的面前，如果导演没有坚实的生活基础，没有相当强的艺术功力是难以胜任的。金山导演熟悉剧本所反映的生活环境，了解作者夏衍的思想感情和艺术风格。他在这个话剧的导演工作中牢牢地把握住建立演员准确的自我感受这根杠杆，在舞台调度上提供了帮助演员在剧本的规定情境中展开行动的可能性，从而达到形象、生动地叙述人的精神、情感和生活的景象。

同样，荒诞派戏剧的处理也要依靠场面调度这种舞台叙述语言来表现人的精神、感情和生活。比如爱尔兰作家贝克特的《等待戈多》。这个戏共两幕，写了两个流浪汉——戈戈和狄狄在荒郊野外的一条路上等待一个名叫戈多的人。他们不知道戈多是谁，也不知道他是否会到来，何时能来，在何地可以见到他，但是，他们还是苦苦地等待戈多。最后，什么事也没发生，谁也没有来，谁也没有去，这个戏翻译过来有100多页，剧中尽是些反复的话。导演怎么办呢？删掉这些反复的话？而恰恰是这些反复的话表现了人生的无聊。在国外的演出中，有的导演是这样处理场面调度的：让一个人老摸他的帽子，摘下来看，再带上去，走来走去。另一个人没完没了地脱他的靴子，抖靴子，走来走去。这些毫无意义的动作和反复乏味的场面调度，把那种象征第二次世界大战后西方的百姓没吃没喝没地方睡，没人告诉他们应该怎么办的情绪和人生状态表现得淋漓尽致。它完成了剧本的思想。据说这个戏上演之后反映级强烈，连监狱里的犯人看了都痛哭流涕受到震动。这也是表现人，只不过表现一群人的精神、情感和生活。

二、赏舞台美术效果

什么是舞台美术呢？我们把布景、道具、灯光、服装、化妆等舞台造型艺术成分统称为舞台美术。但是这种造型艺术与其他造型艺术不同，它或是在固定的舞台框里，或是在一定的空间里，都是从属于戏剧的。它必须从剧本出发，受剧本的制约。“一切为了表演，为了刻画人。舞台美术家的任务就服从这个。”（选自《焦菊隐戏剧论文集》第 204 页）这就是舞台美术的内容和特性。我们的舞台美术工作者的创作就是从这一点出发的；我们话剧的观众坐在观众席里衡量舞台美术工作的好坏也是从这一点出发的。下面，我们就将它的每一个艺术成分在戏剧中的地位、作用具体地谈一谈。

（一）舞台布景艺术

舞台布景工作首先要把剧本所要求的环境气氛渲染出来，要为演员提供可以进行舞台行动的表演区。布景形象同整个舞台形象体系的统一，是达到演出的艺术和谐的第一步，好的舞台布景可以做到这一点。比如，在《茶馆的舞台艺术》一书中介绍了《茶馆》的布景设计：第一幕是清末，裕泰茶馆的正面景，展示了裕泰茶馆的鼎盛时期，车水马龙，金碧辉煌。第二幕（与第一幕）相隔二十年，正值军阀混战动乱时期，景的右侧向前移动，取消了“太白醉酒”的画幅，剪掉了大半面墙，缩小了平面地位，突出了右方内院改成的公寓。第三幕又相距第二幕约三十来年，正值新中国成立前夕，在第二幕的平面地位上堵上了通向内院的公寓，舞台正中部位又截去了作为逆产被查封的秦二爷的仓库，把茶馆所剩无几的一小块地方也分割得七零八落。这个戏的景一幕幕地缩小，而“莫谈国事”的纸条一幕幕地加大，正象征着恶势力的层层压迫，迫使“一辈子也没忘了改良”的，想挣扎着活下去的王利发也无地容身了。这样的黑暗社会，使得王利发只有走上悬梁一死的绝路。这个戏的舞台布景设计不仅体现了剧本的风格特点，而且揭示了剧本“埋葬三个时代”的主题思想。

（二）舞台灯光艺术

瑞士的舞台美术家阿庇亚曾经说过，灯光是演出的灵魂。因为观众是需要通过视觉来看戏的，一个戏的气氛、情调和它所要表现的生活旋律等，通过灯光的变幻、色调的明暗处理，是可以起着画龙点睛的作用的。过去，舞台灯光的功能仅仅是“铺平打亮”，让观众看清楚舞台上的演出。渐渐地观众开始不满足了，他们希望舞台上正在表演的演员更立体化地出现在大家面前，进而又要求舞台灯光应该能够造成舞台时间的变化，应该随着戏中气氛的变化而变化，等等。特别是当舞台灯光的运用能与戏剧动作结合在一起，能以光色传情时，大家就要为它叫好。比如一九八一年上海戏剧学院排演的

《罗密欧与朱丽叶》，它的灯光处理曾被广大观众称赞。剧中的第四幕第三场是一场朱丽叶灵魂和心理上的搏斗戏，灯光是怎么处理的呢？大幕缓缓拉开，在一片黑暗之中，朱丽叶独自跪在卧床上，手里正拿着那装着药液的瓶子。音乐声中，蓝光和绿光分别从两个不同的方向投射在她身上。朱丽叶这时内心正经历着生与死的激烈搏斗，绿色的光使我们联想到旺盛的生命，那蓝色使我们感到朱丽叶为爱情而死的决心。当朱丽叶想到那可怕的墓穴景象时，伴着鬼魂的呼喊声，红光、绿光、蓝光分别从几个不同的角度射向朱丽叶，而且时时变幻，与声音交替闪烁，造成一种恐怖的气氛。随着朱丽叶昏倒在床上，灯光渐隐，替代那恐怖的光的，是一束象征爱情的蓝色光。音乐和画外音把我们的回忆拉倒了第一幕，当这一对两人刚刚相见时的甜蜜情景……爱情给予了朱丽叶无穷的力量，她挺直身躯，把那瓶药液一饮而尽。这时，灯光先是变成红色，使我们感到她那种沸腾的血液在胸中奔流。随着药力渐渐发作，蓝色光加强，红、蓝两色光交替闪烁，使我们感到朱丽叶的痛苦与希望。就在这诗一样的意境里，大幕缓缓闭拢。

（三）舞台服装艺术

戏剧服装的主要功能是为演员的表演提供外部的造型条件，为演员塑造人物性格服务。一出戏服装设计的好坏，不能仅仅看这件衣服的如何漂亮，那件衣服如何奇特。我们评价一出戏的服装设计成功与否，要从每一个戏剧情节发生的时代、国度、地区、季节 人物的社会地位以及人物的心情等诸种因素出发，要从有利于演员的表演出发，这就是衡量它的标准。比如，《王昭君》中孙美人的服装设计。剧中，孙美人从小被选入宫，等到白头，未见皇上的面，她的命运是凄惨的，她第一次出场时服装设计让她穿了一件冷黄色的，宽大的上衣。为什么要这样设计呢？服装设计师说，有人说，孙美人在宫中身份不高，不能穿黄色，然而这里就要破格了，从具体情况讲，第一幕戏发生在深宫高墙里，同台的人物如果需要有一块点染宫院气氛的话，比较起来孙美人是合适的。这种暗淡的色彩，配合她的满头白发给人一种凄迷苍凉之感。其结果正如服装设计的预想，观众看到这个形象是非常同情的。

服装设计还应注意的另一件事，就是服装的颜色与景物色彩的关系。比如，布景的总体色调是绿色的，那么，人物穿的衣服就不要是绿的，否则，就会淹没在静的色彩之中，被景的色彩吃掉。除非这个戏是神话剧，穿绿衣的人是森林妖怪，是绿妖，那是特殊的追求了。

（四）舞台道具艺术

舞台道具在舞台演出中的主要作用是创造剧本所规定的环境，反映和渲染时代气息，烘托并帮助演员的表演。因此，在舞台上，对每件道具的设置和运用，都应该考虑到使它符合剧本规定的环境要求和人物行动的需要。这样道具就会从死的东西变成活的东西。比如，《雷雨》中周公馆客厅里立柜上一张发黄的旧照片，这似乎是一件普普通通的道具，到鲁侍萍为寻女儿来到这个客厅，女儿四凤将这张照片拿给她看并告诉她“这是周家第一位太太的照片”时，鲁侍萍认出了照片上那位“死去的太太”就是自己，从而发现这就是三十年前毁坏了自己青春的周公馆。旧恨新仇，打击着饱受风霜的侍萍，这个道具就起到帮助演员揭示人物心理的关键作用。这张照片是三十年前的东西，所以设计者在制作时要注意使它的颜色、形象符合那个时代的特点。同样，任何一个戏中的道具报纸、道具钱币、道具商标，都应注意反映时代的特征，才会使人相信。

三、听话剧音响效果

一出戏中可能根本没有音乐伴奏，但很少见没有音响效果的。在现实生活中，刮风下雨就有风声、雨声、雷声；走上大街就有汽车声、摩托车声、自行车声、人声；走进小巷就有生动的吆喝声：卖大蒜啦！换鸡蛋来！豆汁儿麻豆腐！报纸咪！有手套的卖！北冰洋汽水！……你可以从这富有特色的吆喝声中辨别是在什么地方，因为各地的吆喝有各地的特色，由此可见，音响效果不仅是组成现实生活环境的一种无时不在的客观因素，还具有地方特色。这样，就为戏剧演出中再现生活的客观环境提供了很好的条件，可以使之为创造特定的戏剧气氛服务。当然，戏剧演出中的音响效果是经过艺术家的精心选择和处理过的，选择的前提是服从剧本规定情境的需要。

音响效果工作还应“围绕剧本主题思想，从分析人物出发，挖掘人物内心情感的变化，研究戏中矛盾冲突的发展来进行创造”为表演艺术服务。而所有的创造必须纳入导演的总的构思之中，它的创造必须在导演的构思指导下进行，取得与导演构思的一致。这就是说音响效果工作也是从属于戏剧的，是表现戏剧的。

《雷雨》的音响效果处理，是一个非常好的例子，《雷雨》中用的风雨雷电效果较多，可是音响效果工作者不是一般化地剪裁一段自然界的风雨雷电，配合戏剧演出就罢了，而是紧密结合剧中人物情感的变化，剧情的发展，气氛的需要来进行艺术处理的。《雷雨》第三幕的效果是全剧的重点，所有带着雷雨的浓云都聚集在一起，形成狂风、惊雷、暴雨来临之势。暴雨到来之前，盛夏的夜晚，很是闷热，憋得人透不过气来，贫民区矮小的屋子里，人们睡不着觉，都在屋外池塘边乘凉，用扇子驱赶成团的蚊子，闲聊天。忽然一个醉汉打老婆的吵闹声和邻居的劝架声传来，又渐渐隐下去，与水塘旁青蛙阵阵的叫声，此起彼伏，构成了地处贫民区杏花巷的鲁贵家的周围环境。幕就是在这种气氛中拉开的，随着鲁贵家长式的训话，这一切声音逐渐轻下去，乘凉的人慢慢散去，只是青蛙不时地吵叫着。游街串巷的卖唱瞎子，唱的无非是那么几段“时调”小曲，唱得颇有情调。这段卖场的安排既介绍了时代特点，地区环境，又衬托了四凤当时的心情。她在等大少爷应约前来，但家里今晚又聚了那么多人，担心不能在大少爷走前会上最后的一面，更害怕被母亲和哥哥发现她和周家大少爷的关系，真是心绪烦乱。直到母亲明白告诉她，明天就要带她离开此地到济南去，她更是千头万绪，心绪更乱，这时，天空阴云密布，外面一片漆黑，雷声隐约可闻。……到了第三幕的高潮，鲁妈借着“雷”来逼四凤起誓，雷声效果便随着戏剧情节的发展，随着四凤内心激烈的变化，有远有近，有层次地出现，直到四凤被迫无奈，跪下发誓“那就叫天上的雷劈了我”时，一个蓝森森的立闪，随之是一个霹雷自头顶上猛劈下来，达到顶点……

音响效果在这里的运用已经不仅仅是起着再现环境，渲染生活气氛的作用了，它已经作为人物内心情感、矛盾、斗争的外部动作的刺激物，作为表现人物心理活动的外在方式了。

如何提高话剧演员的表演技巧

学会欣赏话剧是第一位的，但绝对不是终极目标，作为一个话剧爱好者，有机会能亲身参与到一出话剧的表演过程中，那是很幸福的。可我们毕竟不是专业的演员，要达到专业人士的训练水准当然很不现实，但是，我们却也有些具体的操作方法来训练我们的表演技巧。

（一）朗诵

首先是选择自己喜欢的作品。如果是一个你自己都不喜欢的作品，你又怎么能奢望观众会喜欢呢？喜欢是前提，你要把你认为好的、有价值的东西和大家分享，所以你要讲给大家听。

其次，朗诵要有真情实感，切忌生憋感情，虚假做作。

再次，要学会忘记以前学过的技巧，和已经形成的所谓的朗诵的套路，更不要盲目模仿电视，广播等媒体中的朗诵表演；朗诵要做到听得见，听得清，听得美；这三条标准是递进关系。

听得见：就是对音量、音色、气息的要求。话剧表演不同于影视表演，在剧场要能让最后一排的观众听见你说的话，不是件容易事，要靠长期认真的系统训练。表演考试中曾出现过这样的题目，考官要求考生小声地跟旁边的人说悄悄话，但要让全场人都听见。还有类似的题目，比如，屋里有10个人，考生叫自己的名字。屋里有100个人、1000个人、10000个人，考生又将怎么控制声音，等等。在考试过程中，考官也可以根据考生自身的特点针对性的出一些题，比如有的考生声音放不开，可以让他大声叫卖，而有的考生喜欢喊话，考官可以要求让他念一首情诗。

听得清：就是说先把自己要表达的意思，朗诵的文章明白地讲给听众，要让陌生的观众耐心地听完你的故事同样也不是件容易的事，这就要求演员真诚。用心去解读文章。有时候为了朗诵好一段经典作品，演员常常会自己收集一些相关的背景资料来丰富作品。这是很必要的。听众不想听千篇一律的重复；演员要有新的发现、新的理解和感受，通过你的朗诵传达给观众。所以，做演员平时要多看一些书、电影等，利用各种手段丰富自身修养。

听得美：这又是更高的要求。能不能把观众征服，就看演员的功力了。同样一部作品，不同的人朗诵，往往会有不同的效果；同样一个句子，一个演员前一秒可能会这么读，之后又会尝试另一种读法。演员要多思，从不同的角度挖掘作品，然后再选择最佳的方案。当然尊重作品本身是很重要的，我们只能使作品更丰满。切忌随意发挥，曲解原意而使作品缩水。

在台词训练课上，要互相学习和分析，不要把眼光只放在技巧上。真实的感情来的更直接，真诚比任何手段技巧更容易打动别人。

《雷雨》是中国话剧史上难得的剧目，无论是剧本台词，还是舞台表现艺术，都堪称经典。对于想要学习话剧表演的人来说，《雷雨》绝对值得一读再读、一赏再赏。下面是根据《雷雨》改编的部分台词，可以帮助演员摸索如何运用语言的外部技巧来刻画人物，很适合话剧爱好者。

鲁四凤和鲁侍萍的对话：

鲁四凤 妈，（不安地）您回来了。

鲁侍萍 你忙着送周家的少爷，没有顾到看见我。

鲁四凤 （解释地）二少爷是他母亲叫他来的。

鲁侍萍 我听见你哥哥说，你们谈了半天了。

鲁四凤 您说我跟周家二少爷？

鲁侍萍 嗯，他说了些什么？

鲁四凤 没有什么！——平平常常的话。

鲁侍萍 真的？

鲁四凤 您听哥哥说了些什么话？

鲁侍萍 （严肃地）凤儿。（盯着四凤）

鲁四凤 妈，您怎么啦？

鲁侍萍 妈是不是顶疼你？

鲁四凤 您为什么说这些话？

鲁侍萍 那我求你一件事。

鲁四凤 妈，您说。

鲁侍萍 你得告诉我，你跟周家的孩子是怎么回事？

鲁四凤 哥总是瞎说八道的——他跟您说了什么？

鲁侍萍 不是，他没说什么，妈要问你！

【远处的雷声。】

鲁四凤 妈，您为什么问这个？我不跟您说过么？一点也没什么。妈，没什么！

【远处的雷声。】

鲁侍萍 你听，外面打着雷。可怜你的妈，我的女儿在这些事上不能再骗我！

鲁四凤 （顿）妈，我不骗您！我不是跟您说过，这两年，我天天晚上——回家的？

鲁侍萍 孩子，你可要说实话，妈经不起再大的事啦。

鲁四凤 妈，（抽咽）您为什么不信您自己的女儿呢？（扑在侍萍怀里）

鲁侍萍 （落眼泪）可怜的孩子，不是我不相信你，（沉痛地）我是太不相信这个世道上的人了。傻孩子，你不懂，妈的苦多少年是说不出来的，你妈就是在年轻的时候没有人来提醒，——可怜，妈就是一步走错，就步步走错了。孩子，我就生了你这么一个女儿，我的女儿不能再像她妈似的。孩子，你疼我！你要是再骗我，那就是杀了我了，我的苦命的孩子！

鲁四凤 不，妈，不，我以后永远是妈的了。

鲁侍萍 （忽然）凤儿，我在这儿一天担心一天，我们明天一定走，离开这儿。

鲁四凤 （立起）明天就走？

鲁侍萍 （果断地）嗯。我改主意了，我们明天就走。永远不回这儿来了。

鲁四凤 永远？妈，不，为什么这么快就走？

鲁侍萍 你还要干什么？

鲁四凤 （踌躇地）我，我——

鲁侍萍 不愿意早一点跟妈走？

鲁四凤 （叹一口气，苦笑）也好，我们明天走吧。

鲁侍萍 （忽然疑心地）孩子，你还有什么事瞒着我。

鲁四凤 （擦着眼泪）没有什么。

鲁侍萍 （慈祥地）好孩子，你记住妈刚才的话么？

鲁四凤 记得住！

鲁侍萍 凤儿，我要你一辈子不见周家的人！

鲁四凤 好，妈！

鲁侍萍 （沉重地）不，要起誓。

【四凤畏怯地望着侍萍的严厉的脸。】

鲁四凤 这何必呢？

鲁侍萍 （依然严肃地）不，你要说。

鲁四凤 （跪下）妈，（扑在侍萍身上）我——我说不了。

鲁侍萍 （眼泪流下来）你是要伤妈的心么？你忘记妈这一生为着你——（回头哭泣）

鲁四凤 妈，我说，我说。

鲁侍萍 （立起）你就这样跪下说。

鲁四凤 妈，我答应您，以后我永远不见周家的人。

【雷声滚过去。】

鲁侍萍 天上在打着雷。你要是以后忘了妈的话，见了周家的人呢？

鲁四凤 （畏怯地）妈，我不会的，我不会的。

鲁侍萍 孩子，你要说，你要说。你要是忘了妈的话，——

【外面的雷声。】

鲁四凤 （不顾一切地）那——那天上的雷劈了我。（扑在侍萍怀里）哦！

【雷声轰轰。】

鲁侍萍 （抱着女儿）孩子，我的孩子！

（二）编讲故事

在学习朗诵的基础上，可以进行命题或半命题编讲故事训练，也可以自由选材编讲。

编讲故事选材很关键，老的表演艺术家常说“情理之中，意料之外”。就是说，我们要尊重生活逻辑，尊重生活本身的真实。在这个基础上进行提炼加工，让作品更有“味道”。切忌胡编乱造，重复烦琐或是胡乱拼凑别人的作品。观众关心的是你对生活独特的理解。所以，我们在编讲故事的时候，最好是选取身边的事，自己独特的经历或借鉴别人有价值的经历。每个人对待生活的态度都不同，经历不同，所以编讲的故事当然也会各有所长。演员也不用拘泥于统一标准。评定故事好坏的标准是看能否真正打动观众的心。当然，我说的打动并不是指让观众哭就是好。感动不等于哭，感动是一种理解基础上的共鸣。

我曾经听到这样一个故事，讲的是在一个边关哨卡，冬天下着雪，天很冷，战士们冒着风雪在哨卡站岗。一次某军首长去视察慰问这个哨所的官兵，有个小战士向首长报告，说我们这里的条件实在是太艰苦了。把战士都冻死了。首长一听大怒，大声冲小战士喊：“这里竟然出现了这样的事，把你们班长给我找来……我要处分他！”小战士哭着跟首长说：“那个被冻死的战士就是我们的班长……”故事虽然很简单，但却直击人心。当然我们不必拘泥于这个例子，只要你用心观察你的生活，反思你的经历，关心你生活的环境，关心世界。你会学会如何编讲故事，在这个过程中你更会领悟很多东西。

通过编讲故事训练，导演可以看出一个演员的价值取向、审美取向、人品等很多东西。演员也可以学会观察生活，反思自己。还可以分享别人的感动。学会理解别人。这对演员来说学会理解很重要。

附录：学生原创剧本

刺血 I

剧情大意： 春秋战国时期，乱世之中，人与人之间的关系充满了神奇，能够与你相见，真是有缘。

主要人物： 伍子胥，伟岸男子，因父兄枉杀，伺机报仇。

专诸： 高额凹眼，虎背熊腰。

吴王僚： 吴国王。

公子光： 即吴王阖闾，“笑面虎”，阴险狡诈。

专诸母： 弥留之际毅然决然的自杀助子。

楚兵： 两名。

要离： 不足五尺，却能言善辩，心机城府。

庆忌： 吴王僚之子，身手奇快，行动敏捷。

船夫，将要离捞起

说书人

第一幕

地点： 专诸家

道具： 一张桌子，两张椅子，一堵墙（墙两面不一样），一扇门。

说书人： 野草闲花遍地愁，龙争虎斗几时休，抬头吴越蜀，再看梁唐晋汉周。今天给大家说一段春秋战国时期的故事，春秋战国时期，可以说是中国历史上相当黑暗的一段时期，烽火连天，民不聊生，可君王却逐鹿于权力之中，今天单说楚国。楚国有一家姓伍的人家，因为触怒楚王，当家人和大儿子被杀了，二儿子逃了出来，也就是伍子胥，且说这一日伍子胥被楚兵追杀，直到吴国边境。

（伍子胥被楚兵追杀，恰碰专诸在自家门前乘凉）

伍子胥： 我是不会回去的。

楚兵： 先生不用回去（冷笑）只要我把头带回去就行了（缓慢拔刀）。

伍子胥： 想我伍子胥一生也算是一个奇才，没想到最后却死在几个鹰犬手上。

楚兵：不会很痛的。（冷笑，向伍子胥头上劈去。）

（伍子胥淡淡一笑，转过身去，迎接死亡。）

（全场时间停止，专诸站起身来，站在伍子胥身边打量。）

专诸：（带着笑容）临危不惧，竟然敢坦然面对死亡，此人不管是好是坏，都是条汉子，该救，该救。

（时间开始，专诸挡下刀，夺刀，弃之。）

楚兵：（捂着拿刀的手腕）你是何人？

专诸：管闲事的人。

（伍子胥回头）

伍子胥：哈哈，（仰天大笑）多谢这位壮士！

专诸：小事一件。（转过身去看伍子胥）

（楚兵瞅准时机，拿出藏在身上的匕首准备结果专诸。）

伍子胥（同时）：小心……

（专诸好似身后长眼，微一侧身，躲过了攻击，回身夺匕，割断楚兵腿筋，楚兵倒在地上抱腿痛叫。）

专诸：（把玩着匕首，缓缓的说。）在我眼中，杀你如草芥，不过，小爷今天心情好，快滚！

（楚兵被其他亲卫搀着，狼狈而逃。）

伍子胥：刚才多谢兄台的救命之恩。

专诸：欸，此言差矣，刚才要不是你提醒，我已命丧黄泉了。

伍子胥：以兄台的身手，即使在下不提醒，也一定毫发无伤。

专诸：兄台谬赞了，进屋里坐坐吧。

伍子胥：既然如此，那就恭敬不如从命。

（两人进到屋里，坐了下来。）

专诸：光顾着说话，还没自我介绍一下，我叫专诸。

伍子胥：在下伍子胥，有礼了。（站起，拱手）

专诸：欸，兄弟我是个粗人，不用如此迂腐。

伍子胥：哈哈，好一个不用如此迂腐。专兄！（豪情万丈）

专诸：伍兄！

（两人两拳相握，哈哈大笑。）

专诸：伍兄，刚才那些人为何追你？

伍子胥：唉……说来话长……

专诸：但说无妨。

伍子胥：我本来在楚国当官，但楚王听信谗言，要迫害我，我虽然逃了出来，但我的父亲和大哥就……

专诸：（拍拍伍子胥肩膀）人死不能复生，节哀。

伍子胥：（拍拍肩上专诸的手）我知道，但我不服，为何他楚王只听信片面之词就鲁莽行事，我不服，不服！

专诸：你称我一声兄弟，这也就是我的事。

伍子胥：嗯，兄弟！

专诸：可是光凭咱们两人，可能都近不了楚王。

伍子胥：我已经有了一个计划了，我去挑动吴王，让吴王出手干掉楚国。

专诸：嗯，好计划！

伍子胥：时间也不早了，我得在天黑前进城。

专诸：明早再走吧，休息一晚，也好养精蓄锐，吴王虽然不聪明，但也不是仅凭三言两语就能游说的。

伍子胥：那好吧！

（专母上，和专诸在厨房忙活。）

专诸：娘，得多做点，有客人。

专母：嗯，知道了。你媳妇回娘家了，家里也没人帮忙。

专诸：我这儿不帮你您呢嘛！

专母：那你一人做饭吧，我出去歇着了。

（专诸苦笑，专母解下围裙，扔在灶台上，出去，墙翻转。）

专母：你就是小伍吧！（笑呵呵）

伍子胥：伯母你好。

专母：一表人才啊！

伍子胥：哪里，哪里。

（这个时候，专注从厨房出来。）

专诸：炸酱面来喽——

专母：来，小伍，尝尝伯母的手艺。

专诸：（小声嘟囔）明明是我做的，好不好？

专母：（侧目嗔怪）你刚才说什么？

专诸：（缩脖、讨好的样子）我刚才说，伍兄，快尝尝，我娘的手艺。

（伍子胥笑了笑，很久没有这样温馨的场面了。）

第二幕

地点：吴国皇宫

道具：一张桌子，一把椅子

说书人：说书唱戏劝人方，三条大道走中央；善恶到头终有报，人间正道是沧桑。上文书说道，伍子胥被楚兵追杀，结果专诸专大侠拔刀相助。书接上文，话说这个伍子胥由于长时间过于劳累，好容易放松下来，躺床上就着了，一夜无话。第二天清晨拜别了专诸一家，来到了吴王宫。

伍子胥：（跪下）参见吴王千岁！

吴王僚：起来吧！

伍子胥：谢君上！

吴王僚：你是来干啥的呀？

伍子胥：启禀君上，我本有一腔抱负，但可惜不得志，所以过起了闲云野鹤的生活，本以为今生难施抱负，却没想到到吴国一看，发现吴国却是个好地方，夜不闭户，路不拾遗，我认为，国家之所以如此，是因为吴国有位贤德的君主，就是您，我的吴王千岁！（跪下）

（大臣都跪下，说：吾王千岁千岁千千岁！）

吴王僚：（满心得意，故做一幅君王的威风气势）

伍子胥：君上，楚国现在正处于腐朽衰败之际，您若出兵，必能取胜。

（吴王僚刚要说话，公子光站了出来）

公子光：君上，不可啊。吴国虽然强大，但没有事由去挑衅楚国，可能会引来其他国家的窥探。

吴王僚：嗯，言之有理啊，此事再议。寡人有些伤寒，就都退下吧！

（众臣告退）

说书人：这个公子光是何许人也呢？要按辈分来说，乃是吴王的堂兄。当时，吴王僚违背了祖规，贸然接替父位，公子光本应继位，因而心中不服，暗中伺机夺位。书中暗表，伍子胥善于操控人心，运筹帷幄，所以早已对公子光了如指掌。他暗自思量：公子光有在国内夺取王位的企图，现在还不能劝说他向国外出兵。应当先帮助公子光继承王位。于是就把专诸推荐给公子光（停顿）。

第三幕

地点：专诸家

道具：一张桌子，两张椅子，一堵墙（墙两面不一样），一扇门。

（公子光与随从行走在路上）

随从：公子，咱们要去哪啊？

公子光：听说这里住着一位能人异士，如果能与他结交，岂不为日后大业添上一大助力。

随从：公子不愧是公子！

（转眼走到了专诸家门前）

随从：（敲门）有人在家吗？

专诸：来了，来了（开门，疑惑）您找谁？

公子光：（上前一步）您就是专先生吧？

专诸：您是……

公子光：慕名而来。先生可否请我进去坐坐？

专诸：请进（边走边说）请坐！

公子光：您请！

（两人一起坐下，随从站在一边。）

专诸：家里比较粗陋，还请见谅。

公子光：不妨事的。我听闻先生武艺高强。

专诸：一般一般。

公子光：先生可曾想过在朝为官，光耀门楣？

专诸：我就是一个杀猪的，日后还能有什么大作为啊。

公子光：哦——

专诸：我这手艺也算是子承父业了。

公子光：那令郎日后也是继承手艺？

专诸：唉，我这个儿子，手无缚鸡之力，恐怕日后不但无法继承祖业，连自力更生都困难。

公子光：是啊，但是先生是有大才华的人，不是吗？

（专诸愣了一下）

公子光：（继续说）如果我能掌握实权，那提拔一两个人还不就是一句话的事嘛。

专诸：是啊！

公子光：识时务者为俊杰，没错吧，专先生？

专诸：我不知道你在说什么。

公子光：你会知道的。

（专诸向远处看，失神。）

公子光：改朝换代是常有的事。任命普通人做官员可就不是常有的事了。

专诸：（叹了口气）说吧，让我干什么？

公子光：哈哈，（鼓掌）我早就说过先生是个聪明人。

专诸：好吧，给我几天打理一下。

公子光：（站起，笑）好，我会等待专先生的。

（公子光走了，专诸坐在椅子上闭眼，靠在椅子上，叹气，睁眼，自嘲地笑一下。）

（专诸站了起来，慢慢地走向屋内，就在撩开门帘的一瞬间，惊讶，专著跪倒在地，抽泣，磕头。）

第四幕

地点：公子光家

道具：一张桌子，两张椅子

说书人：曲木为直终必弯，养狼当犬看家难；墨染鸬鹚黑不久，粉刷乌鸦白不坚。蜜饯黄莲终需苦，强摘瓜果不能甜；好事总得善人做，哪有凡人做神仙。书接上文，专诸看到了惊人的一幕，跪地磕头。之后，给妻儿留下了一封书信就去了公子光府。公子光很高兴啊，收为门客，准备伺机而动。直至几年后。

（公子光高兴地回到家，坐下）

公子光：来人——

随从：公子。（谦卑拱手）

公子光：去把专诸找来。

随从：是！

（随从去找专诸，半盏茶的工夫，专诸到。）

专诸：公子。

公子光：嗯。知道我找你有什么事吗？

专诸：莫不是时机已到？

公子光：确是。楚平王死了，吴王想浑水摸鱼，已经派他的两个弟弟带兵攻打楚国。楚平王虽死，但楚国兵丁可没死，已经困住了吴国军队。

专诸：这个机会不能失掉。吴王现在身边没人，还不是任人摆布，我定能成功！

公子光：（心神大恸，起身叩头。）我公子光的身体，也就是您的身体，您的事我定会办到。

专诸：（摆摆手）只要能做到就可以了。

公子光：先生放心！

专诸：只是，我如何靠近吴王？

公子光：是啊！

（两人沉思）

公子光：（拍桌子）有办法了，只需如此这般这般如此。

说书人：原来这个吴王僚素来爱吃鱼，公子光就想到了一招“鱼肠剑”。将短匕藏在鱼腹之中，一击必杀。不愧为一个好计谋啊！这条计是他想出来的吗？书中暗表，这是伍子胥在某次茶饭之余故意说的。可见，在一件件事情的背后总有一双隐形的手在操控全局。

第五幕（最后一幕）

地点：公子光府

道具：两张桌子，两把椅子

说书人：道德三皇五帝，功名夏后商周，五霸七雄闹春秋，顷刻兴亡过手，青史几行名姓，北邙无数荒丘，前人播种后人收，说甚龙争虎斗。话说这一日，公子光在地下室埋伏下身穿铠甲的武士，备办酒席宴请吴王僚。

公子光：王驾千岁，切勿为国事如此操心操力，身体要紧。

吴王僚：嗯。听说你从太湖之畔请来一位擅长烹鱼的厨师。

公子光：是啊，王先等一会儿吧。

吴王僚：哈哈，不碍事，美食不怕太晚上，就怕上不来，哈哈……

公子光：您真是爱说笑。

公子光：王，我去看看鱼。

吴王僚：你去吧！（公子光走了出去，门外专诸正在等候）

公子光：一击必杀！

专诸：知道了（并没有看公子光）你知道吗？我为什么会来帮你，并不只是你许诺的事情，我不知道当初你在我家说的到底是为了让我卖命（看公子光）还是想绝了我的后路？

公子光：你说什么？我不明白！

专诸：我没有怪你，即使因为你我母亲才先走一步。

说书人：这是怎么回事呢？原来，当日专诸的母亲也听到了公子光的那番话，她认为自己是儿子的累赘，可能会拖累儿子，因此……唉……

公子光：（闭眼深吸一口气）我必不负你！

（专诸看了看公子光，点了点头，毅然决然地走了进去。）

吴王僚：你就是那个从太湖来的厨子？

专诸：（低着头）是！

吴王僚：来，看看你的手艺。

专诸：是！

（专注开始烤鱼，过了一会香味飘了出来，吴王僚走到烤鱼面前。）

吴王僚：味道很香啊！好了吗？

专诸：王还得再等一下，你看，这里还是生的。

吴王僚：哪里呀？（凑近观瞧）

（专诸抓住机会，剖开鱼腹，拿出匕首，直刺向吴王僚，四周侍卫发现不对，挥刀砍向专诸。）

（在这一刻时间好像慢了下来）

说书人：说时迟那时快，专诸此时，胸断臆天，匕首如故，以刺王僚，犹如彗星扫过月亮。侍卫的长剑洞穿了身体，但却没有阻碍专诸的动作，贯甲达背。吴王僚，陨；专诸，陨。公子光看大局已定，放出埋伏在四周的武士，将吴王僚的侍卫一举消灭。

（所有人都走光了，只留下了专诸的尸体）

伍子胥：（慢慢走到尸体旁盘腿坐下）兄弟，干杯！（嚎啕大哭）

说书人：后来公子光当了吴王，成了吴王阖闾，拜专诸的儿子专毅为吴国上卿。伍子胥做了公子光的幕僚，为他出谋划策。而公子光也从优安葬了专诸，这正是，一剑愁恩拓霸图，可怜花草故宫芜。瓣香侠骨留残塔，片土居然尚属吴。

参考书目：

[1] 傅成兰，话剧 ABC（文化生活丛书），宝文堂书店。

手工小制作——羊毛毡戳戳乐

羊毛毡是采用羊毛制作而成，目前人类历史记载中最古老的织品形式可以回溯到距今至少八千多年的西元前6500年，它属于非编织而成的织品，比纺织、针织等技术更早被人类所使用。因为羊毛兼具柔软与强韧的特性，纤维弹性佳，触感舒服，又具有良好的还原性，所以羊毛毡制品折叠后，都能很快回复原状，不易变形。羊毛纤维结构可紧密纠结，其强韧的特性不需要通过针织、缝制等加工便可完全一体成型。羊毛毡颜色丰富，制作简单，所用到的工具不复杂。

羊毛毡是一种古老悠久的织物，其制作方法在古罗马时代就已广为流传，是一门欧洲家喻户晓的手工技术。这种材料在欧美、日本等国家非常流行。羊毛毡手工在国内还是个新鲜的手工门类。为了培养学生的动手能力，丰富学生的课余生活，开设了选修课——羊毛毡戳戳乐。利用羊毛材料制作玩偶、娃娃、杂货、首饰、配饰、毡化等各类神奇的手工作品。

羊毛毡的起源

关于羊毛毡起源的传说有很多，其中最有趣的一个是关于西方鞋帽商人的守护神圣·克莱门特的。

圣·克莱门特为了躲避敌人的追赶而在树林中拼命奔跑，脚开始不断在发热发痛，但他仍要设法摆脱对他穷追不舍的敌人，于是他发现树林中有一些羊毛，并停下来开始收集，将收集到的这些羊毛裹住脚为了减轻疼痛，然后再将脚放回鞋中，继续开始狂奔。当最终到达安全的地方时，他将发痛的双脚从鞋中取出来时，发现自己的鞋已变成了一双毡鞋。从此之后，羊毛毡被广泛应用于宗教仪式，成为驱赶妖魔、带来好运的神品。

后来，人们又发现羊毛具有非编织性、一体成形性、保暖性、防水性、抗燃性、固色性、隔热性等高品质性能，开始将羊毛作为高档的手工艺术品制作材料，从而让羊毛毡手工艺品登上了艺术的殿堂。

如今，羊毛毡手工在欧美盛行几个世纪后，又在日本、台湾等地掀起一场为羊毛而疯狂的个性时尚之风，受到很多时尚和手工达人的热烈追捧。

羊毛毡的基本工具

海绵工作　　戳针　　胶水

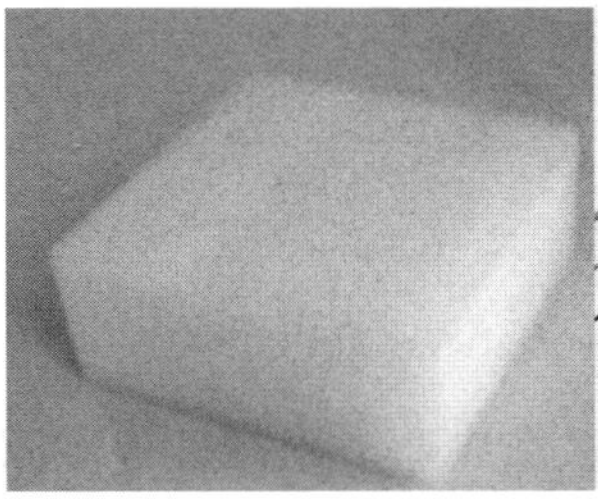

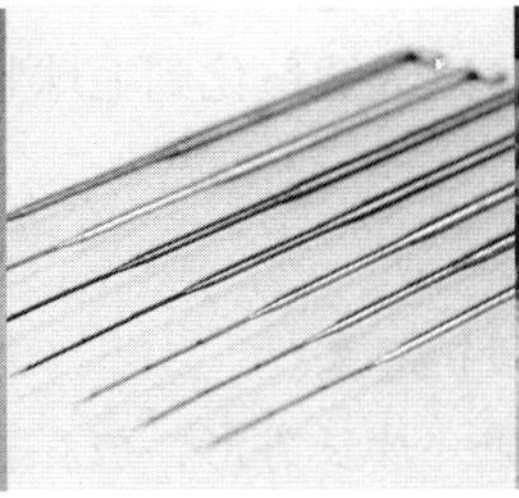

各色羊毛

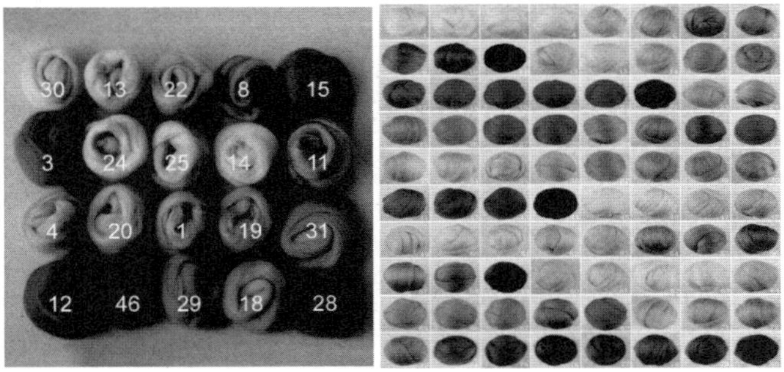

羊毛毡的基本形状

一、圆柱

（一）将羊毛取出适量长度。先均匀铺平，将羊毛扎实的往前卷柱状羊毛毡戳戳乐。

（二）将羊毛放在工作垫上，轻戳固定表面。

（三）一边滚动一边戳刺，务必每个地方均匀戳刺到。

（四）到半毡化时，开始修整两头的形状，使其变成平面。

（五）然后继续边滚动边戳刺，如果有凹陷的部分可以用羊毛补上。

（六）直到羊毛变得紧实，完全毡化为止。

二、球形

（一）取出适量的羊毛，将羊毛对折后，轻轻卷起，成蓬松状圆柱体。

（二）将蓬松的圆柱体的两端向内重叠，放置工作垫上，轻戳固定。

（三）一边滚动一边戳刺，要小心不要扎到手。

（四）在毡化过程中，需要不断滚动，避免圆球变形。

（五）在感觉戳刺过程中开始有阻力的时候，毛球已经半毡化了。这个时候可以针对羊毛球进行修复，包括凹陷、扩大等。

（六）修复完毕以后可以继续毡化到毛球紧实。

三、片状

（一）先铺好羊毛。

（二）将羊毛一段一段折起来。

（三）折好后，整体成一片长方形，放在工作垫上，用戳针轻戳固定最后覆盖的那层羊毛。

（四）先戳刺某一面，直到半毡化（形状已大致固定，但还松软的状态），再换另一面继续戳刺至半毡化。

（五）再继续轮流修整两面及边缘，直至整个形状变薄、变小、变紧实，完全毡化。

四、圆盘、花形

（一）将取好的羊毛卷成圆盘状。

（二）将卷好的羊毛放在工作垫上，用戳针轻戳固定最后覆盖的那层羊毛。

（三）一边滚动圆盘边缘，一边均匀地进行戳刺动作，不能只戳刺一个地方，否则会变成平坦。

（四）修成大致的圆形后，继续用戳针戳刺圆盘上部和底部，直至成平面状。

（五）继续边滚动边戳刺修整边缘弧度，使其更圆滑紧实。

（六）紧实的圆盘状做好后，在边缘用45度针法向内一个方向用力戳刺，直至凹陷。

（七）在边缘均匀戳刺出五处凹陷。

（八）再继续用针修整边缘和上下面，使花瓣形状更圆滑、更紧实，直至完全毡化。

实际操作过程演示（小蜜蜂）

1. 材料准备

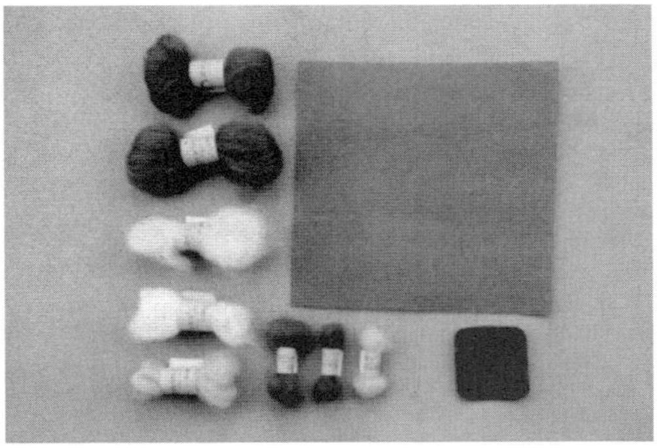

2. 戳制头和身体

（1）将羊毛分成 1 ∶ 2 两部分。

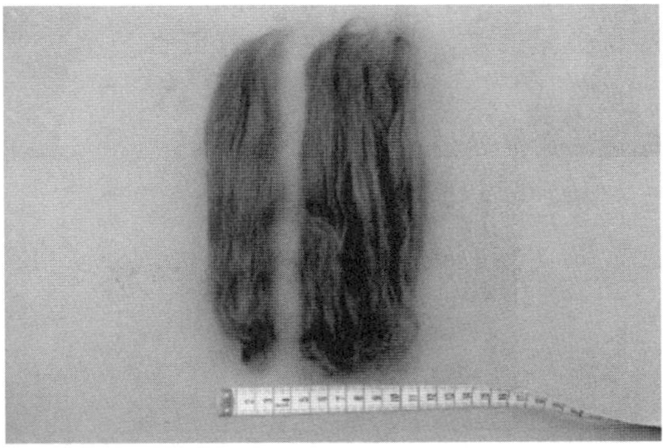

（2）分别戳成两个圆球。小一点的为椭圆形身子，大一点的为头。注意：因为还要将两个圆球上做连接装饰，圆球无需戳刺太实，戳到表面不再松散，一按还有弹性为好。

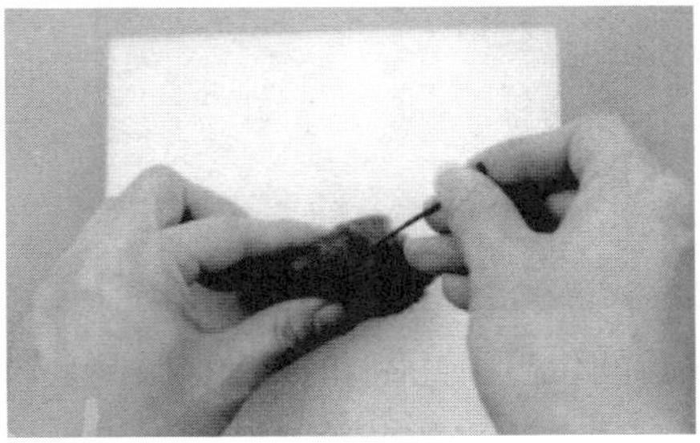
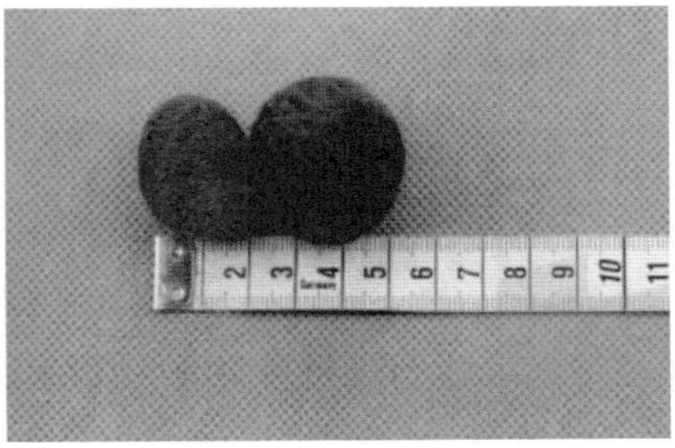

（3）戳身体部分。取适量黄色羊毛绕椭圆形戳刺一圈，将多余部分用剪刀剪掉。

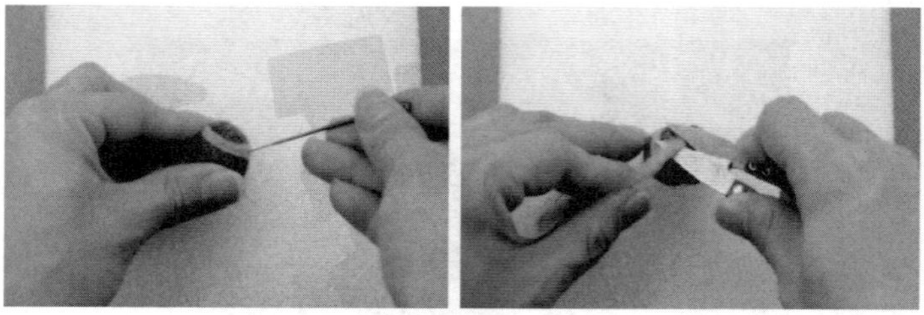

（4）戳头部。先用水消笔画出脸部大小，取适量肉色羊毛用手将其撕松散，铺在脸部形状上进行均匀戳制。最后用刺针调整边缘，以使脸部形状整齐。

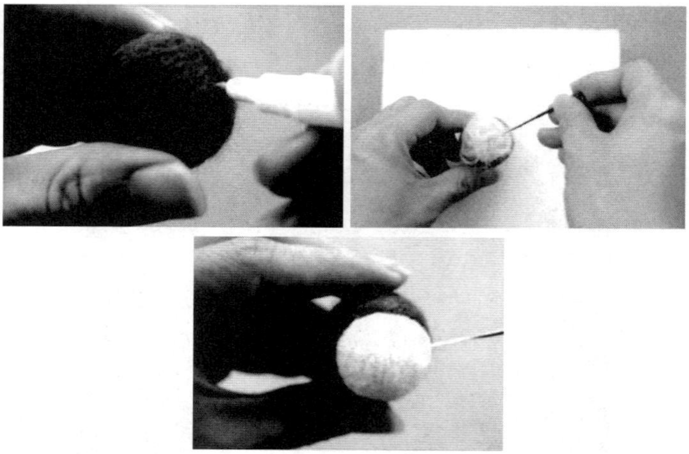

（5）鼻子。取少量肉色羊毛戳刺顶部，戳成小球，底部留一小部分松散羊毛和面部连接。

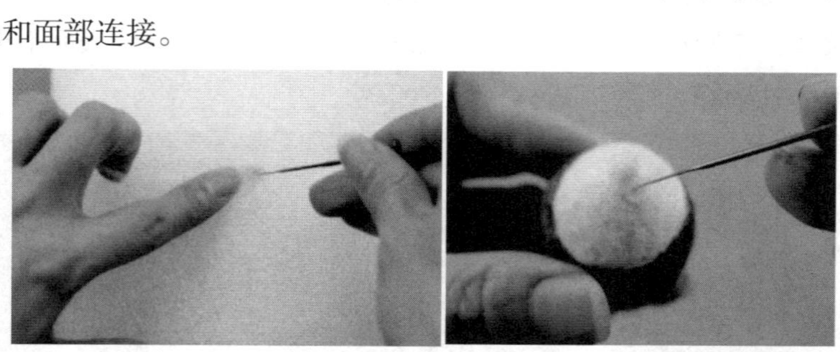

（6）眼睛与腮红。用戳针戳刺眼睛的位置，用酒精胶涂抹眼睛底部塑料杆，将其插入刚才刺出的洞内粘结眼睛。取少量粉色羊毛戳刺腮红。

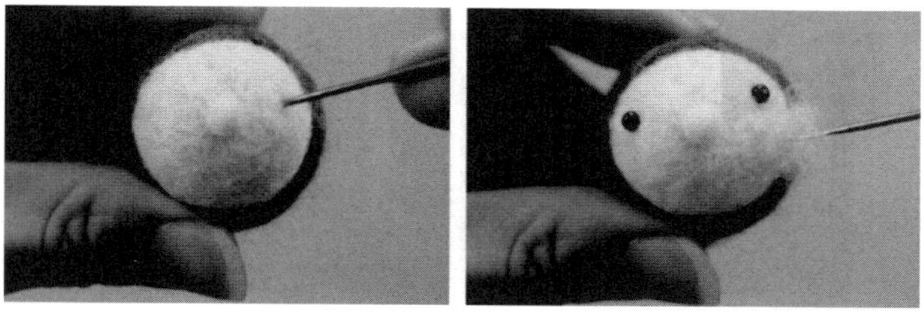

（7）嘴。取出一缕灰棕的羊毛沿嘴形戳刺，多余部分用剪刀剪掉。

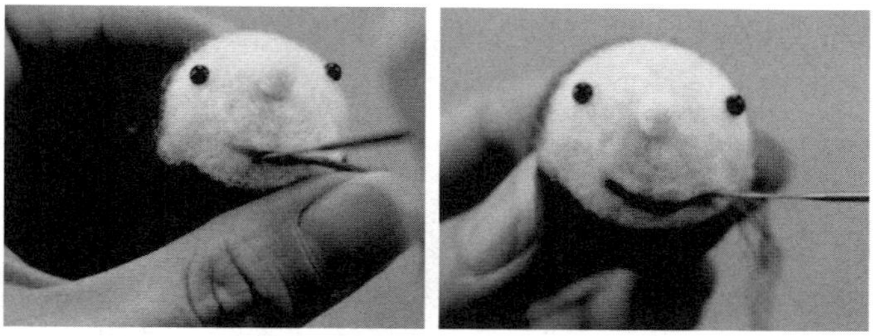

3. 触角

取少量灰棕色羊毛戳成两个细圆柱形，在圆柱的顶端裹上少量黄色羊毛，戳刺到与顶端灰棕色羊毛固定，呈圆形即可（达到半粘化即可，不需要戳实）。将触角的另一端与头部连接。

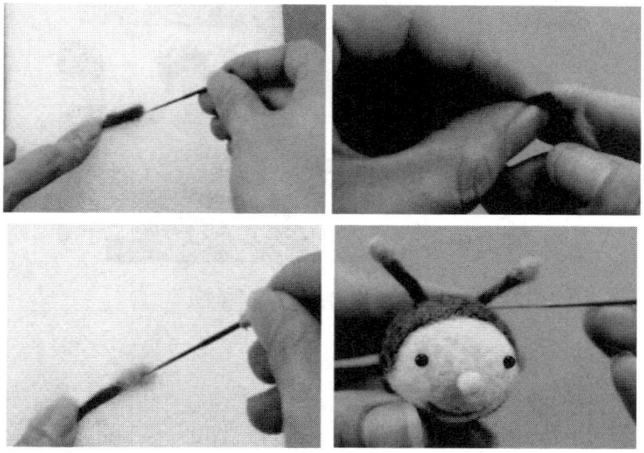

4. 翅膀和腿

将两份白的羊毛卷成扁片（为方便演示图中为浅黄色），然后戳刺，边缘戳刺光滑。两只胳膊为细圆柱形。胳膊和翅膀的一端为松散羊毛，方便与身体连接。

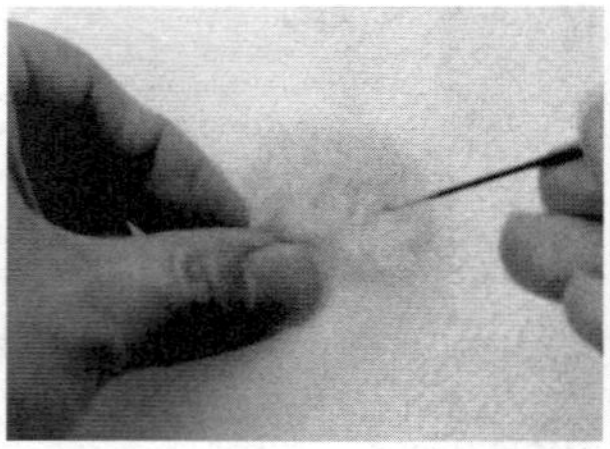

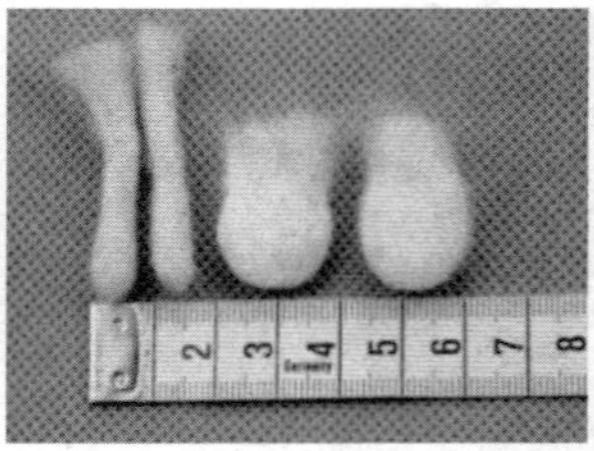

5. 连接各部分

将身体与头部连接，翅膀和胳膊戳刺在身体上。漂亮的小蜜蜂就制作完成了。

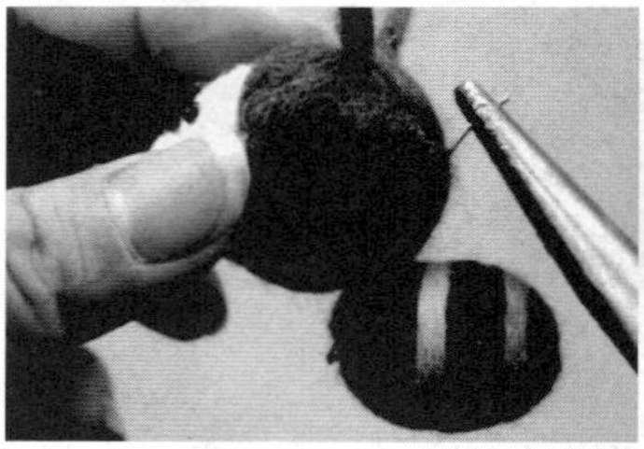

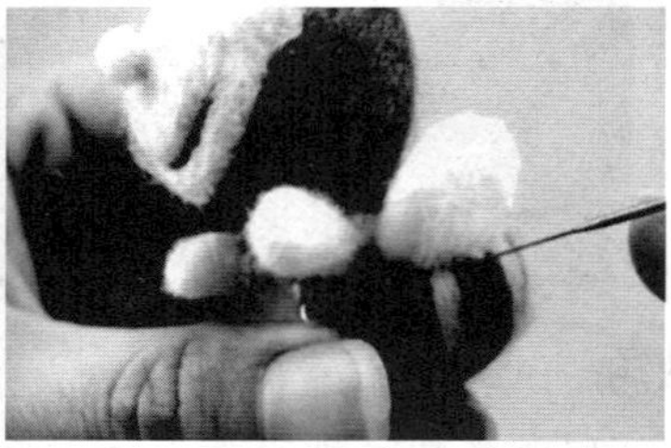

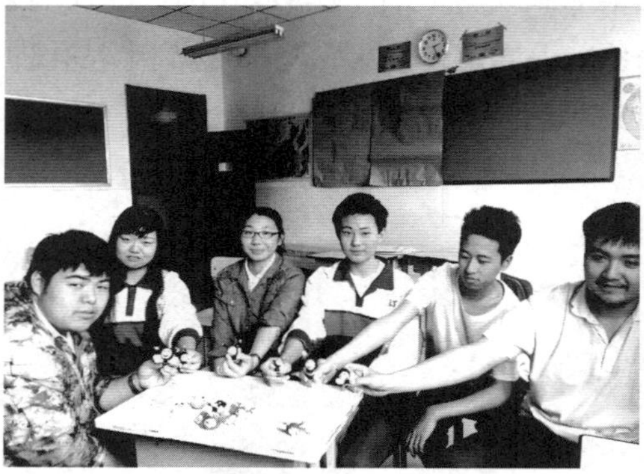

学生和他们的“小蜜蜂”

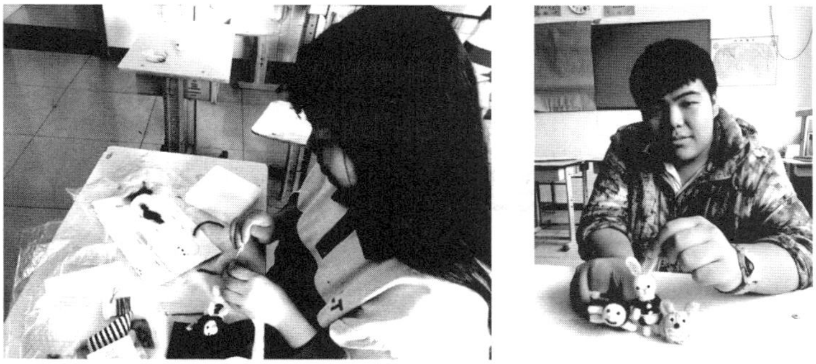

学生课堂实践

学生作品展示

指尖上的“舞蹈”

——小提琴选修课

学习导航：

在人类历史上，从音乐出现的那一刻开始，乐器就成为了人类文明的一部分。大多数情况下，乐器是经过很长一段时间，从最初的样子发展演变成最终的模样的。西洋乐器之弦乐组，是一组靠琴弦发声的乐器。分别是小提琴、中提琴、大提琴和低音提琴，统称为提琴。在交响乐队中，弦乐组的人数最多。快乐、悲伤、阴沉和高扬的情绪，这些只是弦乐组能表达出的各种情感中很少的一部分。弦乐组的音响效果能强烈地影响听众的心理感受，这使得弦乐组在作曲家心中具有至高无上的地位。提琴由琴身和琴弓两部分组成，四根弦，五度关系排列，分别为 E、A、D、G。其中小提琴（意大利文：violin）为旋律乐器，四种提琴中音域最高、演奏技巧也是最难的。

高中阶段，学生参与的选修课学习，一般情况下，热情大于勤奋，且期望值过高，往往忽视了中间的刻苦练习。弦乐的学习就最重要的恰恰就是刻苦练习，付出十倍的努力能收回一分就已经不易。所以开始阶段，一定跟学生反复强调多练习的重要性，以往的选修课学习中，有的学生练习的时间太少导致最后收获较小；反之，练习多的学生收获颇丰，兴趣愈发浓厚。所以学习乐器看似简单，实则不易。要付出时间、勤奋、耐心、泪水、汗水，终会成功。

选修课形式：

一、合作与实践

小提琴选修是一门实践性非常强的课程。在课堂上通过教师的讲授和一对一指导，学生在理解的基础上自己实践并练习，是授课的主要形式。在学习的同时，学生间的合作交流尤为重要，互相学习、互相鼓励、互相合作都是课上的主要表现形式。

小提琴选修课通常是高中几个年级好多班级的学生一起参与的课程学习，所以合作学习就显得更加重要。第一节课的时候老师会让学生们互相熟悉和了解，介绍课程形式，学习方式，让学生了解课程并明确学习方法。接下来的学习中，学生会在课上先跟老师学习具体的持琴、运弓、音的位置以及后面的基本功和各种技巧，然后自己练习或找到学习小组共同练习。这是学生在学习过程中逐渐形成的整套方法。

二、视频呈现

（一）介绍电影《和你在一起》的相关内容，介绍目前中国琴童的学琴之路。让学生了解学琴的方法和过程。

电影讲述的是父亲刘成为让从小拉小提琴的儿子刘小春的小提琴技艺有较大提升，带着他从江南来到北京，拜了性格怪异的江老师为师，在学习过程中，刘小春逐渐与江老师成为忘年好友，并学会用心感受音乐。

父亲刘成偶然聆听过一位年轻人的精彩演奏后，登门拜访了其恩师余教授，并说服对方收下刘小春为徒。刘小春怀着无奈与遗憾离开了江老师，投身余教授门下，却只收获了束缚与压抑，功利和心计，完全感受不到音乐的美好。

（二）介绍部分演奏家的演出视频，给学生展示小提琴的优秀曲目和演奏家的风采。演奏家包括：梅纽因、海菲兹、帕尔曼、安妮索菲穆特、文格洛夫、瓦汀列宾等。

瓦汀列宾：比利时籍俄罗斯小提琴演奏家，是俄罗斯三大青年演奏家之一，曾与许多珍贵的乐器有过亲密接触。早期他所演奏的小提琴是由苏联图书馆借给他的一把1720年的名为“维尼亚夫斯基”的斯特拉蒂瓦里小提琴，他使用了五年时间。后来，列宾又得到了一把1708年的名为“卢比”的斯特拉蒂瓦里小提琴。

西伯利亚出生，五岁学琴，11岁包揽了维尼亚夫斯基所有年龄组的金奖。1988年在比利时伊丽莎白女王大赛中成为首奖获得者。

主要作品：《卡门主题幻想曲》《茨冈》《引子与回旋随想曲》等。

马克西姆文格洛夫：俄罗斯小提琴家，出生于新西伯利亚。被誉为世界公认的最振奋人心的小提琴家之一。10岁获得“青年维尼亚夫斯基比赛”第一名，16 岁获得卡尔弗莱什国际小提琴比赛第一名。确立了世界一流音乐家地位。1996 年，由于录制肖斯卡科维奇和普罗科菲耶夫的第一小提琴协奏曲，获得年度古典唱片和最佳乐器独奏奖。1997 年，录制的肖斯卡科维奇和普罗科菲耶夫的第二小提琴协奏曲获得了爱迪生奖中的“最佳协奏曲”唱片奖。1997 年被任命为联合国儿童基金会音乐大使。2000 年担任萨尔兰德斯音乐学院小提琴教授。

亚莎·海菲茨：20 世纪杰出的美籍立陶宛小提琴家，1901 年出生在立陶宛，3 岁随父学琴，6 岁演奏门德尔松作品，8 岁进入圣彼得堡音乐学院，11 岁在柏林登台演出，自此开始辉煌的欧洲巡回演出，后在美国定居，其演奏水平登峰造极，与世界知名指挥、交响乐团合作录制了大量音乐唱片。1987 年在美国去世。

伊扎克·帕尔曼：以色列著名小提琴家，1945 年出生，4 岁时因患小儿麻痹症成为终生残疾，自幼酷爱音乐，10 岁上电台演奏，1958 年赴美国参加演出，后移居美国进入朱莉亚音乐学院，曾录制唱片多次获格莱美大奖，在电影《辛德勒名单》中，担任音乐的独奏。

吕思清：1969 年出生于中国山东省青岛市，毕业于美国朱莉亚音乐学院，1987 年获得第三十四届帕格尼尼国际小提琴第一名。1997 年参加庆祝香港回归音乐晚会、中央电视台春节晚会等，被美国新泽西州授予杰出亚裔艺术成就奖。

安妮索菲穆特：德国著名女小提琴演奏家，被认为是经卡拉扬一手调教、继承了最纯正的奥血统的小提琴演奏家。她的演奏向多元化发展，曲目不局限于德奥古典、浪漫等传统作品，加强了近现代作品的比重。1976 年，一首《恰空》征服了卡拉扬，从此开始了他们一老一少长达 13 年的合作，一直持续到卡拉扬去世。教父级指挥家卡拉扬称她为“自梅纽因以来最杰出的天才”。穆特是小提琴界的“神童”，7 岁成名，获得全德青少年小提琴比赛一等奖。15 岁以后陆续获得各项大奖。曾被誉为当代小提琴界的“女梅纽因”。

小提琴教材：

《霍曼》

《铃木》

《沃尔法特》

《开塞》
《马扎斯》
《顿特》
《克莱采尔》
《大顿特》
《巴赫无伴奏》等

部分优秀曲目

四大协奏曲《D 大调小提琴协奏曲》贝多芬
《D 大调小提琴协奏曲》柴可夫斯基
《D 大调小提琴协奏曲》勃拉姆斯
《小调小提琴协奏曲》门德尔松
帕格尼尼《二十四首随想曲》
勃拉姆斯第一号小提琴奏鸣曲《雨点奏鸣曲》
莫扎特《A 大调第五小提琴协奏曲》
莫扎特《D 大调第四小提琴协奏曲》
莫扎特《G 大调第三小提琴协奏曲》
理查德施特劳斯《降 E 大调小提琴奏鸣曲》
克莱斯勒《爱的喜悦》
克莱斯勒《爱之悲》
克莱斯勒《美丽的罗丝玛琳》
贝多芬《F 大调第五号小提琴奏鸣曲》（春天）
萨拉萨特《流浪者之歌》
拉威尔《茨冈》
萨拉萨蒂《引子与塔兰泰拉舞曲》
贝多芬《第八小提琴奏鸣曲》《第九小提琴奏鸣曲》
维拉契尼《小提琴奏鸣曲》
帕格尼尼《第十二号奏鸣曲》，Op.3/6
莫札特《降 B 大调小提琴奏鸣曲》K378
格里格《C 小调第三号小提琴奏鸣曲》（op.45）
舒伯特《A 大调第四号小提琴奏鸣曲》

普罗科菲耶夫《D大调小提琴奏鸣曲》等

中国作品

《梁山伯与祝英台》何占豪、陈钢

《渔舟唱晚》

《阳光照耀着他使库尔干》陈钢

《苗岭的早晨》陈钢

《花儿为什么这样红》韩铁华

《哈尼心向北京城》司徒华城

《红河山歌》廖胜京

《山乡之歌》李自立、何江平

《说书人》丁芷诺

《草原晨曲》阿拉腾奥勒

《沸腾的工地》刘自力

《新疆之春》马耀先、李中汉

著名小提琴教育家

赵微

中央音乐学院教授。中央音乐学院硕士生导师。中央音乐学院建院五十周年杰出贡献奖、文化部优秀指导教师奖、北京市教书育人优秀教师奖、文化部“区永熙音乐教育奖”、改革开放三十年中国艺术职业教育优秀指导教师奖。中国音协少儿小提琴教育学会副会长、北京音协少儿小提琴教育学会会长。

林耀基

我国著名的小提琴演奏家和音乐教育家，是当代小提琴教育界的杰出代表人物，受到国内同行和国际音乐界的高度评价，被西方誉为“伟大的小提琴教育家”。毕业于中央音乐学院，后赴苏联莫斯科柴科夫斯基音乐学院深造，师从小提琴家杨柯列维奇，专攻小提琴演奏与教学法，他曾预言，林耀基将会为中国的小提琴教育事业做出巨大贡献。

培养的学生有：

胡坤：小提琴演奏家，第一位在国际小提琴比赛中获奖的中国小提琴家；1985年巴黎梅纽因国际小提琴比赛5项大奖获得者。

1987 年法国富兰切斯卡国际小提琴比赛头奖；

1988 年意大利里皮泽尔国际比赛第一名；

1985 年成为小提琴大师梅纽因关门弟子。

刘扬：青年小提琴演奏家，中国第五届小提琴比赛中获得第一名和中国作品最佳演奏奖；

2002 年第十二届柴可夫斯基比赛获奖者。

郭昶：小提琴演奏家，1984 年全国第二届艺术院校青少年小提琴演奏比赛（少年组）二等奖；

1985 年第二届梅纽因国际青少年小提琴演奏比赛（少年组）第一名。

柴亮：小提琴演奏家，被誉为帕尔曼后最杰出的青年提琴家；

中央音乐学院管弦系小提琴教研室主任；

英国第二届耶胡迪·梅纽因国际小提琴比赛、日本第三届国际音乐比赛夺得重要奖项、美国华人最高艺术成就奖。

李传韵：青年小提琴演奏家，出身于音乐世家。5 岁参加北京市青少年小提琴比赛演奏拉罗的《西班牙交响曲》震惊评委林耀基，以第二名的成绩成为林教授的学生。11 岁参加第五届维尼亚夫斯基国际小提琴少年组比赛第一名，1998 年艾斯本音乐节小提琴协奏曲比赛第一名，西方人称“一个在琴弦上跳舞的魔鬼天才，一位用技巧征服世界的大师。

薛伟：著名小提琴演奏家，1981 年全国小提琴比赛、1982 年英国卡尔弗莱什国际小提琴大赛、1983 年日本国际音乐大赛获奖。1986 年在莫斯科获得第八届国际柴可夫斯基小提琴大赛银奖，两个星期以后又在伦敦卡尔弗莱什国际小提琴大赛中赢得金奖，并囊括了其他所有奖项。同年，获得英国青年独奏家年奖。

陈允：中国爱乐乐团首席，小提琴演奏家；

1981 年全国弦乐四重奏担任首席，夺得第一名；

1982 年在英国朴次茅斯举办的第二届国际弦乐四重奏比赛中担任首席获得耶胡迪·梅纽因奖。

谢楠：当今中国杰出的青年女小提琴家，多次受到中华人民共和国文化部的表彰及嘉奖，14 岁在北京国际青少年小提琴比赛中一举成名，16 岁在维尼亚夫斯基国际小提琴比赛中获得维尼亚夫斯基作品最佳演奏奖，曾得到著名小提琴大师斯特恩、阿卡多、祖克曼的亲自指导，1999 年成功录制并出版《克莱采尔 42 首随想练习曲》，成为世界上第一个录制该作品全套的小提琴家。

陈曦：小提琴演奏家，2001 年获得全国国际比赛选拔赛第一名，第七届全国小提琴比赛青年组第一名，中国作品演奏优秀奖，2002 年获得第 12 届柴可夫斯基国际音乐比赛小提琴银奖，成为该赛事最年轻的首奖获得者。

张提：中央音乐学院教授，中央音乐学院附中小提琴教研室主任，1986 年在加拿大音乐节比赛中获得全部最高奖项，1990 年在柴可夫斯基国际小提琴比赛中获奖，被评为“对柴可夫斯基作品有深刻理解的最优发展前途的青年音乐家。

杨晓宇：国家大剧院管弦乐团首席，1999 年获中央音乐学院小提琴奏鸣曲比赛少年组第一名，2001 年获全国国际比赛选拔赛少年组第一名，2001 获第七届全国专业小提琴比赛少年组冠军。

林教授的学生们在世界重大小提琴比赛中纷纷获奖，因此受到国内外音乐界的高度评价，被誉为“伟大的小提琴教育家”“采矿大师、冠军教授”。被柴可夫斯基国际音乐比赛评委会授予“优秀教师奖”。

学生们在了解了我们国家小提琴的优异成绩后，一定为他们感到骄傲和自豪。同时肯定是信心满满的准备好学习小提琴了。可以建议学生去音乐厅或剧院现场聆听和感受音乐作品，相信孩子们会更为深刻的体验音乐。兴趣是最好的启蒙老师，有了以上的学习和了解，我们就可以开始学习小提琴的旅程了。

三、考核形式

在学琴初期、期中和期末通过录制视频的形式阶段性的进行考察和展示，学生能够互相交流、互相沟通、取长补短，以这样的方式记录下学生学习的过程。最后成果展现的时候，学生可以看到自己的进步和成长。

选修课特色

了解其相关文化

小提琴起源

小提琴的故乡是意大利，近代小提琴约在 1550 年被人们所熟悉，是由当时流行的乐器卢贝克和臂提利拉演变而来。16 世纪后期，意大利的小提琴制作业有两个著名制作流派组成：一派是克雷莫纳制琴派；另一派是布雷西亚制琴派。这两派各有所长，至今仍是上等珍品。

制琴的工艺

小提琴制作的黄金时代，出现了许多著名的小提琴制作大师。被人们认为最为杰出的是 A 斯特拉迪瓦里和 G 瓜尔内里。据说维瓦尔第赞赏了斯特拉迪瓦里制作的琴，帕格尼尼则喜爱瓜尔内里的琴，两人从此名声大振。当代的为数不多的小提琴家以能拥有一把斯特拉迪瓦里和瓜尔内里制作的琴为荣幸。

我国著名小提琴演奏家李传韵现在使用的就是制造于 1784 年的 GB 瓜尔内里小提琴，通过芝加哥斯特拉迪瓦里协会的慷慨努力，可以长期使用。著名小提琴演奏家吕思清，我国第一位获得帕格尼尼金奖的小提琴演奏家，当年作为金奖获得者有机会使用帕格尼尼生前使用过的瓜尔内里家族第三代、制作工艺达到顶峰的基塞佩瓜尔内里与 1742 年制造的 CANNON。在吕思清使用前，已经很多年没人使用了。同时为了表彰他在国际乐坛取得的杰出成绩，斯特拉迪瓦里协会授予吕思清使用一把斯特拉迪瓦里名琴。

以色列演奏家帕尔曼，使用的是 1743 年出产的瓜尔内里 GESU。后来，他又得到了 1714 年出品的斯特拉迪瓦里 GENERALKYD 提琴。1986 年，帕尔曼接受了伟大的耶胡迪梅纽因曾经使用过的 1714 年出品的斯特拉迪瓦里 SOIL 琴。许多专家都认为，这把 1714 年出品的斯特拉迪瓦里 SOIL 琴是现存的斯特拉迪瓦里琴中声音最好的一把，同时也是最漂亮的一把。

俄罗斯小提琴演奏家瓦汀列宾，在 2005 年被意大利热那亚市政厅准许，在一场音乐会中使用意大利的国宝——帕格尼尼名为“大炮”的瓜尔内里小提琴，这是一种至高的荣耀。而列宾本人长期使用的是一把名为 BONJOUR 的珍贵的瓜尔内里。

和列宾齐名的俄罗斯小提琴演奏家文格洛夫，使用的是 1727 年的斯特拉迪瓦里“克鲁采尔”小提琴。

2005 年 9 月中国小提琴演奏家宁峰曾获邀使用过一把 1743 年的名为“加农炮”的瓜尔内里小提琴，这把琴已经有 300 年的历史了。很多琴堪称天价，而此琴则是无价之宝。大师帕格尼尼生前用的这把“加农炮”的瓜尔内里小提琴有着特别有力的声音，所以被大师成为“加农炮”。帕格尼尼去世后，将这把琴赠给他的故乡热那亚。值得一提的是，宁峰获邀使用的这把“加农炮”的瓜尔内里小提琴在帕格尼尼去世后，就没有人用它演奏过。所以宁峰也成为世界上少数演奏过这把“加农炮”的瓜尔内里小提琴的小提琴演奏家之一了。

宁峰是当今最优秀的华人小提琴演奏家之一，他本人使用的是一把斯特拉迪瓦里在 1694 年制作的名琴，属于其早期作品。该琴的市场价值达到 350 万美元，是一位珠宝商借给其使用的。

意大利制琴大师阿马蒂，是提琴制造世家的代表人物。其制作风格为提琴的模样是围绕着琴边有很深的槽，面板的槽略浅些。琴的边很宽，而侧板则较低，琴角优雅。其门下出了两名巨匠是 A 斯特拉迪瓦里和 G 瓜尔内里。

安东尼奥 · 斯特拉迪瓦里，14 岁师从阿马蒂学艺，22 岁制成第一把完美的小提琴，1700 年至 1725 年制作了许多传世名琴，1737 年所制作的“天鹅号”标签上加注“93 岁作”仍为后世使用的名琴。他一生制小提琴 950 把，传至今日约 500~800 把。好多琴都经过数为演奏大师之手流传至今。各琴皆有，价值连城，现存世界上最昂贵的小提琴就是他的作品。帕尔曼、梅纽因、马友友、穆特等都是用斯氏琴。

安德烈亚 · 瓜奈里是意大利克雷莫纳的小提琴制造家族瓜奈里家族的创立者。他和斯特拉迪瓦里同是阿马蒂的学生。安德烈亚的孙子朱塞佩 · 瓜奈里是这个家族最伟大的制琴师。19 世纪初，帕格尼尼用他的一把 1742 年制的提琴（加农炮），征服了全欧洲，他的提琴在音乐及商品上的价值，与斯特拉迪瓦里并驾齐驱。伟大的演奏家海菲兹、维奥当、克莱斯勒、易萨伊、梅纽因等都采用过他的提琴。据估计，现存瓜奈里提亲全世界只有 150 把左右，全部都是小提琴。

1920 年，小提琴传入中国。随着古典音乐在我国的普及和青少年学习提琴的热情，我国的小提琴制作也随着慢慢兴起。上海音乐学院的谭抒真和中央音乐学院的郑荃是我国提琴制作界的两位重量级人物。谭抒真是中国小提琴制作业的开创者同时也是当代著名的音乐教育家，1978 年他率先在音乐学院设立第一个提琴制造专业，培养出小提琴制作大师华天。华天从一名小提琴乐手转至专业制作小提琴，自己学成之后又培养出大量的学生学习制琴。他制作的琴音色极美，1990 年参加第九届国际提琴制作比赛夺得音质奖。华天制琴，从所选木材、面板弧度的厚度、音柱的位置等都十分讲究，并不断钻研与探索。华天制作的琴，在使用一段时间后，经过反复的拉奏，声音会达到更佳状态，深受乐界同行的称赞。

另一位重量级制琴大师是郑荃，也是从小提琴乐手转至制琴，多次在国际制琴大赛上获奖。被国际提琴制作协会授予“国际提琴制作大师”称号。作品被意大利克雷莫那提琴学校博物馆、保加利亚国家博物馆收藏。他在学习制琴的过程中，拜遍名师。所做的琴曾经作为珍贵的礼物赠与世界著名小提琴大师梅纽因。梅纽因对此琴大为赞赏，并带到帕格尼尼国际小提琴比赛上展示。郑荃对国内制琴状况深感忧虑，一次在国外学习的时候，一个外国同行跟他说：中国制造的小提琴价格太便宜，但是质量糟糕透了。我们买一套中国提琴，把提琴和琴弓扔掉，只用琴盒。因为质量太差，所以修理的费用比买琴要贵很多倍，所以只能扔在仓库里。这段话深深刺激了郑荃，认识到自己肩负的责任，决心努力学习提琴制作工艺，改变现状。他先后在意大利、法国等国家学习制琴技术，经过不懈努力，取得了骄人的成绩。1987 年，郑荃获得了意大利第一届全国提琴制作比赛小提琴金奖。老师莫拉西教授称他为“中国的骄傲”。

小提琴在中国

清末的时候，小提琴传入我国。大师们不断地来华交流，小提琴很快被国人接受并喜爱。80 年代，中国自己培养的青年小提琴家们屡在国际上获得大奖，我国的小提琴教育获得重大发展。与此同时，掀起了全民学琴热潮。就是在这种热潮下，我的父亲带我加入琴童的队伍。6 岁起，我拥有了第一把小提琴。同时学琴的孩子非常多，随着时间的推移，一点点减少，再减少，到最后一直坚持学的少之又少。原因很简单：太难！现在经常会聊天得知，某个同事或朋友，小时也学过小提琴，但几个月或一年之内就不学了。原因也是：太难！但是，坚持下来的才是最适合学习此乐器的人。小提琴是技术最难的乐器，练习起来很枯燥。持琴的姿势又违背人的生理构造，不如钢琴那样坐下来很舒服的弹。最致命的还有音准，需要演奏者自行校对。初学者练琴对邻居来说真的是一场灾难，现在想想很对不住我儿时的邻居们。可是，苦尽甘来的喜悦也是最大的回报。

我国小提琴的发展速度惊人，一批又一批的青年在国际大赛上屡获大奖，让国际乐坛刮目相看。越来越多的音乐院校开设小提琴专业，让大批小提琴爱好者得到了较正规的教育，小提琴教学得到普及。师资发展壮大起来，出现一批小提琴教育家。经过长期教学上的摸索与实践，培养出一批优秀的小提琴演奏人才。如前面提到的小提琴教育家林耀基以及他的演奏家学生们胡坤、柴亮、李传韵、陈曦、谢楠、薛伟等一大批在国际上享有盛誉的演奏家。

随之而来的还有我国自己的提琴制作，几代人的努力，音乐学院开设了提琴制作专业，培养了自己的提琴制作人才，在国际制琴大赛上震惊评委，并享誉国际乐坛。

中国的小提琴艺术要走向世界舞台，一定要有表现我们五千年文化背景的多民族绚丽多彩的音乐风格的小提琴作品。也是这个原因，中国的作曲家创作出了许多经典的中国小提琴乐曲，如《梁山伯与祝英台》《苗岭的早晨》《花儿为什么这样红》《阳光照耀着他使库尔干》等。中国的演奏家们在世界级的舞台上演奏，总是要演奏一首我们自己的作品。现在的孩子和家长总喜欢参加考级，必拉曲子里总是会有一两首中国作品，为普及中国作品做出了贡献。到现在我都记得我的第一首中国曲子是《新春乐》，那个时候看到同时学的孩子拉这首曲子，心里急得呀，拼命练习，终于老师也教我拉了，那份高兴劲儿，现在还能感受到。

现在，学琴的孩子越来越多，家长们已经把学琴当作孩子素质教育的重要组成部分。四五岁的孩子就可以开始学习小提琴。一般来说，越小的孩子更有利于发展手的灵活性。手腕的柔软与弹性，整个身体与演奏动作的协调配合以及识谱能力都是越早越好。所以讲究“童子功”是很有道理的。当然，在非专业学习小提琴的领域里，任何年龄学习都是可以的。年龄越大的孩子，理解力、自觉性、耐力方面都要强于年龄小的孩子。各式考级也曾出不穷，孩子们为此乐此不疲。所以学琴的大军里，家长往往都是带着孩子冲锋在前，付出的辛苦也是一言难尽。孩子们听的多了，见的多了，再加上刻苦练琴，在老师的细心调教下，国际上屡获大奖的也越来越多。当然，还有一部分孩子学琴是为了升学考试，为了可以以特长生身份进入中小学乐团。但不管怎么说，学琴的队伍在不断壮大，家长们见面互相问候语早已变成“学琴了吗”，这些都足以证明，小提琴在我国发展的速度惊人，普及率极高，发展前景更是不可估量。

选修课的必要性

音乐艺术是人类最广泛热爱和乐于接受的艺术门类。很多孩子小的时候因为各种各样的原因，没有学琴的机会。随着年龄的增长，有的孩子对某些乐器有了兴趣。想通过合适的机会，圆一圆学习乐器的梦想。上了高中，学校开设了选修课，可以让孩子实现儿时的梦想。学习乐器需要毅力、耐力、信心和勇气，对培养坚强的意志、顽强的进取精神，以及踏实、严谨、科学的作风，都有良好的作用。

知识要点：

1.（基本功）初识乐器各部位名称及其作用，掌握正确的小提琴演奏姿势和方法。

基本功：运弓（分弓：全弓演奏一个音；连弓：全弓演奏多个音；顿弓：音与音之间断开；跳弓：弓毛离开琴弦）。

2.（识谱能力）基本掌握五线谱及音乐术语、常用演奏记号。能够视谱演奏，初步掌握音阶和初级练习曲的演奏。

3.（合奏能力）掌握原位音的基本位置，能够独立辨别音准。能够按要求看谱演奏，可以跟随钢琴伴奏自如演奏。具备一定的合奏能力。

知识详解

一、如何练好基本功

持琴的重要性：看起来持琴很容易，甚至可有可无，但实际上却是学琴的一个重要环节。初学者，甚至要拿出几周的时间单独练习夹琴，做到不向上或向下倾斜以及角度正确。通常，小孩子学琴的最初一个月时间里，正确持琴是非常重要且枯燥的环节。同时还要强调的还有琴头的高低，琴头过于偏低，就会给左手增加重量，弓子也容易滑向指板。琴头偏高的话，可以把琴的重量导向脖子和肩膀，换把位的话会比较轻松。关于琴托的使用问题，是因人而异的，脖子长的人可以使用，脖子短的话不使用也不会有什么问题。一般情况下，小孩子比较喜欢用琴托，是因为刚开始学琴不适应琴板太硬。成年人则相反，有的仅垫一块儿布即可。关于左肘的位置，一般情况下在琴身下面中央的位置比较合适，这样可以使左手手指在四根琴弦上都能灵活的演奏。在最里和最外侧拉琴时，肘微向右或左倾斜就可以了。

二、弓子的使用

小提琴是世界上演奏技巧最难的乐器，除了左手音准和各种技术较难掌握外，右手的弓法也是非常难掌握的。最基本的弓法有全弓、上半弓、下半弓、中弓、跳弓、顿弓等。运弓时，上肢全臂在运动，带动手腕控制弓子的走向，弓子是否能直着走主要靠大臂带动小臂带动手腕的灵活运用。如何控制好弓子是日后拉好琴的重要保障，也是不好过的难关之一。以选修课上学生对基本功的掌握为例：高中阶段开设的选修课为一学期，16 到 20 课时，一节课 90 分钟。如果拿出几课时来专门练习基本功，显然是不现实和不实用的。如何练好运弓呢？可以通过教师的示范和讲解以及学生的大量练习来完成。例如：在一根琴弦上完成长弓，慢走练习并不断观察动作是否正确，如有问题随时改正。四根琴弦轮换练习，换弦练习可以帮助学生观察肩和大臂的动作，高度要和弦保持一致，避免蹭到其他弦，声音要干净。最为重要的是手腕的动作，运弓练习最终的目的是肩、大臂、小臂、手腕的协调一致，保证弓子的走向及动作的正确性。这里有个有趣的练习：选修课上，我让几个学生从四弦开始拉空弦，每个全弓要拉够四拍，我不跟他们同步拉长音，而是在每个四拍里拉不同节奏，可以是四个一拍，也可以是八个半拍，或是附点，或是切分，总之随时根据学生的接受程度变换节奏，使无味的练习变得有意思，好玩儿，同时促进了教学。而且，我发现学生很喜欢这种有变化的练习，愿意在其中不断尝试和探索。

有了长弓的基础，其他弓法就相对简单了许多。如上半弓、下半弓、中弓。

总之，运弓在学琴初期是非常重要的一件事儿，这件事儿做好了才能往下继续学习。

握弓技巧

如果按技巧来说的活，右手其实比左手更难，因为好听的音色来自于右手。小提琴握弓有三种方法：德国式、法国式和俄国式。重点在拇指、食指、小指的触音位置上。首先是食指，食指是重要力点，会影响弓子对弦的压力。拇指是支撑，对不同音色、音质、音量的变化起着重要的作用。小指的作用是保持平衡，作用同样不可忽视。

而右手握弓常出现的问题是：手比较紧；不会运用手腕；肩臂运动不流畅。所以运弓时，握弓的四个手指对弓杆的施压是随时变化的。为了弓杆的平衡，上弓时食指和中指对弓杆的压力要减弱；下弓时食指和中指要给以压力。弓子的永久话题是：垂直！

左手正确的手型

小提琴作为技术性很强的乐器，对于左手手型有着严格的要求。正确掌握左手手型，不仅可以使演奏者顺利完成乐曲的演奏，还可以演奏出高质量的音高、音质效果。要想让演奏者有好的发展，左手就显得格外重要。先要说清楚左手手型如果出现问题的后果：会导致左手腕过硬，演奏时会很吃力；会导致手指间缺乏协调力，灵活度不够；手腕过于僵硬会导致手托琴的现象；这样就会换把位时动作不流畅等等。解决办法：加强手腕放松的练习；加强手指颗粒性训练，手指抬落、伸缩的训练；反复练习换把位动作的训练。解决这些难题，适当用教材中的练习再合适不过。如：《开塞》12课，《赫利美利音阶练习》《克莱采尔练习曲42首》等。部分孩子学琴初期，由于各种原因导致姿势的不正确。最突出的是左手的问题，由于问题的存在而使继续学习有了很大的障碍，在音准、音质以及完成作品各方面都有不同程度的问题。这种时候最麻烦了，因为孩子的某些习惯动作已经养成，且这种习惯在经过长期练习后已经根深蒂固，改起来很难。这就是很多老师宁愿教什么都不会的孩子，也不愿教学过一段时间又在姿势上存在问题的学生，真是因为改起来很难。我小的时候因为换了太多的老师，左右手都有很多问题。终于在一位严师的指导下，小小年纪的我用了近两年的时间改掉而重新走上正轨。这之中有父亲的严厉和监督，我的艰辛和泪水，当然更多的是学下去的毅力和坚持。总之，正确的手型是学习小提琴的必要条件和前提。

三、手指尖的练习

左手的手指尖是我们全身最弱的部分，只有用指根关节来完成指尖提负的任务，才能使手指尖和琴弦的接触产生作用。音色好不好听，取决于指尖运用得好不好。学生开始的时候，通常不太会真正用指尖，因为会觉得很疼。所以有的学生指甲很长还可以拉琴，所以每次老师都要检查指甲，不合格要按要求简短方可拉琴。要会正确使用手指尖，音要拉的干净，这就要求手指不能碰其他琴弦，且指关节要会正确使用。

练习手指尖最好的方法就是音阶练习。初学者，可以从练习一根琴弦开始，一根弦上的单音原位练习，注意不能碰触其他弦。保证指关节弯曲，指尖触琴。四根琴弦单独练习好以后，就可以做音阶练习。指尖触琴一定要实，不能松。松了音会飘，对音色有很大影响。长时间的练琴，会导致指尖蜕皮，学生会不太适应。老师要跟学生解释原因，并以示范。可以跟学生介绍儿时学琴经历，指尖破了、蜕皮后又破了，久而久之就变成了茧。指尖有了茧后，音色也就有了。

小提琴教材中有很多训练指尖力度及音色的练习。如《开塞》4、9、12、16；《沃尔法特》1、7、10、18、51。这些特殊练习，练习过程中手指会酸疼，所以练习的时候要量力而行，一点儿一点儿有层次的练习，而不要急于求成损伤手指。而且手指抬起来时要立刻放松，不能老处于“紧”的状态。

具体动作要领：手指的动作应从指根关节开始。抬起，落下要迅速果断，富有弹性。按弦有力，但不要僵硬。方法：在落音之前手指稍抬高，迅速落弦后马上放松。过程是用力——放松——用力——放松。这里，保留手指尤为重要。保留手指是指某一手指按音后，若不需要按其他音，在不影响其他音的前提下，仍保留在原处。保留手指的好处在于：精简动作；减少杂音；固定手型。对初学者，一定强调保留手指的必要性。

四、音准的正确掌握

音准是小提琴的“灵魂”和“生命”，是所有学习者整个学习过程中的永恒话题。这个问题同时也是最难突破的问题。初学者会觉得音准是最难解决的难题。这也正是最基本的最难掌握的技术之一。掌握好音准需要有很好的耳朵，即对音高极为敏感。音准问题是学琴者必须首先解决的问题，这个问题不解决，其他技巧的练习就没有任何意义了。

解决音准问题从来都是教学和演奏的一道难题。学生在练习中投入大量时间和精力来纠正音准，但往往成效甚微。时间长了学生会失去继续学习的信心。这也是很多孩子停止学习的原因，因为实在太难听了。客观来看，小提琴是一件很难掌握的乐器，需要演奏者自己在指板上找位置。而指板上没有任何标记。再加上小提琴的音律较为复杂，更增加了难度。除小提琴外的部分乐器，指板上有“品”，如吉他、贝司，民乐中的琵琶、阮等。因为有“品”的存在，大大降低了找音的难度，从而变得简单好学。但没关系，虽然小提琴的音准较难掌握，但并不是说不能掌握。只要掌握科学的学习方法，经过努力练习，就能拉好每一个音。大量的音阶练习，可以逐步解决音准问题。

音阶是建立和巩固内心的音高抽象位置的最简单和直接的办法，同时也可以建立手的框架。练习音阶，是小提琴学习者最重要的基础练习。练琴的步骤：基本功——音阶——练习曲——乐曲。每天坚持练习音阶，认真解决各方面的问题尤其是音准问题将会对学生有重要的帮助。当然，这种练习很枯燥，可也正是练习学生毅力和耐力的好时机。

原位音的掌握是很重要的，所以运用音阶来解决很有必要。当然教会学生如何正确持琴和运弓后，基本掌握了固定音高以后，适当用简单的小曲子巩固基本功是不错的方法。实践证明，既提高了学习兴趣又扎实了基本功，效果是双倍的。如《念故乡》《鳟鱼》，可以降低难度，也可以运用不同弓法进行练习。这样既可以练习持琴，也可以练习运弓和左手的音准。还有一个小方法也不错：让学生两两一组的练习，互相帮助以及互相解决问题。比如，可以看对方姿势是否正确，换句话说对方就是自己的一面镜子，可以随时帮助自己改正错误。小提琴初学阶段的练习是很枯燥的，那么在兴趣中学习就显得尤为重要。作为选修课，在兴趣中学习就更为重要。学生完成一首简单的小曲子以后的喜悦感和成就感是比任何表扬都好的激励学习的方法。还可以二声部练习，以《小星星》为例：两个人一组，一个学生拉主旋律，另一个学生拉每一拍或每一小节的根音。当然，节奏和稳定拍在这里就显得尤为重要了。经过反复练习，就可以拉出小的二重奏。优点是：学生会特别注意节奏是否统一，音准是否是正确的，是否同步。这样的练习会起到事半功倍的效果。

然后就是变化音的学习。初学琴的学生经常出现找不到音的问题，也就是分不清原位音和变化音的区别。很小的孩子学琴，老师们通常都要在指板上贴上胶条，相当于吉他上的品位。以便孩子们找到音的正确位置，时间长了手指就可以固定正确音的位置了。变化音最常见的是 F，G 大调。一弦 1 指（挨着 2 指），三弦 2 指（挨着三指）。可以用 G 大调音阶来练习，重点强调变化音的位置及音准。学生有时会说听不出来准与不准，出现这种情况可以用钢琴来解决。音阶没问题就可以给一首 G 大调的小曲子了，巩固练习 F 的正确位置。以此类推，其他变化音，可以用同样的方法。

再往下可以给一些教材来练了。比如：《霍曼》《开塞》《沃尔法特》，前面的很多基础性练习曲都可以拿来练习。

关于揉弦

揉弦有几种：手腕揉弦、手指揉弦、手臂揉弦。

很多时候，演奏者要根据作品的时代背景、风格、形象、情感等方面选择用哪种揉弦。也就是说，揉弦没有哪种最好，而是哪种合适。有的演奏家觉得，手臂揉弦和手腕揉弦相结合更好一些，这样在以手臂揉弦为主时可以放松手腕，避免手腕的僵硬状态，可以得到想要的音色。个人比较推崇手腕揉弦和手指揉弦相结合，以手腕带动手指，声音自然且不僵硬。当然，有时作品和情绪的需要，也要用手臂的揉弦，如何选择都不是一成不变的。重要的是，三种方法都要学的扎实。容易出现的问题：有时揉弦幅度过大，琴身会晃动；切忌每个音都用揉弦，不停地揉弦是单调的，没有意义的。一定要在符合音乐内容的前提下运用揉弦。

关于琴的保养与维护

小提琴是拉不坏的。前面介绍的关于制琴的内容，很多琴有几百年的历史，至今仍然被大师们演奏。就算是一般的琴，也是越拉声音越好，原因是拉的时间久了音色就出来了。但是小提琴又是非常娇贵的。较长时间不使用时，应该把琴弦彻底放松，长期绷弦会使琴声变得闷，暗淡。有时，甚至会绷弦或倒音柱。即使天天使用，也应定期松一松琴弦，让乐器得到休息。其次，要保持琴的清洁。很小的时候，学琴的第一天老师就要求我准备一块儿细软的布，每次练完琴要学会把松香和灰尘以及汗渍擦干净。千万不能用酒精或化学试剂擦琴，会擦掉琴漆。弓毛也是保养的重点，如果弓毛断了，不要用手扯断，应该用剪刀剪断，以免弓毛整体脱落。每次使用完琴后，要松弓毛，不要用手摸弓毛，练琴前养成在弓毛上均匀的擦上松香。注意季节的变化，不要靠近暖气，也避免放在潮湿的地方。琴身不能磕碰，更不能摔碰，一旦摔碰就是致命的。切记！

音柱倒了怎么办？

音柱相当于人的“心脏”。音柱倒了，声音也就不存在了。拿起琴，在琴的面板缝隙处可看到音柱。音柱一般情况下是不会倒的，但有时在突发事件中会发生。比如，有时将四根琴弦都松掉时，琴柱也会掉下来。或者新买的提琴，使用一段时间后因为弦的压力也会掉琴柱。这时找专业技师检查一下琴柱，看看是什么原因造成的。找到问题后，调整音柱的长度安装好就可以了。千万不要自己动手，也不要擅自敲动或移动音柱的位置，这些精致的工作需要专业人员来完成。不然很容易伤及面板内部，对琴有很大的损伤。

艺海识趣

连续开设选修课多年，遇到过太多可爱的或是有天赋的或是有才华的亦或是刻苦的学生。不得不承认，学生间的个体差异性是存在的。所以，器乐的学习最好的模式必须是一对一。但在学校开设选修模式的器乐课，有可能是一对 6，有可能是一对 10，或者有时是一对更多的学生。但是，无论一对几，最终都会落到每一个学生身上。多年摸索，我觉得最有效的就是分层教学。比如曾经有两个学生，在上一学期的选修课上已经学过半年了，技术和水平基本同步，所以俩人可以上同一个内容的课，并且可以拉简单的二重奏。而有的孩子天赋很高，从基本功到音的掌握到小曲子都很快掌握，所以有的时候也可以加入上一组。对多数孩子来说，需要按步就搬的一步一个脚印的学习。有的孩子接受能力强，有的孩子接受能力弱一些，但只要够勤奋，舍得花时间练习，就一定会有收获。

台上一分钟，台下十年功。练或没练，差别非常大。我小时候学琴的时候，每星期最担心的事就是到老师家上课。如果这星期练习的很多，作业完成的好，那么心里会很踏实的去上课；可是如果这一星期没怎么练习，没完成作业，那么去老师家上课就是一件很恐怖的事情。因为练了就是练了，没练就是没练，不用你说话，老师一看便知。功夫在平时，突击也是没用的。

学校开设的选修课，每周一次。这就有一个很大的问题，学生学习任务很重，没时间练琴，一个星期上完课，下星期来了手生了，还得给时间复习上节内容，所以进步得很慢。我在开设选修课的时候，其实更多时间更像是陪练，如果碰巧赶上有学生肯于花时间练习，那么教学效果真是非常的好。

学生最多的时候有 20 几个孩子来学琴，这种情况下靠我一个人是肯定不行的。有一个方法是非常见效的：那就是学生教学生。让里面学的好的学生当“小老师”是一个很棒的方法。曾经有一对儿双胞胎女生来上选修，小的时候学过一点儿，应该说有些基础，经过一段时间的学习，进步明显大过其他同学，这个时候就可以当作小帮手了。那个时候，每次上课光调琴就需要用半节课，我一个人要调 20 多把琴，真是力不从心。有了两个得力的小助手就不一样了，她们帮我完成调琴，我就可以去给更多的孩子做指导。还可以把孩子分成若干个小组，老师负责培训“小骨干”，然后“小骨干”们再到各个组，这个时候老师就可以有时间有侧重点的指导了。

“成才的小骨干”：现在说的这个孩子目前已是一名出色的幼儿园教师。初一刚入学的时候我就注意到了她，一双会说话的眼睛和细长的手指。果然，在我的常规音乐课上她表现很突出，具备学习音乐特殊才能的基本条件。学校组织学生报选修课，她不出意外的选择了我的小提琴课。这个孩子是非常适合学习乐器的，原因是她的接受能力比其他孩子强很多，所以很快她成了每次为大家做示范的那个人。我在授课中发现，无论是最初的夹琴还是基本功，或是后来的乐曲，她都做得一板一眼，只要老师要求的，她就能做到，而且是完美的做到。学琴三年，虽赶不上儿童式的专业训练，但却通过努力，在初三毕业时勇敢的报考了幼儿师范专业，专业课考的是小提琴。考之前，找我帮她辅导，看着孩子的进步，我发自内心的高兴。如果学习音乐可以改变孩子的人生轨迹，让音乐伴其终生，这何尝不是一件幸福的事情呢。后来，孩子如愿以偿的当上了幼儿园老师，我想她会培养下一代当中的无数个自己，让音乐继续影响孩子们的未来。再后来，从已毕业的孩子们口中得知，她的幼儿园老师当的很成功，家长们争着让孩子进她的班，我觉得音乐在其中一定占有重要地位。

还有的孩子，因为喜爱小提琴，所以断断续续一直跟着上选修课，几年下来，因为喜爱而坚持练习，琴技提升的很快。曾经有一个女孩，跟我练习了几年，非常有进步。在某一年的艺术节比赛上，学校准备出一个弦乐四重奏，但缺一名中提琴手。我想来想去，决定让她试试改中提琴。以我对她的了解，她会接受挑战的。果不其然，她愿意一试。首先，我以多年小提琴的经验摸索了一番，找音、定弦，然后攻读中线谱。然后带着她一点点儿练习，可以肯定的是小提琴改中提琴还是可以的。之后的重奏排练，虽然有很多困难，但她都一一完成，这对很多专业乐手都不是一件容易的事，但我们很好的完成了。我想，这跟对音乐的热爱有太大关系。是音乐为她或者更多的孩子开启了一扇全新的大门，让孩子们有机会看到更为广阔的天地。

一千个哈姆雷特

——英语剧社活动开展探究

一、难忘初心

在我校开展的拓展型课程中，英语剧社是一个重头戏。英语戏剧教育以它独特的艺术形式对学生各方面的英语学习起到了不可忽视的作用。英语戏剧对于培养学生整体团队意识、演讲口才、心理素质等方面都起到了至关重要的作用。

英语戏剧表演对学生的影响是深远的。可以从三方面来讲：1. 增强学生的文化常识。通过对一些经典作家作品的演绎，如莎士比亚、艾伦、韦伯、狄更斯等，让学生对不同的故事、不同的人物有所掌握，提高他们对生活的感知，培养学生热爱生活、尊敬师长、勤奋好学的精神。2. 提高学生听说能力。通过对戏剧作品的不断演练，学生对不同作品有了不同的看法观点，往往感到有话要说，有话要讲，交流欲强烈。3. 课后为学生提供大量的练习机会。在话剧表演的过程中，学生对戏剧作品中的人物特征、时代背景的了解并结合各自的理解，会提高学生理解问题、处理问题的能力，同时面对观众，可以提高学生的口语表达、演讲的能力。

开办英语剧社的效果是显而易见的。英语剧社活动的目的是要跨越课堂教学的局限、让英语回归生活；活跃师生、生生之间的人际关系；给学生搭建创意的舞台、提供创意的空间；给校园增添人文气息。从英语剧本的创意编写，角色的塑造与刻画，道具服装的创意设计，学生们享受的是创作的过程。老师组织，挑选剧本，积极参与，全校汇演，英语戏剧表演俨然已经成为校园的一大风景线，成为学生展示才华的舞台，也是师生们的英语嘉年华。

我们觉得通过英语戏剧也可以对学生进行全方面的培养，包括激发学生的学习热情、树立自信心、健全品格性格、培养团队合作精神和创作精神，等等。

基于以上想法，我校英语教研组多次研讨，制定方案，积极与学校方面沟通，最终成立了我校第一个英语剧社。

下面是我校英语剧社的 logo：

ENGLISH PLAY

A DAY WITHOUT
LAUGHTER
IS A DAY
WASTED

学生们得知这一消息也是群情雀跃，个个跃跃欲试。尽管学生热情很高，但是作为老师，我们必须正视现实：作为普通校，我们的学生普遍存在英语基础薄弱的问题。基本表现如下：大部分学生发音都有较大的问题，急需正音；词汇量比较小，看台本困难；不了解英美文化，对剧本理解不深刻；缺乏舞台表演经验，羞涩放不开。针对种种问题，我们深知“罗马不是一天建成的。”不畏惧困难，从现实出发，从基础补起，争取让我们的学生也能在聚光灯下绽放光彩。

二、基本功训练

（一）音标正音

从音标开始来规范学生的发音，为学生正音。

英语音标表（英语国际音标表，dj 音标）		
单元音	长元音	[i] [ə] [ɔ] [u] [ʌ] [e] [æ] [ɑ]
	短元音	[i:] [ə:] [ɔ:] [u:] [ɑ:]
双元音		[ei] [ai] [ɔi] [au] [əu] [iə] [ɛə] [uə]
清浊成对的辅音	清辅音	[p] [t] [k] [f] [θ] [s] [ts] [tr] [ʃ] [tʃ]
	浊辅音	[b] [d] [g] [ð] [v] [z] [dz] [dr] [ʒ] [dʒ]
其他辅音		[h] [m] [n] [ŋ] [l] [r] [j] [w]

先给学生播放标准音标发音，然后逐个讲解发音要领，带着学生反复体会朗读。学生互读，再给老师读，由老师来逐个正音。经过这样多次纠正，许多学生发现自己的发音变得自然优美了许多。

（二）绕口令练习

正音第二阶段我们引入了绕口令，让学生对比区分相似音。反复练习绕口令，提升学生口齿伶俐度，为说好台词做准备。

Tongue twisters

1.I scream，you scream，we all scream for ice-cream!

2.Whether the weather be fine or whether the weather be hot.

Whether the weather be cold or whether the weather be hot.

We' ll weather the weather whether we like it or not.

3.I thought a thought.But the thought I thought wasn' t the thought I thought I thought.

If the thought I thought I thought had been the thought I thought，I wouldn' t have thought so much.

4.Few free fruit flies fly from flames.

5.How many sheets could a sheet slitter slit if a sheet slitter could slit sheets？

6.Ted sent Fred ten hens yesterday so Fred' s fresh bread is ready already.

7.Frank' s father is frying French fries for his five fire-fighter friends after they finished a fire-fighting in a factory.

8.Can you can a can as a canner can can a can？

9.I wish to wish he wish you wish to wish，but if you wish the wish the witch wishes，I won' t wish the wish you wish to wish.

10.How many cookies could a good cook cook if a good cook could cook cookies？

11.A good cook could cook as many cookies as a good cook who could cook cookies.

12.A big black bug bit a big black bear，made the big black bear bleed blood.

13.Black background，brown background.

（三）歌曲欣赏

当今的学生，总是不甘落后于潮流。风靡全球的欧美流行歌曲排行榜，劲爆十足的 Hiphop，优美流畅的英语乡间民歌等对他们都有着巨大的吸引力。一些著名的歌星如 Taylor Swift，Beyonce，Akon，Eminem，Justin Timberlake，Backstreet Boys 等更是他们崇拜的偶像。许多歌曲也是张口即来，完全没有了平时课堂上说英语时的羞涩与不敢张口。因此，教唱英语歌曲肯定会受到学生们的喜爱与欢迎。为此，在英语剧社活动时，我也常采用欣赏英语歌曲的方式，培养学生学习英语的兴趣。首先，将歌词预先打印出来，活动中一遍又一遍地重播，让学生跟着哼熟悉旋律，体会歌词大意与所表达的思想内容，直到学生基本可以哼出歌曲。再请他们对个别生词的意思进行讨论、猜测。然后，教师进行小结性讲解，给出明确的意思。这样，既满足了他们的兴趣，也让他们深刻地记住新单词，学习有关的语言知识，掌握有关的语言技能，而且能体会到英语的韵律之美。

You raise me up

When I am down and，oh my soul，so weary
堕落之中，我的灵魂，如此疲惫
When troubles come and my heart burdened be
苦难来袭，我的心承受着煎熬
Then，I am still and wait here in the silence
如是，我止住，寂然谨守
Until you come and sit awhile with me
直到你显现于我的那一刻
You raise me up，so I can stand on mountains
你护持我，故我能于巅峰之上岿然不动
You raise me up，to walk on stormy seas
你护持我，故我能于怒海之中如履平川
I am strong，when I am on your shoulders
我坚强不息，当我处于你的守护时
You raise me up：to more than I can be
你护持我：使我超越本能

There is no life – no life without its hunger
世上没有，没有不欲求的生灵
Each restless heart beats so imperfectly
每颗躁动的心，是如此缺憾不宁
But when you come and I am filled with wonder
但是当你显现的时候，我充溢着宁静的圆满
Sometimes，I think I glimpse eternity
刹那间，我直觉到永恒的真谛
You raise me up，so I can stand on mountains
你护持我，故我能于巅峰之上岿然不动
You raise me up，to walk on stormy seas
你护持我，故我能于怒海之中如履平川
I am strong，when I am on your shoulders
我坚强不息，当我处于你的守护时
You raise me up：to more than I can be
你护持我：使我超越本能
You raise me up，so I can stand on mountains
你护持我，故我能于巅峰之上岿然不动
You raise me up，to walk on stormy seas
你护持我，故我能于怒海之中如履平川
I am strong，when I am on your shoulders
我坚强不息，当我处于你的守护时
You raise me up：to more than I can be
你护持我：使我超越本能
You raise me up，so I can stand on mountains
你护持我，故我能于巅峰之上岿然不动
You raise me up，to walk on stormy seas
你护持我，故我能于怒海之中如履平川
I am strong，when I am on your shoulders
我坚强不息，当我处于你的守护时

You raise me up：to more than I can be

你护持我：使我超越本能

You raise me up：to more than I can be

你护持我：使我超越本能

（四）名言警句、小诗、短文的朗读与欣赏

英语剧社还会选取一些催人奋进的名言警句，让学生品读，既练习了英语，也在无形中给学生以精神滋养，陶冶了情操，淬炼了品质。许多学生都深受启迪，不少人还把其中一些励志的句子作为自己的座右铭，时时提醒自己克服困难，不断前进。

除此之外，在剧社中，老师会经常摘选一些精致、压韵、朗朗上口的英语小诗提供给学生朗读欣赏，如 The Furthest Distance in the World（《世界上最远的距离》）、The Road Not Taken（《未选之路》）、Swift the Moment Flies Away（《光阴飞逝》）、What the Clock Says（《时钟的话》）等。这些小诗内容浅显易懂，节奏鲜明，易于朗诵，深受学生的喜爱，而且有利于辨别音素，纠正发音和形成良好的语感。短文的选取要适合学生的水平，内容要丰富有趣。可以是引人入胜的小故事，发人深思的智力小短文，也可以是令人开怀一笑的小幽默——这样的阅读富于知识性和趣味性，学生也不会觉得枯燥乏味。

现将曾经使用过的素材中深受学生喜爱的名言和诗歌摘抄少许如下：

Dictum，motto，proverb

1. A great man is always willing to be little. —R. W. Emerson

2. Cowards die many times before their deaths. —Julius Caesar

3. Anything one man can imagine，other men can make real.—Jules Verne

4. Early to bed and early to rise，makes a man healthy，wealthy，and wise. —Benjamin Franklin

5. Those who make most people happy are the happiest in the world. —Karl Marx。

6. Those who find faults with others often lose their glamour. —Gorky

7. A light heart lives long.

8. The empty vessels make the greatest sound. —William Shakespeare

The furthest distance in the world

—Tagore

The furthest distance in the world
世界上最遥远的距离
Is not between life and death
不是生与死
But when I stand in front of you
而是我就站在你的面前
Yet you don't know that
你却不知道
I love you
我爱你
The furthest distance in the world
世界上最遥远的距离
Is not when I stand in font of you
不是我站在你面前
Yet you can't see my love
你却不知道我爱你
But when undoubtedly knowing the love from both
而是明明知道彼此相爱
Yet cannot
却不能
Be together
在一起
The furthest distance in the world
世界上最遥远的距离
Is not being apart while being in love
不是明明知道彼此相爱
But when plainly cannot resist the yearning
却不能在一起

Yet pretending
而是明明无法抵挡这股想念
You have never been in my heart
却还得故意装作丝毫没有把你放在心里
The furthest distance in the world
世界上最遥远的距离
Is not you have never been in my heart
不是明明无法抵挡这股想念
But using one's indifferent heart
却还得故意装作丝毫没有把你放在心里
To dig an uncrossable river
而是用自己冷漠的心
For the one who loves you
对爱你的人掘了一条无法跨越的沟渠

The Road Not Taken

—Robert Frost

Two roads diverged in a yellow wood,
黄色的树林里分出两条路,
And sorry I could not travel both,
可惜我不能同时去涉足,
And be one traveler, long I stood,
我在那路口久久伫立,
And looked down one as far as I could,
我向着一条路极目望去,
To where it bent in the undergrowth;
直到它消失在丛林深处。
Then took the other, as just as fair,
但我却选了另外一条路,
And having perhaps the better claim,

它芳草萋萋，十分幽寂，
Because it was grassy and wanted wear;
显得更诱人、更美丽；
Though as for that the passing there,
虽然在这条小路上，
Had worn them really about the same,
很少留下旅人的足迹。
And both that morning equally lay,
那天清晨落地满地，
In leaves no step had trodden black.
两条路都未经脚印污染。
Oh, I kept the first for another day!
啊，留下一条路等改日再见！
Yet knowing how way leads on to way,
但我知道路径延绵无尽头，
I doubted if I should ever come back.
恐怕我难以再回返。
I shall be telling this with a sigh
也许多少年后在某个地方，
Somewhere ages and ages hence:
我将轻声叹息将往事回顾：
Two roads diverged in a wood, and I,
一片树林里分出两条路
I took the one less traveled by,
而我选择了人迹更少的一条，
And that has made all the difference.
从此决定了我一生的道路。

（五）中西文化背景知识的介绍及其差异的对比

众所周知，语言的学习除了语言本身外，其背后蕴含的文化也是博大精深。不对此有所涉猎，学生很难真正学好一门语言。在剧社讲座中，我们尝试从有关的书籍中选一些学生关心的问题，想了解的信息：如西方人姓名趣谈、衣食住行（如吃西餐的礼节）、著名的城市风景区、节假日（愚人节圣诞节等的由来与传说），向学生介绍。此外，让学生了解英语国家的风俗习惯、思维方式、思想观念与我国的差异。并在这些介绍中穿插一些因不懂中西文化差异而闹出的笑话和事例，使学生在捧腹大笑之余了解课本上没有的语言背景知识，开阔眼界，激发学习兴趣。例如，中国人送礼喜欢成双，比如说两瓶酒，两条烟。一是为了显示自己不是小气人，二是为了讨个吉利数字。但是，在西方，人们送酒的时候都是只送一瓶。One is quite enough, two are of course welcome but unusual and not expected. 因为他们吃饭的时候要喝客人带来的酒，如果客人拿了两瓶，似乎表明客人是个酒鬼，恐怕主人的一瓶酒不够喝。

又如，西方人乐于赞美别人，同时也乐于接受别人的赞美。而中国人为了显示谦恭，常常会“拒绝”他人的赞美。这种“拒绝”会让老外觉得莫明其妙，好像你不领他的情似的。还有，中国人出于礼貌，或者想跟人套近乎，总是愿意说些关心人的话。为了献殷勤，我们常喜欢对客人说 You must be tired？ Have a good rest。然而，普通的问候之语却有可能让西方人误解为你对她的身体状况表示担忧。他们很喜欢别人夸他们年轻、强壮，如果你质疑他们的身体健康，他们甚至会发怒的。

了解这些文化差异，可以使学生在跨文化交流中得体地运用语言，不犯忌讳，不出洋相；还有助于学生在戏剧表演中深刻理解剧中人物的种种行为。

（六）欣赏欧美原声电影

基本语言关过了之后，就是考验剧社成员演技的时候了。对于这些从未涉足过表演的孩子们，模仿自然就是要迈出的第一步。英语剧社适时地开展了欧美原声电影欣赏、模仿配音活动。

为了支持英语剧社的活动，学校专门把语音教室作为我们排练的场地。我们正好可以利用语音教室的 iPAD 及多媒体系统，来组织各种原声电影欣赏活动。

由于网络的普及，一些优秀的、经典的电影材料并不难觅。如 *The King Lion*、*Harry Porter*、*Zootopia* 等英语动画片和电影，它们的内容生动有趣、形式活泼多样，对学生有很大的吸引力。如能利用英语剧社活动的时间放给学生欣赏，能让学生在娱乐之中提高英语的听说技巧，并让学生进行模仿、表演，以达到巩固和运用英语的目的。

除此之外，在学生欣赏完影视节目之后，引导其挑出感兴趣的片段，进行配音练习。现在许多 APP 可以帮助学生便捷地实现这一目的。如我经常推荐学生在“英语趣配音”和“英语流利说”中完成配音作业并上传供大家欣赏。剧社中有几个学生配音的 *Zootopia*（《疯狂动物城》）确实可圈可点，声情并茂，作为老师在欣赏之余，也觉得辛苦创办剧社的苦心没有白费。

三、挑选改编剧本

剧本挑选一直是学生争执最多的一个环节，由于剧社每个成员的兴趣点不同，对于剧本的选择自然各有偏好。这时就需要大家认真讨论，积极协商，最后少数服从多数。老师要扮演好居中协调的角色，做好每个成员的思想工作，让每一个人都能心无芥蒂地来投入排练，享受戏剧。

除此之外，老师在剧本审定过程中，也要把好关，注意弘扬正能量，坚持正确的政治导向，避免低俗。对于剧本的语言也要根据学生水平进行适当调整，下面以我们曾排练的 *Big Words of Western Tour* 剧本为例，谈一谈我们在剧本改编方面做的一些尝试。

Big Words of Western Tour 的语言应当是属于浅显易懂的作品之一。尽管如此，对于普通校的高中生来说还是具有挑战性的。教师应精心考量剧本的语言层次并且考虑删减或增加，从而使学生能够无障碍的理解。我们觉得攻克剧本语言可以应用以下三个有用的策略。

（一）改编必要的难词

因为剧社成员大多只有中等水平的语言能力，老师作为一个编辑需要识别和简化剧本语言。一些较难的单词可以用简单些的同义词或近义词来取代。通过这些词的简化，学生可以快速掌握词语的意思。另外一个难点是一些熟知的单词的多重含义，诸如此类，老师应该进行解释和改编。

（二）去掉过长过难的台词

在 *Big Words of Western Tour* 中，一些人物如至尊宝的台词过长，饰演此角色的学生表演时往往害怕忘词而变得过分紧张。而另一些角色可能只有那么一两句，这时老师应该减少部分剧本来平衡演员之间的台词。此外，一些文化内容不适合或无法在舞台上呈现，老师可以提前向学生解释或者直接不考虑该段。最后，由于表演时间的限制，老师也可以缩短剧本，但注意不要错过任何重要的细节。

（三）添加恰当部分

为了使演员和观众更加互动，可以添加一些具有互动效果的台词。这一点很值得在实践中探索。例如在表演 Snow White and Seven Dwarfs 时，王后在问完 Magic Mirror 之后，面向观众大声地询问："Dear audience，am I beautiful？ Who is the fairest of all？" 台下竟有观众大声地呼应 "Of course，Princess Snow White." 还有人喊道："You are so ugly." 当时现场一片热烈，演出效果一下就出来了。

四、排练准备阶段

戏剧是少有的可以立刻让全体成员都忙起来的一项活动。为了让排练有条不紊的进行，必须先安排好每项工作的负责人，大家各司其职又相互合作。其中导演是一个剧的灵魂人物，所有排练工作都必须在其指导下进行。我们老师并没有包干，而是大胆地把这项重要的工作交给了剧社中一位有表演经验的女生来负责。事实证明，这位女生完全胜任此工作。无论是演员之间的协调，动作的指导，舞台走位的安排都做得细致入微。与此同时，导演在彩排的时期也很有难度。如果导演在刚开始的时候决定了每一个"布局"（指表演中的行为信息），这将导致许多问题，那么她必须回答接下来演员们无休止调整的请求。因此，在 *Big Words of Western Tour* 的排练期间，我们的导演放缓了熟练剧本台词的工作并且在彩排前与演员们充分讨论人物和情节的信息。例如，如果演员不能正确地发出某些单词的音或连贯地说出某些短语时，导演就会改写甚至删掉此句话。另外，导演和演员之间的合作也十分融洽。

除了导演，我们还配备了场务和服装。场务同学承担起了现场的一切后勤工作，大事小事跑前跑后。外借服装及服装的临时保管，都由管服装的同学负责，她甚至还承担起了演员们的化妆。还有剧社的一些同学提供技术支持，为演出制作了精美的背景 PPT，并根据不同场景进行了配乐。作为一个团体，我们每个人都不遗余力地付出了自己的努力。老师在这个过程中，并没有包办一切，而是充当一个推动者和共同探险者，让学生自己去决断，去实践，从而达到了更好的效果。

排练过程中，我们强调生动的排练方法是让学生们用表演性的声音、角色和结构来表达。当学生排练戏剧时，要求他们在精神上和肉体上都参与进一个虚构的角色。在 *Big Words of Western Tour* 中，学生们需要想办法调整他们的思想以达到适当的角色定位。扮演唐僧的演员可以说是非常具有挑战性的，当他在舞台上移动他的身体的同时还需要集中于情感链接的台词中。例如，他需要知道在什么时候和孙悟空互动，并精彩地唱出那首 *Only You*。

事实证明，只要老师肯放手，只需在旁边稍加指导，进行鼓励，学生完成任务的效果之好，创意之新，投入之深，获益之多，都会远远超出你的想象。

五、成熟表演阶段

经过艰辛的努力，我校英语剧社为全校师生奉上了一顿顿精彩的戏剧大餐。在此附上演出过的两个剧本。

（一）

Big Words of Western Tour（大话西游）

Chapter 1

Site：The wedding

Characters：牛魔王 、至尊宝、紫霞、小妖

Aside：The story begins with a wedding. The Bull King is going to have a concubine.

牛魔王：Today is my wedding. I am going to have a concubine. Ha ha ha ……

妖：Concubine？ Dose your wife agree to it？

牛魔王：Oh! She is not lovely anymore. She's right now at the Flame Mountain. She can do nothing about it!

（至尊宝从后台走入人群中）

牛魔王：Let me introduce my brother to you! My bro!

Come here! This is my brother.

（牛魔王深情地转向紫霞）

牛魔王：Zixia，listen to me. I think I' ve fallen in love with you once I know you. I want to show my sincerity. So I request you to marry me in front of my bro. This

Pandora' s Box is my gift to you. I hope you would say yes.

妖：I object!

牛魔王：What？

妖：Zixia has a means to test her lover. If you can pass it，I will shut up!

至尊宝：What' s this？ Really？

妖：This test is that she would marry the guy who can make her Magic Sword go out of the scabbard.

（剑从至尊宝的怀中落下）

妖：Magic Sword？

牛魔王：Let me do this!

（紫霞跑出，拾剑）

紫霞：It' s not true! It' s just a joke. It is still meaningless even if you can put it out!

（紫霞跑下）

妖：King，Iron Fan Princess has come.

牛魔王：Aaa……

（牛魔王惊慌地跑下）

Aside：The monkey king leaves the front hall，running to back garden……

Chapter 2

Site：Bull King's back garden

Characters：至尊宝、紫霞

（至尊宝跑过来，突然看到紫霞独自坐在台阶上，于是走过来）

至尊宝：Why are you hiding here？

（紫霞抽剑，指向至尊宝．两人定格，至尊宝走出来，独白）

至尊宝：At this time，the blade is really close to me，0.01 cm I think. But after a short period of time，0.01 second I think，the owner of the sword will fall for me whole-heartedly. Because I' ve decided to tell lies，I' ve told many lies in my life，but I think it is the most wonderful lie!

紫霞：I' ll kill you if you come closer!

至尊宝：You should kill me! Kill me! I'd found my best love，but I didn' t treasure her. I left regretful after that. It' s the ultimate pain in the world. Just cut my throat，please don' t hesitate! If God can give me a chance，I will tell her these words. “I love you” . If God wants to give a time limit，I'll say this love will last 10 thousand years!

（紫霞长叹，抛剑，拾剑，抱剑）

紫霞： What can you tell your wife ?

至 尊 宝： I have to tell her the truth. So I must get the Pandora' s Box back. Then go back with you and explain everything. But I hate myself that I can' t get the box back. I ……

紫霞： I' ll help you!

至尊宝： No，it' s dangerous!

紫霞： You don' t want to ?

至尊宝： I do! But ……

紫霞： I trust you! I' ll get the Pandora' s Box back tonight. Wait for me here at midnight.

（猪喊）

至尊宝： Let me do something to my boss first. See you tonight.

（依依不舍）

Aside： The night ……

Chapter 3

Site： Dungeon

Characters： 至尊宝、猪八戒、沙僧、唐僧

猪八戒和沙僧： Master，master

（两人同时悄声说）

猪八戒： We come to save you.

沙僧： We come to bring you out.

唐僧： I won' t go.

猪八戒和沙僧： Stay here ? Why ?

唐 僧： There' re full of obstacles in the way of getting scriptures. This is because we' re not united enough. So we let the devils do bad to us. That' s fine.This prison has no difference with the outside world, to me; the outside world is just a bigger prison. You go out first. I have something to tell him.

（猪八戒和沙僧下）

唐僧: You come in and have a sit!

至尊宝: To be honest, I' m not your disciple. I don' t want to be your disciple. Master I know you' re a good guy. Please let me go!

唐僧: Do you know "dong , dong, dong……"?

至尊宝: What is "dong, dong, dong"?

唐僧: "dong, dong, dong……" is……

（唐僧唱 Only you）

至尊宝: Stop. Stop. I can' t take this anymore, please stop……

唐僧: Ohoh……

至尊宝: Damn you, you…… I' ve said I can' t take this anymore. Don' t disturb or I' ll kill you.

唐僧: Monkey King, you can kill me. Life and death are very minor. When you know why you should make sacrifices, you will come back and sing this song with me. Namonitabhaya……

（至尊宝跑走）

Aside: The Monkey King succeeds in escaping form the Bull King, and he reaches the Spiders' Cave with the Grapes. Unfortunately, the Monkey King and his friends meet the Queen of Spider.

The Monkey have heard that if the blade slashed fast and accurately, the guy who' s cut open won' t die at once. He can still see. So he asks the Queen of the Spider to kill him as fast as she could and to tear his heart out and let him have a look.

After the Monkey King' s death, he appears in the Hole of Waterfall……

Chapter 4

Site: The Hole of Waterfall

Characters: 至尊宝、观音

至尊宝: Goddess. I' m about to understand your words. I used my eyes to see in the past. What I was dying. I started using my heart to see this world. Then I could see all things clearly. That girl …has left a drop of tear in my heart. I felt her sorrow.

观音： Have you given up all things in human world ?

至尊宝： Yes! Life and death is just minor! …… But I don' t understand why can human' s hatred last 10 years, 50 years, and even 500 years. What hatred is it ?

观音： So that Tang Monk went to the west and got scriptures, which clean out hearts.

至尊宝： OK, I want to stay here, there are many things waiting for me to do.

观音： I want to warn you again. After wearing the gold ring, you' re no longer a normal human. You can' t have human desires anymore. If you do so, the gold ring will get smaller and smaller. It' s very uncomfortable.

至尊宝： OK.

观音： Before wearing the ring, what do you want to say ?

至尊宝： I had had found my best love, but I didn' t treasure her. When I lost her, I regret. It' s the most pain in the world. If God can give me another chance, I will say these words to her "I love you" ! If there is a time limit, I hope, it is 10 thousand years!

（二）

Snow White and Seven Dwarfs

Voiceover: Once upon a time, there was a queen. She had a pretty daughter named Snow White. Soon after the child was born, the queen died. The king married another queen. The stepmother was very jealous. She dressed Snow White in rags and forced her to do the housework all day and all night, such as sweep and mop the floor, do some cleaning, carry water and so on.

Snow White: （some actions. 扫地）

Chapter 1

Queen: I' m the new queen. I' m very beautiful. You see. If anyone is more beautiful than me, I' ll kill her. I have a magicmirror. If I want to know something,

It will tell me surely.（魔镜上）Now，mirror，mirror，come here!

Magic mirror：Yes，I' m coming. What do you want to know ?

Queen：Mirror，mirror，in the world. Who is the fairest of all ?

Magic mirror：Yes. Your are! You are the fairest of all，I think.

But there is a young lady. She is much more beautiful than you.

Queen：She is much more beautiful than me? Who is she? Tell me quickly.

Magic mirror：She is Snow White.

Queen：Snow White ? No，I' m the most beautiful in the world.（猎人上带枪恭敬地）Oh，hunter，come here，come here!

Hunter：Yes. I' m here now.

Queen：Hunter! Take Snow White to the wild forest to pick some flowers. Find a lonely place and kill her.

Hunter：But she is the princess.

Queen：No，Kill her. Bring her heart to me. I don' t want to see her any longer.

Hunter：Yes.

Chapter 2

Snow White：（some action. 采花）

Hunter：Oh! My God! She is so lovely and pretty! I can' t! I can' t kill her!

Snow White：What are you doing ? What' s the matter ? Why do you kill me ?

Hunter：I' m very sorry. Someone wants me to kill you.

Snow White：But who ?

Hunter：The queen.

Snow White：The queen! But why ?

Hunter：You are more beautiful than her. So she wants to kill you.

Snow White：My dear hunter. Don' t kill me. I will run into the forest and never come back again.

Hunter：Ok. Run away，the poor child. The wild beasts will soon eat you.

Snow White：Thank you，my dear hunter.

Chapter 3

Voiceover：At this time，a young bear was running by. The hunter shot it and took the heart to the queen. Snow White began to run into the wild forest until it was almost evening. She saw a little cottage.

Snow White：Oh，my God! The queen can' t find me now，I think. How I am tired! How I want to have a rest! Ah，here is a cottage（小木屋），there are seven small beds. They must be the beds of seven children. Here are their names：Doctor，Happy，Sneezy，Sleepy，Bashful，Grumpy，Dopey. Oh，how I want to sleep! Narrator：When it was dark，the owners of the cottage came back. They were seven dwarfs. They were digging treasure in the mountain.

Doctor（胡子）：I' m the Doctor. I know a lot of things.

Happy（高兴）：I' m the Happy. I' m the happiest person in the world.

Sneezy（咳嗽）I' m the Sneezy. If I sneeze，the earth will shake.

Bashful（帽子）Bashful. I' m a shy man.

Grumpy：I' m the Grumpy. I' m not so easy to believe a stranger. The next one is Dopey. He can' t talk like us.

Dopey：（反应迟钝）What are you s⋯. saying! I⋯I' m the D⋯⋯. Dopey. B⋯⋯But I⋯⋯I' m not r⋯⋯really the dope.

Doctor：Look，the lamp in our house is on!

Happy：Who is it？

Sneezy：Perhaps it' s the ghost!

Sleepy：Let' s go into our cottage silently.

Bashful：Oh，someone has cleaned our house.

⋯⋯

Grumpy（嘟嘟囔囔）It' s the witch.

Narrator：When Dopey was holding the candle and let the light fall on little snow–white. They all cried out with astonishment.

Doctor：What a lovely child!

Happy：How beautiful!

Sneezy：Who is she？

Sleepy: Don' t wake her up.

Bashful: Why is she coming here ?

Grumpy: Kill her.

Snow White: (Wake up) What a nice sleep! Oh, who are you ? Oh, I know. You are Doctor, Happy, Sneezy, Sleepy, Bashful, Grumpy and Dopey.

Seven Dwarfs: But why are you in our house ?

Snow White: The queen, my stepmother wants to kill me. So I ran to your house. Don' t drive me away. Let me stay with you.

Doctor: If you take care of our house.

Happy: If you do some cooking for us.

Sneezy: If you make the beds for us.

Sleepy: If you do some washing, you can stay with us.

Bashful: But you must be careful.

Grumpy: Don' t go out. Don' t let anyone come in. Your stepmother will find you and kill you.

Snow White: I know. I know. Thank you.

Chapter 4

Narrator: From then on, Snow White kept the house. When the seven dwarfs came back, she had everything prepared. On the other hand, when the wicked queen ate the heart, she took out the mirror and asked.

Queen: Mirror, mirror on the wall, who is the fairest of all ?

Magic mirror: Your Majesty (陛下)! You are the fairest of all. But Snow White is still alive and well. She lives with the seven dwarfs. No one is more beautiful than she.

Queen: No! Snow White must die. I must finish her even if it costs my life.

Narrator: The queen made a poisonous apple and dressed herself like an old woman. She came to the cottage .

Queen: Good things to sell. Pretty things to sell. Cheap. Very cheap.

Snow White: Hi, good day, my good lady. What do you sell ?

Queen: Apples. Very delicious apples! You can have a taste. This one, please!

Snow White: OK! Thank you! (Having a small piece, dead)

Queen: Now I' m the most beautiful in the world.

Narrator: When the seven dwarfs came from work, they were greatly surprised to see Snow White dead.

Seven Dwarfs: What' s the matter ?

Doctor: Snow White is dead.

Seven Dwarfs: Oh, my God! Who did it? It must be the wicked queen. Now let' s pick some flowers and place around her.

Chapter 5

Narrator: Although Snow White had been dead a long, long time. She looked as if she was living. She looked as white as snow, as red as rose and as black as ebony. However, one day, it happened that a prince came to the seven dwarfs' house. When he saw Snow White, he fell in love with her.

Prince: Please, let me have Snow White. I love her. I want her to be my wife.

Seven Dwarfs: Ok! Carry Snow White with you to your palace. Be sure to be kind to her.

Prince: Yes, I will. I will love you forever, my dear! (Kiss her.)

Narrator: As soon as the prince kissed Snow White, Snow White came to her life, as was written in the magic book of the wicked queen.

Snow White: Oh, my heaven! Where am I ? What had happened ?

Prince: You are with me, my dear. I love you. I love you more than everything in the world. Please be my wife, will you ?

Snow White: Yes, I will, my dear!

Seven Dwarfs: Oh! Congratulations! Congratulations!

Narrator: The prince took Snow White to the palace. Their wedding was held with great show.

Snow White: Good Bye!

Seven Dwarfs: Bye-bye! May you Happy Forever!

Snow white and Prince: Thank you. Good Bye.

六、英语剧社的收获与延续

英语剧社尽管每年不断有新人加入，也有老成员因毕业而离开。但是它带给我们的欢笑与泪水，已经深深地刻在我们的记忆中。就英语剧社对于提高学生英语学习兴趣，帮助学生快乐成长方面，我谈谈我的一点体会与感受。

（一）英语剧社让学生融入创设的不同情境中，培养各种能力

（1）参与戏剧表演，体验学习快乐

英语戏剧表演需要学生把语言智能、肢体运动智能、自省智能、人际交往智能等多种智能有机地融合在一起。教师可以设计一些展现自我个性的活动，提供更多的语言实践机会，让学生投入英语学习活动中，学生形成正确的学习动机，找到快乐并学到知识。

（2）参与戏剧表演，形成合作精神

戏剧教学中学生要弄懂台词，模仿语音语调，并按照英语国家的文化、习俗进行表演。不同情境的设计，可以使学生在活动中获取英语语言知识，学会如何与他人合作、如何利用肢体语言表达自己的思想，培养他们的自信与克服困难的意志，使学生有获得成功的喜悦，从而增强了对英语学习的兴趣。

（3）参与戏剧表演，形成稳定的学习动机

英语戏剧教学的整个活动中，教师是活动的导演，学生是活动的主体。教师在指导学生表演戏剧时，大胆放手，给学生很大的自主权，充分发挥学生的主动性和创造性，让学生根据自己的理解来表演，这样也可演出有他们特色的戏剧。此外，教师要对学生的创作和表演持鼓励的态度，对学生的大胆尝试予以充分的肯定，让他们更多地体验成功的喜悦，形成稳定的学习动机，以便积极主动地投入学习。

（二）英语剧社是学生大胆展现自我的平台

在剧社活动中让学生从参与戏剧学习中得到应有的认知，以舞台表演的方式呈现阶段性成果。这是对学生的语言表达、行为举止、团队精神、创新精神、责任意识、勇敢自信等方面进行全方位的塑造和培养，为学生提供了一个展现自我才华的平台。

（三）英语剧社能培养学生多种角色技能

学生可以用假装的游戏作为理解世界的方法，可以自己创造情境以扮演和臆测角色，可以和同伴交流和安排环境以将其故事带到生活。学生兼具多种身份：初步的剧作家，演员，设计者，指挥者和观者。英语戏剧教育必须有学生自主学习的稳固基础。

让学生努力从装扮游戏的自然技巧过渡到戏剧的学习，以创造了无痕迹的转换，这甚至要求统合艺术形式层面的种种指导：剧本的撰写，演技，设计，指挥，研究，比较艺术形式，分析和评论，和背景的了解，因此需要得到学校的更多支持。学校英语戏剧教育中，教师应主动地参与学生的计划，表演和评鉴，但是学生应更具独立性。教师要学会用戏剧的内容来发展学生的能力，表达他们对于目前世界的了解，拓宽他们对于其他文化的认识。

英语剧社不仅可以补充传统课堂教学上较呆板的教学环境，还可以激发学生对英语的学习兴趣，并逐渐形成持久的学习动机、有效的学习策略，为每个学生提供自主选择和自我发展的机会，使学生在选择中提高规划人生和自我发展的机会，为他们以后的发展奠定基础，真正体现了任务型教学的精髓——learning by doing（在做中学）。

英语学习的过程就像排练的过程：学生们讲述着剧本中精心编写的台词、用戏剧的语言诠释人物和场景，用角色的动作和人物间的关系来表现剧本的主题。从中他们不仅仅学到了让同龄人不可小觑的掌握复杂英语文本的工具，最重要的是他们用纯正的英语，优美的声音和完美的动作、通过与他人的通力协作来演绎经典，充分展示自己的能力。“一千个观众就有一千个哈姆雷特。”让我们加入英语剧社吧，成为观众心目中的哈姆雷特。英语戏剧就是这么的魅力十足，正如Heldenbran提倡的，让戏剧变成生活的一个小舞台，让学生们在这个小舞台中逐渐接触到更大的舞台——真实的生活。

形神兼备迁想妙得——中国画

序　言

伴随着物质水平的提高，我们的生活水平也有着大幅的进步，人们的实质涵养越来越显出其重要性，社会的发展归根结底要靠人本质的进步。从提升全素质的终极角度去看问题，提高公民实质的素质，构建和谐社会，成为人们研讨的一个重要课题。

那么怎样提高自身的素质修养？首先让我们的身心静下来，透过外表，挖掘内在，使咱们在美的体验中，得到人文、美学、历史方面的常识，促使审美力、感知力、想像力全方位的协调发展。

本课程是校本课，《中国画》的开篇之作，自从中央提出“提高学生审美和人文素养”的要求，“核心素养”强调人文素养和“学会学习”后，学校水墨画教学面临着大环境下的改变，促使我们在平时的教学中必须提出新思维方式，让学生能够感受到中国传统文化的博大精深，了解我国传统绘画的艺术特征。在学习过程中，让学生对中国画特有的工具“文房四宝”以及国画颜料有一定的认识。通过课程中范画赏析，进一步了解中国画在绘画过程中的独特表现手法，和从古至今流传下来的审美理念。通过本课的学习，了解学生的个性需要，有针对性地注意学生在学习过程中对传统、创新的尝试、体验和困惑。只有我们把眼光放远，改进自己的课程教学，使之不是只停留在技能学习的层面，而是能够双击“两个素养”的有效教学。

第一节 中国传统家庭必备文具

——笔墨纸砚

一、笔

毛笔是一种源于中国的传统书写工具和绘画工具。一般用兽毛扎成笔头，再粘结在管状的笔杆上制成的。有玉管、翠管等雅称，为中国文房四宝之一。几千年来毛笔为创造汉民族光辉灿烂的文化，为促进汉民族与世界各族的文化交流，做出了卓越的贡献。毛笔初用兔毛，后亦用羊、鼬、狼、鸡、鼠等动物毛，笔管以竹或其他质料制成。头圆而尖，用于传统的书写和图画。毛笔是汉民族对世界艺术宝库提供的一件珍宝，有着悠久的历史。

毛笔的分类主要按照尺寸，还有按照笔毛的种类、来源、形状等来分。依笔毛弹性强弱可分为：软毫，硬毫，兼毫等。一支好的毛笔应具有“尖、齐、圆、健”的特点。“尖”就是笔锋尖锐；“齐”就是修削整齐；“圆”就是笔头圆润；“健”就是毛笔弹性强，写出的字锐利。

按笔头原料可分为：胎毛笔、狼毛笔（狼毫，即黄鼠狼毛）、兔肩紫毫笔（紫毫）、鹿毛笔、鸡毛笔、鸭毛笔、羊毛笔、猪毛笔（猪鬃笔）、鼠毛笔（鼠须笔）、虎毛笔、黄牛耳毫笔、石獾毫等，其中以兔毫、羊毫、狼毫为佳。

依笔锋的长短可分为：长锋，中锋，短锋。又依据笔锋的大小差异，毛笔又分为小、中、大等型号。长锋容易画出婀娜多姿的线条，短锋落纸易于凝重厚实，中锋、短锋在花鸟画中兼而有之，画山水以用中锋为宜。

我国制笔历史上以侯笔（河北衡水）、宣笔（安徽宣城）、湖笔（浙江湖州）、鲁笔（山东昌邑）、齐笔（山东广饶）为上。

二、墨

从原料质地上可分为油烟、松烟两种。油烟墨为桐油烟制成，墨色黑而亮，有一定的光泽度，能明显地表现出墨色浓淡的细致变化，多用于画山水画；松烟墨黑而无光，多用于翎毛及人物的毛发，山水画不能多用。为了便于携带，现代人们多使用瓶装的墨汁，更加容易掌握墨色的变化！

根据社会各阶层人士对墨的不同要求划分。如书画家要求墨分五色，挥洒自如，一点如漆，万载存真，称书画墨；封建统治者苛求珍料，熊胆龙脑，穷奢极侈，称贡墨；收藏家觅古法式，以利鉴赏，称仿古墨；医药界要求墨能止血消炎，以疗顽疾，称药墨；僧尼则要求墨无荤腥，以示虔诚，称素墨；亲朋相馈赠，遴选墨名图吉利，称礼品墨，等等。

三、纸

宣纸是中国传统的古典书画用纸，是汉族传统造纸工艺之一。宣纸“始

于唐代、产于泾县”，因唐代泾县隶属宣州府管辖，故因地得名宣纸，迄今已有1500余年历史。由于宣纸有易于保存，经久不脆，不会褪色等特点，故有“纸寿千年”之誉。中国画在唐宋时代大多数用绢来作画，由于成本高，到了元代以后才大量使用纸作画。中国画用的纸与其它画种有着很大的差异，它是青檀树做主料制造的宣纸，宣纸原产于安徽，古代属于宣州，因此得名——宣纸。按照加工方法，宣纸可以分为生宣、熟宣、半熟宣三种。生宣就没有经过加工的宣纸，吸水性和沁水性都强一些，容易产生丰富的墨色变化，以此来表现泼墨法、积墨法，能有收水晕墨章、浑厚华滋的丰富效果。中国画中写意山水多用生宣。熟宣则是加工时用明矾、焦等涂过，因此纸质比较生宣来说硬，吸水能力也弱，使得使用时墨和色不容易晕染开来。因此特性，使得熟宣宜于绘画工笔画。半熟宣也是从生宣加工而成，吸水能力界乎前两者之间，多用于半工半写之间。规格按大小有四尺、五尺、六尺、七尺金榜、尺八屏、八尺、丈二、丈六；按丝路有单丝路、双丝路、罗纹、龟纹等。

宣纸具有“韧而能润、光而不滑、洁白稠密、纹理纯净、搓折无损、润墨性强”等特点，并有独特的渗透、润滑性能。写字则骨神兼备，作画则神采飞扬，成为最能体现中国艺术风格的书画纸，所谓“墨分五色”，即一笔落成，深浅浓淡，纹理可见，墨韵清晰，层次分明，这是书画家利用宣纸的润墨性，控制了水墨比例，运笔疾徐有致而达到的一种艺术效果。再加上耐老化、不变色、少虫蛀、寿命长，故有“纸中之王、千年寿纸”的誉称。

四、砚

砚之起源甚早，大概在殷商初期，这时候的笔、墨、砚、始以粗见雏形。刚开始时用笔直接蘸石墨写字，后来因为不方便，无法写大字，人类便想到

了可先在坚硬东西上研磨成汁，如石玉、砖、铜、铁等。殷商时青铜器已十分发达，且陶石随手可得，砚乃随着墨的使用而遂渐成形，古时以石砚最普遍，直到现在经历多代考验仍以石质为最佳。

我国传统有四大砚，即端砚、歙砚、洮砚、澄泥砚。著名的有广东肇庆的端砚、安徽的歙砚、山东鲁砚、江西龙尾砚、山西澄泥砚。端砚产于广东端州（肇庆市）东郊端溪，故名端砚。唐代就极出名，李贺有诗日：“端州石工巧如神，踏天磨刀割紫云”，赞石工攀登高处凿取紫色岩石来制砚。端砚有“群砚之首”的盛誉，石质细腻、坚实、幼嫩、滋润，扪之若婴儿之肤。温润如玉，磨之无声，发墨光润。

砚，按材质来分，可有石类、陶瓦类、金属类、漆砂类等，而砚的主要材质是各种砚石。砚石一般以产地命名，我国出产有 200 多种砚石，其中最负盛名的当属四大名砚——端砚、歙砚、洮河砚、红丝砚（另一说法为澄泥砚）。平时书画用选择各地产的砚台可以了，现在的人们为了方便使用，研墨的人是越来越少了，人们多选择墨盒或墨碟，直接倒入瓶装墨来用。选择砚台主要择其石料质地细腻，湿润，易于发墨，不吸水。砚台用后要实时清洗干净，保持清洁，切勿曝晒、火烤。

第二节　丹青妙笔之来历

中国绘画传统源远流长博大精深，在美术史上形成一种共识，将民国以前的绘画都统称为古画。国画在古时候无确定称号，普遍被称之为丹青，丹青在此泛指的是，画在绢、宣纸、帛上作画加以装裱的卷轴画。近现代以来为区别于油画等国外绘画而称之为中国画，简称“国画”。国画在我国可以说是民族的宝贵财富。国画历史久远，是我国人民在劳动中制作发明出来的古代艺术。它的艺术创作手法完全是按照中国民族特有的审美趋势而发生的。

我国素来都有书画同源之说，有人以为伏羲画卦、仓颉造字，是为书画之祖。文字与画图初无彼此之分。据潘天涛的《听天阁画谈》所讲：“吾国文字先有契书而后有笔书。吾国绘画亦先有刀画，而后有笔画，其发展之情况，大体与文字相同。”在说历史悠久的国画之前，我们要知道原始的彩陶画和岩画，它们都是由象形文字演变而来的，可以说这是国画的演变史了。在公元前 3 世纪战国就出土了画在丝织品上的绘画——为现存已知最早的帛画，分别为《人物龙凤图》和《人物御龙图》，这两幅画为绘制在丝织品上作品，也是造纸术发明以前最适宜绘画的材料，画上使用了工整的墨线勾勒，并在部分墨线勾出的部分染出了染色。这种画法已经代表了在以后几个世纪一直都是基本而正统的技巧，这些绘画奠定了后来中国画以线为主要表现手段的基础。

（从汉至唐代，人物画在中国绘画占据了主要地位，但是到了 9 世纪，艺术家开始把对人的兴趣转移到自然上，这种转移在 11 世纪达到巅峰，这就是中国传统绘画中最辉煌的成就——山水画。）

两汉、魏晋南北朝期间，本土的文化与境外文明的涌入产生了撞击及融合，使这一时期绘画形成了宗教绘画为主的局面。山水画、花鸟画在此时萌芽。隋唐时期人们的精神领域高度兴盛、社会经济昌盛，绘画在此时期达到一个新的高度，宗教画达到了顶峰，此时宗教绘画不只是服务于统治者，在绘画中画者笔下的“神”的形象开始出现平民画的趋势，致使宗教题材开始大众化，在这一时期所有类型的中国画出现了全面繁荣的局面。人物画以呈现贵族生活为主，并表现了具备时代特色的人物外形。例如：五代南唐顾闳中的《韩熙载夜宴图》。

五代两宋的人物画又进一步成熟和愈加兴盛，已转入描述百姓的生活，这一阶段的宗教画渐趋消退，山水画、花鸟画成为画坛“主力部队”。而文人画的出现及其在后世的发展，极大地丰富了中国画的创作观念和表现方法。再说元、明、清三代水墨山水和写意花鸟得到前所未有的发展，文人画和风俗画成为国画的主流，由于社会经济稳定，文化艺术领域空前繁荣，涌现出很多热爱生活、崇尚艺术的伟大画家，历代画家们创作出了名垂千古的传世名画。

第三节　国画用语你别猜

中国画评家通常将绘画分为三大类：人物、花鸟、山水三大门类。表面上，中国画是以题材分为这三类，其实是用它的精神来表现一种观点和思维。所谓“画分三科”，即概括了世界和人生的三个方面关系：山水画所表示的是人与天地的关系，将人与天地融为一体；人物画所呈现社会中，人与人的关系；花鸟画则是体现大自然的各种生命，与人和谐相处。中国画之所以分为人物、花鸟、山水这三大门类，其实是由艺术得来的感性思索，三者之合构成了世界的全部，相得益彰，是艺术的真理所在。

下面我们来了解一下，上次我们投票选出的国画的一些“术语”含义。

一、画分三科

人物画——以人物外貌形象为主体的绘画通称。中国的人物画，简称“人物”，是中国画中的一大画科，比山水画、花鸟画等出现的早，早期多以宗教题材和君王题材出现。大体分为道释画、仕女画、肖像画、风俗画、历史故事画等。人物画多要求刻画的逼真传神，气韵生动、形神兼备。画中的环境、气氛、服装、动态都是为能够表现出“传神”这一目的所做的准备。例如：东晋顾恺之《韩熙载夜宴图》，南宋梁楷的《李白行吟图》，现代徐悲鸿的《泰戈尔像》等。在现代，强调“师法化”，还吸收了西方的绘画技法，在造型和色彩上有所发展，如：“重彩画”绘画中运用了西方色彩绘画技法，让观者耳目一新，代表人物——李可染先生。

二、山水画

山水画，简称“山水”。中国画的一种表现方式。描写的是山河等自然景色为主体的绘画。在魏晋南北朝时，多是人物画的背景居多，依附于人物画，隋唐时期开始独立为一科出现，例如：王维的水墨山水，王希孟的青绿山水等。传统的山水分法有水墨、青绿、金碧、没骨、浅绛、淡彩等模式。中国山水画，先有设色，后有水墨，设色画中先有重彩，后有淡彩。

三、花鸟画

花鸟画，中国画的一种体现方式。《宣和画谱－花鸟叙论》云：“诗人六义，多识于鸟兽草本之名，而律历回时，亦记其荣枯语默之候，所以绘画之秒，多寓兴于此，与诗人相表里焉”。例如：清代朱耷的鱼、近代吴昌硕的花卉等。

四、写真

“写真”，在汉语中的本义是画人物的肖像，它是中国肖像画的传统名称。绘写人像要求形神肖似，所以叫做“写真”。杜甫《丹青引赠曹将军霸》诗：“将军善画盖有神，偶逢佳士亦写真。中国古代画论中的“写真”指的是“写物象之真”，也就是说画画的时候力求表现的物象的真实面貌，不管是山水画还是人物画都要达到“真”的画境。中国的“写真”与西方绘画和摄影中的“写真”略有不同。在邻国日本，写真是摄影的统称。

五、传神

中国肖像画的传统名称，指生动逼真地刻画出人或物的神情，因此称“传神”。南朝宋刘义庆《世说新语·巧艺》：“顾长康（恺之）画人，或数年不点目睛。人问其故，顾曰：“四体妍蚩（美丑），本无关于妙处，传神写照，正在阿堵（这个）中。”图绘人物，当求其能表达出神情意态，故称“传神”。清蒋骥著《传神秘要》，论述肖像画颇详。

六、衣冠像

古时官方叙述对肖像画的一种表达形式。古时指为死者所画的遗像，主要是供子孙后代纪念用。画者认真察看死者相貌，力求切实，并细致描绘穿戴服饰，以此来表示死者生前的地位。俗称为“记眼”。

七、仕女画

又称“士女画”。人物画中的一种绘画模式。本来指的是封建社会中上层的士大夫和妇女们的日常活动为题材的中国画，后来人物画中专指描画封建社会上层妇女生活为题材的一个分科。例如：唐代周昉《挥扇仕女图》卷，张萱的《虢国夫人游春图》卷，都成为了仕女样式的典型。在画仕女画的画家中可以说代代出高手，明代仇英的《列女图》，清代费丹旭《仕女册》等。流行在民间的木板年画中的“美女图”，亦称为“仕女图”。

八、风俗画

风俗画也是人物画中的一种，是以社会生活为题材的人物画。开始出现于汉代，出现时多是墓室中的壁画和画像砖、画像石等。例如：北宋张择端《清明上河图》苏汉臣《货郎图》等。在年画中《大庆丰年》《万家村》等图也属于风俗画。建国之后的风俗画，反映的题材和人物都有了新的改变。

九、折枝

花卉画中的一种绘画方式。画花卉不画全株，只画树枝上的一部分折枝，因此得名折枝。折枝出现于唐代，到宋元时期多出现花鸟画中已有画折枝的构图了，在明清时期开始盛行。主要体现在扇面之类的小品、花卉画上面。

十、笔墨

中国画中的术语。可理解为中国画技法的统称。这里的“笔”，指的是钩、勒、皴、擦、点等笔法；“墨”指的是染、破、泼、积等墨法。强调以笔为主、墨为辅，相互依赖映发。石涛在《石涛画语录》中对“笔墨”的见解是：“笔与墨会，是为絪缊（yin yun 形容烟雾缭绕的效果），絪缊不分是为混沌。辟混沌者，舍一画而谁耶？画于山则灵之，画于水则动之，画于林则生之，画于人则逸之。得笔墨之会，解絪缊之分，作辟混沌乎，传诸古今，后成一家，是谐智者得之也。”

十一、墨分五色

“墨分五色”是中国画技法称号。指用水调节墨色多层次的浓淡干湿，被称为五色。此话出自唐代张彦远《历代名画记》：“运墨而五色具”。实际上指墨色在宣纸上呈现出来的丰富变化。

十二、十八描

中国画的技法称号。指古时候人物衣褶纹的十八描画办法。每一种描绘画都有各自的名称，按其笔迹形状而起的名称。例如：行云流水描，钉头鼠尾描《芥子园画谱》有示范图稿。

十三、白描

来源于古时候“白画”。用墨线勾描物象外轮廓，不与作色，可称白描。

十四、湿笔

与“干笔”相对称的称号。中国画技法名称。在中国画中指的是毛笔含水较多。

例如：五代荆浩自称：“笔失寒树瘦，墨淡野云轻”。所谓“轻”，这里的轻，指的是含水量大的湿笔。

十五、干笔——焦笔——枯笔

称“渴”笔，与湿笔相对称。在这里指的是笔含水较少，这种方法是笔枯墨少的方法。元代人的山水画多是渴笔画法，如黄公望、倪瓒。

十六、皴（cun）法

中国画技法的称号。多使用干笔的方法在宣纸上表现山石和树皮的纹理。山石的皴法主要有雨点皴、披麻皴、荷叶皴、带水斧劈皴、破网皴、卷云皴、铁线皴等。

十七、十三科

中国画的分科模式，唐代张彦远《历代名画记》分为六门；南宋邓椿《画继》把国画分为八类，北宋《宣和画谱》分为十门；元代汤垕（hou）《画鉴》说：“世俗立画家十三科，山水打头，界画打底。”明代陶宗仪《辍耕录》所载“画家十三科”是：“佛菩萨相、玉帝君王道相、金刚鬼神罗汉圣僧、风云龙虎、宿世人物、全境山水、花竹翎毛、野骡走兽、人间动用、界画楼台、一切傍生、耕种机织、雕青嵌绿。”

十八、扇面画

有历史可考，历代书画家都青睐在扇面上绘画或书写以抒情达意，或为别人收藏，或赠友人以诗纪念。存字和画的扇子，保持原样的叫成扇，为便于珍藏而装裱成册页的习称扇面。从形制上分，又有圆形叫团扇和折叠式的叫折扇。

十九、水墨画

在中国画中，以中国画特有的原料之一的墨，为主要原料加以清水调和，以水多少构成的浓墨、淡墨、干墨、湿墨、焦墨等，画出不同浓淡（黑、白、灰）存在关系。别有一番韵味称为“墨韵”。而构成水墨为主的一种绘画形式。

第四节　细数画家知多少

顾恺之

魏晋南北朝时期的艺术创作的美术作品，一方面承担着“成教化、助人伦”的社会作用，另一方面又成为使人可以得到美感享受的艺术品而独立出来。而顾恺之是这一时期的画家之一。顾恺之（约346~407年）字长康，小字虎头，生于禁陵无锡（今属于江苏省），他从小读书作诗，出身贵族家庭，被培育成为一位文人。他是东晋最伟大的一位画家，也是早期的绘画理论家。

顾恺之出现在画坛之前，中国许多画家还只是工匠。他们学会了画画的技巧，然而却大字不认一个，可是到了顾恺之这一时期以后，画家多半都是文人，要学历史、哲学，也要有作诗或弹琴的能力。也许因为书读得多的关系，他能够根据当时人的文章，创造新的绘画。顾恺之的画有别于其他人，他能够把一个旧的题材重新构图，用新的方法表现。

顾恺之的绘画注重表现人物精神面貌，尤其注重眼神的描绘。据记载，他作画数年不点眼睛，人问其原因，他认为绘画中人物形象的美丑对绘画的意义不是最重要的，而传神的关键是描绘眼睛。在他幼年的时候，为瓦棺寺的庙里画壁画，吸引了很多人来观看。为了看顾恺之的画作，很多人还捐钱给庙里。

说到他的为人，他的伙伴说他是痴愚、精明各占一半，该痴的时候痴，该精明的时候精明；还说他好开玩笑，好吹嘘。看得出顾恺之是个直率的人。

他和先前皇帝关系不错，恒玄偷了他的画，他也不怄气，恒玄政治上失败，顾恺之却一点没遭到株连，仍然没有失意，这得归功于他那半痴半精的性情。顾恺之是中国画史上最受推崇的画家之一。顾恺之留下的作品中，最受注重的一件是《女史箴图》。

《女史箴图》九段画稿

“女史箴”原来是西晋时代，一个叫张华的文人写的文章，用来给宫廷里的妇女浏览，使她们晓得什么是妇女们应该恪守的品德。“女史”指的是在宫廷里的妇女，“箴”是劝谏的格言。顾恺之看了张华的文章之后，就把文章中刻画的内容，一段一段画成了画，一共有十二段。因为年代久远，十二段“女史箴”，目前只剩下九段了。有一段是描写汉朝的女官冯婕妤。她伴随汉元帝到花园中玩，不想一只黑熊跑出了兽笼，扑向帝王，在惊险的时候，冯婕妤很勇敢地挡住黑熊，保护了汉元帝。又有一段描绘一个人在镜子前梳妆。文字却说：人们大都只知道修饰外表，却不知道美化内在的德性。“女史箴”是倡导品德的一卷绘画。咱们认真看一下，能够发现，画中的线条确实像“春蚕吐丝”一样，在高空中循环委婉，十分均匀而柔美。顾恺之画的女性，身材非常修长，裙子的下摆比较宽，使每一个人物的造型都很稳定，单人就形成了三角形的构图。

这些画里的人，和咱们在前面的壁画中见到的人物不一样。女史箴中的人物大都是宫廷贵族，衣服都很宽大华丽，身上有许多装饰用的飘带，给人一种高贵端庄的感觉。

“女史箴”中的人物外型和东晋“竹林七贤、荣启期图”中的人物十分相像，是同一个年代的作品。也有人觉得，“女史箴”图卷是隋唐人的摹本。也就是说，那是隋唐时代的人，依照顾恺之的原版临摹下来的。无论怎么说，这件《女史箴图》都是中国绘画的一件珍贵的宝物。由于八国联军攻击中国，这件宝物，就被闯入北京的英军抢走了，流落到海外。目前这幅画就收藏在英国伦敦的博物馆。

顾恺之的《女史箴图》，是以张华的文章为根据创作的。他甚至把张华的文章一大段一大段的抄录在他的画上，像现在的图画书一样，有看图说话的意思。

顾恺之还有一张以文章为根据的作品，叫做《洛神赋图》。

《洛神赋图》局部

“赋”是古代的一种文体。《洛神赋》原来是著名文学家曹植的一篇作品，表现了一个凄美的爱情故事。描写了他在洛水河边，看到漂亮的女神的景象。

“洛神赋”原文写得非常唯美，把人们幻想中的女神，用文字形容得十分令人向往。顾恺之就以这篇中国的文字为依据，用绘画来表现。《洛神赋图》这幅名画，原来由顾恺之亲笔画的一张已经遗失了。现在看到的，有四种不同的摹本，都是宋朝人根据原画临摹的。

慢慢展开这幅画卷，我们可以清晰的看到曹植和侍从站在洛水岸边，远处河面上的女神正凌波而来。女神驾着六龙拉动的车子，四周有旗帜飘扬。最后是曹植乘坐华丽的大船，在洛水上寻找洛神。这篇文学名著，由顾恺之用传神的方法画了出来，使文学中的想像，转变成美术绘画上的形象。

顾恺之与曹植在情感上是相通的。他以奇才自负，但长年仅仅以舞文弄墨的清客一类的角色出现在社会的舞台里，心有不甘，而且，他与曹植一样，无法直抒胸臆，就借这个神话故事表达一下内心的痛苦。

顾恺之的画作：《女史箴图》《洛神赋图》和《列女传图》，其实都是根据很多文字的描述来创作绘画。顾恺之画中的女性的角色非常成功，“女史箴”和“列女传”都是以女性的婀娜多姿美为主题，不只描画女性外貌形体的美、表情上的美，更能借此传达出女性内在道德上的美。因此，他的绘画可以说是古代女性的“教科书”。古代的中国人常常用绘画来歌颂有道德，有功勋的人。他们相信：为这些有道德的圣贤，有功业的帝王、将军画像，能够借着这些人像，影响平民百姓，使平民百姓看了这些图画，不知不觉地效法圣贤的行为，成为对社会有贡献的人。

顾恺之生存的时代，恰好就是这种观念流行的时代。所以，他的《女史箴图》《列女传图》，都是有一定教育意义的。

张择端

张择端，汉族，字正道。琅邪东武（今山东诸城）人。他的风俗画《清明上河图》，系世界名画之一，也是他的代表作，北宋有名画家。描绘当年汴京近郊在清明时节社会各阶层的生活景象，真实生动，是一件具有重要历史价值和杰出艺术成就的优秀风俗画。经过近千年的漫长岁月，至今仍完好的保存在北京故宫博物院。

《清明上河图》局部。这张是清代的临摹版本，非张择端的北宋版本

更多专家学者经过对《清明上河图》的研讨考据，以为张择端是北宋人。现存于故宫博物院的《清明上河图》“石渠宝笈三编本”，画本背面最早的

金代张著题跋中注明了张择端的身份为“翰林”，而且进一步指出，张择端游学于京师，本工其“界画”，尤为青睐画舟车市桥路径。张著的题跋是关于张择端身世最早的记载，也是唯一的记载。据此题跋，张择端是北宋人的观念最具说服力。

《清明上河图》是中国画史上的经典杰作，在我国是绘画史上的无价之宝。它是一幅用写实主义手法绘制的长卷风俗画，经过对北宋市俗生活的精细描画，生动地再现了北宋汴京承平时期的一副兴盛场景。

这兴盛现象的外表下，作者在画面中埋藏着一条令人心悸的暗线，使这幅雄图变成了一幅带有忧患认识的“盛世危图”，作者经过其婉转的笔触，以惊马闯郊市为伏笔，铺垫出全卷矛盾的视觉核心，船与桥的险情和桥上文武官员争道交织成的矛盾顶点，还有前后呈现的兵力懒散、消防缺失、城防涣散、国门洞开、酒患成灾等场景。张择端经过其深入分析社会的表象视角，以画曲谏，将对本国城防、平安、交通等诸多的社会效果的忧愁付诸于画卷之中，以提示北宋君王的忧患认识。后世所知的宋徽宗，是一个昏庸“能干”的亡国之君。其实，宋徽宗也在不停探寻强国之道，他推出过不少政治变革的动作，仅以财政收入来说，富国战略非常有成效，远超前代，到达北宋经济最高点。繁荣和危机并存，社会现实和《清明上河图》如此相似，应该不是偶然。

朱　耷

从一出生，就背负了家国衰亡的剧痛，他身世特殊，是明朝皇族后裔。他是修行多年的僧侣，他行为怪异，时而疯，时而哑，时而又无比正常；诗、书、画往往禅意深幽。

八大山人本名朱耷，又名朱由桵(读 ruǐ)。书画家朱耷一生中所用的字号、别号特别多，而且每个都像他的书画一样与众不同。清顺治五年（1648 年），他出家为僧，法名传棨（音同“起”），字刃庵；康熙五年（1666 年）取号雪个，后来又有了个山、驴、屋驴、人屋等别号；到了康熙二十三年（1684 年）他 58 岁，又给自己取了个奇特的别号——八大山人，从此，以前的别号都弃之不用。他在自己的画上落“八大山人”的款时，总是竖笔连写，看起来有时像“哭之”，有时像“笑之”，据说代表着他作画时的心情。

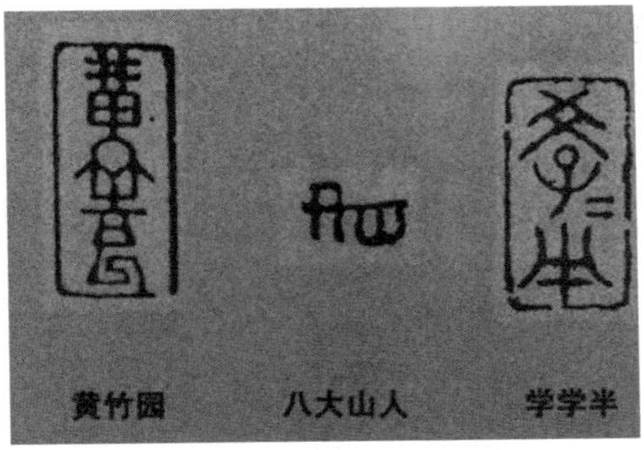

这一特性显明的别名于是随着他的书画作品留存了千年，有名的程度远远超过了他的本名。国破逢家变，明亡第二年，也是他 18 岁的时候，八大山人的父亲去世。国度巨变加上家庭变故，原先无可置疑的科举路线，对八大山人来说根本无法走下去了，他决议皈依佛门。清顺治五年，22 岁的八大山人在江西奉新的耕香院落发为僧，在山里一住就是数十年。

艺术历程：就他的艺术创作来讲，在佛门的这段时光，八大山人今天所见的作品不多。从 23 岁到 55 岁，八大山人一共度过了长达 32 年的僧侣生活。在介冈灯社期间，八大山人主要创作了《传綮写生册》十五开（1659 年、34 岁），现藏于台北故宫博物院，这是八大山人最早的存世作品，多画花卉、奇石等，注重写实，没有明确的追求怪诞的偏向。再就是 48 岁创作的《花鸟册》，画天干，不画地支。还有 52 岁创作的《梅花图册》。所以目前八大山人的一幅作品堪称难得之至。翰林博物馆也在征集收购。

从八大山人在奉新耕香院，主要作品有《墨花图卷》《梅花图册》。书法作品有《个山传綮题画诗轴》。八大山人作品的一个重要组成部分和显著特点，就是他的名号、款识、花押、印章。单就印章来说，到 1986 年，研究者已收集到八大山人用过的印章 89 枚。况且，八大山人在一生中使用差异的字号、款识、花押、印章，它们的使用和流变，反映了八大山人的人生阅历和思维历程，辨识和研讨这些款识、花押、印章，有助于理清八大山人的人生轨迹，把握八大山人的思想脉络。

郑板桥

郑板桥，清代画家。康熙秀才，雍正十年举人，乾隆元年（1736）进士。字克柔，号板桥，江苏兴化人。以书画营生，工诗词，善书画。书亦有别致，隶、楷参半，自称“六分半书”。为“扬州八怪”的主要代表，一生画竹最多，次则兰、石，但也画松画菊，是清代比较有代表性的文人画家。

清郑板桥兰竹图纸本 50×96

“扬州八怪”中最受人们称道的画家是郑板桥。他有诗、书、画三绝，三绝中又有三真：真气、真诀、真趣。他的兰、竹之作，遍布世界，驰誉中外，深得人们的喜爱和推崇。郑板桥善画兰，竹，石，尤精墨竹，学徐渭，石涛，八大的画法，擅长水墨写意。在创作方式上，提出“眼中之竹”“胸中之竹”“手中之竹”三阶段论。郑板桥特别强调要表现“真性情”“真意气”。他笔下的竹。往往就是自己思想和人品的化身。他的墨竹，往往挺劲弧直，具有一种弧傲，刚正，“倔强不驯之气”。

在艺术手法上，郑板桥主张“意在笔先”，用墨干淡并兼，笔法疲劲挺拔，布局疏密相间，以少胜多，他还重视诗、书、画三者的结合，用诗文点题，将书法题识穿插于画面形象之中，形成不可分割的统一体。尤其是将书法用融于绘画之中，画竹是“以书之关纽透入于画”。画兰叶是“借草书中之中竖，长撇运之”，进一步发展了文人画的特点。

齐白石

一、既不媚俗又不欺世

齐白石先生是一位艺术上的多面手，诗书画印无一不通，花鸟、山水、人物无一不会。如果让你去介绍齐白石先生是一位怎么样的艺术家，你会怎么介绍?

要回答这个答案，首先要知道大师的一句名言：“作画妙在似与不似之间，太似为媚俗，不似是欺世”大师还有一段话可以作为这段话的注解：“作画要形神兼备。不能画的太像，太像则匠；又不能不像，不想则妄。”就是说，齐白石先生主张，对于客观对象，既不能太像，也不能不像。

为什么不能太像？太像就显得“媚俗”，显得匠气。画匠作画，追求形似，把像摆在第一位上。如果仅仅是表现形似，没有情感的融入，也就只有审美水平不高的人会说好。

为什么不能画的太不像？太不像又是欺世?

（一）不能表现事物的形貌色彩。因为艺术有认识作用，原本是红的，你给画成了绿的；原来是圆的，你给化成了方的，画得太不像了，这样人们不能正确认识事物，这样就是欺世!

（二）不能很好表达艺术家的情感。艺术所表现的事物是为了表达情感，而情感与事物之前有稳定的联系。比如桃子，用来表达祝愿长寿情感，如果你画的不像，让别人看成了李子，不能传达到艺术家的情感，这不就是欺世吗?

齐白石先生的艺术作品，既似，又不似。

齐白石先生的作品，既反对媚俗，又反对欺世。所以，如果让我用一句话来形容一下齐白石先生，我会说齐白石先生是一位既不媚俗又不欺世的一位艺术家！

我举一个例子，为此证明一下。大家都知道齐白石先生画虾最负盛名，我在这里就用他画虾的历程来具体说一说。

齐白石先生画虾的过程可以说给别人的感受是奇特的，从科学着眼点上来讲是越来越不像的过程，但从艺术的着眼点上来看又是越来越像的过程。

齐白石先生少年时生活在乡村，经常在小河边看虾，钓虾。晚年时，他曾画《儿时钓虾图》。

少年时期的生活，使齐白石先生对乡村有着深厚的情感，对他一生的艺术创作道路有着深远的影响。

齐白石先生画虾，可以分成几个时期：

第一个时期是临摹古代的时期。

齐白石先生在 60 岁之前画的虾的形象，主要是临摹古代的作品，例如学画八大山人等。

我来说说有哪些作品，1910 年齐白石在 47 岁时画的《水仙游虾》。1920 年，齐白石先生在 57 岁时画的《水草 · 虾》。因该说 47 岁和 57 岁时画的虾，没有什么本质上的变化。特点 1. 虾身的色彩一致。2. 虾腿有许多对。3. 虾头虾尾、虾身每节之前都是紧紧相连的。4. 虾眼和虾头是平行的。5. 虾身有六节。6. 单只虾。7. 虾身是直的没有动感。

第二时期是写生时期。

齐白石 62 岁时，就是现在我们要退休的年龄，他决定改变他笔下的虾，那么怎么去改，就是写生。

他的写生方法是养虾，在他的画案上放一盆活虾，就连家里园中的小池子也养上虾。他每天观察虾的形状、在水中的姿态，有时还会用笔杆触动它们，看它们的反应和姿态，甚至把虾拿到手里数一数虾的腿。（先生画动物非常仔细，例如，画螳螂是他会注意到螳螂翅膀上的几条斜线）

齐白石先生从写生开始按照虾的本来面貌画下了，比如虾有十对腿，他就画十对腿。我们来说说这个时期，齐白石先生画的虾：《虾图》《水草游虾》。

可以说这个时期画的虾已经有了很大的变化。这个时期虾的特征是：1. 由单只变成群虾。2. 虾开始有墨色浓淡的变化了。3. 虾的身体弯曲，有了肢体的动感，感觉上是在游动，像一只活虾。4. 虾身还是六节。5. 虾头和虾身似断似连，但是，虾身的每节还是紧密相连的。6. 虾腿为十对。

齐白石先生这时候画的虾已经超越了古人，但他本没有满足于现状，对自己又提出了更高的要求，他发现这时画的虾，缺乏“精气神”。

第三时期是对画虾有针对性的第一次改造。

这个时期可以说是经过了四五年的思考，先生在 66 岁时，对虾的形象作了重大的改动，我们来说作品，《山溪群虾图》《群虾图》。

这时期对虾的改进有：1. 不但虾头虾身似断似连，而且，虾身的每个节都是似断似连，虾身有一种透明感。2. 虾身中间是拱起的，虾好像随时会向前跳起，有了精神。3. 虾的长臂钳最前端变粗了，虾变得有力量了。4. 虾腿从十对减到八对，突出主要部分，虾显得更活泼，更透明了。5. 虾身又六变成五节。经过了这次的变动，齐白石先生还是不满意。

第四个时期是对虾的第二次改造。

这个时期先生又经过了两、三年的观察与思考，在他 68 岁的是对虾的形象作了一次大的改变。

例如：《虾蟹图》《虾图》。这里《虾图》中便显得尤为明显，1. 虾头和虾身本来都是淡墨，先生在画时加上了一点浓墨。这一笔是画虾多年的他最为之得意的一笔，不但让虾有了重量，虾头有了坚硬感，而且还能够让虾身有一定的透明感。2. 虾的眼睛以前是和头平行的，画的时候，就是小圆点，现在，现在由于虾头变黑了，虾眼改成了两横笔，据先生说，虾在水中游动时，眼睛是外横的。3. 虾后腿由八变成六，更加精神了。这时还有改变的余地。

第五时期是对虾的改造进入尾声。

齐白石先生 71 岁时，对虾的改造结束。虾的后腿由六对改成五他为之自豪的说：“白石翁写生十年，放得如生。”例如：《瀑布游虾图》。

从此以后，先生一直活到 90 多岁，他笔下画的虾没有在本质上变化了。我们来说说这个时期都有什么作品。72 岁画的《虾图》，83 岁画的《游虾》，这幅作品可以说是齐白石先生画虾的代表作品了。93 岁画的《虾图》，这时先生画的虾可以说是前无古人，后无来者了。

齐白石先生为什么能有这样的艺术成就？主要原因有：1. 不懈的努力。

齐白石先生画虾，非一朝一夕之功，而是经过了十年不懈的努力。他说："余画虾数十年始得其神！" 2. 不懈的坚持。齐白石先生的作品，得到了大多数人的认可，但仍然有人提出反对声音，他坚持走自己的路，不管别人说什么。3. 不懈的超越。首先是超越古人，八大山人是齐白石学习的榜样，在画虾的过程中，他不甘心学习，在实际行动中超越了八大山人。再来就是，超越同时期的画家。最后是超越自我。这是最为艰难的超越，他画虾十年，只有不断地超越自己，他才有了今天不凡的成就。

齐白石 91 岁时，作家老舍来访，他以"蛙声十里出山泉"为题，请齐白石作画。要用画来表现出来，就非常难。十里的开阔面积，蛙声的听觉体会，画面要怎么体现？

大师不愧是大师，思考几天，提笔就来。4 尺的立轴，画面十分简单，一条小溪蜿蜒而来，溪水从卵石中飞溅出来，蝌蚪在小溪中游戏，摆着尾巴，顺流而下，远处山峰若隐若现。

这幅作品能够表现"蛙声十里出山泉"吗？能，也就是我们说的似，山与小溪能让观者想到山泉，蝌蚪将要变成青蛙，那么蛙声还远吗？

这幅作品中的不似在哪里体现？不似。因为画面中没有青蛙，也不会有蛙声。

这幅画，画得非常妙。妙就妙在似与不似之间，同时也证明，齐白石先生是一位既不媚俗又不欺世的伟大艺术家。

我认为欣赏一幅艺术品就好比去猜谜，画面就是谜面，主题是谜底。谜面与谜底的关系就是，艺术家把谜底隐藏于画面中让欣赏者去猜的过程！

二、齐白石的生平

齐白石，湖南湘潭人，二十世纪中国画艺术巨匠，十大杰出书法家、画家之一。原名纯芝，字渭青，号兰亭。后改名璜，字濒生，号白石、白石山翁、借山吟馆主者、寄萍堂上白叟、三百石印富翁。是近现代中国绘画巨匠，世界级艺术界名人。早年曾为木工，后以卖画为生，五十七岁后定居北京。擅画花鸟、虫鱼、山水、人物，翰墨雄壮，颜色艳丽明快，外型精练活泼，意境醇厚质朴。所作鱼虾虫蟹，妙趣横生。齐白石书工篆隶，取法于秦汉碑版，行书饶古拙之趣，篆刻自成一家，善写诗文。曾任中央美术学院名誉教授、中国美术家协会主席等职。代表作有《蛙声十里出山泉》《墨虾》等。著有《白石诗草》《白石老人自述》等。

齐白石的篆刻假如从其三十二岁算起（见《白石老人自述》），至九十四岁离世止，约有六十余年的时间，在这六十年中，大体能够分为四个阶段：

第一阶段：三十二岁至四十一岁，刻印启蒙于黎松庵，仿摹丁黄的浙派，由此进入篆刻艺术的世界。

第二阶段：四十一岁至六十之前，弃丁黄而摹赵之谦，见《二金蝶堂印谱》，心追憧憬，亦步亦趋。

第三阶段：六十至七十之间，取汉隶碑的篆法，借赵的章法，致力摆脱摹仿，随着“衰年变法”创始自己篆刻的面貌。

第四阶段：七十之后，又参以秦权量铭文的意趣，不停锻炼，至八十岁到达高潮，最终完善了自己大刀阔斧、直率雄健的篆刻格调。

齐白石的篆刻还有重要的一点是，他从治印动手，未曾于《说文》和小学方面下过时间，更未上溯到商周的金文，在这一点上，与其诗文有某种“相通”点。

他仅将篆书当作一种艺术化的字体，故而印文常不合于“六书”的篆体，甚至以僻字、俗字入印，自我作古，这在事先一方面是受《康熙字典》之影响，而另一方面正是齐白石张扬特性，将天然、天真的官方文化气味带入其篆刻创作的一个重要表现。

拜读完齐白石先生的毕生创作，我觉得先生是勤劳的，作画极多，可以说是一天不画心慌，三天不刻印手痒，作品创作多得惊人，好得出奇，仅1953年一年，大小作品就有600多幅。可说多年积累数不清的佳作。20世纪20年代，齐白石受到徐悲鸿的提携，作品逐渐被收藏界所认识，价格稳步提高。

国际拍卖市场中，齐白石作品的价钱最高，最高记载是嘉德拍卖公司拍卖的一件花鸟，为 4 亿万元。目前拍卖市场价格大概在 3000~5000 万元左右。

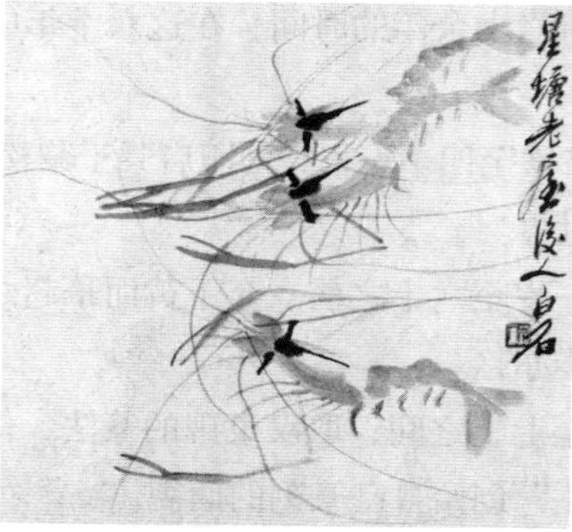

白石翁画虾，乃河虾与对虾二者惬意的“合象”。——李苦禅

从有一个侧面反映出，齐白石画虾可说是一绝，灵动活跃，栩栩如生，韵味充盈，用淡墨掷笔，绘成躯体，浸润之色，更显虾体晶莹剔透之感。以浓墨竖点为睛，横写为脑，落墨成金，笔笔逼真。细笔写须、爪、大螯，刚柔并济、凝练传神，显示了画家高妙的书法功力。画家写虾，来自生活，却超越生活，大胆概括简化，更得传神妙笔。齐白石虾图，表现了高度的翰墨技巧，在体现了水墨、宣纸的独物功能外，又将虾之质感表现的淋漓尽致，是白石笔下最写实的对象之一。齐白石曾打趣地说：“予年七十八矣，人谓只能画虾，冤哉！（78 岁题画虾）”，固然，以为齐白石只会画虾是里手家言，就像提起徐悲鸿是画马的，黄胄是画驴的一样可笑，但另一方面，也反映了齐白石的虾的确画得好，人们喜闻乐见，亦是现实的。

花卉草虫更是齐白石的“绝活”，以工笔画虫，粗笔写花草。画作中经常是以最细腻的手法刻画草虫，同时以最简洁的方法描写花卉，构成粗与细、虚与实的强烈视觉对照，构成极工与真放的画面模式。

国画画法口诀

画前需定形，先从树起跟
勾出树枝干，稍点树梢墨
颜色要细调，红绿要纯清
染在树梢顶，树头浓墨分
松要摆大气，枝干壮山魂
近松叶要明，远松稍点清
叶用深绿染，干要株黄清
杂树枝要细，点叶要分明
不可太浓厚，不要太稀匀
山涧多树长，层次要分明
大小照远近，浓淡要看形
山石虽大气．莫忘暗与明
有光一方照，此方须淡澄
无光一方照，明暗下笔沉
画好一磅石，远近多关心
与树相连处，层次要高明
无光山顶树，树下一片黑
有光山顶树，用色要沉稳
落山脚处时，染色几次分
山脚可点树，但要雾和云
山脚不作树，需要染纯清
远山写云海墨色相染成
近山有雾气，只在山脚形
高低多层次，写云几次成
浓墨下脚处，浓淡要细明

擦点明暗处，用笔要细稳
擦点一山成，远近常关心
山涧紧相连，浓淡要辨清
画半要细看，似乎可以成
若是不合意，寻找顺势形
该改侧大胆，不改须细心
画前须静想，画时耐心稳
多在墙面画，才好看得正
画好需回味，多看否改进
细看多难处，记得下次稳
此为画中意，意境难悟成
悟到深思处，好画自然成

参考

[1]张军民，论中国国画的起源及发展[J]，美与时代·城市，2014(2)：72~73。

[2] 杨琪，中国美术鉴赏十六讲，中华书局，2008。

[3] 中央美术学院美术史系中国美术史教研室主编，薛永年、罗世平，中国美术简史，中国青年出版社，2002。

[4] 国画画法口诀，画家之友，2016。

科学实验篇

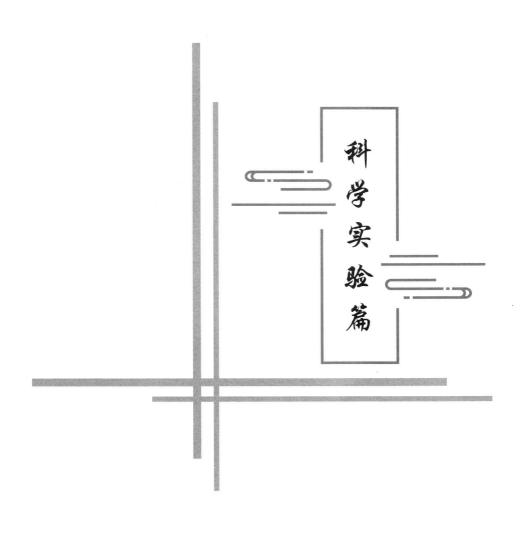

带你玩神奇的 3D 打印

一、带你认识 3D 打印

（一）什么是 3D 打印?

3D 打印，英文名叫 3D printing，还有一个唬人的名字叫增材制造。企业是这样介绍它的：以数字模型文件为基础，运用粉末状金属或塑料等可粘合材料，通过逐层打印的方式来构造物体的技术。常在模具制造、工业设计等领域被用于制造模型，后逐渐用于一些产品的直接制造。

可以从两个方面理解 3D 打印是如何工作的：1. 打印的材料是经过特殊处理的粉末（如金属）或可以加热后融化的材料（如 ABS，PLA 等）。2. 打印方式，就是把要打印出的物体先打印出一层，在第一层粘合好之后，再在第一层上打印出第二层，如此一层层地叠加，打印出的物体就变高了，直到最终成型。就像用砖砌房子一样，砖一层一层地加，墙砌到高度后，再加房顶。当然 3D 打印出的层，没有砖头那么厚，通常每一层的厚度在 0.1mm~0.3mm 之间。

（二）3D 打印机与普通打印机的区别

如果借用坐标系来表示，可以更好理解二者的区别。普通打印机只是在 xy 平面上打印，打印出的是平面的，而 3D 打印机可以在 xyz 三维面上打印，它在 xy 平面上可以像普通打印机一样工作，但在 z 方向上能打印出物体的高度，最终打印出一个立体的物体。

如果不能理解，通过下面的这张图就可以看出二者的区别了。

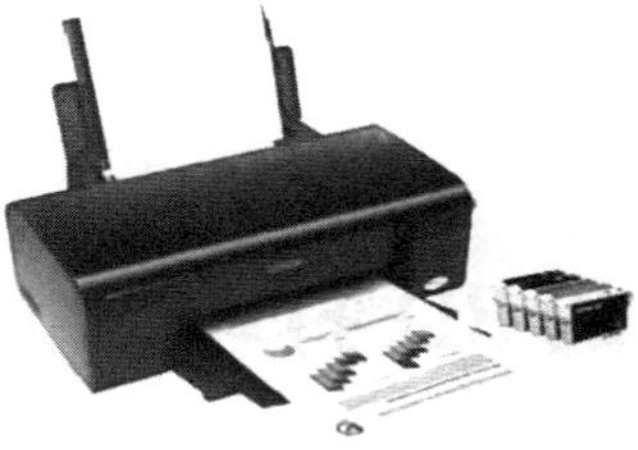

普通打印机

3D 打印机

二者的区别是前者打印的是平面的，后者打印是立体的。

（三）3D 打印机的工作流程是什么

提到 3D 打印机的工作流程，请允许我吐槽一下。自从学校置办了 3D 打印机，老师知道我负责 3D 打印后，就出现了一些笑话。“简老师，你能给我打印一个巴芘娃娃吗？”“简老师，它什么都能打印吗？打印出的物体能用吗？”“简老师，我上课需要一个教具，你给我打印出来吧！”，老师们把 3D 打印机当作阿拉丁神灯了，以为想什么，它就能变出什么。想打印出一个教具，你就要“告诉”它你要打印教具的形状与尺寸吧。你不“告诉”它，它不可能猜出你脑子里想打印出的物体。让普通打印机打印出一篇文章，你就要在电脑里先输入文章的电子稿，并且作好排版，打印机才能根据你的文章打印出来。同理，你要让 3D 打印机打印出一件物品，你也先要在电脑里做出这个物品的三维模型，然后才能让它依据你的数字模型打印出实物来。

具体的工作流程如下图所示。

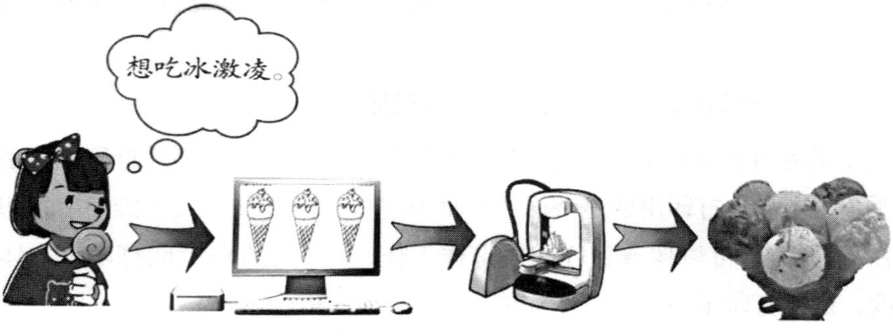

电脑设计　　3D 打印机　　打印出冰激凌

上图只是一个示意图吗？ 3D 打印机真能打印出冰激凌吗？答案是肯定的，这要由 3D 打印机的类型与打印材料决定。

（四）3D 打印材料

3D 打印依据模型的用途不同，它的材料也有许多种，有金属，水泥，塑料，光敏树脂等，下面介绍一下桌面级打印机的几种常用材料。

1.ABS 材料，ABS 是 Acrylonitrile Butadiene Styrene 的首字母缩写，丙烯腈—丁二烯—苯乙烯共聚物。ABS 是一种强度高、韧性好、易于加工成型的热塑型高分子材料结构，又称 ABS 树脂。但打印时，气味大，打印底板需要加热，打印的模型易产生翘边现象。

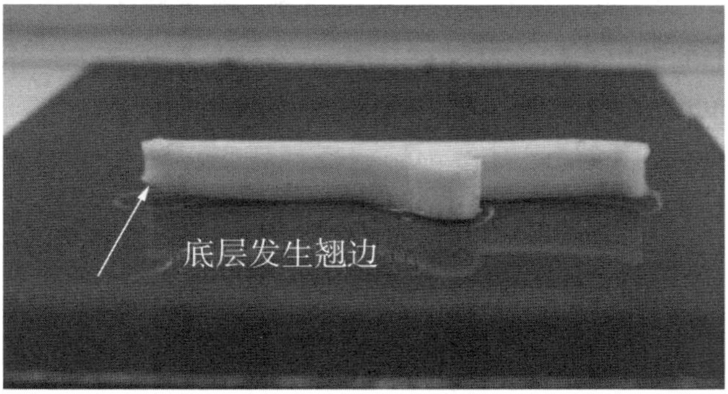

2.PLA 材料，英文 polylactic acid，全称聚乳酸也称为聚丙交酯（polylactide），属于聚酯家族。聚乳酸是以乳酸为主要原料聚合得到的聚合物，原料来源充分而且可以再生，主要以玉米、木薯等为原料。聚乳酸的生产过程无污染，而且产品可以生物降解，实现在自然界中的循环，因此是理想的绿色高分子材料。

聚乳酸的热稳定性好，加工温度 170℃ ~230℃，有好的抗溶剂性，易加工成型。打印的模型精度高，光泽度好，打印时，打印底板不需要加热，并且打印时模型不翘边，无气味，这使它逐渐取代了 ABS 材料，成为桌面级 3D 打印机的主要材料。

3.Polysmooth 材料，这是一种最新的材料，优点是可抛光性。3D 打印的模型，是一层层叠加出来的，模型不可避免的会生产台阶状的分层现象。而用 polysmooth 材料打印出的模型，配合 polysher 抛光机，可对模型进行抛光。抛光后的 3D 模型更像是一件成品而不是一件模型了。下面是模型抛光前后的对比图。

通过以上的介绍相信你对 3D 打印已经有了一个初步的认识，不会再把它当作阿拉丁神灯了，但如果你掌握好了 3D 打印技术，学会了 3D 软件的设计，从另一个层面来说，它又确实无所不能，能变出你想要的东西，可以把它当作阿拉丁神灯。同学们让我们开启 3D 打印的大门吧。

二、3D 打印技术类型

目前技术成熟的 3D 打印技术有：熔融沉积成型技术（FDM），数字光学处理技术（DLP），立体光固化技术（SLA），三维印刷技术（3DP），选择性激光烧结技术（SLS），分层实体制造技术（LOM）等。

下面就分别介绍这 6 种 3D 打印技术，它们是当今 3D 打印技术的代表。

（一）熔融沉积成型技术，Fused Deposition Modeling，简称 FDM。

20 世纪 80 年代，斯科特·克伦普设计产品的时候遇到了一个难题，就是用软件设计出的作品很难转化成真实的样品。为了解决这个难题，克伦普想到了用一种加热后可熔化，冷却后可重新凝固的塑料，用它加工出样品，这就是 3D 打印机的雏形。

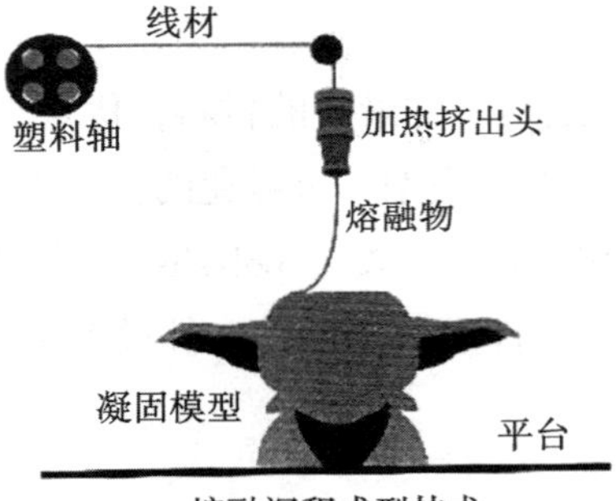

熔融沉积成型技术

3D 打印机喷头根据 3D 模型的数据，把热塑性材料涂抹到打印平台的特定位置，熔融状态的材料在打印平台上冷却后迅速固化，喷头再在固化后的第一层平面上涂抹第二层，如此一层层地叠加，最终“打印”出 3D 样品。该项技术被称为熔融沉积成型技术（FDM）。

2007 年，第一台开源 FDM 桌面级 3D 打印机 RepRap 在英国问世。借助互联网的传播，此后国内的桌面级 3D 打印机开始兴起。

FDM 材料包括一切热塑性材料，只要这种材料具备加热后可熔化，冷却后可重新凝固的性质，就可用于 3D 打印。近年来人们逐渐开发出巧克力 3D 打印机，糖果 3D 打印机，甚至水泥 3D 打印机。

（二）数字光学处理技术，即 Digital Light Processing，简称 DLP。

有一种对光很敏感的液态材料，受光照射后可转化为固态，这种材料称为光敏树脂。把高分辨率的光经过数字化处理后，投射到光敏树脂上，等特定区域的光敏树脂固化后，形成模型的一个截面，把此截面向上移动，在该层截面的下方，再进行第二层投射，形成第二层固化，然后第二层截面再向上移动，如此把液体的光敏树脂一层屋地固化最终形成一个物体。FDM 技术是模型的截面一层层的向上叠加，不同于 FDM 技术，DLP 技术是把截面由上向下拼接成模型的。

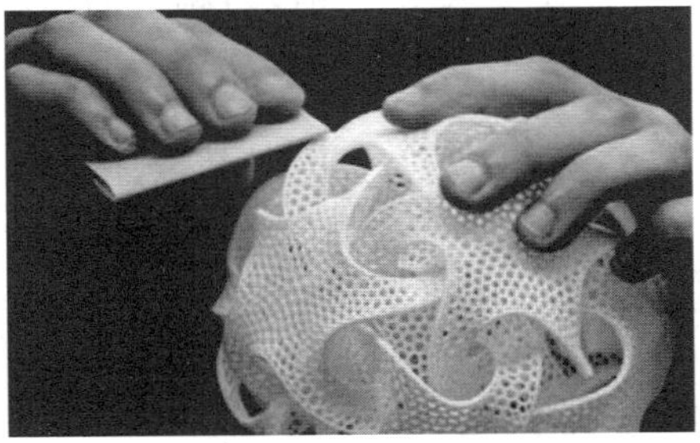

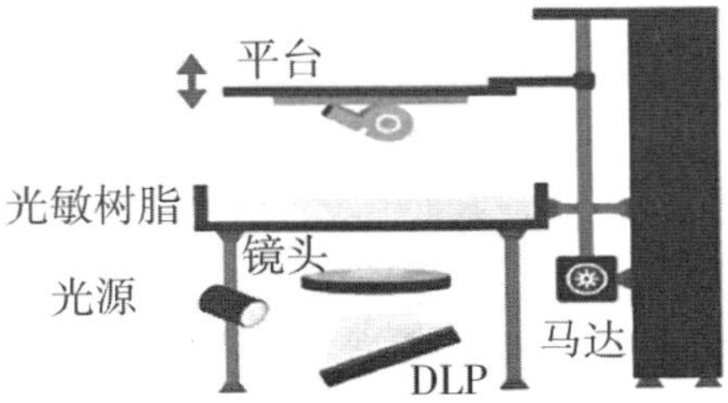

DLP数字光学处理技术

用光敏树脂打印出的模型，具有精度高，表面光滑的优点，但光敏树脂成本比较高，因此 DLP 3D 打印机常用于打印珠宝、首饰及艺术品模型。

与 DLP 技术相以的是 SLA 技术，SLA 是 Stereo Lithography Appearance 的缩写。DLP 是一次成型一个面，而 SLA 一次只成型一个点，由点到线，由线到面，最终形成一个立体的物体。

（三）三维印刷技术 3D Printing，简称 3DP

该项技术是美国麻省理工学院的 Emanual Sachs 教授发明的，于 1989 年申请了三维印刷技术（3DP）的专利。以陶瓷，金属，石膏，塑料等粉末为材料，打印时把材料平铺在平台上，利用粘合剂进行粘合，也是通过层层叠加成型。与 FDM，DLP 只能打印单一彩色不同，它可打印出彩色的物品。工作原理类似普通的彩色打印机，打印时根据需要添加彩色的粉末材料，再进行粘合，打印出彩色的产品。

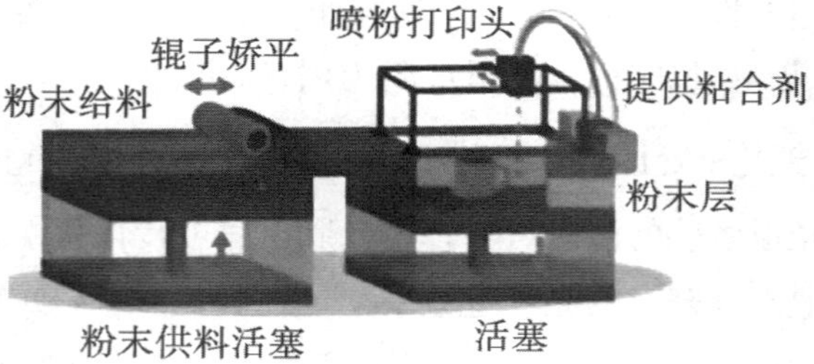

3DP粉末粘合成型工艺

3DP 技术的打印流程是喷粉装置在平台上均匀地铺一层粉末，然后喷嘴将粘合剂喷在模型截面的区域上，这样喷有粘合剂的地方粉末就会粘合，没有喷粘合剂的地主粉末没有粘合，然后平台下降一层，重复铺粉末，喷粘合剂，通过层层叠加，完成模型的加工。最后把模型取出，而没有粘合的粉末还可回收重复使用。

3DP 技术打印的全彩人像

3DP 技术打印的全彩汽车组件

（四）选择性激光烧结技术，Selective Laser Sintering，简称 sls

这种技术是由德克萨斯大学奥斯汀分校的研究生 C · R · Dechard 发明的。打印原理与 DLP 相似，但区别在与粘合的方式不一样。DLP 是靠粘合剂粘合的，而 SLS 是把可加热熔化的粉末铺在平台，平台把粉末预加热到熔化点，然后激光照射，受激光照射的粉末熔化粘合在一齐。如此把需要固化的粉末加热熔化，加工完一层模型截面后，再铺一层粉末，如此重复，直到模型加工完成。

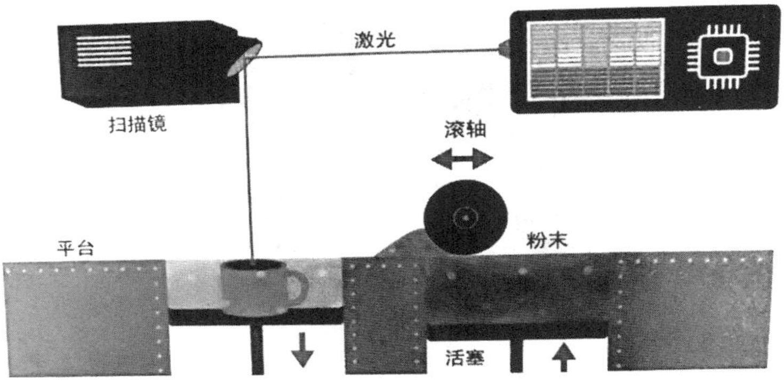

SLS 激光烧结成型工艺

SLS 技术打印的零件

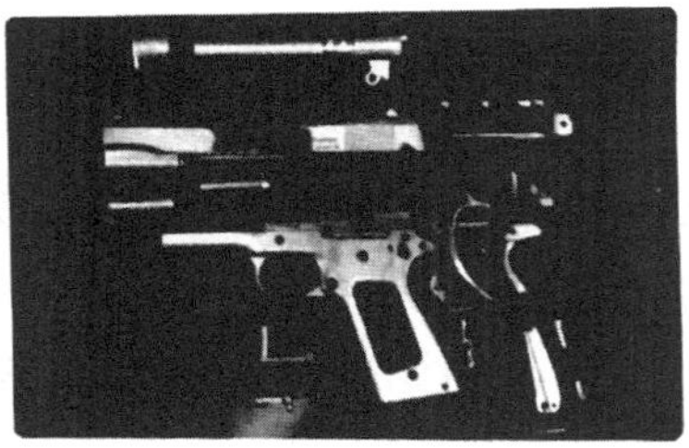

SLS 技术打印的手枪

SLS 是成型原理最复杂，条件最高，设备及打印材料成本最高的技术，但也是开发潜力最大，应用范围最广的技术。它的加工材料可以是尼龙、蜡、陶瓷、金属等粉末。此技术可以不受模型复杂程度的限制，打印出的产品强度大，如使用金属粉末打印的产品，强度介于锻造与铸造强度之间，产品可以直接使用。

（五）分层实体制造技术（Laminated Object Manufacturing），简称 LOM

LOM 又称为层叠法成型。它加工的是片状材料，把片状材料切割成模型的一个截面，然后送料机构将新的一层材料加上去，由热粘压装置把它与下面已切割的截面粘合在一齐，然后再进行切割，如此重复，切割，粘合，切割的步骤，直至模型成型。

LOM 加工的材料可以是纸，金属箔，塑料膜，陶瓷膜等。

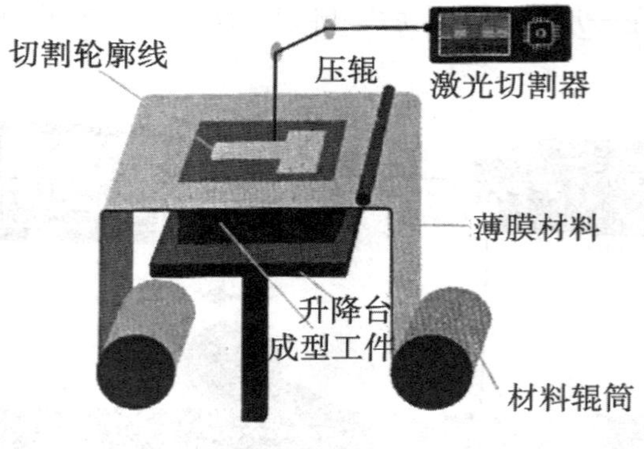

LOM分层实体成型工艺

三、3D打印的发展历史

在前文3D的打印的技术类型一文中提到了斯科特·克伦普发明了FDM 3D打印机，那么这是最早的3D打印机机吗？斯科特·克伦普能称为3D打印机之父吗？要回答这个问题，我们就是了解3D打印的历史。

其实3D打印的历史时间很短，只有30多年的时间，现在以时间的顺序来介绍它的发展过程。

最早的3D打印机是1983年由美国人查尔斯·胡尔（Charles W·Hull）发明的，英文全称是Stereo Lithography Appearance，简称SLA，称为立体平板印刷技术。所用材料为光敏树脂，用光来崔化成型。因此胡尔被称为3D打印技术之父，而不是发明了FDM技术的克伦普。

1986年胡尔成立了3D Systems公司，研发了STL文件格式，这种文件格式已成为数字模型的通用格式，是工业标准之一，每种打印机的切片软件导入的文件格式之一就是STL文件格式。

同年另一种3D打印技术LOM，由Helisys公司研发成功。

桌面级3D打印机是在1988年才有斯科特·克伦普研发，用的是熔融沉积成型技术（FDM），打印材料为ABS，但这种材料打印的产品易产生翘边现象，且有很大的气味，现已被PLA材料所取代。克伦普在1989年成立了Stratasys公司，目前该公司已发展成为3D打印领域的世界级大公司。

20世纪科技发展的速度是惊人的，如同1986年胡尔成立3D Systems的同年，Helisys公司研发了LOM 3D打印技术一样，1989年在克伦普成立tratasys公司的同年，美国德克萨斯大学奥斯汀分校的C·R·Dechard发明了选择性激光烧结技术（SLS）。

4年后的1993年，麻省理工学院教授Emanual Printint，发明了三维印刷技术（3DP）。这也是到目前为止3D打印领域中技术最成熟的彩色打印技术，潜力巨大。两年后麻省理工学院把这项技术授权给Z Corporation进行商业应用。

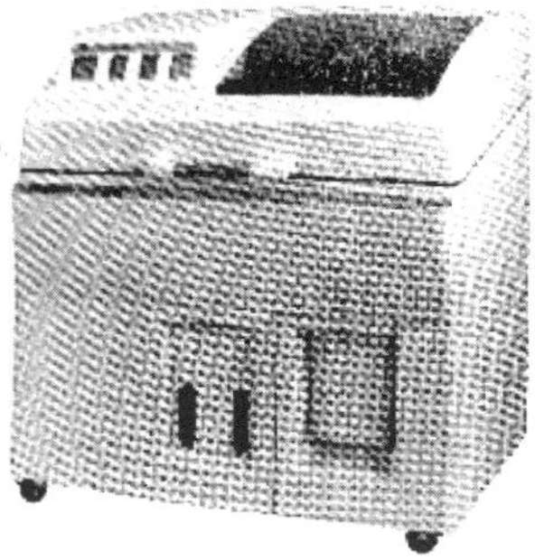

2005年Z Corporation公司推出世界上第一台彩色3D打印机，命名为Spectrum Z510。它的出现是3D打印领域的一件大事，具有里程碑的意义，标志首3D打印由单一色彩迈向彩色打印时代。

自从机器人问世后，人们都在思考一个问题——机器人能自己复制自己吗？那么3D打印呢，它能完成自我克隆吗？ 2007年英国巴斯大学机械工程高级讲师Adrian Bowyer博士，开发出世界首台可自我复制的3D打印机，取名为Darwin（达尔文）。这台机器前身是？ RepRap，就是基于FDM技术的开源3D打印机。因为是开源的，资料的获得很方便，使全世界有很多人参与这项技术的研发。这就使FDM技术的3D打印机，成本越来越低，组装越来越方便，体积也越来越小巧，可以摆放在办公桌上。由此 3D 打印机开始进入学校，家庭。我校用的 Makerbot 打印机就是基于此项技术发展起来的。

2008 年以色列 Objet Geometries 公司推出了 Connex5oo，这是一台快速成型 3D 打印机，这台打印机可以同时使用几种不同材料打印，开创了混合材料打印的先河。

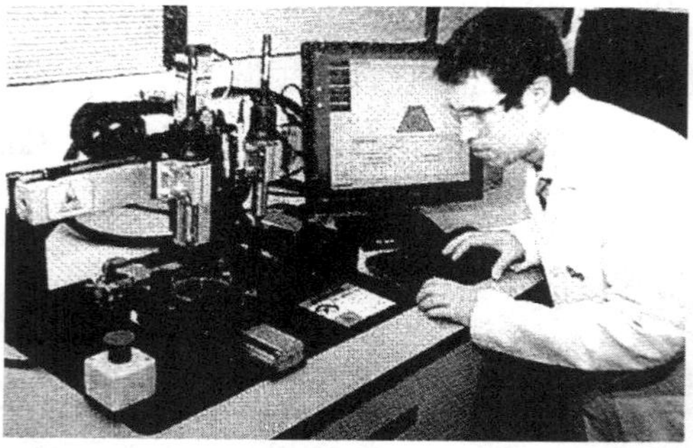

2010 年，Organnovo 公司研制出了首台 3D 生物打印机。使用人体脂肪或骨髓组织可以打印出新的人体组织，使得打印人体器官成为可能。2011 年，荷兰匠生给一名老者安装了一块用 3D 打印技术打印出的金属下颌骨，这标志着 3D 打印技术开始进入于临床应用。

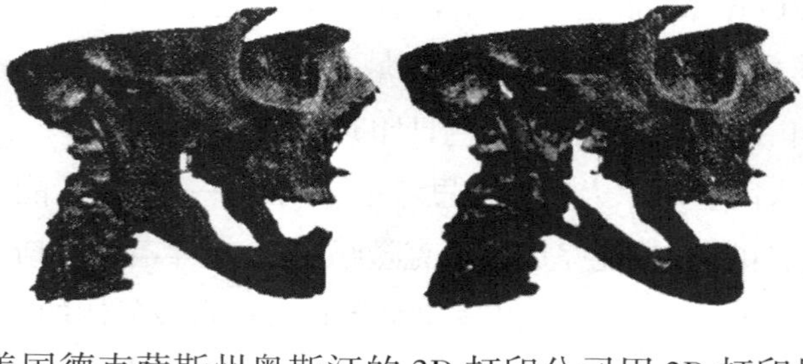

2013 年美国德克萨斯州奥斯汀的 3D 打印公司用 3D 打印机打印出金属手枪。

打印金属手枪的出现是技术的进步，但也发出了一个危险的信号，美国因此修改了相关法律。3D 打印正向无所不能的方向发展，材料广泛，技术多种多样，能制造的东西完全取决于你的想象力。3D 打印技术被称为第三次工业革命，面对此项技术我们的态度是欢迎还是排斥？

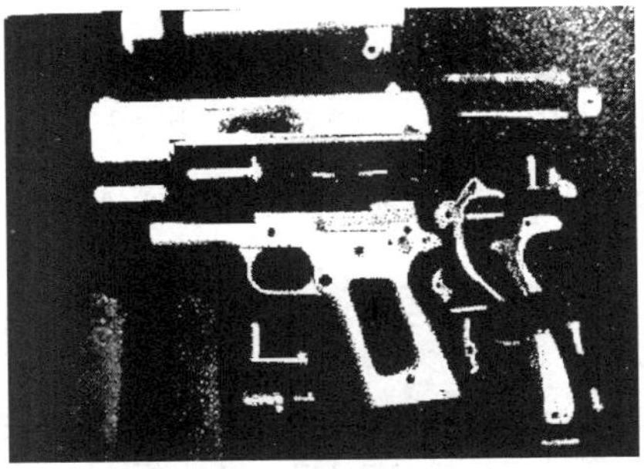

四、3D 打印应用领域

2012 年英国杂志《经济学人》发表文章称，3D 打印将会带来第三次工业革命。既然称为第三次工业革命，那么它可以应用到那些领域呢？就目前为止 3D 已经应用在制造业，建筑行业，食品行业，科学研究与技术服务业，医疗行业等一些行业。

（一）制造业的应用

国防是一个国家的重要力量，也是综合国力与先进科技展示的舞台。我国已掌握激光成型钛合金大型构件制造技术，已具备 3D 打印 12 平方米的复杂钛合金构件的技术与能力，在此领域走在了世界先进水平的行列，并且已将 3D 技术大面积应用于歼–15，歼–16 及第五代战机歼–20 上，甚至大飞机 C919 上。如歼–15 的整个起落架都可以用 3D 打印出来，经过 20 年的研究，已发展出可以替代传统制造工艺的 3D 打印技术。

另外 3D 打印现在不只可以打印汽车的一些零件，甚至可以打印整个汽车。世界首辆完全由 3D 打印机打印出的汽车称之为 Strai，出生于亚利桑那州，主要由塑料及碳纤维加工而成。这辆汽车只有 40 个零部件，而传统汽车却要上万个零件。从打印零部件到组装成型只用了44个小时，可乘坐2人，最高速度可达50Km/h，续航里程200公里左右。

（二）建筑业的应用

当听到3D打印机可以打印房子的时候，人们就会发出疑问：用3D打印机打印出的房子能住吗？它怎么“打印”出房子的？房子确实可以用3D打印机打印出来，不是模型样品，是真实可以住人的房子。

用于建筑行业的3D打印采用的是轮廓打印技术（Contour Craftings），只要供给它建筑材料，外加一台电脑就可以“建造”房子了。它的打印喷头在打印完一层后，自动升高，在第二层继续打印，甚至还可以要根据房子的力学结构选择不同的建筑材料。它可以24小时工作，打印的房子尺寸精准。

更让人不可思议的是采用轮廓工艺技术的3D打印机还能能完成电气，水暖，瓷砖的铺设，甚至还能完成刷漆等一系列的装饰工作。

（三）食品行业

你看见过蛋糕的装裱过程吧？流程是这样的，把奶油装入一个漏斗形状的袋子里，挤压袋子，奶油从“漏斗”口流出，控制“漏斗”口的移动路径，奶油就在蛋糕坯上形成花纹。

这个过程也是3D打印机打印蛋糕的工作原理。把奶油装在喷嘴里，用电脑控制喷嘴的移动线路，就可打印出形式多样的蛋糕。

还可以向喷嘴里注入巧克力、糖浆、土豆泥等材料，输入指令就可打印出巧克力、糖果、雪糕等食品。

（四）科学研究和技术服务业

在电影《十二生肖》中，有一段3D打印的展示。先是把鸡首生肖用3D扫描仪扫描出数字文件，然后让3D打印机打印模型，这样就克隆出一个与真实鸡首生肖一模一样的鸡首生肖模型了。

在文物保护中确实采用了这一技术。博物馆展出的都是一些重要的文物，可有一些文物确实不适合展出，那怎么办呢？那就用复制品展出，供人参观，即可展示又能保户原始文物。现在这项做复制品的工作就交给3D打印机来完成了。

在科学研究时也可用类似的方法保护原始品，如用3D打印机克隆出化石模型，就可方便地测量它的尺寸数据，达到既方便开展研究，又能保护珍贵的化石样品。

（五）教育事业

以我校为例来说明3D打印在教育行业的应用。学校开设了《3D建模与打印》这门校本选修课，此外学校还成立了创客小组。3D建模可以培养学生的三维思考与立体建模的能力，而3D打印又可把学生的设计的创意作品变为真实的物品。在这个活动中，学生的创意有了一个展示与交流的平台。

另外还有老教师找到创客小组，让他们帮助设计一些教具用来辅助教学。

（六）医疗行业

补牙或牙齿校正时都要用到牙模，可咬牙模是一件很让人头痛的体验。如果把3D打印应用于牙科，就可用3D扫描仪扫描出患者牙齿，只要几分钟的时间就可得到患者的牙齿三维数据，患者再也不用咬让人作呕的牙模了。

用3D打印机打印出牙模，然后再进行校正，直至与患者的牙床完全匹配，再制作成品，可降低假牙的制作成本。

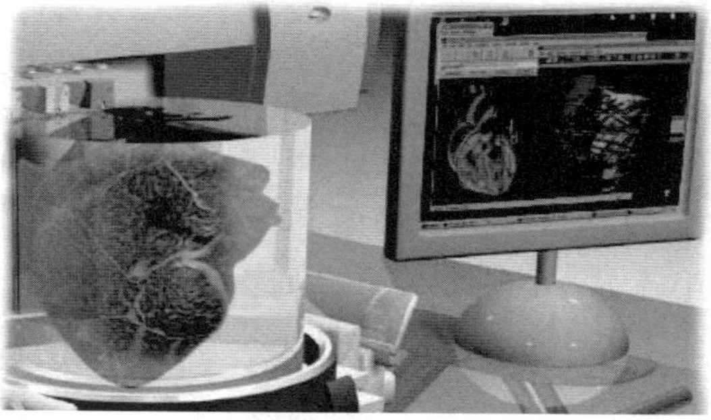

3D打印不单只用于牙科，也可应用于外科手术，整形，制作假肢等。虽然用3D打印出功能性的人体器官还处于探索阶段，但毕竟已取得了一些成果。这个领域的领军公司是Organnove公司，已成功研发能打印的心肌组织，肺脏，动脉血管等。

（七）其他行业

尽管珠宝首饰设计师可在电脑上尽情挥洒自己的创意，但这些作品真实情况如何呢？那就要做出样品来，可珠宝首饰首先是体积小，其实是精度非常高，而传统的浇注，注塑工艺却不能制作体积小，结构复杂，精度高的珠宝首饰样品。现在用3D打印可以解决这一难题，用光敏树脂做材料，采用DLP技术制作的模型完全可以满足设计师的需要。

“杜莎夫人蜡像馆”里的蜡像，虽然很精美，但一尊蜡像却要百万以上的价格。如果用3D打印不单能缩短制作时间，降低制作成本，而且3D打印的立体人像逼真度却不输于价格高昂的蜡像。

以上从制造业，建筑业，食品行业，科学研究，教育事业，医疗行业等行业介绍了3D打印在这些行业的应用，让大家体会一下，由3D打印所带来的第三次工业革命。科技一但应用于市场，被广大行业所采用，那么它的发展速度将是惊人的，或许从写下这篇文章到这篇文章与你见面的时间，3D打印又被一些行业所应用，正在逐渐进入我们的日常生活。

五、3D 打印机使用介绍

前面用四篇文章介绍了 3D 打印机的相关知识，那么这篇文章我们就来学习 3D 打印机的使用及注意事项。

3D 打印机的类型多种多样，不可能也没有必要学习每一种类型的使用，因为每所学校装备的都是 FDM3D 打印机，因此我们只要学习熔融沉积成型技术的桌面级 3D 打印机的使用即可。但即使是这种 FDM 技术的 3D 打印机，虽然型号多种多样，但因为 FDM 技术是开源的，厂家基本上都是在 RepRap 基础上开发出来的，因此使用上都是大同小异。本文就以 makerbo 为例介绍 3D 打印机的使用。

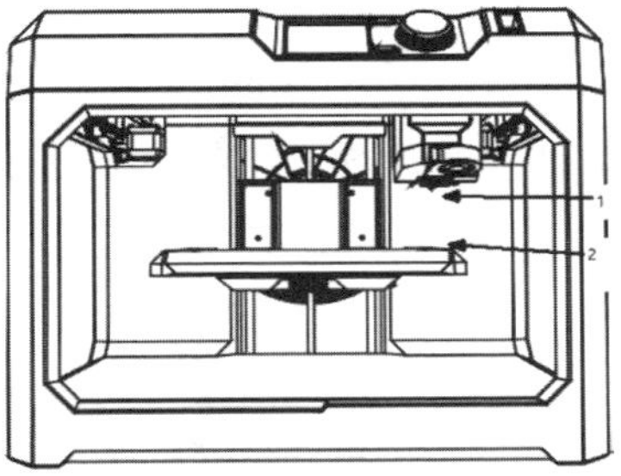

3D 打印使用前一项重要的准备工作，就是调平。如上图，1 是打印喷头，2 是打印平台。调平就是调喷头与打印平台间的距离，要使喷嘴与平台上表面各点的距离都相等。怎样调平呢？调平首先定位基准点，基准点在打印平台后方中间位置，另两个点是调平点，位于平台前方顶角处。如果调平点比基准高，就转动调平点下方的螺丝，使之降低，反之则调高，直到三个点距喷嘴的距离都相等，调平的工作就完成了。

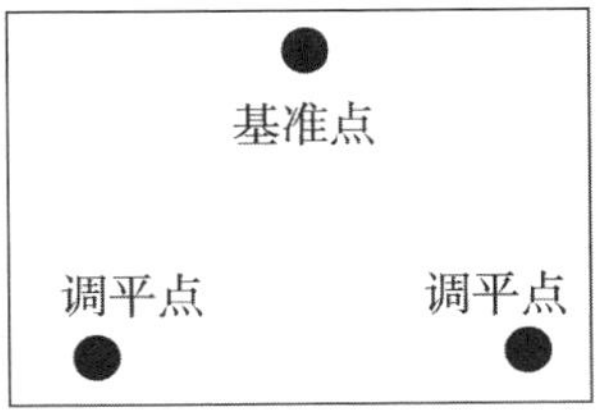

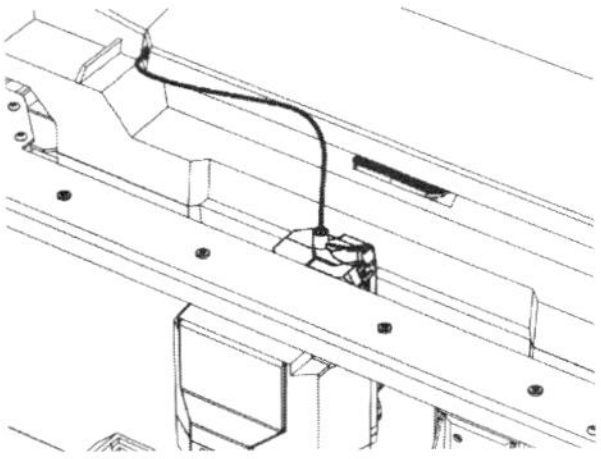

其次就是装载打印材料。把打印喷头加热，在温度达到 215 度时，把

PLA 材料从喷头上端装入，然后送料装置把材料自动装入喷头，当看到熔化后的 PLA 材料能从喷嘴均匀的流出，装料这步工作就成功了。

在打印之前，先把要打印的文件切片。什么是切片，为什么要切片呢？如图，比如我们要打印一根黄瓜模型，3D 打印机是怎么工作的呢？ 3D 打印机就是在打印平台上打印出一层层的黄瓜片，把这些黄瓜片叠加起来，就成一根黄瓜了。这个切片的工作，就由切片软件来完成。

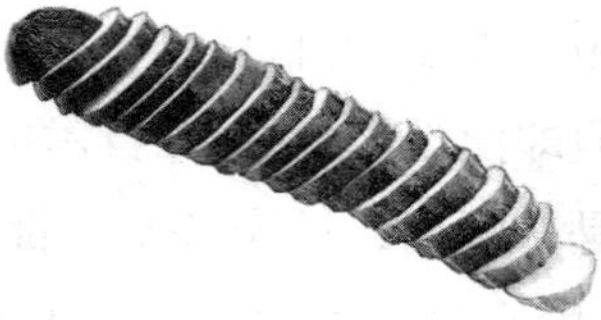

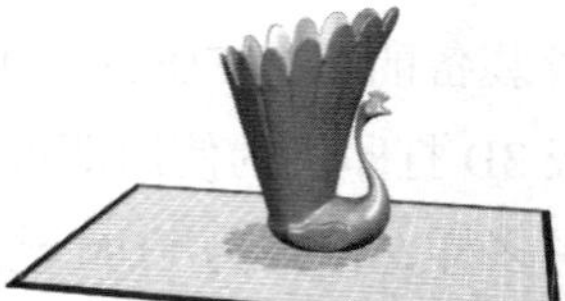

Makerbot 打印使用是 makebot print 打印程序。如右上图，将要打印的数字模型切片，左下图是作好切片的数字模型。然后就可以让打印机打印了。3D 打印机可以与电脑相连接，就象在 word 中使用普通打印机一样，点击打印图标后，打印机就开始打印了。另一种方式是把切片好的文件存入 U 盘，把 U 盘插入打印机的 USB 接口，在 3D 打印机上选择打印。

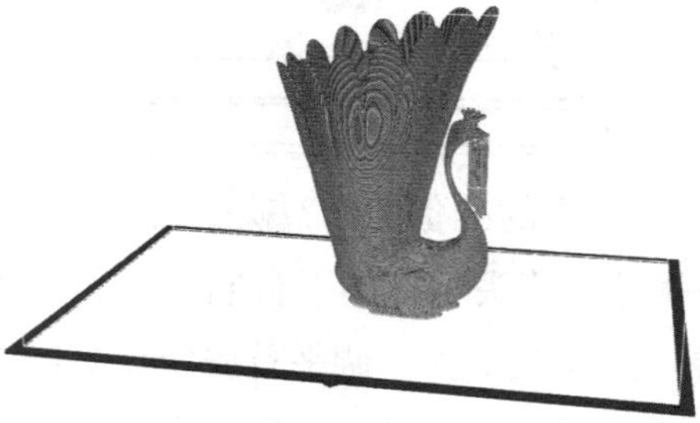

细心的同学可能发现，切片后的模型与原模型不一样，切片后的孔雀头部下面有一个支柱，这是为什么呢？这涉及 FDM 的成型技术与切片算法，以 makerbot print 为例，介绍一下切片软件的使用方法。

使用切片软件对模型切片时，有以下几项参数是比较关键的。喷头加热温度在 200℃ ~215℃之间，这由打印的材料类型决定。打印层高在 0.1mm~0.3mm 之间。0.1mm 打印的精度比较高，但打印时间长，0.3mm 打印速度快，但打印出模型速度粗糙。这个参数通常设置为 0.2mm 的高度，可兼顾速度与精度。

喷嘴空程速度，即喷嘴不打印时的移动速度。

外壳层数。3D 打印机打印出的模型不是实心的，而是中空的，外壳层数就是外壳的厚度。

填充密度。因打印的模型是中空的，不结实，为了模型的硬度，又要考虑打印时间，因此要在模型的中空部分打印一些填充结构，如下图，填充密度由高到低。

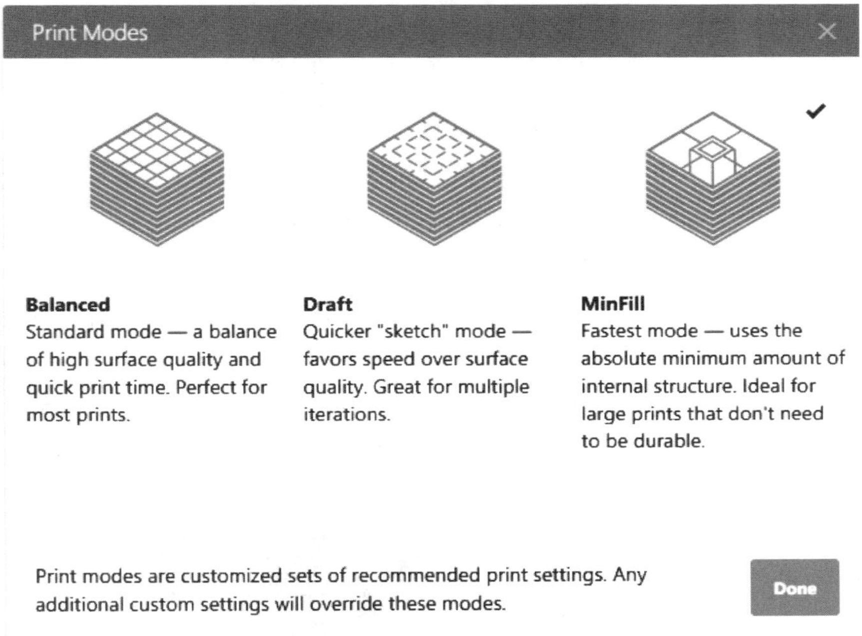

支撑。因打印的模型是一层层叠加起来的，对于悬空的部分，就需要添加支撑，喷嘴才可以在支撑上打印。如上图的孔雀头部，这部分是悬空的，没有着力点，不能直接打印，要先从下到上打印出一个能支撑孔雀头部的支柱，然后才能在这个支柱上打印孔雀头部。这个支撑是由起切片软件自动计算出的，也有一些切片软件可以手动添加支撑。

3D 打印机，切片软件的使用与注意事项大同小异，只是细节上有区别，掌握了以上介绍的几个事项，也就掌握了 3D 打印机入门知识。

六、模型的抛光

用 FDM 桌面级 3D 打印机打印出的模型，是一层层叠加成型的，会在模型表面产生阶梯状的分层现象。如果是0.2mm的层高，不注意是观察不到这种分层的，但也会感觉到打印出的就是一个模型，表面粗糙，不像是一个工业产品，而是一个半成品。俗话说“木匠靠光，铁匠靠明”，后期加工是很重要的。那么常用的3D模型抛光有什么方法呢？

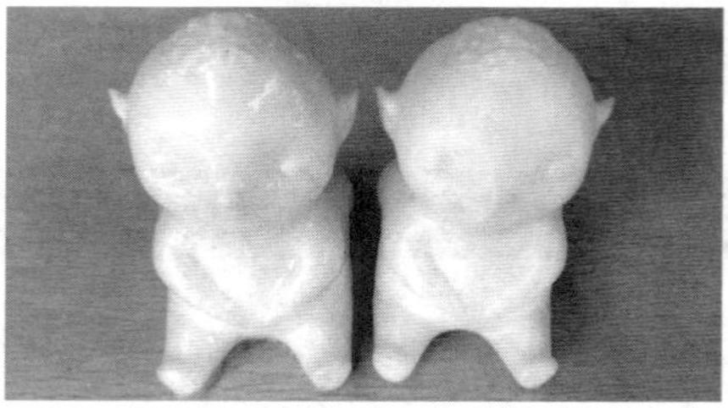

方法1，简单粗暴式用打火机烧。这种方法设备简单，只需一个打火机就可以了。对于采用ABS或PLA材料打印出的模型，表面有一些毛刺，可以用打火机轻轻的燎一下这些地方，毛刺就会烧掉。

方法2，砂纸打磨。对于分层比较明显的部分可以用沙纸打磨。600或800号水砂纸，1000号水砂纸，1200号水砂纸，1500号水砂纸各一张，一碗水，牙膏一只，干净眼镜布一张。水砂纸是磨的时候要加一点水，号码越大，砂纸越细，用800磨完用1000的磨。磨完之后，零件会没有光泽，这时候要用牙膏抹在布上对零件进行打磨，恢复光泽。

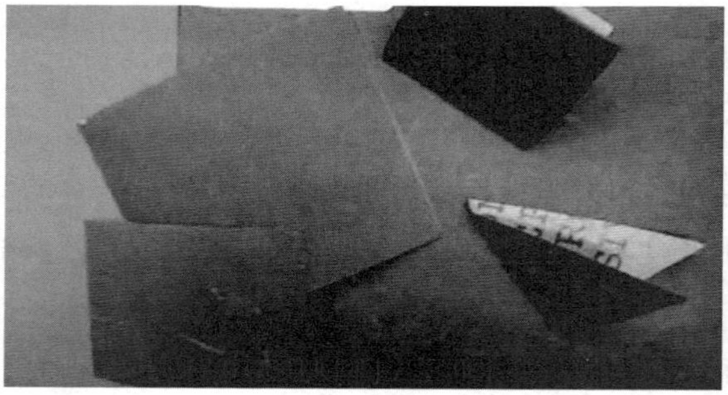

方法3，采用震动抛光机抛光。这种方法是用震动抛光机或者是离心抛光机进行抛光，原理是靠物体与物体之间的摩擦来抛光。把模型与抛光颗粒一齐放入机器中，机器进行震动，让抛光颗粒与模型之间相互摩擦，把模型表面磨光。这种抛光方法多用在抛光玉器上，缺点是一些摩擦不到的地方不能抛光，还要进行后期抛光。

方法 4，采用蒸汽桑拿式。利用 ABS 溶于丙酮的特性，用丙酮蒸汽熏蒸 3D 模型，实现模型的抛光。把丙酮液装入锅中，上面放上有网眼的“篦子”，再把模型放在“篦子”上，加热丙酮，就可以对模型抛光了。

要注意的是丙酮有毒、易燃易爆、有刺激性，使用丙酮抛光建议在良好的通风环境下，佩戴防毒面具等安全装备。

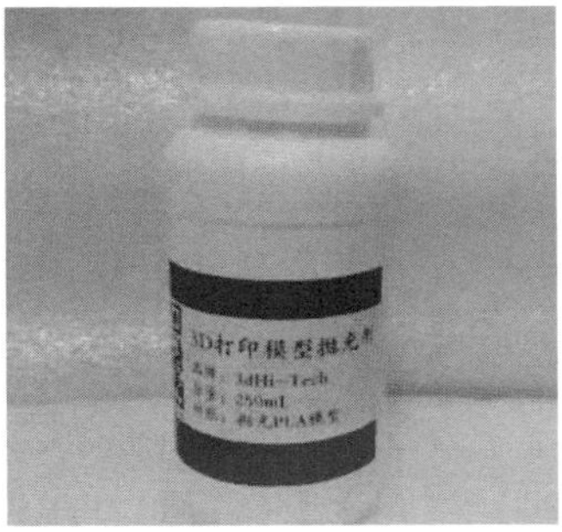

方法 5，抛光液抛光法。有一种针对 3D 打印机模型的抛光液，把这种液体倒入器皿中，把模型放入抛光液中，要注意时间，一般情况下 8 秒钟就要取出。晾干后，模型的表面分层现象消失，很光滑了。

方法 6，抛光固化剂。无论是抛光液，还是丙酮原理都是利用 ABS 或 PLA 能溶于有机溶剂的特点，轻微腐蚀模型表面达到抛光的作用。而这种抛光剂是把白色透明液体，涂在模型表面上，干后这种液体就固化在模型表面上，在模型的外壳上形成一层透明光滑的外壳。

方法 7，珠光处理。珠光处理是手持喷嘴朝着抛光对象高速喷射介质小珠从而达到抛光的效果。优点是珠光处理一般比较快，约 5~10 分钟即可处理完成，处理过后产品表面光滑，比打磨的效果要好，而且根据材料不同还有不同效果。它也有缺点，一是价格昂贵，二是因为珠光处理一般是在一个密闭的腔室里进行的，所以它能处理的对象是有尺寸限制的，通常处理的模型都比较小，而且整个过程需要用手拿着喷嘴，效率较低，不能批量应用。

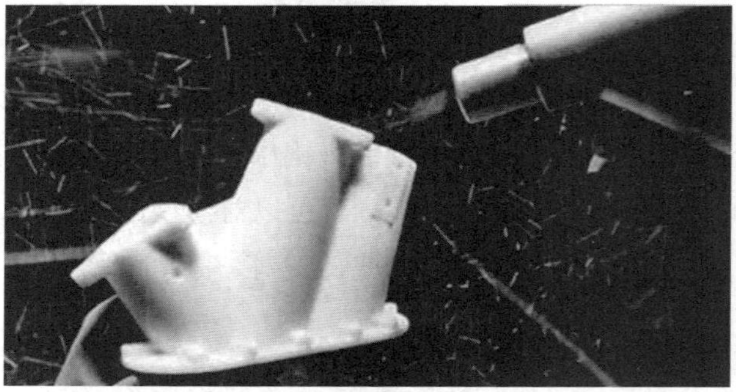

方法 8，Retouch3D 法。Retouch3D 是一种电加热工具，它有六个可更换的加热头。

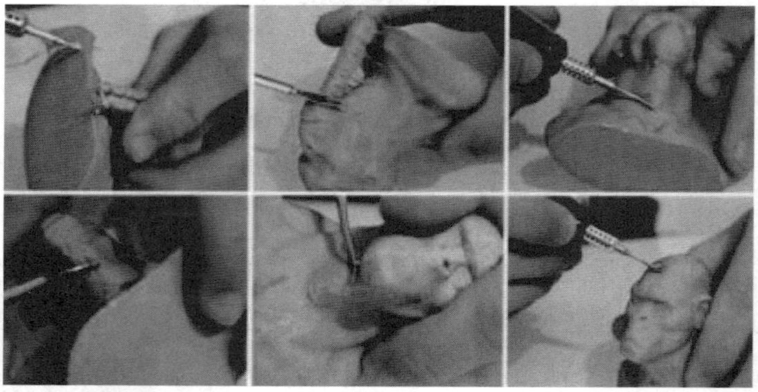

高温的加热头，作用在模型上，就如加热后刀片切割黄油一样。可根据模型抛光的部分与形状，更换刀头。

方法 9，Polysher 抛光机抛光法。这是最近刚研发成功的一款抛光神器，核心技术通过对打印件喷涂特制的酒精气溶胶消除打印件表面的层状痕迹，显著提高表面质量。这个抛光机操作简单，使用成本低，耗材就是医用酒精，从使用抛光效果上来说，它的抛光效果最好。缺点是它只针对使用 Polysmooth 材料打印的模型抛光，不能抛光 ABS 与 PLA 材料的模型。好消息是，FDM 桌面级 3D 打印机可以使用 Polysmooth 耗材打印。

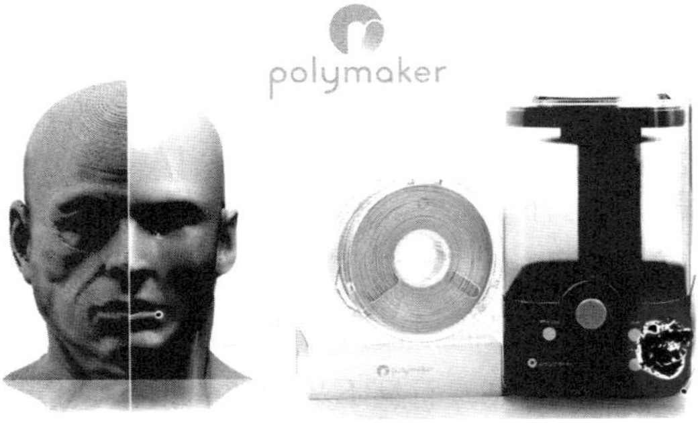

以上介绍了 9 种模型的抛光方法，这 9 种方法可以根据所需，选择一种方法。不过建议如果是学校使用，推荐 polysher 抛光机，小巧，操作方便，更重的是相对于另外的 7 种方法，它是最安全的。

七、模型上色

尽管 3D 打印线材的颜色是多种多样，甚至还有透明的颜色，但 3D 打印不是全彩打印，打印出的模型颜色只能是单一的颜色。如果想让模型更有表现力，就要给模型上色。给模型上色是一项很专业，技术性很强的操作，如果上色失败，或者技术不好，上色后的模型表现力可能还不如上色前单一颜色好看。上色可分为手工涂抹与喷枪上色两种方法。下面介绍上色的基本方法及操作要领。

上色前先要抛光模型，抛光的方法在前文已经介绍过，但抛光后的模型还不能直接上色，还要进行补土。什么是补土，它的作用是什么呢？补土，简单的说就是填补沟壑，使模型变光滑。补土可以补填细小缝隙，此外，上补土的同时也是为了让颜料能够更好的附着在模型上，颜色会比较艳丽，上色效果更佳。这就相当于在给木质家具上色前先要打腻子，化妆前先要打粉底是一个道理。补土时使用的“土”是：原子灰或 ab 土，还有水补土，甚至牙膏、502+ 爽身粉都可以，还有一种名叫“补土”（Putty）的快速固化树脂等。

这里尤其要提一下水补土，是一种喷罐，干燥的速度要比一般的补土快，并且具有很好的附着力和硬度。

如果是手工涂抹上色，最简单的方法就是用马克笔。马克笔的一大优势就是方便，快捷。上色特别快，而且不易掉色，但是缺点就是不能够修改。也可以用日常使用的记号笔，但效果比较差，容易掉色。

给模型上色可以使用好点的马克笔，比如水性马克笔就是不错的选择，推荐购买高达专用的 Mark 笔、渗线笔和消光漆；辅助工具还有牙签，水，画笔等。

另一种对动手能力要求比较高的就是用水彩上色。除了用到丙烯颜料，还要准备上色笔，调色盘及调和剂。上色笔最好多准备几只，要有精品勾线笔，普通勾线笔，两只配合使用，还要准备尼龙笔，就是画油画时用的排笔，用它给模型大面积上色。

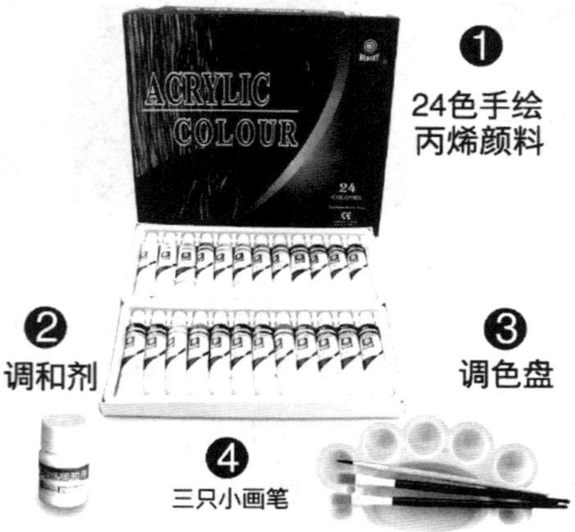

有绘画基础的很容易掌握丙烯上色的方法，给模型上色，就相当于画一幅画，只不过是画布换成了模型，是在模型上作画。相比于用马克笔上色，丙烯的颜色更丰富，如果 24 色不够，还能调出自己需要的颜色。一些绘画技术同样可以用在模型上色中，因此这种上色方法，可让模型的表现力更强。

最后一种是用喷笔上色。喷笔是使用压缩空气将模型漆喷出的一种工具。目前使用的是双动喷枪，喷嘴有 0.2mmm 与 0.3mmm 的两种。喷笔要与油水分离器，微型气泵配合使用。使用时食指向下压是调整气压大小，向后拉是控制颜料的出漆量。在对模型上色时，气压大小要与出漆量配合使用，以此来提高涂装效果。

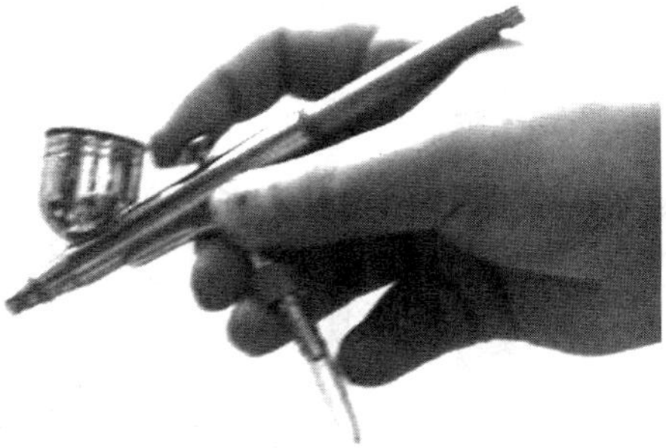

利用喷笔来上色可节省大量的时间，涂料也能均匀的涂在模型表面上，用它甚至可以喷出漂亮的迷彩或旧化效果。

事实上，整个的喷漆过程均是需要空气压力、油漆浓度、喷嘴和模型表面的距离，三者很好的配合才能喷出完美的效果。

通常在给模型喷涂前都要先进行试喷。这是操作喷笔时的重要步骤，要借此步骤测试喷笔的操作、油漆的浓度、喷出的效果等。切记在没有试喷的情况下，冒然直接在模型上喷漆。

可以在一块硬纸板上练习喷枪的使用，先喷出圆点，从大到小，从深到淡，然后练习连续动作喷出线条。慢慢体会气压、距离、出漆量、按钮之间的关系。在已上完大面积模型表面着色，对小面积喷涂上色时，可采用遮盖的方式。使用不粘胶带（粘力适中，不会伤到上完色的表面）粘好特定形状后，采用喷涂法将颜色涂上，待油漆干燥后慢慢的、小心地将胶带撕下。

以上 3 种上色方法不是孤立的，可以相互配合使用。在遇到复杂的结构时，要想准确地上色，通常的方法是手涂和喷涂相结合来达到完整上色的目的。所以方法不要一成不变，根据情况采用合适的涂装方法，以便于提高效率。

八、建模软件介绍

要打印一个模型，先要有这个模型的数字文件，获得方式有两种，一种是从网上下载，另一种是自力更生自己动手做。如果想自己动手建一个3D模型，那就需要学习一款3D建模软件，可市面上3D建模软件众多，有免费的，有收费的，有面对初学者的，也有面向专业设计人员的，应挑选哪一款建模软件作为入门学习的工具呢？下面介绍几款适合中学生学习的建模软件。

（一）makerbotprintshop

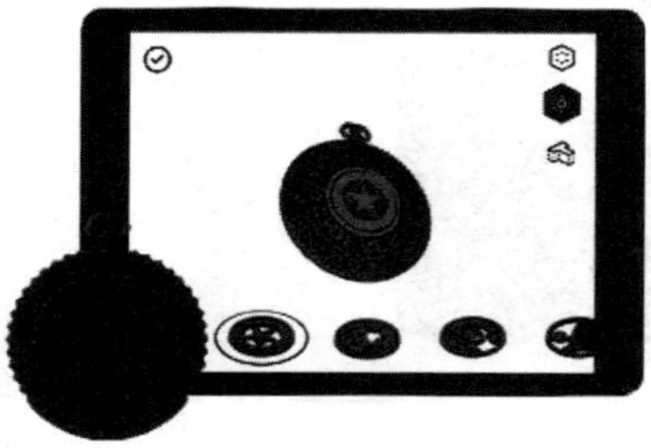

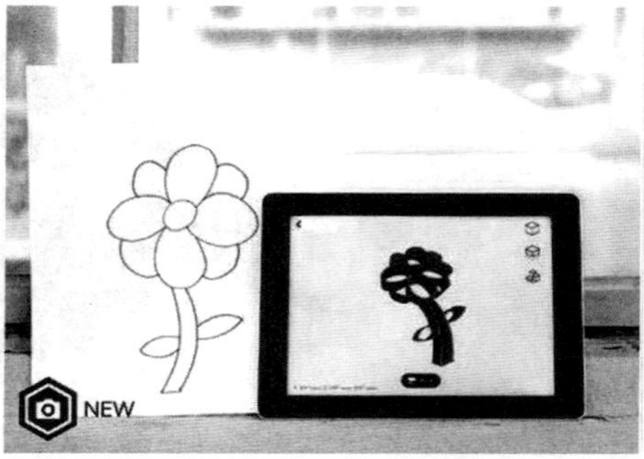

这是一款免费的建模软件，所见即所得，针对iPad开发的。内置了一些模型，有奖牌、花瓶、戒指等。如果想建一个奖牌模型，可以先从它内置的7种奖牌风格中选择一种，在此基础上“搭建”自己的奖牌。软件把奖牌分为三个部件，最外圈的是奖牌花纹部件，内圈是奖牌中心形状部件，中间的文字部件，每一个部件都可以更换，也可改变大小。

软件另一个好玩的功能，就是可以用照片拉伸出模型。在纸上先画出一个物体的平面图，用iPad拍出照片，然后在软件中进行拉伸，就可以把平面的形状，变成三维的数字模型了。

（二）TinkerCAD

TinkerCAD是3D软件公司Autodesk的一款免费建模工具，非常适合初学者使用。本质上说，这是一款基于浏览器的在线应用程序，能让用户轻松创建三维模型，并可以实现在线保存和共享。

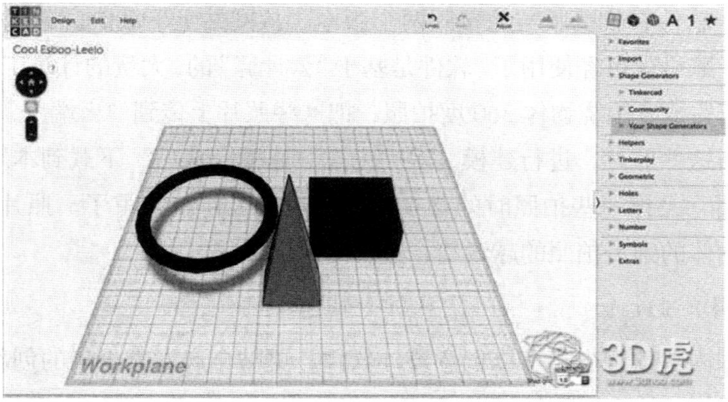

（三）Autodesk Remake

以上两款软件只是一个入门，我常用这两款软件让学生了解 3 维建模的常用命令，如“拉伸”“交运算”“旋转”等建模常用到的命令。这些命令是什么意思，执行后物体会发生什么样的变化？学生在 iPad 动手操作，玩一玩，在玩中就理解了这些命令的作用，为以后学习更专业的建模软件打下基础。

想建立一个复杂的模型，以上两款软件就不能胜任了，比如想把自己喜爱的玩具建成三维模型。如果是把如玩具等实体变化为三维模型，可以用 Remake 这款软件。Autodesk Remake 是依据照片建立三维模型的软件。

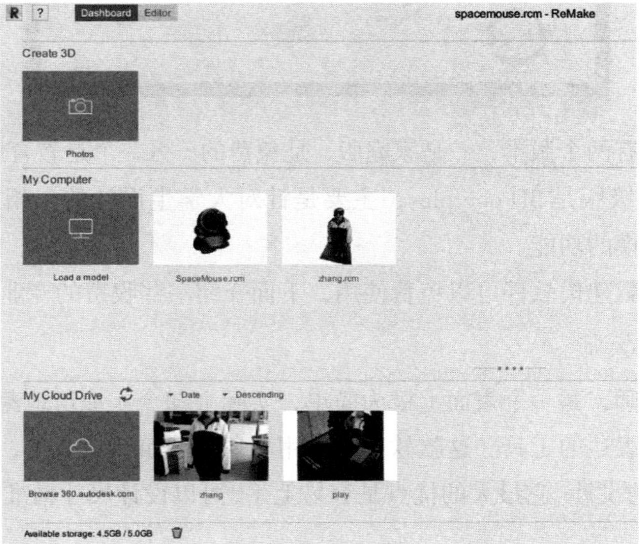

这个软件有收费版与免费版两个版本。从网站上下载 PC 端，安装完后注册一个账号就可经使用了。软件是基于“云计算”的，大量的计算工作由“云端”计算完成。围绕物体 360 度拍照，把这些照片上传到“云端”，“云端”开始分析这些照片，进行建模。等“云端”建模完成后，下载到本地电脑再进行编辑，去掉一些拍照时的背景物体，建模工作就结束了。照片要 40 张左右，物体的细节拍照的越清楚，建模的效果越好。

（四）3D one

“国内首款青少年三维创意设计软件，更贴合启发青少年的创新学习思维，智能简易的 3D 设计功能，让创意轻松实现，还能一键输入 3D 打印机，配合丰富的课程资源和社区互动，让青少年创客教育课程开展更顺利！”这是 3D one 官网上的介绍，从我使用来看，这款软件确实很适合中学生，操作简便，学生很容易学会。

3D one 有两个版本，一是家庭版，是免费的，另一个是教育版是收费的。3D one 的升级版是 3D one plus，主要是针对大学生设计的，相比 3D one 增加了曲线建模的功能。

以上四款建模软件可以免费使用，下面介绍一些收费的专业软件：

1. 草图大师

草图大师，是一个表面上极为简单，实际上却令人惊讶地蕴含着强大功能的构思与表达的工具。这款软件的使用对象是建筑行业人员，适合景观，楼房，家居的设计。它最大的优点是容易上手，可以设计尺寸精准的 3 维模型。

在学习 3D one 时，学生花费了 3 小时设计了一个书架，我给他演示草图大师，只用了 5 分钟左右，就完成了他所设计的书架模型，由此可见它强大的功能以及简便的操作。

2. 3DS Max

这是 Autodesk 的 3D 建模软件套件中的经典之作，用于动画与建模，也是进入国内最早的，使用人群最多的软件。软件自带复杂的粒子和光模拟、仿真引擎及其自己的脚本语言，市场有针对它开发的大量插件。不过，动画和工程功能需要很长时间的训练才能完全掌握这款软件。

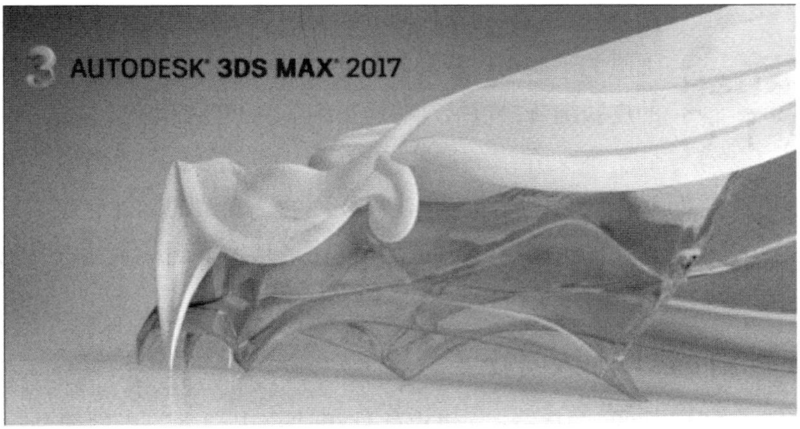

3. AutoCAD

AutoCAD 是 2D 和 3D 计算机辅助设计（CAD）和起草的商业软件应用程序，偏重于制图与建模，是一种基于 Web 和移动应用程序的应用程序，

AutoCAD 的强大功能被各行各业所广泛使用：建筑师、项目经理、工程师、平面设计师和其他专业人士。作为 Autodesk 旗下被广泛使用的 3D 建模软件，AutoCAD 可以连接到 Print Studio，您可以轻松访问 3D 打印机。

4. ZBrush

ZBrush 是数字雕刻软件，用它雕刻模型，就像玩泥巴捏泥人一样，可以使用 3D 立体笔刷在“泥坯”上自由雕刻。

这是一款由“天才”设计出的软件，与一些依据参数来设计模型不同，

设计师可以通过手写板或者鼠标来控制 Zbrush 的立体笔刷工具，自由自在地随意雕刻自己头脑中的形象。至于拓扑结构、网格分布一类的繁琐问题都交由 Zbrush 在后台自动完成。他细腻的笔刷可以轻易塑造出皱纹、发丝、青春痘、雀斑之类的皮肤细节，包括这些微小细节的凹凸模型和材质。

本文介绍的这些三维设计软件，是从适合中学生的角度，不是从专业人员的角度选择三维建模软件的。介绍的软件有免费的，有收费的，有入门级别的也有专业级的，相信你可从中找到一款适合自己的软件来开启三维建模之路。

九、3D one 使用入门教学

中望公司出品的“3D one”建模软件很适合中学生，界面简洁，操作简单，可以作为三维建模的入门软件学习。下面就带领同学们开始学习它的使用。

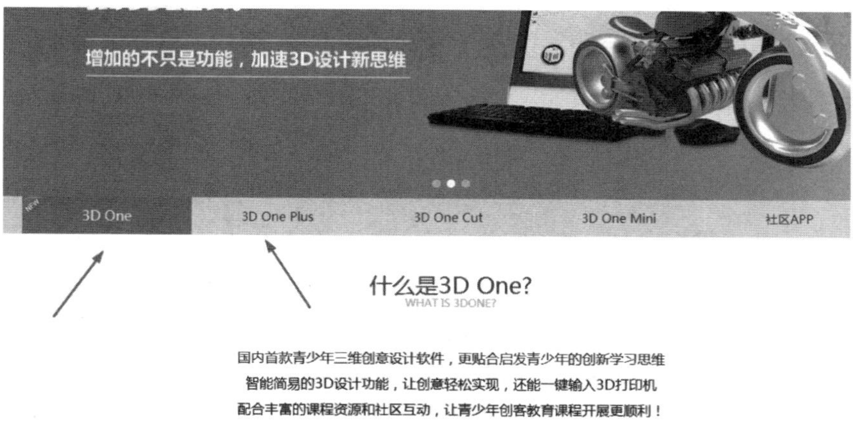
增加的不只是功能，加速3D设计新思维
3D One
3D One Plus
3D One Cut
3D One Mini
社区APP
什么是3D One?
WHAT IS 3DONE?
国内首款青少年三维创意设计软件，更贴合启发青少年的创新学习思维
智能简易的3D设计功能，让创意轻松实现，还能一键输入3D打印机
配合丰富的课程资源和社区互动，让青少年创客教育课程开展更顺利！

首先从中望公司网站 http: //www.i3Done.com/3DOne/ 下载“3D one”软件。软件有两个版本可选，“3D one”与“3D one plus”。“3D one plus”比“3D one”增加了曲面建模的功能，除此之外两种版本的界面与使用方法是一样的。“3D one”有家庭版与教育版，家庭版是免费的，部分功能受到限制，不过从我使用来看，对于初学者家庭版完全够用。“3D one plus”只有教育版，如果想尝试“3D one”或“3D one plus”的教育版，可以在网站上注册，有三个月的试用时间。

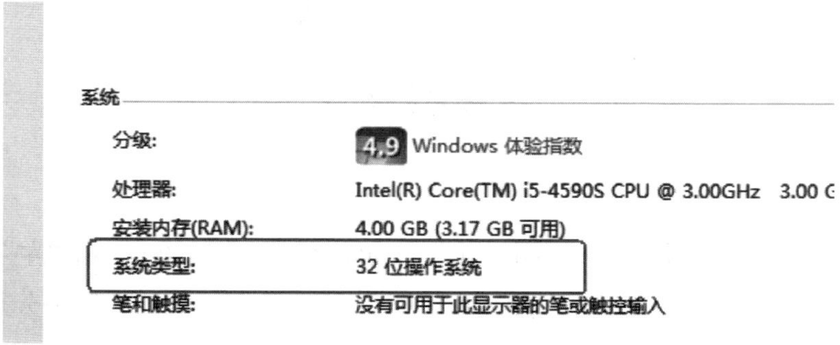

要注意的是“3D one”或“3D one plus”都有 32 位与 64 位之分，同学可根据自己的电脑选择。如果不清楚自己电脑的操作系统是 32 位的还是 64 位的，可以右键单击“我的电脑”选择“属性”查看。

软件安装完成后，双击桌面上 3D one 的图标，软件会自动打开欢迎界面，及操作的简单介绍。

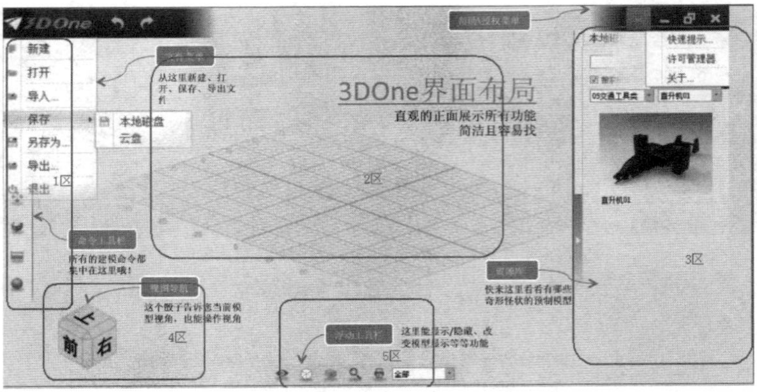

操作界面可分为 5 个区域，左侧是工具栏区，放置工具命令。右侧是资源区，可以从网上下载模型，或贴图材质。中间的是工作区，在此区建立三维模型。底部左侧是导航视图，控制模型的三视图。底部右侧是浮动工具栏区，控制模型的显示方式。

导航视图的操作。鼠标点击“上”，物体将呈现府视图，点击“左”“前”模型分别呈现的是左视图，与正视图。上，下，左，右的四个箭头分别控制模型的旋转方向。左上方的那个小房子的图标，显示模型的主视图。右上方的两个箭头是控制模型的逆时针或顺时针 45 度旋转。快捷操作是键盘上的四个方向键。

按下鼠标滚轮可以拖动模型移动，转动鼠标滚轮可以缩放模型的大小显示。鼠标右键控制模型的旋转。鼠标左键选择模型。

学习 3D 建模必需理解几个基础命令，并能灵活使用好这个几个命令。两个物体相交时，会产生三种运算：“加”运算将产生两个物理相交后的外部形体；“减”运算将会把一个物体减去两物体相交的部分；“交”运算执行的结果是呈现两物体相交的公共部分。

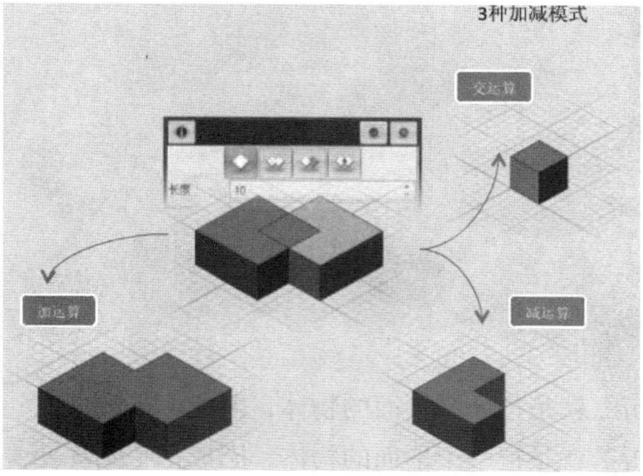

由 2D 转化为 3D 有几个常用的命令，如“拉伸”“旋转”“放样”等。

“拉伸”就是把平面的形状，沿垂直与平面的方向延长。

“旋转”就是把平面的形状，围绕与平面形状共面的轴转动时所扫过的空间形状。

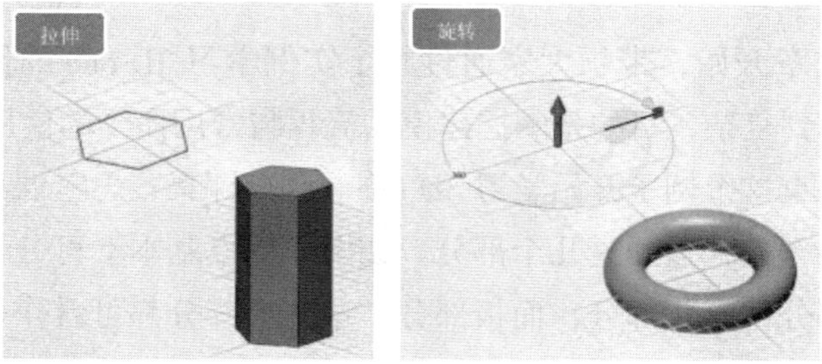

“扫掠”就是把一个 2D 形状，沿一个空间曲线移动进所扫的形状。

“放样”就是把几个 xy 平面的 2D 形状，沿 Z 轴渐变叠加所形成的外形。

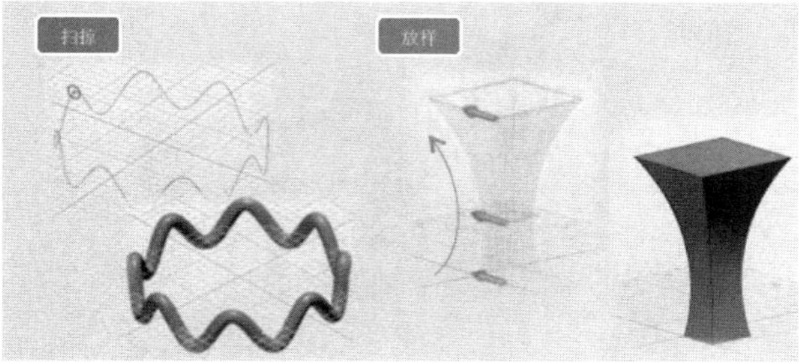

3D one 还有三个空间变形的命令，分别是“圆柱弯折”“圆环弯折”与“扭曲”。如下图。

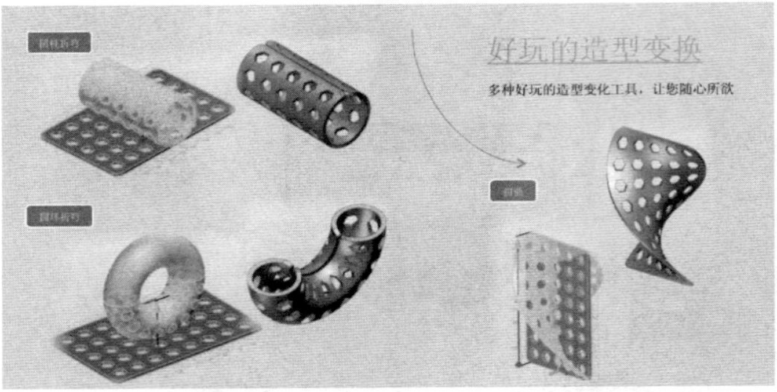

“圆柱弯折”就是把一个平面的物体，圈成一个圆柱。

“圆环弯折”就是把一个平面的物体，圈成一个圆环。

“扭曲”就是把物体绕中心扭一个角度，就像扭麻花。

了解 3D one 的界面与操作，理解它的几个基本命令，就开启了 3D one 建模之门，接下来就用几个实例来学习三维建模。

十、3D one 实例建模之一课桌

从本篇文章开始，带领大家通过几个实例学习 3D one 的使用，选取的例子是从简单到复杂，目的是掌握建模的流程与常用命令的使用。

我们从课桌这个例子开始学习 3D one。观察课桌，思考课桌由几部分组成，思考用什么方式建立这几个部分。如图，课桌基本上可分为三个部分，桌腿与横梁部分，桌斗部分，面板部分。这三个部分都可看作是六面体，其中桌斗，即可看着由五块板子围成的，也可看作由一个大六面体掏空的。确定基本形状后，就开始建立模型了。

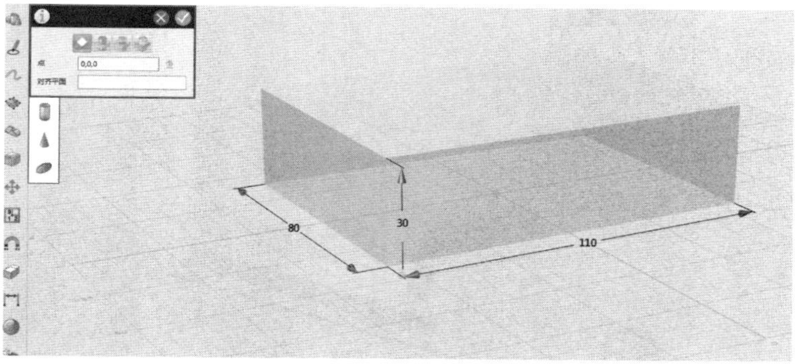

在左侧工具栏选中“基本实体”——“六面体”工具，在坐标原点处建立一个长宽高分另为 110，80，30 的六面体，然后点击浮动工具栏右上方绿色的对勾，这个六面体作为桌斗部分。

桌斗是中空的，而刚建立的六面体的实心的，怎么把它变为中空的呢?这要用到“抽壳”命令。在左侧工具栏选“特殊造型”——“抽壳”工具，“造型”栏选刚建立的六面体，“厚度”一栏输入数值“–2”，“开放面”一栏选前侧面。执行“抽壳”命令，桌斗就掏成了。

在桌斗上面再建立一个长宽高，分别为 130，90，5 的六面体，作为课桌面板。

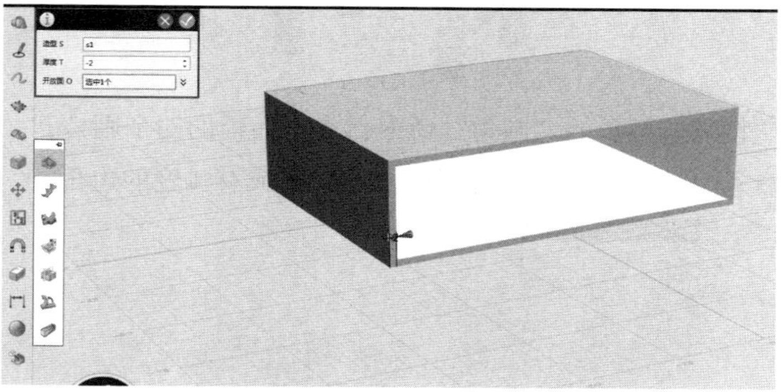

然后是桌腿的建立，桌腿也是六方体，尺寸为长为 10，宽为 10，高为 90，课桌四条腿的尺寸是一样的，肯定没有必要重复建立四条腿，你可能想到是“复制”，3D one 中一项特殊的复制命令，那就是阵列。右键点击桌腿，选择“阵列”命令。注意两个要阵列的方向，两个方向上各阵列两个桌腿。如图所示，四条桌腿就一次性的建立完成了。接下来，要建立横梁支撑，横梁截面为长 10 的正文形，长度两侧横梁的长度是 50，中间横梁的长度是 80。

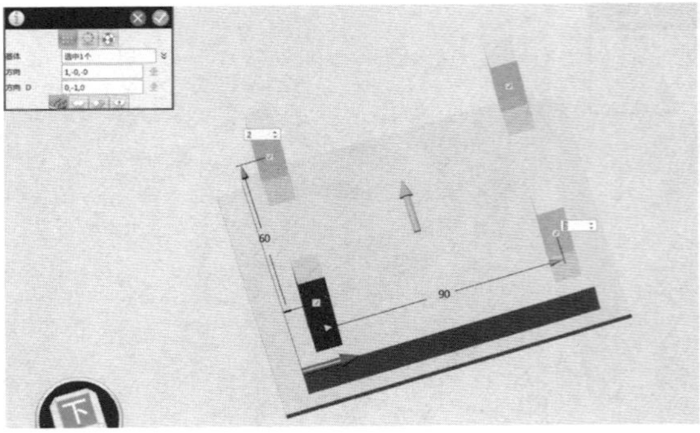

课桌的基本结构就建完了，做一个模型关键是要做它的细节，细节做的越到位，这个模型越逼真。

课桌考面板的四角比较尖锐，考虑到安全及课桌的美观，要把四角“圆角”处理。

选择“特殊造型”的“圆角”命令，点击面板的四个则棱，“圆角”的数值可以输入 10，然后确定。课桌的四角就变成有弧度的边角。

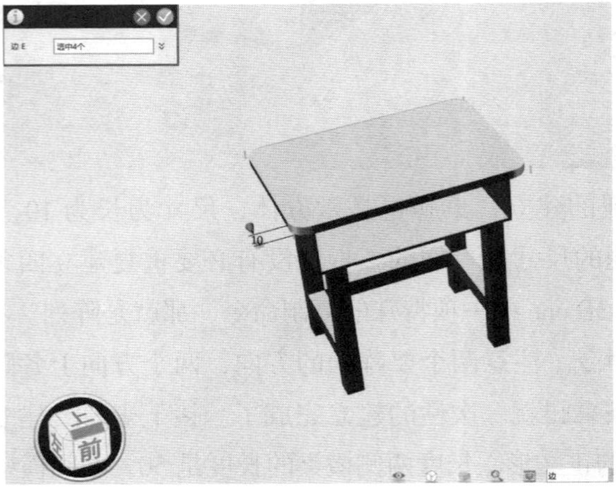

课桌三维模型建完后，最后一个步骤就是指定材质与颜色。在左则工具栏选择“材质渲染”，批黄色指定给面板，绿色指定后桌斗与桌腿。

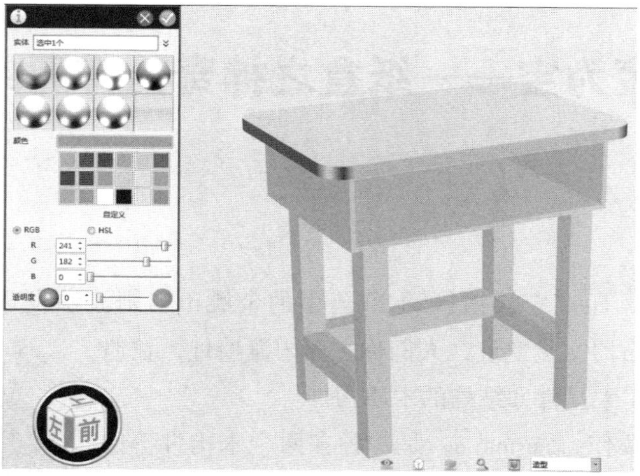

课桌的模型建立完成了，相信同学们对 3D one 软件有了初步的了解，也学会了基本的实体建模的方法。同学们想不想试一下，用 3D one 建立书架，小凳子等模型呢？

变废为宝——纸盒之神奇的榫卯结构

1973年，距离宁波市区约20公里的余姚市河姆渡镇发现了距今六、七千年的新石器文化遗址，人们称之河姆渡遗址，在遗址人们发现了大量榫卯结构的木质构件。

榫卯，读作sǔn mǎo，是一种在两个木构件上所采用的凹凸结合的连接方式。凸出来的那部分叫榫（或榫头）；凹进去的部分叫卯（或榫眼、榫槽）。

卯，是古典家具之魂，一榫一卯之间，一转一折之际，凝结着中国几千年传统家具文化的精粹，沉淀着流光回转中的经典家具款式的复合传承。

我国家具把各个部件连接起来的“榫卯”做法，是家具造型的主要结构方式。各种榫卯做法不同，应用范围不同，但它们在每件家具上都具有形体构造的“关节”作用。它是古代木匠必须具备的基本技能，通过榫卯的结构就能清楚的反映工匠们手艺的高低。如果能够恰当的使用榫卯，就可以使得两块木结构之间能够达到“天衣无缝”的程度，扣合的很严密。

动手做一做：

在校园课堂中，实现让学生去体验制作木制的榫卯结构可行性并不高，所以，可以改良为纸制“榫卯”来完成。

实验材料：硬纸箱、剪刀、刻刀、笔、尺子。

实验目的：通过纸代替木的方式，让学生体验“榫卯”结构，通过拼插，不用粘合，制作个可以承担一个人重量的椅子。

实验步骤：

1. 小组两位同学通过对椅子的初步设想，分析商讨，拆分出元件的构成，画出初步设计图：

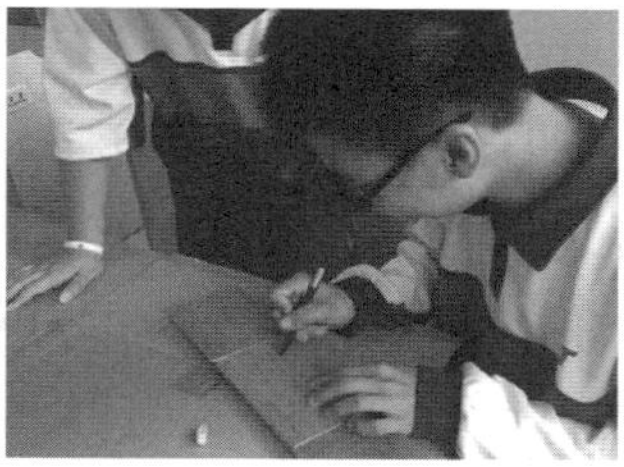

2. 分工合作，根据设计，小组成员分工完成插件的制作：

3. 完成拼插过程：

4. 检验成果：

课外小阅读：

传统的榫卯结构现在在家具的使用上是非常少的了，主要有这么几个原因：

榫卯结构的设计方式是对相对比较浪费材料的，而在建筑这样很计较成本的领域自然会比较少应用。伴随着科技的发展，榫卯结构作为家具的灵魂早已被人们所淡忘，因为成本压缩后所获得的利益更为诱人，取而代之的是大工业生产阶段中的钉子和胶水。

但从另一方面来说，榫卯的功能也逐渐被混合金属以及其他材料所替代。机床加工金属工件更加能够保证连接件的精度，误差能够精确的微米的范围。再比如说注塑、玻璃纤维、铝材等等，这些材料甚至能让家具一次成型，根本不需要榫卯连接，在这些材料中它失去了存在的意义。

所以，即使隼卯结构具有很大的很大程度文化传承和高端的象征意义，在实际生产中依然会减少制作，因为隼卯结构的制作成本较高。榫卯结构意味着家具不可拆卸，不能使用平板包装，必须整个家具打箱运输、上楼。

我们一直以来都在宣传应传承中国的传统文化，榫卯结构正是古典家具制作中的灵魂，一种木匠精神，所以，我们也呼吁这些从业者，可以拾起这已渐渐被遗忘的灵魂，将中国几千年的传统家具文化继续传承下去。

变废为宝——易拉罐

珠峰清洁活动在世界最高峰珠穆朗玛峰脚下于 2017 年的 5 月依然在进行。五月的珠峰天气很是阴冷，雪花夹杂在冷风中，使得每一个山上的人都抑制不住的想要回到帐篷中取暖，在这样的其后状态下，志愿者们并没有停止清洁的脚步。截至 5 月 11 日的晚上，珠峰大本营已经收集到超过 4.5 吨的生活垃圾，其中

易拉罐占到垃圾总量的三分之一，并已动用 102 头牦牛驮运。

制造易拉罐的材料有两种：一是铝材，二是马口铁。铝在包装业中强劲对手来自 PET 材料，PET 材料可以通过注塑模具制成奇异外观，而铝材就相对较难，但二种材料的价格上存在很大的差异，PET 受石油价格影响，而铝可通过自己的回收循环使用，降低材料成本，且受到环境组织的重视。

环境学家认为铝罐与其他包装容器相比更具有环保性，就其容器而言，反复回收减少环境污染；就其使用的材料而言，铝材反复使用有效节约资源，保持地球环 境，而其他包装容器如普遍盛行的塑料、PET 材料而言，都源于石油，石油的不 断开采，将会造成资源的枯竭。所以随着环保意识的提高，以及对资源的循环使用方面考虑，包装材料铝质逐步占据了主要市场。

我们的生活中也有很多的易拉罐，就随手当做垃圾扔掉了，其实，小小的易拉罐，还可以百变成各种宝贝。接下来就试一试，几种易拉罐的华丽变身吧。

动手做一做：

1. 易拉罐自制 WiFi 信号放大器

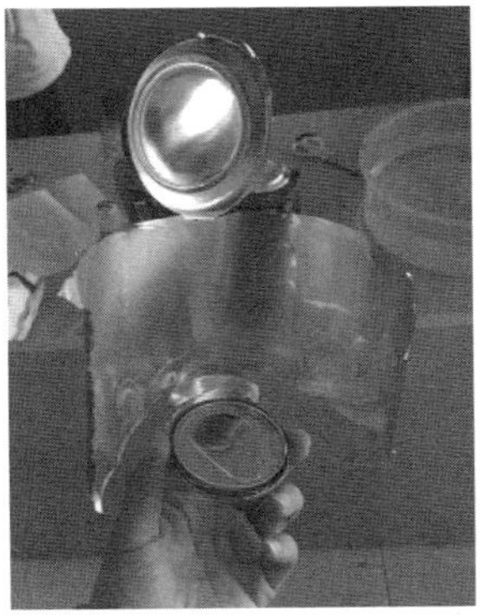

家中无线路由器的无线信号不理想吗？用易拉罐变废为宝吧。

第一步，将易拉罐洗干净，将拉环拔出。

第二步，将靠近底部的罐体进行环切，不要切断，然后将整个罐底翻折。

第三步，将靠近顶部的罐体剪开一部分，在罐口处留 1 到 2 厘米的部分不剪。

第四步，将头、尾已剪开的罐体部分纵向平分剪开。

第五步，展开铁皮，使罐体形成扇形，罐身倒放，将无线路由器的天线穿过罐口固定好即可。

2. 自制爆米花机

香喷喷热乎乎的美味爆米花，吃货们能拒绝它的诱惑吗？环保小教程，自制爆米花机：

第一步：将易拉罐倒着拿起，在易拉罐侧面，用笔画出一个 U 字型。

第二步：用剪刀沿 U 字形剪开，向外翻折成一个小舱门。

第三步：放入玉米和调料，加热，并均匀晃动，慢慢等待美味的爆米花从小舱门出来吧。

3. 易拉罐花盆

第一步：准备两个啤酒易拉罐、小植物（芦荟）。

第二步：用草稿纸剪一个长椭圆形，用它为模板在易拉罐的侧面剪出一个窗口。

第三步：用剪刀沿着易拉罐表面的窗口修剪，把剪口部位往里面折入，那样就不怕刮破手了。

第四步：把剪好的废弃易拉罐重新洗干净，晾干后涂上白色的底色。

第五步：用别的颜色画上自己喜欢的图案。简简单单的波点或者线条其实也挺好的。

第六步：放入泥土和种植好芦荟，在易拉罐拉环上吊上绳子，就可以把这个 DIY 花盆挂在任何阳光充足的地方。

课外小阅读：

喝完饮料随手将“易拉罐”扔掉？经常被我们丢弃的饮料罐，如今竟变为收藏品。随着易拉罐用材与品种样式的逐渐丰富，造型奇特以及限量版的“易拉罐”身价已过万元，几元钱的“易拉罐”已摇身变为“摇钱罐”。投资回报高达数十倍。

一个别开生面的易拉罐经营专柜。是专门经营一种“收藏新宠”——易拉罐的专柜。其中，可乐空罐之“星球大战三部曲电影纪念罐：星战黑武士特别版”售价 580 元；一套 2012 伦敦奥运会英国版可口可乐（共 3 罐）售价 600 元；目前最贵的易拉罐，是美国 1985 年出产的专门为航天员登月设计的可口可乐太空罐，标价 3 万元人民币。”一位长期收藏饮料品牌、纪念罐的发烧友马明研告诉记者，尽管纪念罐的初始投资不过数元、数十元，但其投资回报却高达数十倍。如 2001 年在南京发行的可口可乐“张柏芝”易拉罐，由于没有人注意到收藏，产品大部分被市场消耗了，留下来的数量非常少，21 世纪单罐价格已经涨到 5000 元至 6000 元；而 1992 年巴塞罗那奥运会发行的可口可乐易拉罐，2010 年单罐也升值到 2000 元至 3000 元。

变废为宝——可乐瓶

新华社电：为抗议可口可乐公司滥用塑料瓶，绿色和平组织 10 日把一尊 2.5 吨重的雕塑堵在了可口可乐公司英国总部大楼门口。雕塑呈现了一幅发人深省的图景：一家人和乐融融地坐在沙滩上，一只海鸥却在旁边吐出塑料垃圾。

绿色和平组织在一份声明中说，可口可乐公司每年要卖出 1000 亿瓶以上塑料瓶装饮料，而一次性塑料瓶在饮料包装中占比接近六成。

对于绿色和平组织的行为，可口可乐公司表示“失望”，并称公司将于今年晚些时候公布新版“可持续包装战略”。

可乐瓶是家中比较常见的东西了，有的人喝完随手扔掉，有的人集多之后卖废品，其实可乐瓶在我们的物理学习中，有很多的用处，可以帮助我们完成很多的小实验……

下面我们就来介绍几种用塑料可乐瓶完成的科学小实验。

动手做一做

1. 证明大气压强的存在

在一个空可乐瓶中装满热开水，然后把热水倒掉并且迅速的拧紧瓶盖，马上在瓶外泼上一些冷水，会发现瓶子变形。说明了由于瓶子内外的压力差使得瓶子变瘪，间接证明了大气压强的存在。

2. 凸透镜成像

将透明的可乐瓶装满水，把一支笔放在可乐瓶的一侧，观察者在另一侧观察，发现笔被放大了。说明凸透镜可以成正立放大的虚像。

3. 探究液体压强与液体深度的关系

第一步：在瓶的侧壁不同的高度处扎等大的小孔。

第二步：在瓶内倒入水后。

第三步：观察，水从小孔中射出，且最下边的小孔射出的水射程最远。

物理原理：液体压强随深度的增加而增大，所以下边的小孔射出的水射程最远。

可乐瓶 DIY：

1. 花瓶

第一步：将瓶子从中间剪断。

第二步：把瓶盖钻出一个小孔，将棉线从瓶盖的小空中穿出，在瓶盖内将棉线打结。

第三步：瓶盖拧在瓶子上，然后倒置在底部的瓶子里。

第四步：在底部的瓶子里倒上适当的水，然后在倒置的瓶子里放上土和植物即可。

2. 哑铃

第一步：准备两个可乐瓶。

第二步：分别将头部和底部切割下来。

第三步：用胶带将头部和底部固定在一起，制成哑铃的两部分。

第四步：从瓶口放进沙子。

第五步：将两部分通过瓶口连接起来，用胶带固定。

3. 零钱包

第一步：准备两个可乐瓶。

第二步：将两个可乐瓶的底部剪下来。

第三步：在剪口处缝制安装拉链，就完成了。

拓展小实验：

可乐吹气球

第一步：需要一瓶新买的可乐、一个气球和一根细线。

第二步：把气球套在可乐瓶上并用细线把瓶口扎紧。

第三步：不断摇晃可乐瓶，可以看到气球不断变大了。

实验原理

可乐中含有碳酸，这种物质不太稳定。当剧烈摇晃时就会分解产生二氧化碳的气体。导致大量的气体从可乐中冒出，这样套在上面的气球就会被吹大了。

变废为宝——塑料袋

下雨了，屋檐落下一排排水滴，像美丽的珠帘，雨如万条银丝从天上飘下来。窗外下着蒙蒙细雨，滴滴的小雨点，好像伴奏着一支小舞曲，雨滴就像千万个伞兵，从空中跳下来，安全地降落在地面上。雨点连在一起像一张大网，挂在我的眼前，我不禁被窗外的世界所诱惑。微风吹过，雨帘斜了，像一根根的细丝奔向草木、墙壁。雨水洒下来，各种花草的叶子上都凝结着一颗颗晶莹的水珠。雨珠顺着小草的茎滚下来，一滴钻到土里，又一滴钻到了小草的嘴里，找不到了。雷声响过，大雨就像断了线的珠子一样不断地往下落。

有人说，没有一把超美艳的雨伞，下雨天凹造型穿再好看也没用！下雨天，外出的人们不是打伞，就是穿雨衣，避免在这样的一场说来就来的雨里被淋成落汤鸡。那么雨伞、雨衣为什么不透水呢？

物理学上把不透水的现象，叫做“不浸润现象”。而一旦水遇到普通的棉布，就会通过纤维间的毛细管渗透进去，这就叫做“浸润现象”。根据分子动理论的内容表述，物质是由分子组成的。同一种物质的分子之间的相互作用力，叫做内聚力；而不同物质的分子之间的相互作用力，叫做附着力。比如“水”，水之所以能够“成滴”是因为有‘内聚力’，水之所以能够粘在玻璃上是因为有‘附着力’。在内聚力小于附着力的情况下，就会产生“浸润现象”；反之，则会出现“不浸润现象”。雨衣不透水，正是由于水对雨衣的附着力小于水的内聚力的缘故。

就拿布制雨衣来说吧，之所以可以防水，关键在于它的制作材料，它的棉布材料是经过防水剂处理的。物理学还告诉我们：水的内聚力作用在水表面形成表面张力。水的表面张力使水面形成一层弹性薄膜，当水和其他物体接触时，只要水对它不浸润，那么这层弹性膜就是完好的、可以把水紧紧地包裹着。而防水剂是一种含有铝盐的石蜡乳化浆。石蜡乳化以后，变成细小的粒子，均匀地分布在棉布的纤维上。石蜡和水是合不来的，水碰见石蜡，就形成椭圆形水珠，在石蜡上面滚来滚去。可见，是石蜡起了防雨的作用。有人曾经把水巧妙地倒进浸过蜡的金属筛里，水并没有从筛眼里漏下去。

我们生活中随处可见的玻璃，透亮又光滑。可是，当水一旦遇上它，就紧紧地缠住不放，从而给我们的生活带来了种种麻烦：车前窗风挡玻璃上的雨水挡住了司机的视线，让行车变的不安全，于是司机师傅们只好用雨刷器将雨水拂去；戴眼镜的人，从冰冷的室外进入温暖的室内，或者在喝热水的时候，镜片上都会蒙上一层雾气，挡住视线，让人什么东西也看不见了。

人们巧妙地利用水的内聚力与附着力的关系制成了雨衣，而且还利用水的表面张力的特性造出了新颖的“憎”水玻璃——通过在普通玻璃上涂一层硅有机化合物药膜，它大大削弱了水滴对玻璃的附着力。戴眼镜的人用这种憎水玻璃做镜片。解除了哈气的苦恼；把这种玻璃安在车的前窗上，雨刷器也就用不着了。

你家没有很多废弃的塑料袋？你有没有想过可以用他们做些什么？夏天来到了，你要不要试试，给自己 DIY 一个可爱的雨衣？

动手做一做：

利用塑料袋制作雨衣步骤：

1. 根据自己的身材体型，将雨衣的设计图根据尺寸比例画在纸上，并将各部分所需的分解图也完成，根据这些尺寸图将塑料袋剪裁成制作所需要的大小。

（一般的塑料袋都比较薄，我们不能用单层塑料袋来制作雨衣，为了让我们制作的塑料袋更加实用，应选择把三四层塑料袋重叠起来，隔着纸用熨斗熨一下，将它们熔成厚实的塑料膜，以备使用）

2. 利用塑料膜，制作雨衣的身体部分和袖子部分。先将袖子部分的塑料袋剪裁好，并卷起来，然后把接口用熨斗熨一下。

3. 同样的做法来完成雨衣的帽子部分，再将帽子与雨衣主体用熨斗连接起来。

4. 为了使雨衣更加牢固并且防止渗漏，最后用剩余的材料制作雨衣的包边，并将所有连接的部分都再次叠加塑料膜熨熔贴合。

就这样，一个美丽的 DIY 雨衣就做好了。

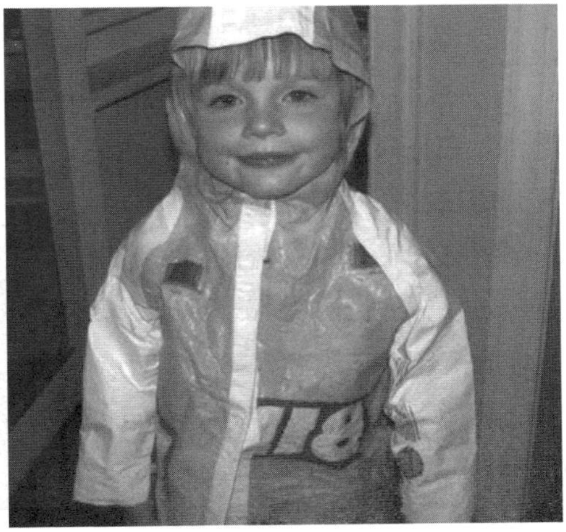

变废为宝——纸杯

纸杯，是我们日常生活中经常用到的物品。相信大家在逛超市的时候，或多或少都曾选购过一次性纸杯，那么什么样的一次性纸杯才是安全的呢？有消息称，选购纸杯时，要一看，二闻，三动手。看：要看包装上的标志信息是不是全，纸杯的颜色不要过于鲜艳；闻：闻纸杯有没有刺鼻的异味，特别是油墨的味道；动手：捏一下纸杯，好的纸杯有回弹性，劣质的纸杯很软，一捏就扁。据某些专家建议：用纸杯装的第一杯水不要喝，最好是倒掉。

使用过的纸杯，除了扔掉，还可以用来做些什么呢？其实开动我们的脑筋，它也可以用来点缀我们的生活。

动手做一做：

1. 纸杯旋转灯

材料：纸杯 2 个、牙签 1 支、蜡烛 1 支、胶带 1 卷、绳子 1 根、剪刀 1 把。

第一步：取一纸杯，在杯身对称处各剪开一个方形大口，在杯底固定上蜡烛，作为灯的底座。

第二步：取另一个纸杯，在杯身约等距离位置剪出三四个长方形的扇叶，在杯底中央处穿上绳子，并用牙签棒固定，作为灯的上座。

第三步：将两个纸杯上下对口用胶带贴好固定。

第四步：点上蜡烛，拉起绳子，纸杯灯旋转起来。

2. 手机音响

材料：一次性纸杯 2 个 + 卫生纸卷筒 1 个。

步骤：用美工刀将材料切开，然后可以帮纸杯画上图案或是贴上贴纸。

3. 漂亮的球星吊灯

材料：一次性杯若干、LED 节日灯带、热熔胶。

第一步：用热熔胶将这些一次性杯粘贴成两个大小相同的半球体。

第二步：将这个半球体翻转过来，把 LED 灯带上的小灯泡插入到杯底当中，并用热熔胶将其固定。

第三步：等所有的 LED 小灯泡的固定在杯底上之后，用热熔胶将这两个半球体贴合起来制作成一个完整的球体。

第四步：最后，将 LED 灯带的电源线挂起来，关上房间灯并打开电源，一盏发出绚丽光芒的创意艺术灯就已经制作完成了。

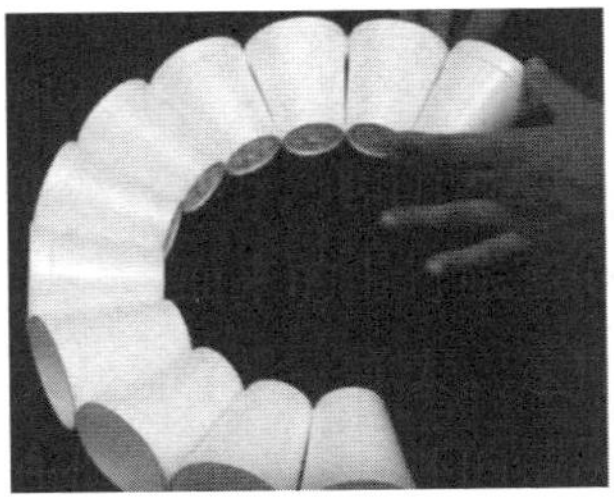

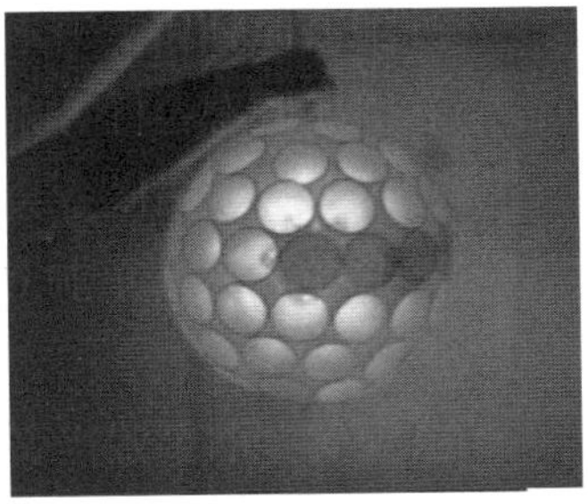

4. 美丽霓虹灯

步骤：用彩纸将纸杯包裹，纸杯底部穿孔，套入灯中即可。

物理——神奇的“大炮”

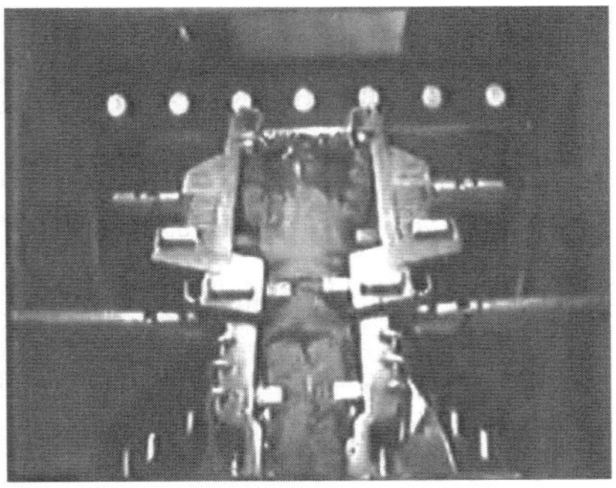

“人间大炮一级准备，人间大炮二级准备……”这耳熟的台词，是古老的特摄剧恐龙特急克塞号的特色之一。剧中克塞战队拥有母舰一艘、战车两部、战机两部，其中一部战车可以将某位特殊队员（记得叫“果”）通过类似马戏团炮打活人的方式将该名队员射出，射出同时，该名队员变身为拥有超人能力的超能力战士“克塞”，以次对抗强大邪恶的格德米斯星人以及各种变异怪兽。

这艘人间大炮不仅存在于电视剧中，在凡尔纳的小说中，那些大炮俱乐部的会员真的铸成了一门巨炮。大炮长约250m，竖直地埋在地下。同时，还制造了重约8吨的巨型炮弹，里面装有160吨火药。除了体积庞大以外，这枚炮弹里面还设计有客舱，所以它的构造也是与普通炮弹略有不同。当火药被点燃后，按小说家所说的，炮弹的速度可达到每秒钟16km，但是由于空气阻力，这个速度减小到每秒钟11km。所以，儒勒凡尔纳小说中的炮弹飞出了大气界外以后的速度，还是可以使它飞到月球上去的。

这仅仅是小说中的说法，那在物理学上究竟应该是怎样的呢?

儒勒凡尔纳的这个设计对旅客来说危险性极大。你认为，危险可能是出现在什么时候呢？通常我们会认为它会发生在在从地球飞到月球的那一段时间里。可是，事实并非如此，如果旅客们能够和炮弹一起活着离开炮口的话，那么，在以后的旅程当中实在是一点危险也不会有的。虽然承载着旅客的炮弹在宇宙空间里奔驰的速度很大，但这对他们却没有什么伤害；这就像地球绕着太阳转的速度比这还大，却对地球上的居民没有一点害处一样。

他对大炮的设计有几处是有问题的。首先，以火药为动力的大炮永远不可能使炮弹得到每秒钟 3 千米以上的速度。其次，他没有充分估计到空气的阻力。要知道，在炮弹的速度达到如此高的情况下，可能会极大地改变甚至完全改变炮弹飞行的路线。即使忽略这个问题，儒勒凡尔纳乘炮弹飞向月球的设计，还是有严重破绽的。

对于炮弹重的旅客来说，最危险的时候要数炮弹在大炮炮膛里运动的那百分之几秒钟里。在极短的这段时间里，旅客在大炮里运动的速度要从零增加到每秒钟 16 千米。炮弹在炮膛里是加速运动着的，火药爆发的所形成的气体的压力会使炮弹的速度逐渐加大。为了便于计算，我们假定这里的速度是均匀增加的。为使炮弹的速度在这极短的时间里增加到每秒钟 16km，为了更好的表示出这一问题，我们就得用到一个物理量叫做加速度，它表示单位时间内物体速度的变化。在小说中的数据中，如果计算出加速度的话，它的数值如果用整数来表示就可以达到 600 千米每二次方秒。我们知道，地球表面的普通重力加速度只有 10 米每二次方秒。经过对比，我们就可以完全懂得这个数字的严重意义了。怪不得小说中的描述的旅客们在等待开炮的时候都在发抖。巴尔比根肯定的说，在炮弹射出的那一瞬间，坐在炮弹里面的旅客所遇到的危险，丝毫不比站在炮弹前面的大小，他的说法是完全正确的。因为，在发射炮弹的时候，在客舱底部，从下面来的击打旅客的力量，跟在炮弹行进线路上的任何被击中的物体所受到的力量一样大。这样看来，小说里的主人公完全低估了旅行的危险性，在他们看来，最坏的情况也只不过是头上出些血罢了……根据我们的计算，炮弹里的任何物体在发炮时加在舱底上的压力，会是这个物体重量的 60000 倍，也就是说，旅客们会感到他们好像比平时重了几万倍！在这样巨大的重力作用下，他们会立刻被压死的。巴尔比根先生的一顶大礼帽，在发炮的那一瞬间会达到 15 吨重，这样的礼帽一定会把人压成肉饼的。

小说中也想到了一些方法，来减轻撞击，比如把弹簧当做缓冲装置放在在炮弹里，然后再将两个底面之间的装上盛满水的夹层。虽然这样会略延长一些撞击的时间，速度的增加也会放缓一些，但是，这些装置的效果在如此大的力量之下实在是显得微不足道。虽然也许会减少一些旅客与脚下底板的之间的压力，但是一顶重十四五吨的礼帽不是同样会把人压成肉饼吗？

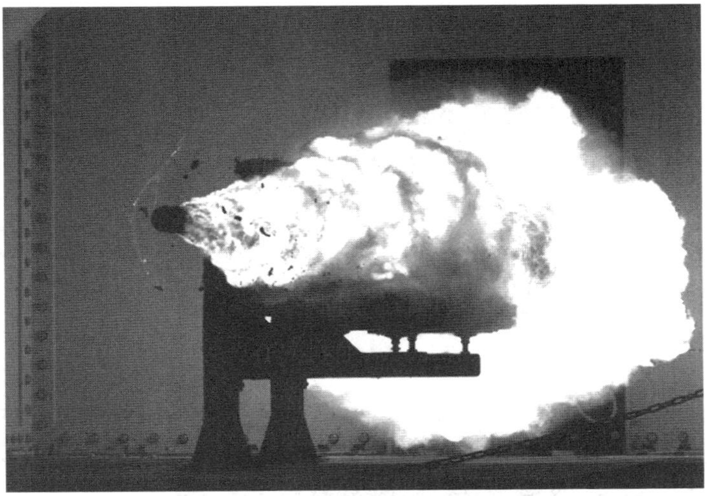

如今，是一个信息量爆棚，科技日新月异的年代，更多的高科技武器已经制成，包括很多的高科技大炮。据凤凰科技讯，运用高科技，美国在武器方面又获得了新的进展。据《华尔街日报》报道，美国海军就对外展示了一款超级武器，这台新武器威力巨大，能够发射出重达 25 磅（约合 11 公斤）的抛射弹头，穿透 7 层钢板，给对方留下直径 5 英寸（约 12.7 厘米）的大“洞”。它的名字叫轨道炮。

有人这样形容这台新式武器，“它就像是战场上飞来的流星，能够在一天之内就改变战场上的格局，让美国的武器力量远超俄罗斯和中国。”

“轨道炮“能量主要来自于电磁轨道而不需要火药或是炸药，它是一种电磁轨道炮。对于传统的大炮来说，在炮弹发射之后，子弹将会不再加速，但这台轨道炮却能在长达 32 英尺（约 10 米）的弹筒里让子弹不断加速，最高时速可以达到的 4500 英里（约合 7200 公里），即每秒就可前进至少 1 英里（约 1.6 公里）。

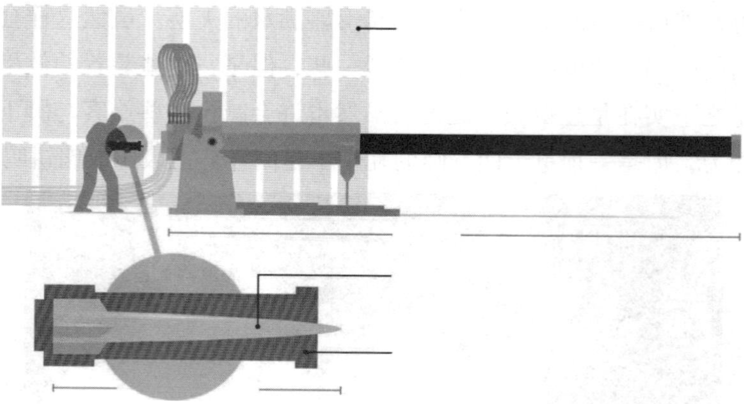

这台新式武器强大的杀伤力能够帮助美军摧毁敌方的军船，坦克以及恐怖主义的营地，所以它会被美国军方主要用于进攻。

动手做一做：

如果让你制作一个最简单的空气炮，在两分钟内用最短的时间将 15 个纸杯击落。（以金字塔方式排列，最底层放置五个……）

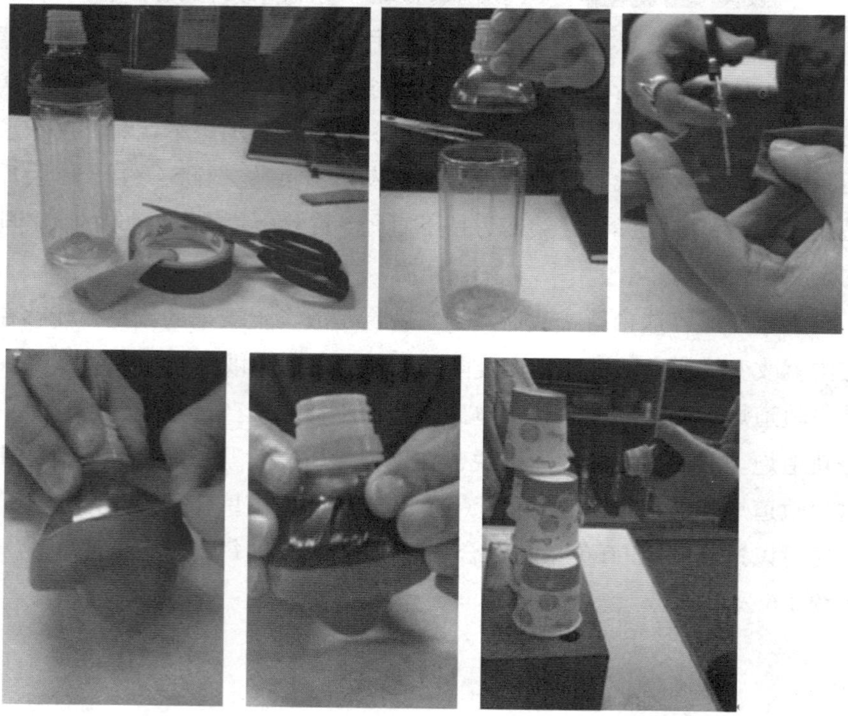

学生成果：根据自己的设计与改良，可能制作出各种各样的空气炮。

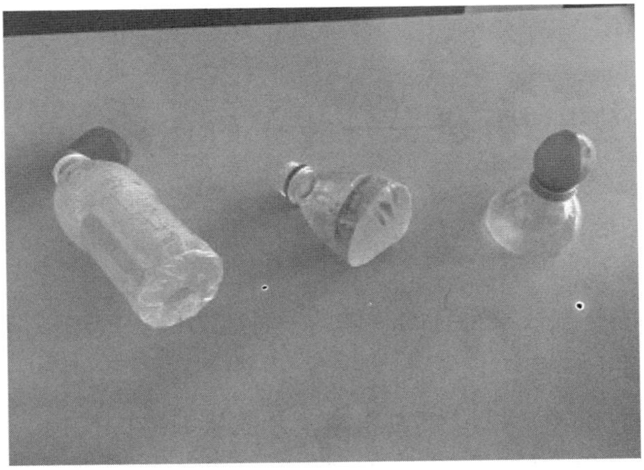

热闹的比赛：竞相尝试自己的成果，并且根据尝试结果去改良自己的空气炮。

物理——神奇的气球

气球是充满空气或某种别的气体的一种密封袋。气球不但可作为玩具，也可作为运输工具。

气球种类有很多，可以作为装饰，开业庆典做的拱门，可以印制上自己的广告图案作为宣传，可以印上结婚新人的相片作为祝贺，可以装饰舞会，新人花车等等，现在气球成为一种亮丽的风景线，越来越得到人们的青睐。气球作为玩具过去有一个名字叫“洋茄子”，在气球的开口处有一个小竹哨，把气球吹满气敞开出口就会有很响的声音。气球也可以做装饰品，还可以作为运输工具。如果气球足够大，里面气体又轻于同体积的空气，产生的浮力超过气囊和附带物体（如吊篮，热气球等）的重量时，气球就可上升。

气球不仅可以作为日常的装饰和玩具用途，还可以借助气球去完成一些科学性的小实验。

动手做一做：

1. 隔空捏气球

第一步：在塑料瓶底部钻一个小孔。

第二步：将气球塞进瓶子，气球口从里面套住瓶子，把气球吹起来。

第三步：用手堵住小孔，这时候可以发现，气球不会变小。

第四步：松开小孔，气球变小了，再堵上，气球又不变小。

实验原理：这个实验利用了大气压强。当小孔被堵住后，瓶子就密封了，气球不会变小。

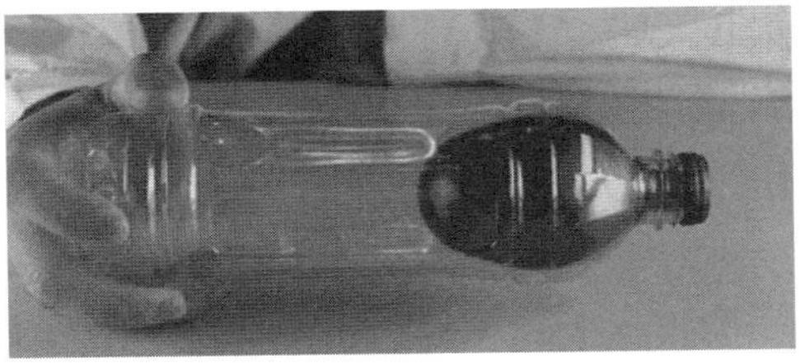

会让瓶子里的压强也变小，这时候外面的大气压强就把气球往瓶子里压，不让它变小。松开手指后，瓶子和外面通了，气球变小，瓶子里大气压强不变，所以气球就又能变小了。

2. 电学——电荷的相互作用

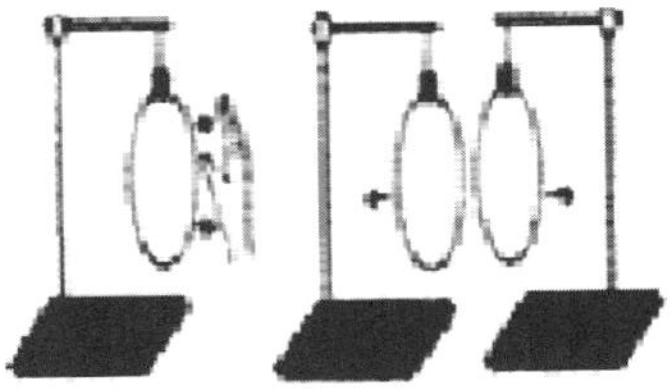

第一步：给气球充好气，用干燥的丝线将气球悬挂起来。

第二步：用干燥的手擦气球的表面，使球带电（手最好先在火上烘干）。

第三步：用摩擦过气球的手去靠近气球，手会吸引气球，让用手摩擦过的另一个气球靠近它，两球会相互推斥。

这个实验说明了电荷的相互作用。

3. 气球喷泉

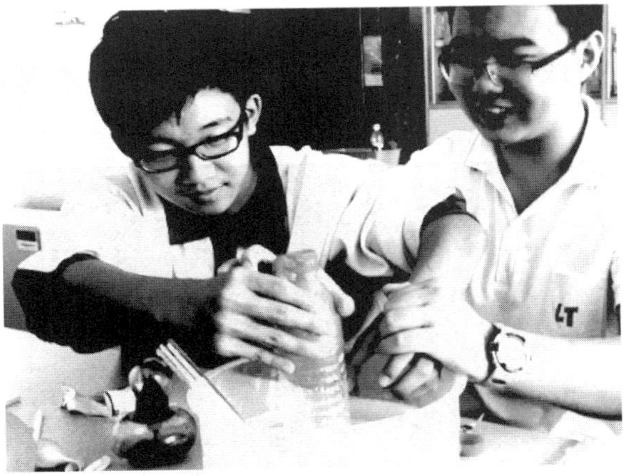

第一步：将气球固定在瓶口上。

第二步：用图钉在塑料瓶底部扎一个小孔。

第三步：剪一块胶带，将小孔粘盖住。

第四步：再次吹起气球。

第五步：把水倒入气球中。

第六步：一鼓作气，把胶带迅速取下，喷泉形成。

科学原理

①瓶内本来有大气压，当向气球吹气时，气球内气压增强，但同时因为气球扩大，导致瓶内空气面积减少，造成瓶内空气的气压也增大。所以气球内外压强始终相等，气球吹不大。（注：16 匹马一起使力，都不及一个大气压的力量）

当扎了个小洞后，瓶内气压通过小洞”跑“出去了，向气球吹起就能吹大了。

②向气球内灌水后，气球内的压强减小，当撕开胶带，因外界压强更大，空气被推回瓶内，水就被顶出来了。

4. 气球动力小跑车

第一步：用一次性筷子将前后四个轮子连接。

第二步：把圆珠笔拧开，取下半段（就是露出笔尖的那部分）。

第三步：用胶水粘在一次性筷子上（最好在笔管和筷子之间加一小块垫子，不然装气球的时候会很困难）。

第四步：把气球充气后，装到笔管上，松开手后，小汽车就会自动跑起来了。

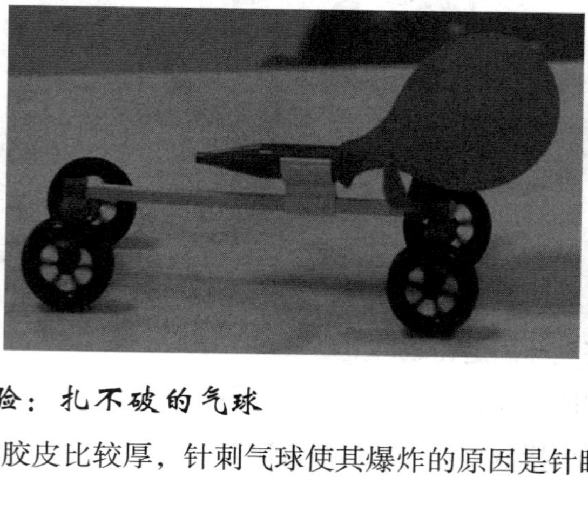

拓展小实验：扎不破的气球

气球尾部的胶皮比较厚，针刺气球使其爆炸的原因是针眼围观的毛刺引起边缘开裂，进而使气球裂开，从而爆炸，而尾部的胶皮略厚，针刺之后，边缘毛刺由于后胶皮的弹性，不会开裂并引发进一步的撕开，于是气球不会爆炸。因为气球里的气压大于大气压，所以气球才会鼓起来，一旦有什么地方破了，里面的气体便会瞬间冲出，形成爆炸，并发出巨大的响声。可以不把气打太满。或者在某个地方贴上透明胶，从那里扎下去，气球也不会爆，不信可以试试。

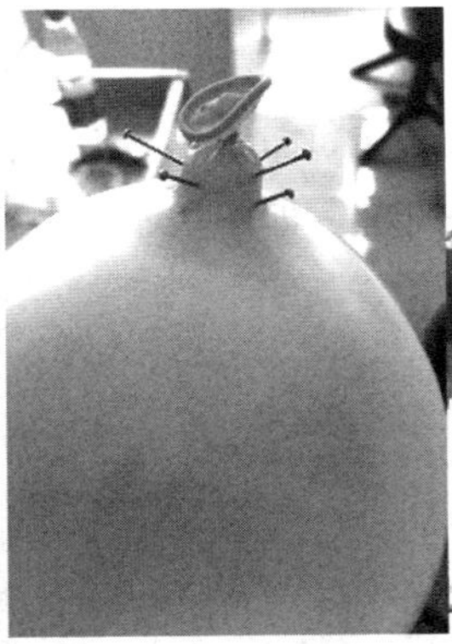

物理——神奇的水

当我们从太空俯瞰地球的时候，或者当我们面对地图时，映入我们眼帘的是一大片一大片鲜艳的蓝色。地球的赤道半径仅比两极半径长 0.33%，我们所生存的地球是极为秀丽的蔚蓝色球体。水是地球表面数量最多的天然物质，它覆盖了地球 71% 以上的表面。地球是一个名副其实的大水球。

水是地球上最常见的物质之一，是人类赖以生存的重要资源，也是生物体最重要的组成部分。在生命演化中水起到非常重要作用。它是一种狭义不可再生，广义可再生资源。

纯水属于极弱的电解质，它的导电性十分微弱，因此在日常生活中可以忽略。我们平时所使用的水，由于溶解了其他电解质而有较多的正负离子，所以导电性增强。

1. 神奇的表面张力

第一步：用 5 根牙签，从中间掰折，但不要断。

第二步：将掰折的中间在一点上摆成放射形状。

第三步：在中心位置滴上水，仔细观察变化，水的表面张力可以推动牙签。

第四步：观察到一个很漂亮标准的五角星。如图所示：

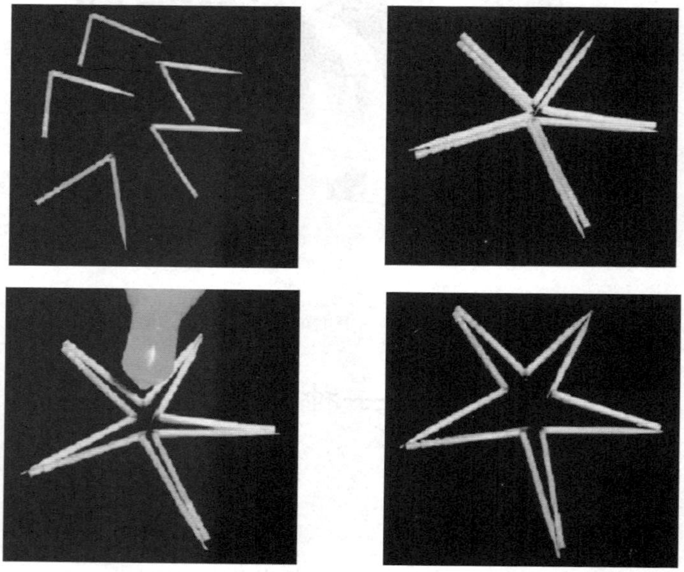

2. 水利点火器

利用水透镜，凸透镜可以汇聚光线的原理，可以利用水来点火。

3. 跳舞的水滴——莱顿弗罗斯特效应

有经验的厨师，在烹煮食物前预热锅子时，只要往锅内洒下几滴水就可以知道锅子是否预热完成，他们只需通过观察水滴的形态就可以了。

当水滴落在滚烫的铁板上时，如果铁板的温度还不够高，只是仅仅高于水的沸点，水滴就会迅速沸腾并发出嘶嘶的声音。但当铁板到达很高的温度时，水滴变会形成水珠，并且在铁板上到处滚动，好像在跳舞一样，达到一种近似悬浮在铁板上的状态，然后缓慢地蒸发，这就是莱顿佛斯特效应。

1756 年有一位名叫莱顿弗罗斯特的科学家在一把烧得通红的铁勺上滴上一滴水珠，水珠竟然悬浮起来并持续 30 秒，莱顿弗罗斯特效应水滴能够悬浮起来的原因在于，接触炙热的铁勺后，水滴底部立即形成一层水蒸汽，把水珠与铁勺隔开，就使得水滴悬浮起来，悬浮起来的水滴暂时不能吸收更多的热量，减慢了汽化速度，因此悬浮可以持续 30 秒。

4. 诡异的水球——物体的浮沉条件

材料：透明玻璃杯 3 个；小气球 1 个；冷水、温水、热水若干。

操作：

第一步：将小气球灌满温水，用细绳将气球口扎紧，制成一个温水球。

第二步：把温水球放在温水杯子里，温水球悬浮。

第三步：把温水球放在热水杯子里，温水球下沉。

第四步：把温水球放在冷水杯子里，温水球上浮。

注意：先做悬浮实验，因为水温一致；接着做下沉实验；最后做上浮实验。顺序不能颠倒，否则实验效果不佳。

原理：水温不同，密度不同，温水的密度比热水的大，比冷水的小，所以温水球在热水中会下沉，在冷水中会上浮，温水中悬浮。

5. 开水锅里徒手捞鸡蛋

液体沸腾实验：不同的液体沸点不同，沸腾时，温度不变。

经常在电视上看到一类剧情，尤其是在古装电视剧上，看到江湖卖艺在做类似表演，叫做“油锅取物”。把一口装满油的大锅架在炉火上加热，慢慢地看到油温升高，油在大锅里翻滚，冒着热气。然后江湖艺人会把一些类似钱币的物品扔到锅里，这时表情夸张的江湖艺人就会卷起自己的衣袖，把手插入沸腾的油锅中，把钱币一枚一枚地捞出来，在水盆里洗净展示给路人看。这个表演让儿时的我曾经唏嘘不已，充满了敬仰。那么，江湖艺人是不是真的练就了一身钢筋铁骨，艺高人胆大，不怕滚烫的沸油呢？

材料：白醋；水；凡士林；透明玻璃烧杯；电磁炉；鸡蛋。

操作：

第一步：在白醋里加入少许水，制成混合液，其颜色还是水的颜色。

第二步：将混合液倒入一个透明的玻璃烧杯内，液面深度约为杯高的1/2。

第三步：取一电磁炉，上面放一块铸铁，将装有混合液的烧杯放在铸铁上加热直至沸腾，并不停地加热。

第四步：涂有凡士林的手迅速插入滚水锅里取出鸡蛋，不会烫伤皮肤。

注意：白醋里加的水不可太多，否则沸点会增高；也可以用酒精灯加热，但是没有用电磁炉加热惊险刺激。放心：沸腾时温度是一样的。

原理：白醋的沸点只有 40℃，而且液体沸腾时温度不变，凡士林受热熔化时也会吸热。

拓展：神秘消失的瓶子

第一步：准备一个很干净的杯子和一个透明的玻璃瓶。

第二步：第一次，都装上水。

第三步：第二次，都装上甘油。

观察实验现象，你知道为什么吗？瓶子为什么消失了呢？

带你玩转生活中的化学

或许你不曾想到，你的衣食住行都离不开化学物质；或许你不曾想到，你所看到的一些神奇的魔术，都是化学原理的体现；化学使世界变得更加绚丽多彩，人们的生活也因为化学的存在而变得更加丰富。本节着重介绍生活中有趣的化学知识，带你认识生活中常见的化学现象。同时，我们挑选了一些简单易行的趣味实验，来帮助你制作一些生活中简单常见的化学物品。希望通过本节的学习，能让你对生活中的化学有更充分的了解。

实践活动1　肥皂的制作

在日常生活中，人们通常会进行很多的清洗活动，随着人类科学技术水平的提高，当今社会应用于清洗物品的洗涤用品也多种多样，依靠不同洗涤用品的功能不同，来满足人们日常所需。而今天我们要为大家介绍的，则是最普通也是历史最为悠久的一种家庭常见用品——肥皂。

图1–1　肥皂

根据史料记载，最早的肥皂配方起源于西亚的美索不达米亚。约在公元前3000年，人们便将1份油和5份碱性植物灰混合制成清洁剂，用于日常生活的清洗。而中国人也很早就知道利用草木灰和天然碱洗涤衣服，人们还把猪胰腺、猪油与草木灰混合，制成块，称为“胰子”。

在现在的日常生活中，我们经常还会用到香皂、药皂等，其实都是因为肥皂中通常还含有大量的水，在成品中加入香料、染料及其他填充剂后，即得各种肥皂。例如：白色洗衣皂通常加入了Na_2CO_3和水玻璃（Na_2SiO_3溶液）；香皂需要用牛油或棕榈油与椰子油混用，制得的肥皂后弄碎，干燥至含水量约为 10%~15%，再加入香料、染料后，压制成型即得；以椰子油为原料制得的液体钾肥皂常用作洗发水等洗浴用品中。

肥皂的种类有很多，但其主要成分均为硬脂酸钠，其分子式是 $C_{17}H_{35}COONa$。这样的结构一端是带电荷呈极性的 COO^-（亲水部位），该结构会破坏水分子间的吸引力而使水的表面张力降低，使水分子均匀地分配在待清洗的衣物或皮肤表面。而另一端为非极性的碳链（亲油部位）则能够深入油污，结合油污分子。此结合物经搅动后形成较小的油滴，其表面布满肥皂的亲水部位，而不会重新聚在一起成大油污。此过程（又称乳化）重复多次，则所有油污均会变成非常微小的油滴溶于水中，可被轻易地冲洗干净。

而今天我们就来教一教大家，如何制作最普通的肥皂。

化学实验报告

实验题目	肥皂的制作				日期	
班级		姓名		组员		
【实验目的】制作肥皂						
【实验原理】油脂是高级脂肪酸甘油酯，可以发生水解反应。油脂的碱性水解，即（油脂和氢氧化钠共同加热），水解为高级脂肪酸钠和甘油，前者经加工成型后就是肥皂。						
【实验用品】植物油、30%NaOH 溶液、饱和食盐水、95% 酒精、100 毫升烧杯一个、250 毫升烧杯一个、玻璃棒、酒精灯、铁架台、蒸发皿、纱布。						
【实验步骤】 1. 在一干燥的蒸发皿中，加入 12ml 植物油，12ml 乙醇，和 6ml30% NaOH 溶液。 2. 将蒸发皿置于铁架台上，点燃酒精灯，用玻璃棒不断搅拌，直到混合物变为淡黄色的糊状物质。 3. 在烧杯中加入少量蒸馏水，继续加热蒸发皿，直到把一滴混合物加到烧杯中时，在液体表面不再形成油滴为止。 4. 把盛有混合物的蒸发皿放在冷水浴中冷却，然后加入 20ml 热蒸馏水，再次放在冷水浴中冷却，然后加入 25ml 饱和 NaCl 溶液，充分搅拌。 5. 用纱布滤出固态物质，倒入准备好的模具中。 6. 冷却，干燥。						
实验现象： 1. 经搅拌，油脂与 NaOH 溶液反应，最后的生成物为淡黄色糊状物质。 2. 盐析后溶液上方有淡黄色漂浮物，过滤得到固体。 实验结论：油脂与 NaOH 溶液反应生成脂肪酸钠，易溶于水，加入 NaCl 溶液后，钠离子的浓度上升，脂肪酸钠溶解度变小，析出。 实验注意：本实验成功的关键首先是材料的比例，其次要保证 NaOH 溶液与油脂充分反应，即检验溶液中的油脂是否有剩余，这是保证肥皂产量的关键。						

相信你通过上述实验一定已经获得了一块专属于自己的肥皂，那么希望你能够用这块普通肥皂坚持做一件对你身体有益的事——洗手。

【科学阅读】你了解洗手吗？你会洗手吗？

洗手是我们日常生活中最常做的一件事，“饭前便后要洗手”也是我们从小就接受的教育，那么你可知道，洗手有什么重要意义吗？几乎在所有的国家和地区，用肥皂洗手是一项在技术和经济上都力所能及的拯救生命的干预措施，并且养成勤洗手的习惯，也能帮助我们远离皮肤感染、眼部感染、肠道寄生虫病、SARS 和禽流感等传染性疾病，对癌症病人及艾滋病毒携带者的健康也十分有利。

那么如何洗手才是最正确的呢？

通常，我们按照以下六个步骤洗手即可达到清洁目的：

1. 用清水冲洗双手。

2. 抹肥皂，用手搓出泡沫。

3. 双手相互擦手心、手背、指尖、指甲内外和四周、虎口位置，至少揉搓 10s 再冲水。

4. 用流动的水冲洗至少 10s。

5. 完全擦干后，才用清水将双手彻底冲洗干净。

6. 用干毛巾或手纸抹干双手，或有条件也可以干手机吹干双手。

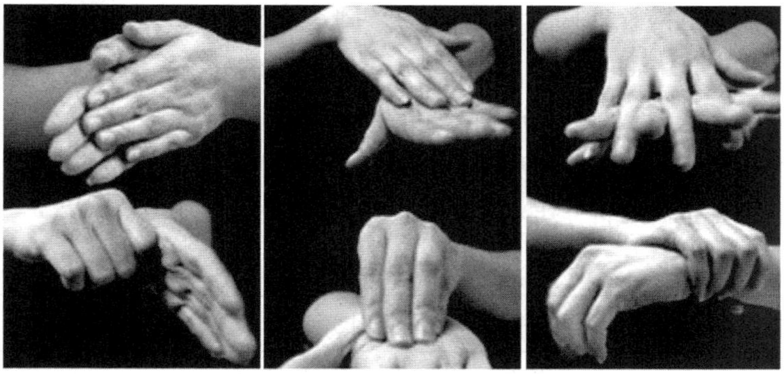

图 1–2　正确的洗手方法

实践活动 2　火柴头中某些成分的检测

火的发现和应用是人类文明发展的象征，也是促进人类的体制和社会发展的标志。许多可燃物在接触空气的条件下达到着火点，就会出现燃烧现象，产生火焰。你肯定有这样的经验，当你想点燃实验室的酒精灯，生日蛋糕上的蜡烛，抑或是一堆篝火时，我们往往需要一些取火工具来帮助我们完成目的。而火柴，则是最为普通，也最为廉价的取火工具。

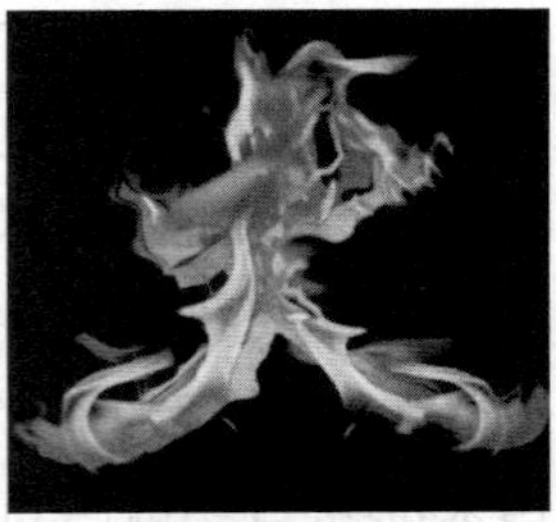

图 2–1 火

火柴是根据物体摩擦生热的原理，利用强氧化剂和还原剂的化学活性，制造出的一种能摩擦发火的取火工具。

我国火柴的发展由来已久，《资治通鉴》中记载："陈宣帝太建九年，齐后妃贫苦，至以卖烛为业。"元末明初学者陶宗仪的《辍耕录》中的《发烛》条说："杭人削松木为小片，其薄如纸，熔硫磺涂木片顶端分许，名曰发烛，又曰粹儿，盖以发火及代灯烛用也。史载周建德六年，齐后妃贫者以发烛为生，岂即杭人之所制矣。"文中的发烛就是原始的火柴。而在欧洲，火柴的使用也有悠久的历史，在古罗马时期，一些小贩将木柴浸泡在硫磺中。这种被硫磺浸泡过的木柴本身并不起火，但却可以用来引火。人们用铁块撞击火石，让溅出的火星落在这些木柴上，就能获得火种。

随着人类文明不断发展，到十八世纪的下半叶，火柴主要利用白磷为发火剂。但也同时存在两个十分严重的问题：1. 白磷资源非常稀少，并且遇热十分容易自燃，非常危险；2. 白磷是有毒的，制造火柴的工人一不小心就会中毒身亡。直至 1855 年，瑞典的一家火柴厂成功研制安全火柴，逐渐为世界各国所采用。

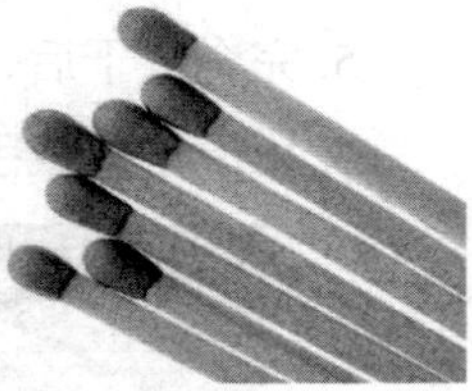

图 2–2 火柴头

那么火柴头里到底存在哪些化学物质，能够为我们提供火源呢？接下来，让我们一起通过实验的方法来研究火柴头中有哪些化学成分吧。

化学实验报告

<table>
<tr><td>实验题目</td><td colspan="3">火柴头中某些成分的检验</td><td>日期</td><td></td></tr>
<tr><td>班级</td><td></td><td>姓名</td><td></td><td>组员</td><td></td></tr>
<tr><td colspan="6">【实验目的】检验火柴头里含有硫元素和氯元素</td></tr>
<tr><td colspan="6">【实验用品】
1. 仪器、试管、烧杯、玻璃棒、滴管、酒精灯、火柴、注射器、漏斗等。
2. 试剂：$0.1mol \cdot L^{-1} AgNO_3$ 溶液、$0.01mol \cdot L^{-1} KMnO_4$ 酸性溶液、蒸馏水、稀硝酸。</td></tr>
</table>

续表

【实验步骤】 （1）二氧化硫气体的检验。 取两只洁净的大小不一的烧杯，小的为甲、大的为乙，在乙烧杯中加入 10mL 浅红色 0.01mol·L^{-1} $KMnO_4$ 酸性溶液，将多根安全火柴伸入甲烧杯中，再用一根燃着的火柴点燃火柴头，待火柴头完全烧完，即将火柴移出，迅速将甲烧杯倒扣在乙烧杯上，轻轻振荡乙烧杯。 （2）检验火柴中氯元素的存在将实验（1）中燃尽的火柴头，浸于水中，片刻后取少量溶液于试管中，向溶液中依次滴加 $AgNO_3$ 溶液、稀硝酸，观察现象，以检验 Cl^-。
【实验现象和结论】

通过上述实验，相信你已经对火柴头中的主要成分有所认识。

当今火柴盒的侧面涂有红磷（发火剂），三硫化二锑（Sb_2S_3，易燃物）和玻璃粉；火柴头上的物质一般是 $KClO_3$、MnO_2（氧化剂）和 S（易燃物）等。当两者摩擦时，因摩擦产生的热使与 $KClO_3$ 等接触的红磷发火并引起火柴头上的易燃物燃烧，从而使火柴杆着火。安全火柴的优点是红磷没有毒性，并且它和氧化剂分别粘附在火柴盒侧面和火柴杆上，不用时二者不接触。所以叫安全火柴。

【科学阅读】火柴的种类远不止以上介绍的安全火柴，现在也有很多特种火柴。特种火柴采用特种的药头配方，以产生不同的特殊功能。主要有下列 5 种：

火柴种类	火柴信息	火柴用途
抗风防水火柴	药头中含有比普通火柴更多的氧化剂，发火性能强；表面沾有一层防潮膜，可防止受潮；药头直径约 5mm，长度为 30mm。擦燃后以每秒 4~6mm 的速度燃烧，能均匀地持续燃烧 5~7 秒钟。抗强风，不怕雨淋。	适合于地质、水文、气象、航海、渔猎等野外作业人员使用。
高温火柴	药头分两层。内层是抗风防水火柴药料；外层采用四氧化三铁和铝、镁粉等原料，用硝化纤维溶液粘合而成。大小规格与抗风防水火柴相似。燃烧时能产生 1200℃以上的高温。	可供引燃熔接剂之用，又称焊接火柴。

续表

火柴种类	火柴信息	火柴用途
信号火柴	筒身直径2.5~3cm，长16~38cm。磷层涂在筒盖端部。药料中掺入硝酸锶或硝酸钡、碱式碳酸铜等物料，燃烧后能分别发出红、蓝、白等不同颜色的持续火光，照度达80~800支烛光。	可供铁路车辆或航海船舶夜间信号联络之用。又称信号筒。
多次燃烧火柴	能反复发火，多次燃烧。这种火柴不用木梗，而由氯酸钾、硫磺、二醋酸纤维、多聚甲醛及填充剂等化学品经与丙酮混合后压制成直径为2~5mm的棒形火柴，称为火柴芯（无火柴梗和药头之分），以它在磷层上擦划即可发火。由于二醋酸纤维的阻燃作用，控制了发火物质的燃烧，不至于使整根火柴一次燃烧完，达到多次使用的目的。已研制成能反复擦燃600次以上的火柴。	供人们多次使用。
感光火柴	燃烧时发光，照亮物体后能使照像胶片感光。	可代替闪光灯供摄影用。

实践活动3　叶脉书签的制作

书签，是我们在阅读过程中常常需要用到的一种物品，它可以帮助我们记录阅读进度，以便之后我们再次阅读时，找到阅读位置。书签画面随意，取材广泛，小巧，轻便，哪怕是一张用过的车票、飞机票都能够当作书签的原材料，除图面内容外，艺术化的书签也常在材料和造型上有所创新。书签比折书等记页码方式更方便，对书的损坏度更低，是很好的一种记页码方式。书签方便又美观，深受读者们的青睐。

书签起源于春秋战国时期，在当时被称为牙黎，是用象牙制成的书签。唐朝的诗人韩愈在《送诸葛往随州读书》中诗云：“邺候家书多，插架三万轴。——是牙签，新若手未触。”诗里便提到了牙签。后来书由卷轴改成了折装，牙签也变薄了，利用骨片或纸板制成，有的还在书签贴上一层有花纹的绫绢，于是原本插在卷轴内的牙签变成了夹在书内的书签。

宋朝以后书签式样便基本定型，就成为和我们现在见到的这个样子了。由于过去物质资源比较匮乏，所以市场上书签的数量极其有限。书签在市场上大量出现，只是近些年来的事。但即便如此，书签的数量比起邮币票卡来，还是要少得多。而书签从某一角度而言更能准备、生动地记录生活、反映生活。

在我们日常生活中，书签的种类有很多，多数以纸张为原料，配上色彩

图 3–1　金属书签

绚丽的图片，制作成为一张张卡片。而随着社会的发展，一些源于其他材料的书签产品也逐渐进入我们的视野。如：金属书签采用优质的纯铜、锌合金原材料，有镀沙镍、仿古铜、镀镍烤漆、镀金烤漆、双色电镀、移印、镀镍珐琅、镀镍镶嵌等工艺精致而成。这种被称为金属书签，是书签发展历程中的一种创新。庙会的时候，可以看见很多脸谱金属书签，代表了中国的传统文化。

叶脉书签是利用身边的绿植制作而成的一种书签，主要是除去叶片表皮和叶肉组织，只保留下叶脉。书签上可以看到中间一条较粗壮的叶脉称主脉，在主脉上分出许多较小的分支称侧脉；侧脉上又分出更细小的分支称细脉。这样一分再分，最后把整个叶脉系统联成网状结构。把这种网状叶脉染成各种颜色，系上丝带，即成漂亮的叶脉书签了。

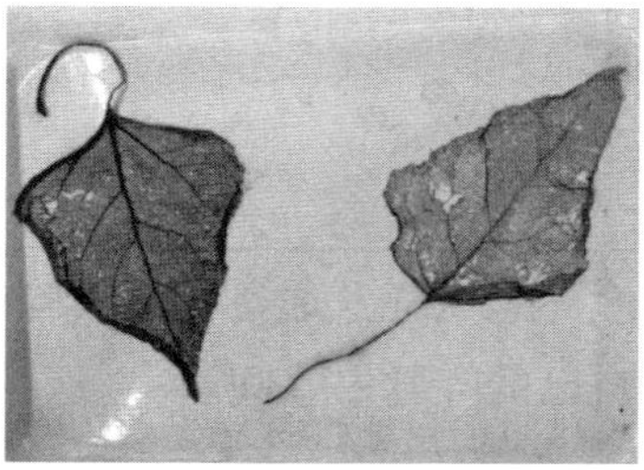
图 3–2　叶脉书签

那么今天，就让我们一起来制作叶脉书签吧。

化学实验报告

实验题目	叶脉书签的制作			日期	
班级		姓名		组员	
【实验目的】制作一份专属的叶脉书签					
【实验原理】 叶肉遇到腐蚀性液体就会发生腐烂。经过加热，它会腐烂得更快。叶脉比较坚韧，不容易被腐蚀。因此，可以将一些叶片坚硬、叶脉坚韧的树叶制成叶脉书签。					
【实验器材】 烧杯、三脚架、石棉网、酒精灯、火柴、旧牙刷、镊子、解剖盘、氢氧化钠、树叶。					
【实验步骤】 1. 把约 90 毫升水倒入烧杯，在水中加入 10 克氢氧化钠，把烧杯搁在石棉网上，用酒精灯加热，煮沸溶液。 2. 把树叶浸没在溶液中，继续加热 15 分钟左右，用镊子轻轻搅动，使叶肉分离，腐蚀均匀。 3. 当叶片变色、叶肉酥烂时，用镊子取出叶片，放在盛有清水的玻璃杯内。					

续表

实验题目	叶脉书签的制作			日期	
班级		姓名		组员	
4. 从清水里取出叶片，放在解剖盘上，用旧牙刷在流水中轻轻地刷叶片的正面和背面，刷去叶片的柔软部分，露出叶脉。 5. 趁叶脉还未干透，将叶脉置于各种染料中染色。用毛笔涂上水彩颜料（也可浸在彩色墨水中染色）。然后用清水进行冲洗以去除叶表面的浮色。凉干后，放在书中压平。 在染色中，以墨水作为染料往往所需要的时间较长，一般为 2~3 小时。而用水彩作染料只需要 10 分钟左右。					
【实验现象及结论】					

怎么样？通过上述实验的操作，现在你的手中是否得到了一片专属于你自己的叶脉书签呢。

实践活动 4　变化多端的碘元素

碘是一种很有意思的元素：碘虽然是非金属，但它却有着金属般的光泽；碘虽然是固体，却又很容易升华，可以直接由固态变为气态。当碘遇到淀粉溶液则会使溶液颜色变为蓝色，即使和淀粉结合成蓝色物质后，他还是会和多种氧化剂或还原剂起反应，即碘既可以被氧化，也可以被还原。碘单质是紫黑色有金属光泽的片状晶体，它的希腊文原意便是“紫色的”意思，然而碘的盐类的颜色，大部分和食盐一样都是白色晶体，只有极少数例外，如碘化银是浅黄色，碘化铜是金黄色的。碘，真可以说是变化多端啊。

下面就介绍一个很有意思的科学小实验“变色的碘水”。

实验一

化学实验报告

实验题目	变色的碘水	日期	
【实验原理】 $I_2+SO_2+2H_2O=2HI+H_2SO_4$ $4HI+2H_2O_2=4H_2O+2I_2$（酸性条件） $3I_2+6NaOH=NaIO_3+5NaI+3H_2O$ $NaIO_3+5NaI+3H_2SO_4=3I_2+3Na_2SO_4+3H_2O$			

续表

【实验用品】 仪器：试管（配橡胶塞）、长柄火柴、胶头滴管。 试剂：市售碘酒、淀粉溶液、双氧水、1mol/LNaOH、1mol/L 硫酸溶液、水。
【实验步骤及现象】 （1）取一支试管，向其中加入 3~5ml 水和一滴市售碘酒，得到棕色的溶液。 （2）再向上述试管中滴入一滴淀粉溶液，棕色的溶液立即变为深蓝色。 （3）取 2~3 根火柴，火柴头靠在一排，划燃其中一根后迅速将它们插入上述试管口内，等火药燃尽后取出火柴，塞上橡胶塞后略振荡试管，试管内溶液即变为无色透明。（碘被二氧化硫还原成碘离子） （4）向试管内滴加数滴双氧水，溶液又变为蓝色。（碘离子被氧化为碘） （5）再向上述试管中滴加 1~2ml 1mol/L 氢氧化钠溶液，观察，溶液蓝色又褪去。（碘发生歧化反应生成碘离子和碘酸根离子） （6）最后再向上述试管中滴加 2~3ml1mol/L 硫酸溶液，溶液再次呈现蓝色。
【实验小结及思考】

【科学阅读】碘能微溶于水，但更易溶解于一些有机溶剂。碘溶液的颜色有紫色、红色、褐色、深褐色，颜色越深，表明碘溶解得越多。碘酊又称为碘酒，为红棕色的液体，即是碘的酒精溶液，它的颜色较深，便是因为碘很易溶解于酒精。其主要成分为碘、碘化钾。碘酒能杀菌，常作皮肤消毒剂。

华素片，西地碘含片，其主要成份为分子碘，为口腔科及耳鼻咽喉科用药类非处方药品，用于慢性咽喉炎、口腔溃疡、慢性牙龈炎、牙周炎。

如何通过实验来验证日常生活中常用的药物华素片和碘酊中含有碘单质呢？

实验二

化学实验报告

<table>
<tr><td>实验题目</td><td>华素片和碘酊中碘的检测</td><td>日期</td><td></td></tr>
<tr><td colspan="4">【实验原理】
淀粉溶液遇碘会变蓝色，碘在四氯化碳中的溶解度大于其在水中的溶解度。</td></tr>
<tr><td colspan="4">【实验用品】
仪器：试管、胶头滴管、研钵、药匙。
试剂：华素片、碘酊、淀粉溶液、四氯化碳、蒸馏水。</td></tr>
</table>

续表

【实验步骤及现象】 （1）将一片华素片放入研钵中研成粉末。 （2）分别取少量放入两支试管中，并都加入两毫升水使其溶解，得到黄色浑浊液。 （3）向1支试管中滴入2滴淀粉溶液，振荡，溶液变为蓝色。 （4）向另一支试管中加入1~2ml四氯化碳，振荡，静置，溶液分层，下层溶液显紫色。 （5）另取2支试管，分别加入2ml蒸馏水，再向每支试管中滴入2~3滴碘酊，制成碘酊水溶液。 （6）向一支试管中滴入2滴淀粉溶液，振荡，溶液变为蓝色。 （7）向另一支试管中加入1~2ml四氯化碳，振荡，静置，溶液分层，下层溶液显紫色。
【实验小结及思考】

【科学阅读】大量的碘对人来说，是毒性很大的，碘的蒸气会剧烈地刺激眼、鼻粘膜，会使人中毒致死。但是，人体如果碘缺乏也会产生问题。在成年人的体内，大约含有20毫克的碘，而其中约有一半是储藏在靠近喉头的甲状腺里。

甲状腺是人体中很重要的器官，它可以分泌甲状腺素。一个人每年大约分泌3.5克甲状腺素。碘是制造甲状腺素必不可缺的原料。缺少了碘，甲状腺素便不能正常分泌，人的脖子便会肿胀起来，得地方性甲状腺肿大（俗称“大脖子病”）。以前，人们大都是从海盐中获取少量碘，因为海盐中总夹杂着少量的碘化钠或碘化钾。在我国西南山区，解放前由于缺少海盐，缺乏碘，有些人患肿脖子病——甲状腺肿大。现在，卫生部门在一些食盐中掺入少量碘化物，来消除这些缺碘症。

那么，食盐中掺入的含碘物质到底是什么呢？

实验三

化学实验报告

实验题目	食盐中含碘成分的检验	日期	
【实验原理】 若食盐中添加碘化钾，KI与高锰酸钾（氧化剂）反应生成碘，碘遇淀粉呈蓝色；若食盐中添加碘酸钾，KIO_3与亚硫酸钠（还原剂）反应生成碘，碘遇淀粉呈蓝色。			
【实验用品】 仪器：蒸发皿、胶头滴管、药匙。 试剂：含碘食盐、稀硫酸、高锰酸钾溶液、淀粉溶液、亚硫酸钠溶液。			

续表

【实验步骤及现象】 （1）碘化钾的检验： 取 2g 食盐放在蒸发皿上，向盐上滴加稀硫酸与高锰酸钾溶液，再滴加淀粉溶液，观察是否变成蓝色。 （2）碘酸钾的检验： 取 2g 食盐放在蒸发皿上，向盐上滴加稀硫酸与亚硫酸钠溶液，再滴加淀粉溶液，观察是否变成蓝色。
【实验小结及思考】

【科学阅读】碘在大自然中含量很少，仅占地壳总重量的一千万分之一。可是，由于碘很易升华，因此到处都有它的足迹：海水中有碘，岩石中有碘，从宇宙空间掉下来的陨石、人们吃的葱、海里的鱼，都有微量的碘。海水中碘含量约为十万分之一，不过，海里倒有许多天然的“碘工厂”——海藻。像这样的海生植物它们可以从海水中吸收碘，使海水中微量的碘在这些海生植物中得到富集。

据测定，在海藻灰中约含有 1% 的碘。世界上也有一些比较集中的碘矿，含有较多的碘酸钠和过碘酸钠。在智利硝石中，也含有一些碘化物。我们经常食用的海带也是可以富集海洋中碘元素的植物。

如何将海带中的碘提取出来呢？下面就为大家介绍一种从海带中提取碘的方法。

实验四

化学实验报告

实验题目	从海带中提取碘	日期	
【实验目的】 1. 了解从植物中提取无机物的一般方法。 2. 学习萃取的原理和操作，巩固灼烧 \ 溶解 \ 过滤等操作技能。 3. 体会转化思想在物质分离实验中的应用。			
【实验原理】 海带中含有碘化物，利用 H_2O_2、Cl_2 等氧化剂可将 I^- 氧化成 I_2。 $2I^-+2H^++H_2O_2=I_2+2H_2O$ $2I^-+Cl_2=I_2+2Cl^-$			

续表

【实验器材】仪器：烧杯、试管、坩埚、坩埚钳、泥三角、酒精灯、铁架台（带铁圈）、玻璃棒、滤纸、分液漏斗、托盘天平、胶头滴管。 药品：干海带、3% 双氧水、3mol/L 硫酸、酒精。
【实验步骤】 1 准备：用布（或刷子）擦掉干海带表面的盐渍和泥沙等杂质。 2 称量：称取约 3.0g 干海带，用剪刀将海带剪碎（便于灼烧）。 3 灼烧：把海带放入瓷坩埚中，滴入酒精湿润，在铁架台的铁圈上放置泥三角，再将坩埚放在泥三角上。打开酒精灯，灼烧。待海带完全成灰，停止加热，冷却。 4 浸泡溶解：待坩埚冷却，然后将海带灰转移到烧杯中，加入 10ml 水，搅拌，煮沸 2–3min，加速碘化物的溶解。 5 过滤：将海带灰中的浸出液过滤，收集滤液。 6 检验：在两只试管中分别倒入 3ml 滤液，在滤液中滴入几滴硫酸，再加入约 1ml 双氧水，观察现象，加入几滴淀粉溶液，观察现象。 7 萃取：在试管中取适量滤液，加入适量四氯化碳，在逐滴加入氯水，并不断振荡，观察到滤液分层，上层为水层，下层为紫红色有机层。再进行分液。 8 检验：取上层液体，加入 1ml 淀粉溶液，振荡、静置。观察现象。
【实验小结及反思】

【科学阅读】海带中除了含有丰富的碘以外，还含有丰富的铁。所以在吃完海带后不要喝茶（茶含鞣酸），也不要立刻吃酸涩的水果（酸涩水果含植物酸），以上两种食物都会阻碍体内铁的吸收。

实践活动 5　神奇的牛奶

牛奶是最古老的天然饮料之一，被誉为“白色血液”，对人体的重要性可想而知。牛奶含有丰富的矿物质及身体成长所缺的微量元素，营养价值很高，是日常生活中不可或缺的营养佳品。胶水是我们日常生活中经常用到的物品，你知道吗？牛奶可以变成胶水，快来试试吧。

实验题目	牛奶制胶水	日期	
【实验原理】利用牛奶中酪蛋白不溶于水、酒精及有机溶剂，但溶于碱溶液，形成粘度较高的液体而制得胶水。			
【实验用品】 仪器：烧杯、玻璃棒、纱布、药匙、铁架台、漏斗、滤纸、酒精灯、三脚架、石棉网、火柴。 试剂：牛奶、白醋、小苏打。			
【实验步骤及现象】 （1）取一大烧杯向其中加入 200ml 牛奶再加入 40ml 白醋，搅拌均匀后加热。 （2）观察到烧杯中有沉淀出现时，停止加热，熄灭酒精灯，继续搅拌牛奶直到没有新的沉淀生成。 （3）组装好过滤装置，将带有沉淀的牛奶过滤，将过滤出的沉淀物倒入小烧杯中。 （4）向装有沉淀物的小烧杯中加入 20ml 水和 2g 小苏打，搅拌。 （5）搅拌均匀后，牛奶胶水就做好了。			
【实验小结及思考】			

可乐也是我们生活中常见的饮料，很受青年朋友的喜爱，当生活中的两种饮品牛奶和可乐相遇之后会发生什么呢？让我们一起来尝试一下吧。

实验题目	可乐遇牛奶	日期	
【实验原理】 $CO_3^{2-}+Ca^{2+}=CaCO_3\downarrow$ 可乐中的碳酸根离子和牛奶中的钙离子反应会生成碳酸钙沉淀。 可乐中的碳酸、山梨酸钾等物质会使牛奶中的蛋白质变性。			
【实验用品】仪器、试剂：市售牛奶、市售可乐			
【实验步骤及现象】 （1）将可乐瓶中的可乐倒出 1/3。 （2）将牛奶倒入上述盛有 2/3 可乐的可乐瓶中。 （3）盖好瓶盖，振荡，观察现象。 （4）静置一会后会发现有沉淀生成。 			
【实验小结及思考】			

【科学阅读】牛奶的营养价值丰富，但是你知道吗？牛奶和生活中的一些食物一起食用时，会降低牛奶的营养，甚至影响身体健康。

牛奶不宜与酸性水果、含酸饮料同时食用	有不少人习惯在饮牛奶后或同时吃一些酸性水果、饮料，试验表明，这种饮用方法不科学。因为酸性水果及一些饮料中含有较多的果酸及维生素 C，当牛奶与其同时食用时，牛奶中的蛋白质会与果酸及维生素 C 凝结成块，不但会影响消化吸收，还会引起腹胀、腹痛、腹泻等症状。 因此，饮牛奶时不要吃酸性水果或饮料，饮用一小时后再吃这些食物为宜。
牛奶不宜与糖共煮	在煮牛奶时，有很多人习惯不待奶烧开就加糖，认为这样可使糖融化得快。这也是不科学的。因为牛奶在与糖共煮时，牛奶蛋白质中所含的赖氨酸与糖中的果糖在高温下会生成一种有毒物质—果糖基赖氨酸，这种物质不但不能被人体消化吸收，而且还有害健康。如果要喝甜牛奶，最好等牛奶煮开离火后再加糖，而且糖不宜加得过多。

实践活动 6　固体酒精

燃料对人类的发展起到了重要的推动作用，燃料燃烧所提供的光能、热能以及由此转化生成的电能等等，在化工企业生产和居民日常生活中都是不可或缺的宝贵能源。而作为最常用的液体燃料酒精，不仅能够提供能量，同时对环境的污染也很小。

图 6–1　酒精灯

酒精用途广泛，除了我们日常所品尝到的酒精饮品，医院用于皮肤消毒的医用酒精，化妆品、油墨、脱漆剂等的溶剂外，其还是非常重要的化工原料，是制备酯类、醛类、醚类；以及染料、涂料、洗涤剂等产品的原料。当然，今天我们要关心的，还是酒精作为燃料的价值。

随着社会经济的发展，汽车产业也进入到了井喷式的增长阶段，家用轿车的需求量也随着人们生活水平的提高，在大量增长。而燃油燃烧所产生的尾气污染物的排放也随之愈发严重。燃料酒精是一种新能源，优势在于其属于可再生能源。乙醇不仅是优良的燃料，它还是优良的燃油品改善剂。其优良特性表现为：乙醇是燃油的增氧剂，使汽油增加内氧，充分燃烧，达到节能和环保的目的；乙醇还可以经济有效的降低芳烃、烯烃含量，即降低炼油厂的改造费用，达到新汽油标准。现在所使用的乙醇汽油是用 90% 的普通汽油与 10% 的燃料乙醇调和而成。

我国在乙醇汽油开发方面也非常重视，在国家“十五”时期，就将生产燃料乙醇列入了示范工程重大项目。近两三年内，产品将占领市场份额的百分之二十五至百分之三十。我国汽油年消耗量为3000万吨，如果在汽油中添加10%的酒精，仅此一项将增加300万吨酒精的消耗，而国内酒精生产能力远远不能满足需求，只有迅速发展才可能满足需求。

在我们日常生活中，用酒精作燃料也是寻常可见的。但是其液体状态为储存和运输也带来了很大的不利，为解决这一问题，我们在现在的一些领域中，制作了固体酒精以解决这一问题。或许你在餐桌上见到固体酒精的次数最多，那么你知道什么是固体酒精吗？固体酒精也被称为“酒精块”或固体燃料块。固体酒精并不是固体状态的酒精（酒精的熔点为-114.1℃，纯净物常温下是液体），而是将工业酒精（主要成分为乙醇，CH_3CH_2OH）中加入凝固剂使之成为固体形态。因使用、运输和携带方便，燃烧时对环境的污染较少，与液体酒精相比比较安全。作为一种固体燃料，广泛应用于餐饮业、旅游业和野外作业等。

今天，我们将带领大家一起在实验室制备固体酒精。

化学实验报告

实验题目	固体酒精			日期	
班级		姓名		组员	

【实验目的】制作固体酒精

【实验用品】
药匙、烧杯、量筒、玻璃棒、蒸发皿、火柴、酒精（质量分数95%以上）、醋酸钙、蒸馏水。

【实验原理】
酒精与水可以任意比混溶，醋酸钙只溶于水而不溶于酒精。当饱和醋酸钙溶液注入酒精中时，饱和溶液中的水溶解于酒精中，致使醋酸钙从酒精溶液中析出，呈半固态的凝胶状物质——“胶冻”，酒精充填其中。点燃胶状物时，酒精便燃烧起来。

【实验步骤】
1. 在烧杯中加入20mL蒸馏水，再加入适量醋酸钙，制备醋酸钙饱和溶液。
2. 在大烧杯中加入80 mL酒精，再慢慢加入15 mL饱和醋酸钙溶液，用玻璃棒不断搅拌，烧杯中的物质开始时出现浑浊，继而变稠并不再流动，最后成为凝胶状。
3. 取出胶冻，捏成球状，放在蒸发皿中点燃。胶冻立即着火，并发出蓝色火焰。

【实验现象及结论】

你所制作的固体酒精是否能够正常利用呢？

当然，制作固体酒精的方法还有很多种，接下来为大家介绍两种工业制备方法：

方法一：装入 75g 水在容器中，加热至 60~80℃，加入 125g 酒精，再加入 90g 硬脂酸，搅拌均匀。在另一容器中，加入 75g 水，20g 氢氧化钠，搅拌溶解，将配制的氢氧化钠溶液倒入盛有酒精、硬脂酸和石蜡混合物的容器中，再加入 125g 酒精，搅匀，趁热灌注成型的模具中，冷却后即成为固体酒精燃料。在配方中加入石蜡等物料作为粘结剂，可以得到质地更加结实的固体酒精燃料，加入硝酸铜可以在燃烧时改变火焰的颜色，美观，有欣赏价值。

方法二：常温下将乙醇溶入硝化纤维素中，再加入水。所得的膏状固体酒精其燃烧值＞98%，表里一致，经实验，以 200g 膏状固体酒精为例，其燃烧时间长达 100 分钟。另外，保质期长达 2 年。同时，与已有的固体酒精对照，其成本可降低约 35%，具有很好的实用价值。

固体酒精的出现为我们的生活带来了更多的可能。但劣质酒精块并不安全。固体酒精的原料为工业酒精，但有些小作坊为了节省成本，胡乱使用甲醇为原料。当固体酒精燃烧时，这些物质随之发生氧化还原反应，产生二氧化硫，二氧化碳，一氧化碳等气体，再加上甲醛、甲醇的挥发，最终混合为成分繁杂的有害气体，这也是有时候吃火锅，会闻到明显刺鼻气味的原因。甲醇对人体有害，其蒸气可通过呼吸道进入体内，造成中毒现象，我国已多次出现以甲醇为原料制造固体酒精的加工点处工人因吸入甲醇蒸气而失明的报道。

实践活动 7　鞭炮的制作

鞭炮又称为爆竹，放鞭炮贺新春，在我国有两千多年历史。最早的爆竹，是指燃竹而爆，因竹子焚烧发出噼噼叭叭的响声，故称爆竹。当然，除了在新春佳节使用外，还有很多场合如：新人结婚喜事、新店开业大吉、庙会活动等都会用鞭炮来作为庆祝的道具。

图 7-1　年味

鞭炮起源至今有 1000 多年的历史。对于其来源，也有各种各样的传说。自古以来最为普遍的一种传说是这样流传的：很久以前，每年除夕的夜晚会出现一种叫做“年”的猛兽，为了吓退这种猛兽，人们就在家门口燃烧竹节，由于竹腔内空气受热膨胀，使竹腔爆裂，从而发出巨大的响声，由此用于驱赶年兽。但随着火药的发明，火药爆竹取代了过去的竹节爆竹。

还有一种说法，相传唐朝皇帝李世民有个著名的宰相叫魏征。据说，魏征在当时的权力很大，“日管人间，夜辖阴曹”。有一次，一个名叫八河都总管泾河龙王的，触犯了天条，被判死罪。玉帝命魏征去执行斩刑。当时正值炎热夏季的子夜，魏征昏昏入睡后，突然全身大汗淋淋，原来是他正在斩杀犯了天条的罪龙，被累出汗来的。正在这时，李世民用扇子对着魏征连扇三扇。这么一扇，风助魏征，终于帮助他斩杀了罪龙。罪龙的阴魂便怪罪李世民，经常兴风作案，使得李世民夜夜不得安宁。朝廷万分焦急之际，派大将秦叔宝、尉迟恭守护李世民寝宫，才平安无事。但一年夜夜都要守护，秦叔宝和尉迟恭实在吃不消。正在为难之际，有个叫李畋的人想出一个办法：用小竹筒内装些硝磺，点燃爆响，将鬼怪邪魅全都吓跑了。虽然鬼怪邪魅是吓跑了，但是爆竹发出大声，仍然使李世民不能很好安寝。后来，又有人想出办法，将大将秦叔宝和尉迟恭的画像贴在李世民的寝宫的门上，一镇鬼怪邪魅。所以，秦叔宝、尉迟恭后来就成了门神。李畋除用爆竹守护李世民的寝宫外，他还用爆竹驱岚散瘴。因为当时唐朝征战频繁，疫病盛行，贫民遭殃。李畋使用这个办法后，果然灵验。所以，后来爆竹被广泛应用于辟邪驱瘴了。

无论传说是什么样子，鞭炮对于我们现在的生活来说，更多都是积极的作用。当然，除了能够发出爆鸣声的爆竹，烟花也是我们生活中常见的庆祝用具。烟花是燃放时能形成色彩、图案、产生音响效果，以视觉效果为主的产品。爆竹是燃放时主体爆炸并能产生爆音、闪光等效果，以听觉效果为主的产品。我国的烟花名目繁多，花色品种复杂。其中，菊花型是人们喜爱的花型。烟花射入高空后，先是五彩缤纷的发光剂燃烧，继而是一个个随开随落的降落伞，烟火重叠，夜空锦绣团团，构成各种美丽的图案，成为传统佳节里人们最爱观赏的节目。但这样的烟花并不是每一个人都可以燃放的，这是由于我们常见的烟花爆竹种类不同。那么我们常见的鞭炮都有哪些种类呢？

烟花炮竹一般分为四种：

A 级：适应于由专业燃放人员燃放，在特定条件下燃放的产品。

B 级：适应于室外大的开放空间燃放的产品，当按照说明燃放时，距离产品及其燃放轨迹 25 米以上的人或财产不应受到伤害。

C 级：适应于室外相对开放的空间燃放的产品，当按照说明燃放时，距离产品及其燃放轨迹 5 米以上的人或财产不应受到伤害。对于手持类产品，手持者不应受到伤害。

D 级：适应于近距离燃放，当按照说明燃放时，距离产品及其燃放轨迹 1 米以上的人或财产不应受到伤害。对于手持类产品，手持者不应受到伤害。

今天我们将交给大家一个制作简易鞭炮的方法。

化学实验报告

<table>
<tr><td>实验题目</td><td colspan="3">鞭炮的制作</td><td>日期</td><td></td></tr>
<tr><td>班级</td><td></td><td>姓名</td><td></td><td>组员</td><td></td></tr>
<tr><td colspan="6">【实验目的】制作一支鞭炮</td></tr>
<tr><td colspan="6">【实验用品】
硝酸钾、硫磺、碳粉、蔗糖、镁粉、30% 硝酸钾溶液、硬纸筒。</td></tr>
<tr><td colspan="6">【实验原理】
反应以 1 硫 2 硝 3 碳的黑色火药为基础，其反应为：
$2KNO_3 + S + 3C = K_2S + N_2 + 3CO_2$</td></tr>
<tr><td colspan="6">【实验步骤】
将 3g 硝酸钾、2g 硫磺、4~5g 碳粉、5g 蔗糖、1~2g 镁粉混合均匀放入硬纸筒中，在混合粉末中插入导火线（预先用 30% 硝酸钾溶液浸过的纸卷），点燃导火线。</td></tr>
<tr><td colspan="6">【实验现象及结论】

</td></tr>
</table>

怎么样？你制作的鞭炮产生了爆鸣声吗？

烟花爆竹作为节日气氛的烘托剂是必要的，但是其危险性不言而喻，由于烟花爆竹其中的火药成分，燃放者在燃放时如果不按照有关规定进行燃放或者燃放违规产品，就会有可能导致安全事故的发生，因此我们在使用烟花爆竹的过程中要特别注意安全。那么，怎么才能更加安全的燃放烟花爆竹呢？我们主要从两个角度向大家介绍。

一、购买时的注意事项

在我们购买烟花爆竹的过程中，实际上就要考虑到确保安全的问题，我们应该到持有安全生产监督管理部门核发的《烟花爆竹经营（零售）许可证》的专营零售点购买，而不要到无证摊点、流动摊点和沿街兜售的不法商贩处购买烟花爆竹。不法分子经常为了牟取更大的利益而在烟花爆竹的成分中使用劣质产品。另外，我们在选购时，应选购外观整洁，无霉变、无变形、无漏药和浮药；购标志完整、清晰，有正规的厂名、厂址，有警示语，有中文燃放说明的产品。

二、燃放时的注意事项

科学合理的燃放烟花爆竹是确保我们人身安全的重中之重，在燃放前，我们应看清烟花爆竹外包装上标注的注意事项，按照燃放说明小心操作，所有的烟花爆竹产品都应当在室外燃放。燃放地点的挑选也很重要，要远离禁放区域，不要在不具备安全条件的场所燃放，如棚户区、小弄堂、楼梯口、加油站、高压线、变电站、草场、山林和燃气调压站附近等；在农村地区燃放烟花爆竹应远离工厂、农贸市场、仓库、柴垛、粮囤等场所。在燃放中，应将烟花爆竹平稳放置在地面上。点燃后，燃放者应立即离开到安全位置。出现异常情况时，不要马上靠近产品，至少要等待 15 分钟后再去处理。燃放后应仔细检查，发现余火残片、碎纸应及时清理。特别注意，未成年人燃放烟花爆竹，必须要有成年人在场陪同看护，以防意外发生。

实践活动 8　奇妙的维生素 C

说起维生素我们并不陌生，它是维持人体正常生理功能所必须的一类有机化合物。它们种类繁多、性质各异，那么维生素是如何被被人类发现和利用的呢?

维生素发现史

3000 多年前，古埃及人发现夜盲症可以被一些食物治愈。

中国唐代医学家孙思邈曾经指出，用动物肝脏防治夜盲症，用谷皮汤熬粥防治脚气病。

1747 年英国海军军医詹姆斯·林德总结以前的经验，提出了用柠檬预防坏血病的方法，但是他还不知到究竟是什么物质对坏血病有抵抗作用。

1897 年，艾克曼在爪哇发现只吃精磨的白米即可患脚气病，未经碾磨的糙米能治疗这种病。并发现可治脚气病的物质能用水或酒精提取，当时称这种物质为“水溶性B”。

1906年证明食物中含有除蛋白质、脂类、碳水化合物、无机盐和水以外的“辅助因素”，其量很小，但为动物生长所必需。

1912年，波兰化学家卡西米尔·冯克从米糠中提取出一种能够治疗脚气病的白色物质（硫胺），他称之为Vitamin，这是第一次对维生素命名。

随着分析科学和医学技术的进步，越来越多的维生素被发现，人们开始用字母来区别不同的维生素，出现了维生素A、维生素B1等名称，现在要给大家重点介绍的是又被称为抗坏血酸的维生素C。

实验一　维生素C的酸碱性测定

化学实验报告

实验题目	维生素C水溶液的酸碱性
【实验原理】 维生素C的结构 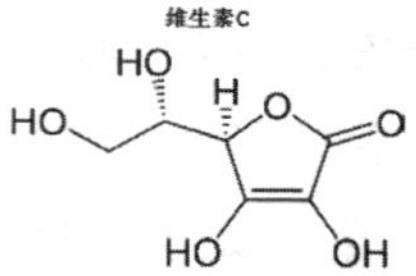 维生素C是一种多羟基化合物，其分子中第2及第3位上两个相邻的烯醇式羟基极易解离而释出H^+，故具有酸的性质，又称抗坏血酸。	
【实验用品】 仪器：试管、胶头滴管、研钵、药匙、玻璃棒。 试剂：维生素C片，石蕊，PH试纸、碳酸氢钠溶液，氢氧化钠，酚酞，镁条。	
【实验步骤及现象】 （1）取一片维生素C片放入研钵中研成粉末。 （2）在烧杯中配成溶液，分成七份分别加入到5支试管待用。 （3）向1支试管中滴入2滴紫色石蕊试剂，振荡，溶液变为红色。 （4）用玻璃棒向另一支试管中蘸取少量维生素C溶液，点到PH试剂上，半分钟后与标准比色卡比对。 （5）滴加碳酸氢钠溶液，产生气泡。 （6）取一小片镁条，滴加少许维生素C溶液。 （7）取少许氢氧化钠溶液，滴加酚酞，逐滴加入维生素C溶液，红色逐渐褪去。	
【实验小结及思考】	

【科学阅读】

维生素 C 被称为抗坏血酸除了其显酸性外，还和它的发现历史有关，下面我们就一起来了解一下维生素 C 的发现历史吧。

维生素 C 的发现历史

公元前 1550 年，埃及的医学莎草纸卷宗中就有坏血病的记载。

《旧约全书》（从公元前 1100 年到公元前 500 年）中提到了坏血病。

公元前约 450 年，希腊的“医学之父”Hippocrates 叙述了此病的综合症状，即士兵牙龈坏疽、掉牙、腿疼。

1309 年法国的《圣路易的历史》一书中记述了十字军东征时有一种对“嘴和腿有侵害的”疾病（坏血病）。

1497 年葡萄牙领航员围绕好望角航行到在印度马拉巴尔海岸，在航海途中因坏血病有 100 人丧生。

15 和 16 世纪，坏血病曾波及整个欧洲，以致医生们怀疑是否所有的疾病都是起源于坏血病。

1600~1603 年英国航海家 J. Lancaster 船长记载了远航到东印度群岛时，他保持了全体水手健康的原因仅仅由于附加了一个“每天早上三匙柠檬汁”的命令。

1747 年，英国海军军医在 12 位患坏血病水手中实验了六种药物，发现了柑桔和柠檬有疗效。1768~1771 年和 1772~1775 年各三年的两次远航中，英国船长在他的船上备有浓缩的深色菜汁和一桶桶泡菜，并每到一个港口便派人上岸收集各种水果和蔬菜，结果，水手们没有一个死于坏血病。

1907 年挪威的 Holst 和 Frolich 和进行了用一种缺乏抗坏血酸的食物喂养豚鼠引起坏血病的试验。

1928 年在英国剑桥大学，匈牙利科学家 Szent-Gyorgy 从牛肾上腺，柑橘和甘蓝叶中首次分离出一种物质，他称这种物质为己糖醛酸，但他没做抗坏血病影响的实验。

1932 年匹兹堡大学的 C. G. King 等人从柠檬汁中分离出结晶状的维生素 C，并在豚鼠体内证实它具有抗坏血酸活性，这标志着一种新营养素的发现。

1933 年，瑞士科学家 Reichstem 首次合成了维生素 C。

实验二　维生素 C 的还原性

化学实验报告

实验题目	维生素 C 的还原性	日期	

【实验原理】

维生素的结构

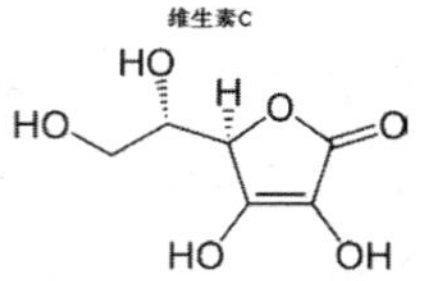

【实验用品】

仪器：试管、胶头滴管、研钵、药匙、玻璃棒、小烧杯。

试剂：维生素 C 片、碘－淀粉溶液、5%$FeCl_3$ 溶液，0.1%KSCN 溶液。

【实验步骤及现象】

（1）一支试管，加入 5ml 蒸馏水，在蒸馏水中溶解 100mg 维生素片，滴加 5%$FeCl_3$ 溶液 3 滴，振荡，再滴加 0.1%KSCN 溶液 1 滴，观察现象。

（2）取一支试管，加入 5ml 蒸馏水，在蒸馏水中滴加 5% FeCl3 溶液 3 滴。振荡，再滴加 0.1%KSCN 溶液 1 滴，观察现象。

（3）取一支试管，加入 5ml 蒸馏水，在蒸馏水中溶解 100mg 维生素片，滴加 I_2– 淀粉溶液若干滴，振荡，观察现象。

【实验小结及思考】

实验三　维生素 C 的热稳定性

化学实验报告

实验题目	维生素 C 的热稳定性	日期	

【实验原理】

维生素的结构

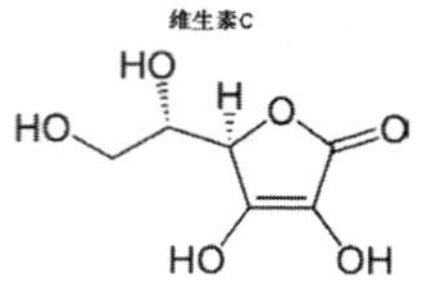

【实验用品】

仪器：试管、胶头滴管、研钵、药匙、玻璃棒、小烧杯、酒精灯、火柴。

试剂：维生素 C 片、I_2– 淀粉溶液。

续表

【实验步骤及现象】 （1）取一支试管，加入 5ml 蒸馏水，在蒸馏水中溶解 100mg 维生素片，滴加 I_2– 淀粉溶液若干滴，振荡，观察现象。 （2）取一支试管，加入 5ml 蒸馏水，在蒸馏水中溶解 100mg 维生素片，用酒精灯加热至沸腾，再加热 4 分钟，滴加 I_2– 淀粉溶液，观察现象。
【实验小结及思考】

思考：

1. 如何保存维生素 C 片剂？

2. 为什么蔬菜在烹制过程中，不能长时间加热？

【科学阅读】

在所有的维生素中，维生素 C 是人体每天需要量最多的维生素。维生素 C 在体内参与细胞间质的合成和多种反应，在生物氧化和还原作用以及细胞呼吸中起重要作用，并促进一些营养素的吸收利用，对人体健康至关重要。

维生素 C 的作用：

1. 提高人体的免疫力	维 C 可增强中性粒细胞的趋化性和变形能动力，提高杀菌能力；促进淋巴母细胞的生成，提高机体对外来和恶变细胞的识别和杀灭。此外，维 C 参与免疫球蛋白的合成；促进干扰素的产生，干扰病毒信使核糖核酸的转录，抑制病毒的增生，从多方面提高人体的抗病能力。因此，在感冒流行季节可以适当补充维生素 C，防治呼吸道感染、预防感冒。
2. 参与胶原蛋白的合成	人体由细胞组成，细胞间的联系靠细胞间质来连接，细胞间质的关键成分是胶原蛋白。胶原蛋白占身体蛋白质的 1/3，参与组成结缔组织，构成身体的支架。维生素 C 在合成胶原蛋白的过程中起到重要的作用。如维生素 C 缺乏，会导致细胞连接障碍，微血管容易破裂，血液流到邻近组织。这种情况发生在皮肤，则产生淤血、紫癍；在体内发生则引起疼痛和关节涨痛；严重情况时，在胃、肠道、鼻、肾脏及骨膜下面均可有出血现象，甚至死亡，故被称为坏血病。包裹每一颗牙齿的牙龈软组织，主要成分也是胶原蛋白，当缺乏维生素 C 时易产生牙龈萎缩、出血。皮肤也会由于胶原蛋白减少而粗糙并失去弹性（正因此，维 C 有美化皮肤的作用）。

续表

3. 抗氧化作用	机体氧化损伤产生的自由基可侵犯人的各种细胞，侵犯 DNA 导致癌症；侵犯血管就会加速动脉硬化；侵犯眼睛晶状体就会引起白内障等。因此，抗氧化是一个重要的养生防病措施。维 C 是强有力的抗氧化剂，可以保护其它抗氧化剂，如维生素 A、E 免受氧化破坏；可抑制脂质过氧化自由基生成，阻断脂质过氧化，防止自由基对人体的伤害。
4. 参与胆固醇的代谢	维 C 可促进胆固醇的羟化和排泄，防止胆固醇在动脉内壁沉积，发挥预防动脉硬化的作用。
5. 促进铁、钙和叶酸的吸收	食物中的铁分为血红素铁和非血红素铁。血红素铁是二价铁，吸收率较高。非血红素铁是三价铁，需在体内转化成二价铁才可被人体吸收。维 C 可将三价铁还原成二价铁，促进铁的吸收。血红素铁在动物肉类中占 40%，吸收率可达 20%~25%；而在植物性食物中的是非血红素铁，吸收率较低，约 1%~3%。我国居民以植物性食物为主，因此多吃含维 C 丰富的食物对铁的吸收很重要，也是防治缺铁性贫血的一个好办法。钙在消化道呈可溶状态是被吸收的基本条件。维 C 在胃中可形成一种酸性介质，防止不溶性钙络合物的生成及发生沉淀，促进钙的吸收利用。维 C 可将叶酸还原成有生物活性的四氢叶酸，利于叶酸的吸收利用，预防发生巨幼红细胞性贫血。因此，服用铁剂、钙剂或叶酸补充剂的同时，最好服用维生素 C。
6. 解毒	维 C 被誉为万能解毒剂，可促进肝脏肝糖原的形成，而肝糖原在肝脏解毒中起着重要作用；有害重金属污染环境是目前存在的一个普遍问题，而维生素 C 可直接参与重金属的解毒过程，可有效预防像铅、镉、汞等有害重金属对人体的毒害作用。
7. 防癌	维 C 的抗氧化作用可以抵御自由基对细胞的伤害，防止细胞的变异；阻断亚硝酸盐和仲胺形成强致癌物亚硝胺。此外，维 C 促进胶原蛋白的合成，有助于防止癌细胞的扩散。

维生素 C 是人体需求量最大的、作用最为广泛的维生素之一，对人体的健康至关重要。维生素 C 又被称为抗坏血酸，是一种水溶性维生素，容易从人体内流失。人类是动物界中少数不能合成抗坏血酸而必须由食物供给者之一，因此必须每天从富含维 C 的食物中摄取来满足身体需要。那么我们可以通过食用那些食物来获取维生素 C 呢？

食物来源

维生素 C 广泛分布于水果、蔬菜中。

蔬菜中大白菜的含量为 20~47mg/100g

红辣椒的含量可高达 100mg/100g 以上

水果中以带酸味的水果如柑桶、柠檬等含量较高，通常为 30~50mg/100g。

红果和枣的含量更高。尤其是枣，鲜枣的含量可高达 240mg/100g 以上。

由不同果蔬所得制品如红果酱、猴桃汁等也可是维生素的良好来源。至于动物性食品中仅肝和肾含有少量，肉、禽、蛋更少。

表 8–1 抗坏血酸在一些植物产品中的含量（mg/100g）

冬季花椰采	113	羽衣甘蓝	500
黑葡萄	200	芹叶山楂	190
卷心菜	47	马铃薯	73
柑橘	220	菠菜	220
番石榴	300	南瓜	90
青椒	120	番茄	100

实验四 蔬菜中维生素 C 含量测定

化学实验报告

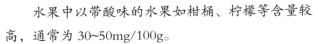

<table>
<tr><td>实验题目</td><td>蔬菜中维生素 C 含量测定</td><td>日期</td><td></td></tr>
<tr><td colspan="4">【实验原理】
维生素的结构
维生素C
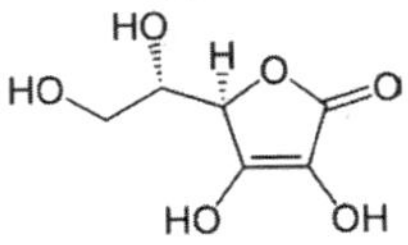</td></tr>
<tr><td colspan="4">【实验用品】
仪器：试管、酒精灯、普通漏斗、铁架台、滤纸、小烧杯。
试剂：碘一淀粉溶液、西红柿、桔子、小白菜、黄瓜。</td></tr>
</table>

续表

【实验步骤及现象】 （1）取两种水果或两种蔬菜各 10g，榨汁。 （2）用细纱布过滤后，用 100ml 蒸馏水稀释滤液，再用滤纸过滤。 （3）取两支试管，分别只取一种溶液 5ml，用碘一淀粉溶液滴加，估算那种水果或那种蔬菜中维生素 C 含量高。
【实验小结及思考】

【科学阅读】

维生素 C 如此重要。如果人体缺乏维生素 C 会导致那些问题呢？

维生素 C 缺乏	牙齿松动，牙龈出血、患坏血病、毛细血管壁脆弱

摄入维生素 C 对人体有很多益处，那是不是摄入的越多越好呢？

现在对大剂量服用维生素 C 预防疾病的观点颇有争论。尤其是近年来有不少报道大剂量服用维生素 C 对机体不利，如每日摄取维生素 C 2~8g 可出现恶心、腹部痉挛、腹泻，铁吸收过度、红细胞破坏及泌尿道结石等副作用，并可能造成对大剂量维生素 C 的依赖性，故不推荐常规大剂量摄取维生素 C。

那一天吃多少好呢？每天能吃一斤的蔬菜和半斤的水果，其中深色和浅色各占一半，100 毫克维生素 C。

小提示：混吃蔬菜水果要注意

白萝卜、胡萝卜	二者同食会破坏萝卜中的维生素 C，萝卜中含维生素 C，每 100 克为 30 毫克，胡萝卜中的抗坏血酸分解酶，极易将其氧化破坏，而降低其营养价值。
黄瓜 & 西芹、番茄、花菜（沙拉）	黄瓜中含有维生素 C 分解酶，而用黄瓜做菜，多是生食或凉拌，其中的酶并不会失去活性。但若将黄瓜与芹菜同食，芹菜中的维生素 C 将会被分解破坏，花菜中的维生素 C 易被黄瓜中的维生素 C 分解酶破坏，也不宜将番茄与黄瓜配食或同炒，以免黄瓜中的维生素分解酶将番茄中的维生素 C 破坏掉。

实践活动 9　颜色变变变

同学们，我们每个人在学习和生活中不免都会有一些“失误”，有一些“失误”会成为我们的终生遗憾，但也有人因“失误”而发现了新的物质。

特别是在化学发展史上，有很多发明与发现被人们认为是源于“失误”或一些偶然因素，下面就给同学们列举一些。

【科学阅读】

笑气（N_2O）的发现和用途	1772 年，英国化学家普利斯特发现了一种气体。他制备一瓶这种气体，将燃着的木炭投进往，木炭燃烧得更旺盛。当时普利斯特把它当成氧气，由于氧气有助燃性。与氧气不同的是这种气体稍带“令人愉快”的甜味（氧气是无味的），而且易溶于水（比氧的溶解度大得多）；当时他无法判定这是什么气体。26 年后的 1798 年，普利斯特的实验室来了一位年轻的实验员戴维。戴维有一种忠于职责的工作作风，凡他制备的气体，他都要亲身“吃几口”，以了解其生理作用。戴维吸了几口这种“氧气”后。稀奇的现象发生了：戴维在实验室里狂笑不已并手舞足蹈，持续很久才平静下来。从此把这个气体取名为笑气。不日，戴维做了拔牙术，疼痛难忍。他想到令人兴奋的笑气，取来吸了几口。他意想不到的觉得疼痛减轻了。戴维的经验不胫而走，笑气很快成为麻醉剂。
硝化纤维的诞生	1845 年，在瑞士西北部一个城市巴塞尔，化学家塞恩伯正在家中做实验，不小心碰到了桌上的浓硫酸和浓硝酸，他急忙拿起妻子的布围裙去擦拭桌子上的混合酸。事过之后，他将那围裙挂到炉子边烤干，不料这围裙“噗”地一声烧了起来，且顷刻间烧得一干二净，这使塞恩伯大吃一惊。塞恩伯带着这个问题回到实验室，不断重复了这个因失误而发生的”事故”。经过多次实验，塞恩伯终于找到了原因。原来布围裙的主要成分是纤维素，它与浓硫酸及浓硝酸的混合液接触，生成了纤维素硝酸酯，其中含氮量在 13% 以上的被称为“火棉”，含氮量在 10% 左右的叫“低度硝棉”。这个偶然发现导致了应用广泛的硝化纤维的诞生。
波尔多液的出现	1882 年的秋天，法国人米拉德氏在波尔多城附近发现各处葡萄树都受到病菌的侵害，只有公路两旁的几行葡萄树依然果实累累，没有遭到损害。他感到奇怪，就去请教管理这些葡萄树的园工。原来园工把白色的石灰水和蓝色的硫酸铜分别撒到路两旁的葡萄树上，让它们在葡萄叶上留下白色和蓝色的痕迹，过路人看了以后以为喷洒过毒药，从而打消偷食葡萄的念头。米拉德氏从中得到灵感，他经过反复试验与研究，终于发明了几乎对所有植物病菌均有效力的杀菌剂——波尔多液。
石蕊指示剂	17 世纪的一个夏天，英国著名化学家波义耳正急匆匆地向自己的实验室走去，刚刚跨入实验室大门，阵阵醉人的香味扑鼻而来，他这才发现花圃里的玫瑰花开了，他本想好好欣赏一下迷人的花香，但想到一天的实验安排，便小心翼翼地摘下几朵玫瑰花插入一个盛水的烧瓶中，然后开始和助手们做实验。不巧的是一个助手不慎把一大滴盐酸飞溅到玫瑰花上，波义耳舍不得扔掉花，他决定用水为花冲洗。谁知当水落到花瓣上后，溅上盐酸的部分奇迹般地变红，波义耳立即敏感地意识到玫瑰花中有一种成分遇盐酸会变红。经过反复实验，一种从玫瑰花、紫罗兰等草本植物中提取的指示剂——石蕊诞生了。在以后的三百多年间，这种物质一直被广泛应用于化学的各个领域。

除了上面列举的这些，还有很多如波拉德在进行海藻中提取碘的实验时，却偶然发现了溴，18 岁学生威廉 · 珀金在清洗烧瓶内残渣时意外合成了苯胺紫等等，所以希望同学们也可以像上述科学家一样具有善于观察、勤于思考、勇于探索的精神。下面我们一起来感受一下如何利用植物来制指示剂吧。

化学实验报告

<table>
<tr><td>实验题目</td><td>自制指示剂</td><td>日期</td><td></td></tr>
<tr><td colspan="4">许多植物的花、果、茎、叶中都含有色素，这些色素在酸性溶液或碱性溶液里显示不同的颜色，可以作为酸碱指示剂。</td></tr>
<tr><td colspan="4">【实验用品】
仪器：试管、量筒、玻璃棒、研钵、胶头滴管、点滴板、漏斗、纱布。
试剂：植物叶子（如紫甘蓝）、萝卜（如胡萝卜、北京心里美萝卜）、酒精溶液（乙醇与水的体积比为 1 ： 1）、稀盐酸、稀 NaOH 溶液。</td></tr>
<tr><td colspan="4">【实验步骤及现象】
（1）取一些花瓣、植物叶子（如紫甘蓝）、萝卜等，分别在研钵中捣烂后，各加入 5mL 酒精溶液，搅拌。再分别用 4 层纱布过滤，所得滤液分别是花瓣色素、植物叶子色素和萝卜色素等的酒精溶液，将它们分装在 3 支试管中。
（2）在白色点滴板的孔穴中分别滴入一些稀盐酸、稀 NaOH 溶液、蒸馏水，然后各滴入 3 滴花瓣色素的酒精溶液。观察现象。
（3）用植物叶子色素的酒精溶液、萝卜色素的酒精溶液等代替花瓣色素的酒精溶液做上述实验，观察现象。
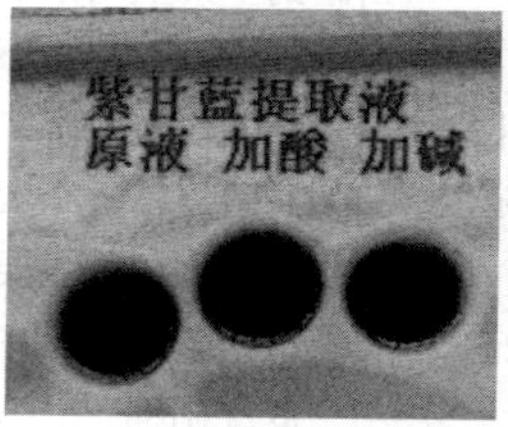
</td></tr>
<tr><td colspan="4">【实验小结及思考】

</td></tr>
</table>

你还知道哪些由于失误或偶然发现或发明新物质或新规律的故事呢？可以和同学们一起分享这些有意思的小故事。

生活中的生物技术

随着科学的发展，生物技术早已深入到我们的日常生活当中去。酒的酿造、醋的生产、喝的酸奶这些都与微生物的发酵相关。让我们一起走进生活实践中去，探究生物的规律。

实践活动1　酸奶的发酵

酸奶的制作工艺可概括为配料、预热、均质、杀菌、冷却、接种、（灌装：用于凝固型酸奶）、发酵、冷却、（搅拌：用于搅拌型酸奶）、包装和后熟几道工序，变性淀粉在配料阶段添加，其应用效果的好坏与工艺的控制有密切关系：

<table>
<tr><td>实验题目</td><td colspan="3">酸奶的制作</td><td>日期</td><td></td></tr>
<tr><td>班级</td><td></td><td>姓名</td><td></td><td>组员</td><td></td></tr>
<tr><td colspan="6">【实验目的】制作酸奶</td></tr>
<tr><td colspan="6">【实验用品】
硝酸钾、硫磺、碳粉、蔗糖、镁粉、30% 硝酸钾溶液、硬纸筒。</td></tr>
<tr><td colspan="6">【实验原理】在适宜的条件下，将乳酸菌接入牛奶，采用恒温发酵法，通过乳酸菌发酵牛奶中的乳糖产生乳酸，乳酸使牛奶中酪蛋白（约占全乳的 2.9%，占乳蛋白的 85%）变性凝固而使整个奶液呈凝乳状态。</td></tr>
<tr><td colspan="6">【实验用品】牛奶 1L、白砂糖 1 袋、酸奶一小瓶或乳酸菌种。</td></tr>
<tr><td colspan="6">【实验步骤】
1. 配料：根据物料平衡表选取所需原料，如鲜奶、砂糖和稳定剂等。变性淀粉可以在配料时单独添加也可与其他食品胶类干混后再添加。考虑到淀粉和食品胶类大都为亲水性极强的高分子物质，混合添加时最好与适量砂糖拌匀，在高速搅拌状态下溶解于热奶（55℃ ~65℃，具体温度的选择视变性淀粉的使用说明而定），以提高其分散性。</td></tr>
</table>

续表

2. 预热：预热的目的在于提高下道工序——均质的效率，预热温度的选择以不高于淀粉的糊化温度为宜（避免淀粉糊化后在均质过程中颗粒结构被破坏）。 3. 均质：均质是指对乳脂肪球进行机械处理，使他们呈较小的脂肪球均匀一致地分散在乳中。在均质阶段物料受到剪切、碰撞和空穴三种效应的力。变性淀粉由于经过交联变性耐机械剪切能力较强，可以保持完整的颗粒结构，有利于维持酸奶的粘度和体态。 4. 杀菌：一般采用巴氏杀菌，目前乳品厂普遍采用 95℃、300S 的杀菌工艺，变性淀粉在此阶段充分膨胀并糊化，形成黏度。 5. 冷却、接种和发酵：变性淀粉是一类高分子物质，与原淀粉相比仍然保留一部分原淀粉的性质，即多糖的性质。在酸奶的 pH 值环境下，淀粉不会被菌种利用降解，所以能够维持体系的稳定。当发酵体系的 pH 值降至酪蛋白的等电点时，酪蛋白变性凝固，生成酪蛋白微胶粒与水相连的三维网状体系骨架成凝乳状，此时糊化了的淀粉可以充填骨架之中，束缚游离水分，维护体系稳定性。 6. 冷却、搅拌和后熟：搅拌型酸奶冷却的目的是快速抑制微生物的生长和酶的活性，主要是防止发酵过程产酸过度及搅拌时脱水。变性淀粉由于原料来源较多，变性程度不同，不同的变性淀粉应用于酸奶制作中的效果也不相同。因此可以根据客户对酸奶品质的不同需求提供相应的变性淀粉。
实验注意：若发现有真菌或者其他细菌菌落出现，不可食用。 若凝固程度不好，需要加大鲜奶的浓度。 由于乳酸菌为厌氧菌，接完菌种后须封口。 鲜奶一定要去脂，否则制成的酸奶有丝状凝乳，而影响口感。

实践活动 2　泡菜的制作

泡菜是一种以发酵方式加工制成的浸制品，为泡酸菜类的一种。泡菜制作容易，成本低廉，营养卫生，风味可口，利于贮存。如果自己在家也做一些泡菜，做为每天饭前小菜，或以它配菜，烹成各种菜肴，不失为一件美事。但是泡菜含亚硝酸盐具致癌作用危害身体健康，所以不易多吃。

<table>
<tr><td>实验题目</td><td colspan="4">泡菜的制作</td><td>日期</td><td></td></tr>
<tr><td>班级</td><td></td><td>姓名</td><td></td><td>组员</td><td colspan="2"></td></tr>
<tr><td colspan="7">【实验目的】制作泡菜</td></tr>
<tr><td colspan="7">【实验原理】乳酸菌在无氧的条件下产生乙醇和乳酸等物质，这些物质相互作用，再形成许多带有香味的物质，使得泡菜带有特殊的香味；同时，乳酸细菌还能有效地保存蔬菜中的维生素。因此，泡菜是一种味美且营养丰富的食品。</td></tr>
</table>

续表

【实验步骤】 1. 洗净的泡菜坛，并用热水洗坛内壁两次。 2. 将蔬菜、盐水、糖及调味品放入坛，混合均匀。如果希望发酵快些，可将蔬菜在开水中浸1分钟后入坛，再加上一些白酒。 3. 将坛口用水封好。 水封闭坛口起着使坛内与坛外空气隔绝的作用，空气中21%是氧气，这是最简易的造成无氧环境的方法。这样，坛内可利用蔬菜中天然存在的乳酸菌进行乳酸发酵。如不封闭，则会有许多好氧型菌生长，蔬菜会腐烂、变质。 4. 泡菜发酵。 发酵产物中除乳酸外，还有其他物质，如乙醇、CO_2等。发酵中期：由于前期乳酸的积累，PH下降，乳酸杆菌代谢进行的活跃，乳酸积累，pH达3.5~3.8. 大肠杆菌、酵母菌、霉菌等的代谢活动受到抑制。这一期为完全成熟阶段，泡菜有酸味且清香品质最好。发酵后期：继续进行乳酸发酵，乳酸积累达1.2%以上时，乳酸杆菌的活性也受到抑制，发酵速度逐渐变缓甚至停止。这些变化都与酶活性受Ph值的影响有关。 5. 如果加入一些已经腌制过的泡菜汁更好，这相当于接种已经扩增的发酵菌，可减少腌制时间。在这期间可加入白酒，白酒可抑制泡菜表面杂菌的生长，它也是一种调味剂，可增加醇香感。在发酵过程中泡菜坛内有时会长一层白膜。形成白膜是由于产膜酵母的繁殖，酵母菌是兼性厌氧微生物，泡菜发酵液营养丰富，其表面氧气含量也很丰富，适合酵母菌的繁殖。
实验注意：若在坛内发现有杂菌出现，则泡菜不可食用在泡菜完成两周后可以食用。

【阅读资料】泡菜中的亚硝酸盐含在腌制后的第四天，三只泡菜坛中亚硝酸盐的含量都达到最高峰，在腌制后的前4天内，泡菜中的亚硝酸盐含量就可以达到高峰。而第8天后泡菜中的亚硝酸盐含量开始有明显下降。这可能是由于泡菜在开始腌制时，坛内环境有利于硝酸盐还原细菌的繁殖，这些细菌可以促进硝酸盐还原为亚硝酸盐。但随着腌制时间的延长，乳酸细菌也大量繁殖，产生大量的乳酸和其它物质，改变了溶液的pH值。对硝酸盐还原细菌产生一定的抑制作，使其生长繁殖受到影响，造成泡菜中亚硝酸盐的含量又有所下降。

综上所述，可采取如下措施预防亚硝酸盐中毒：①蔬菜应妥善保存，防止腐烂，不吃腐烂的蔬菜；②吃剩的熟菜不可在高温下存放长时间后再食用；③勿食大量刚腌的菜，腌菜时盐应多放，至少腌至16天以上再食用；④不要在短时间内吃大量叶菜类蔬菜，或先用开水烫5分钟，弃汤后再烹调；⑤防止错把亚硝酸盐当食盐或碱面用。

是否真的这样呢？

在腌制后，我们可以一起测定制作好的酸菜内有多少亚硝酸盐。

实验题目	测定腌制好的泡菜中亚硝酸盐含量			日期	
班级		姓名		组员	

【实验目的】测定腌制好的泡菜中亚硝酸盐含量

【实验原理】在盐酸酸化条件下，亚硝酸盐与对氨基苯磺酸发生重氮化反应后，再与 N-1 —萘基乙二胺盐酸盐结合生成玫瑰红溶液。将经过反应显色后的待测样品与标准液比色，即可计算出样品中的亚硝酸盐含量。

【实验用品】

1. 泡菜、对氨基苯磺酸、N-1- 萘基乙二胺盐酸盐、氯化钠、氢氧化钠、氢氧化铝、氯化镉、氯化钡、亚硝酸钠、蒸馏水、移液管、容量瓶、比色管、榨汁机等。

2. 配置溶液：对氨基苯磺酸溶液：称取 0.4 克对氨基苯磺酸，溶解于 100ml 体积分数为 20% 的盐酸中，避光保存（4mg/ml）。N-1- 萘基乙二胺盐酸盐溶液：称取 0.2 克 N-1- 萘基乙二胺盐酸盐，溶解于 100ml 的水中，避光保存（2mg/ml）。亚硝酸钠溶液：称取 0.10 克于硅胶干燥器中干燥 24 小时的亚硝酸钠，用水溶解至 500ml，再转移 5ml 溶液至 200ml 容量瓶，定容至 200ml（5ug/ml）。

3. 提取剂：分别称取 50 克氯化镉、氯化钡，溶解于 1000ml 蒸馏水中，用盐酸调节 pH 至 1。氢氧化铝乳液和 2.5mol/l 的氢氧化钠溶液。

4. 配制标准液：用移液管吸取 0.20ml、0.40ml、0.60ml、0.80ml、1.00ml、1.50ml 亚硝酸钠溶液，分别置于 50ml 比色管中，再取 1 支比色管作为空白对照。并分别加入 2.0ml 对氨基苯磺酸溶液，混匀，静置 3~5 分钟后，再分别加入 1.0ml N-1- 萘基乙二胺盐酸盐溶液，加蒸馏水至 50ml，混匀，观察亚硝酸钠溶液颜色的剃度变化。

【实验步骤】将 3 坛样品做好标记后，分别称取 0.4 千克泡菜，榨汁过滤得 200ml 汁液。取其中 100ml 至 500ml 容量瓶中，加 200ml 蒸馏水、100ml 提取剂，混匀，再加入 40ml 氢氧化钠溶液，用蒸馏水定容至 500ml 后，立即过滤。将 60ml 滤液转移至 100ml 容量瓶中，加入氢氧化铝（吸附脱色）乳液，定容至 100ml，过滤。

吸取 40ml 透明澄清的滤液，转移到 50ml 比色管中，将比色管做好标记。按步骤 2 的方法分别加入对氨基苯磺酸溶液和 N-1- 萘基乙二胺盐酸盐溶液，并定容至 50ml，混匀，静置 15 分钟后，观察样品颜色的变化，并与标准显色液比较，找出与标准液最相近的颜色，记录对应的亚硝酸钠含量，并计算。每 4 天测一次，将结果记录下来。

数据统计

	1 号坛	2 号坛	3 号坛	平均值
封坛前				
第四天				
第八天				
第十二天				
第十六天				

通过计算泡菜中亚硝酸盐的含量来推测使用泡菜的最优时间。

实践活动3　果酒的制作

实验题目	果酒的制作			日期	
班级		姓名		组员	

【实验目的】制作果酒

【实验用品】

硝酸钾、硫磺、碳粉、蔗糖、镁粉、30% 硝酸钾溶液、硬纸筒。

【实验原理】

用到的微生物是酒酵母，单细胞真核微生物，它的代谢类型是兼性厌氧型（有氧时进行繁殖，无氧时进行酒精发酵），主要以出芽方式繁殖。

①有氧呼吸的反应式：

$C_6H12O_6+6O_2+6H_2O \rightarrow 6CO_2+12H_2O+$ 能量

②无氧呼吸的反应式：

$C_6H12O_6 \rightarrow 2C_2H_5OH+2CO_2+$ 能量

影响果酒发酵的主要环境条件有温度、氧气和 pH。

【实验用品】

蔬菜：包菜，胡萝卜，芹菜，豇豆，青红椒，蒜薹，藕，菜花等都可以。

香料：干红辣椒 30 克，花椒 10 克，八角 20 克，也可以放草果三奈等香料。

【实验步骤】

1. 原料：在果实充分成熟、含糖量最高时采收。也可利用残次果酿制苹果蒸馏酒。
2. 清洗：用清水漂洗去杂质。
3. 捣碎：用机械或手工捣碎，以利榨汁。
4. 榨汁：用压榨机榨汁，也可用木榨或布袋代替。出汁率一般为 56~60%。
5. 入缸：用清水洗净缸的内壁，然后倒入苹果汁，上面留取 20% 左右的空隙，均匀装满。每 100 公斤果汁中添加 8~10 克焦亚硫酸钾（称双黄氧）以抑制对酵母菌有害的其他杂菌活动。
6. 发酵：一般采用"自然发酵"，即利用附着苹果果皮表面的酵母菌进行发酵。发酵时间依果汁糖度、温度和酵母等情况而异，一般需要 4~10 天。室温高，液温达 28℃ ~30℃时，发酵时间快，大约几小时后即听到蚕食桑叶似的沙沙声，果汁表面起泡沫，这时酵母菌已将糖变成酒精，同时释放二氧化碳。如果迟迟不出现这样现象，可能因果汁中酵母菌过少或空气不足，或温度偏低，应及时添加发酵旺盛的果汁，或转缸，或适当加温。
7. 测定：发酵高峰过后，液温又逐渐下降，声音也沉寂，气泡少，甜味变淡，酒味增加，用糖分测定计测出糖度接近零度时，证明主发酵阶段基本结束。

续表

8. 配制：苹果果实糖度一般不超过 15 度，因此只能制 9 度以下果酒，而普通果酒只有在酒度达 14~16 度才容易保藏。所以现在大多在主发酵结束时立即加食用酒精，将酒度调至 14~16 度以上。 9. 贮存：将果酒转入小口酒坛中，密闭贮藏。 10. 装瓶：将贮藏后的酒液过滤后，装入经消毒的玻璃瓶中，在 70℃热水中杀菌 10~15 分钟。
实验注意：1. 酵母菌生长的最适温度是 20℃；酒精发酵一般将温度控制在 18℃ ~25℃。 2. 酒精发酵过程中，要保持缺氧、酸性（pH 值 4.0~5.8）环境，橘子酒发酵时间 14~18 天，梨子酒 20~25 天。 3. 发酵检测：CO_2 使 $Ca(OH)_2$ 溶液变浑浊，也可以使溴麝香草酚蓝水溶液由蓝变绿再变黄；酒精使酸性重铬酸钾溶液由橙色变成灰绿色；酵母菌的计数用碱性美蓝染色后显微镜计数法计数检验。

实践活动 4　植物组织培养

实验原理：离体的植物组织具有全能性，也就是说被切下来的一部分叶片或者茎具有重新生长能完整植物的潜能。在特殊条件下，需要合适的无菌、温度、湿度、营养、pH……可以发育完成。发育的过程大致是：

外植体→愈伤组织→组织→器官→系统→植物体

实验步骤：

第一节：配置培养基

第二节：无菌技术

第三节：组培中常见的问题

第四节：组培中快速繁殖

第五节：驯化与移栽

第一节：配置培养基

原理：离体的组织细胞失去了各个器官的供养，因此更加脆弱。因此我们要用特殊的营养供给——培养基。在培养基当中含有植物细胞生长的各种营养，根据不同的植物也有很多的差别。为了方便制作培养基，一般预先配置出所需培养基的浓缩液，然后配置培养基。

母液一般分为：大量元素、微量元素、铁盐、有机物。

母液种类	成分	规定用量（mg/L）	扩大倍数	称取量（mg）	母液定容体积（ml）	配 1LMS 培养基吸取量（ml）
大量元素	KNO_3 NH_4NO_3 $MgSO_4$.7H2O KH_2PO_4 CaCl.2H_2O	1900 1650 370 170 440	20	38000 33000 7400 3400 8800	100	50
微量元素	MnSO4.4H2O ZnSO47H2O H3BO3 KI Na_2MoO_4.2H_2O $CuSO_4$.5H_2O $COCl_2$.6H_2O	22.3 8.6 6.2 0.83 0.25 0.025 0.025	100	2230 860 620 83 25 2.5 2.5	1000	10
铁盐	Na2–EDTA $FeSO_4$.7H_2O	37.3 27.8	100	3730 2780	1000	10
有机物	烟酸 甘氨酸 VB VB 肌醇	0.5 2.0 0.1 0.5 100	50	25 100 5 25 5000	500	10

配置好的母液一般要贴好便签，标明制作日期、名称、扩大倍数等方便后续使用。除此以外在配置培养基时一般加入糖类（能源物质）、凝固剂（琼脂）和微量的植物激素。培养基配置时一般都是以 1L 为基本单位配置。

实验步骤：

1. 烧杯中加入 800ml 的水溶解 8g 琼脂（凝固剂）加热。
2. 加入 20g 糖溶解。
3. 分别量取母液加入，并搅拌。
4. 根据实验材料要求加入微量的植物激素。
5. 调节 pH 值 5.7 左右，定容至 1L。
6. 配装至培养瓶中，每个瓶中大约加入 30ml。
7. 在培养瓶上标记培养基型号，并放入灭菌锅灭菌处理。

第二节：无菌技术

原理：在培养植物细胞的过程中，真菌和细菌是它们的天敌，离体的细胞不可能竞争过这些外来的杂菌。而上节课的最后我们把培养基进行灭菌就是为了杀死所有在培养瓶内的杂菌。

为了杀死外来的杂菌，一般有两类手段：消毒和灭菌消毒，用温和的手段杀死大部分杂菌，此方法一般会有一些漏网之鱼。灭菌，则是用强烈的手段杀死全部细菌，虽然能全部杀死但是使用条件是有限制的。

实验步骤：

一、培养基的灭菌

（一）检查，灭菌锅中是否放了足量的水（蒸馏水），压力表、安全阀、放气阀、密封圈等。

（二）装培养基和其他接种用的器械。

（三）加入灭菌，在 0.1MP 的压力下温度达到 121℃持续灭菌 20 分钟。

（四）在冷却完毕后放入无菌室备用。

二、外植体消毒

（一）外植体的选择

取材季节对大多数植物，应在其生长开始的季节。

器官的生理特点和发育幼年组织比老年组织具有较高的行态发生能力。

外植体的大小茎段长 0.5cm，叶片面积 $5mm^2$。

（二）外植体的消毒方法

常用消毒剂　常用的有 0.1% 升汞溶液。70~75% 酒精。

三、无菌操作（在第四节进行详细介绍）

（一）用酒精棉球擦拭手和桌面。

（二）点燃酒精灯，将解剖器进行灭菌。

（三）在酒精灯火焰半径内进行接种操作。

（四）熄灭酒精灯，清理无菌台。

第三节：组培中常见的问题

原理伴随着实验的开展随之会出现各种各样的情况，我们要对其进行分析和处理。

一、污染的原因及对策

污染指：组培过程中培养基和培养材料滋生杂菌导致培养失败现象。

污染的原因：

外植体带菌，培养基灭菌不彻底，操作员不遵守操作规程等。

细菌污染——在接种后 1–2 天可发现，菌斑呈粘液状。

真菌污染——在接种 3 天后可发现，污染部分长有不同颜色的霉菌。

污染的预防措施：

（一）将取的枝条用水冲干净后插入自来水中使其抽枝，用新抽的枝作外植体。

（二）晴天中午到下午采样。

（三）培养基加抗生素。

（四）操作人员严格遵守操作规程接种。

（五）培养基及其用具灭菌要彻底。

二、褐变

外植体出现褐变后会影响生长与分化，严重时会死亡。

原因：

（一）植物的种类和基因型，不同植物，不同基因型在培养中爆发褐变的可能性不同，因此在开始试验时就要准确挑选种类。

（二）外植体的部位和生理状态，幼龄材料不易出现褐变。

（三）外植体受损程度，切口平整时褐变程度小。

（四）培养时间过长会出现褐变现象。

三、玻璃化

培养过程中植物体生理失调后出现的症状，会使得后续实验很难进行，无法进行驯化移栽等。防止玻璃化一般，增加琼脂浓度和增加光照等可有效防止玻璃化的出现。

第四节：组培中快速繁殖

原理：组培污染的主要来源之一是来自于空气的细菌与真菌孢子。因为接种时由于有一个敞口的过程，是极易引起污染的时期。所以，接种室要严格进行空间消毒。也就是说，接种室要保持定期用 1%~3% 的高锰酸钾溶液对设备、墙壁、地板等进行擦洗。除了使用前用紫外线和甲醛灭菌外，还可在使用期间用 70% 的酒精或 3% 的来苏儿喷雾，使空气中灰尘颗粒沉降下来。

一、无菌操作可按以下步骤进行

（一）在接种 4h 前用甲醛熏蒸接种室，并打开其内紫外灯进行灭菌。

（二）在接种前 20min，打开超净工作台的风机以及台上的紫外灯。

（三）接种员要事先修剪好指甲，进入接种室前在缓冲间换上已消毒的专用实验服和托鞋，用肥皂水洗净双手，最好再用新洁尔灭溶液浸泡 10 分钟，接种操作前再用 70% 的酒精擦洗，特别是指甲处。

（四）上工作台后，先用消毒液擦拭工作台面和接种工具，再将镊子和剪子从头至尾过火一遍，然后反复过火尖端处，对培养皿要过火烤干。

（五）接种时，接种员双手不能离开工作台，不能说话、走动和咳嗽，以免呼出的气体产生污染。

（六）接种完毕后要清理干净工作台，可用紫外灯灭菌 30min。若连续接种，每 5 天要大强度灭菌一次。

（七）定期清洗超净工作台的过滤膜，以延长其使用寿命。

二、外植体的接种

接种就是将已消毒好的根、茎、叶等离体器官，经切割或剪裁成小段或小块，放人培养基的过程。

组培无菌接种的程序如下：

（一）将初步洗涤及切割的材料放人烧杯，带入超净台上，用消毒剂灭菌，再用无菌水冲洗，最后沥去水分，取出放置在灭过菌的 4 层纱布上或滤纸上。

（二）材料吸干后，一手拿镊子，一手拿剪子或解剖刀，对材料进行适当的切割。如叶片切成 0.5cm 见方的小块；茎切成含有一个节的小段。微茎尖要剥成只含 1–2 片幼叶的茎尖大小等。较大的材料肉眼观察即可操作，较小的材料需要在双筒实体显微镜下放大操作。分离材料所使用的工具要锋利，切割动作要迅速，以防挤压材料，使其受损而导致培养失败。在接种过程中为了防止交叉污染，已用过或已污染的滤纸一般不能再用，接种器械要经常灼烧灭菌，使用后的器械要放入 70% 的酒精溶液中浸泡。

（三）用灼烧消毒过的器械将切割好的外植体插植或放置到培养基上，注意经火焰灼烧的器械放凉后才可用于接种，否则会烫伤外植体。

三、接种操作的具体过程

先解开包口纸，将试管几乎水平拿着，使试管口靠近酒精灯火焰，并将管口在火焰上方转动，使管口里外灼烧数秒钟。若用棉塞盖口，可先在管口外面灼烧，去掉棉塞，再烧管口里面。然后用镊子夹取一块切好的外植体送入试管内，轻轻插入培养基上。若是叶片直接附在培养基上，以放1~3块为宜。培养材料在培养容器内的分布要均匀，以保证必要的营养面积和光超条件。材料放置方法一般是茎尖、茎段要正放（尖端向上），叶片要将其背面接触培养基（由于背面气孔多，有利于吸收水分和营养物质）。放置材料数量现在倾向少放，通过统计认为：对外植体每次接种以一支试管放一枚组块为宜，这样可以节约培养基和大力，一旦培养物污染可以抛弃。接完种后，将管口在火焰上再灼烧数秒钟。并用棉塞，塞好后，包口纸里面过火后，包上包口纸。最后做好记录，注明处理材料的物种名称、处理方法、接种日期等。

第五节：驯化与移栽

原理：驯化是将试管苗移植前可将培养瓶移到自然光下锻炼3~10d，使之适应自然光的条件。然后放入基质中进行移栽。

一、移栽用基质和容器

适合于栽种试管苗的基质要具备透气性、保湿性和一定的肥力，容易灭菌处理，并不利于杂菌滋生的特点，一般可选用珍珠岩、蛭石、砂子等。为了增加粘着力和一定的肥力可配合草炭土或腐殖土。配时需按比例搭配，一般用珍珠岩，蛭石，草炭土或腐殖土比例为1 ∶ 1 ∶ 0.5。也可用砂子：草炭土或腐殖土为1 ∶ 1。这些介质在使用前应高压灭菌。或用至少3h烘烤来消灭其中的微生物。要根据不同植物的栽培习性来进行配制，这样才能获得满意的栽培效果。以下介绍几种常见的试管苗栽培基质。

（一）河砂

河砂分为粗砂、细砂两种类型。粗砂即平常所说的河砂，其颗粒直径为1~2mm。细砂即通常所说的面砂，其颗粒直径为0.1~0.2mm。河砂的特点是排水性强，但保水蓄肥能力较差，一般不单独用来直接栽种试管苗。

（二）草炭土

草炭土是由沉积在沼泽中的植物残骸经过长时间的腐烂所形成，其保水性好，蓄肥能力强，呈中性或微酸性反应，但通常不能单独用来栽种试管苗，宜与河砂等种类相互混合配成盆土而加以使用。

（三）腐殖土

腐殖土是由植物落叶经腐烂所形成。一种是自然形成，一种是人为造成，人工制造时可将秋季的落叶收集起来，然后埋人坑中，灌水压实令其腐烂。第二年春季将其取出置于空气中，在经常喷水保湿的条件下使其风化，然后过筛即可获得。腐叶上含有大量的矿质营养、有机物质，它通常不能单独使用。掺有腐殖土的栽培基质有助于植株发根。

（四）容器

栽培容器可用 6×6cm~10×l0cm 的软塑料钵，也可用育苗盘。前者占地大，耗用大量基质，但幼苗不用再移，后者需要二次移苗，但省空间、省基质。

二、移植幼苗的管理

（一）保持小苗的水分供需平衡

在移栽后 5~7d 内，应给予较高的空气湿度条件，使叶面的水分蒸发减少，尽量接近培养瓶的条件，让小苗始终保持挺拔的状态。保持小苗水分供需平衡首先营养钵的培养基质要浇透水，所放置的床面也要浇湿，然后搭设小拱棚，以减少水分的蒸发，并且初期要常喷雾处理，保持拱棚薄膜上有水珠出现。当 5~7d 后，发现小苗有生长趋势，可逐渐降低湿度，减少喷水次数，将拱棚两端打开通风，使小苗适应湿度较小的条件。约 15d 以后揭去拱棚的薄膜，并给予水分控制，逐渐减少浇水，促进小苗长得粗壮。

（二）防止菌类滋生

由于试管苗原来的环境是无菌的，移出来以后难以保持完全无菌，因此，应尽量不使菌类大量滋生，以利成活。所以应对基质进行高压灭菌或烘烤灭菌。可以适当使用一定浓度的杀菌剂以便有效地保护幼苗，如多菌灵、托布津，浓度 800~1000 倍，喷药宜 7~l0d 一次。在移苗时尽量少伤苗，伤口过多，根损伤过多，都是造成死苗的原因。喷水时可加入 0.1% 的尿素，或用 1/2MS 大量元素的水溶液作追肥，可加快苗的生长与成活。

（三）保证适宜的温度

试管苗移栽以后要保持一定的温光条件，适宜的生根温度是 18~20℃，冬春季地温较低时，可用电热线来加温。温度过低会使幼苗生长迟缓，或不易成活。温度过高会使水分蒸发，从而使水分平衡受到破坏，并会促使菌类滋生。

另外在光照管理的初期可用较弱的光照，如在小拱棚上加盖遮阳网或报纸等，以防阳光灼伤小苗和增加水分的蒸发。当小植株有了新的生长时，逐渐加强光照，后期可直接利用自然光照。促进光合产物的积累，增强抗性，促其成活。

（四）保持基质适当的通气性

要选择适当的颗粒状基质，保证良好的通气作用。在管理过程中不要浇水过多，过多的水应迅速沥除，以利根系呼吸。

综上所述，试管苗在移栽的过程中，只要把水分平衡、适宜的介质、控制杂菌和适宜的光、温条件控制好，试管苗是很容易移栽的。

参考文献

[1] 颜昌敬，植物组织培养手册，上海：上海科技出版社，1990。

[2] 谭文澄，观赏植物组织培养技术，北京：中国林业出版社，2000。

[3] 李浚明编译，植物组织培养教程[第2版]，北京：中国农业大学出版社，2004。

[4] 刘庆昌，吴国良，植物细胞组织培养，北京：中国农业大学出版社，2005。

[5] 实验原理部分参考自百度文库。

体育健康篇

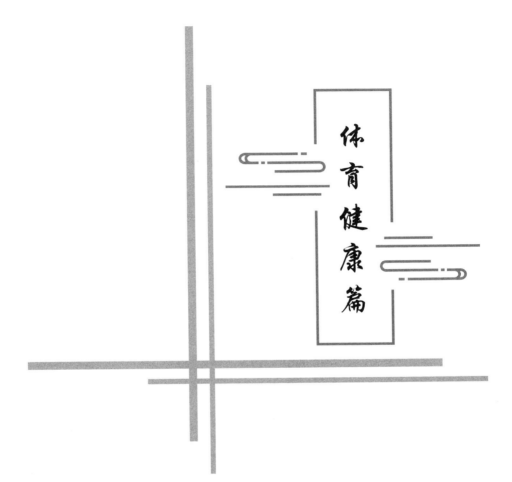

快乐足球

第一节　脚内侧踢球

一、动作方法及要点

【动作方法】

直线正面助跑，支撑脚踏在球侧后 15 厘米处，脚尖正对传球方向，膝微屈，支撑脚着地的同时摆动腿，以髋为轴，大腿带动小腿积极由后向前摆，在前摆过程中膝关节、脚尖向外转，脚跟前送，脚内侧正对出球方向，翘脚尖，脚腕用力绷紧，脚跟与地面平行，用脚内侧击球的后中部，击球刹那脚腕紧张，身体稍前倾，两臂配合动作自然摆动。（见图 4–1–1、图 4–1–2）

图 4–1–1

图 4–1–2

【口诀】

首先应是直线跑，
屈膝落稳支撑脚，
大腿带动小腿摆，
转髋勾脚击准球，
身体跟随髋前移。

二、基本教学组织

（一）教学准备

【分析学生】

1. 学生的生理特征：如年龄、身高等。对于年龄较小的学生，在足球教学中应多采用游戏的组织形式，提高学生的学习兴趣。对于低年级的学生，由于他们身体发育不完善，可以选用软式足球进行教学。

2. 学生的心理特征：如好奇心理、求胜心理、探究能力等。对于年龄小、好奇心强的学生，在教学中可以多采用教师提问的方法，在教学中多安排一些比赛；对于年龄大一些、有一定探究能力的学生，则在教学中可以多采用一些分组讨论、研究手段。

3. 学生的身体素质情况：如力量、速度、弹跳力等。

4. 学生对足球运动的认知能力。

5. 学生有无足球运动基础。

6. 安全措施：教学一定要在平坦的场地上进行，要带领学生进行充分的准备活动，避免运动中受伤。

【场地器材】

足球场地 1 块，足球、挂图、标志桶若干。学校最好有 1~2 块标准的 7 人制场地和球门。对于低年级的学生可以使用小场地。如果学校的场地器材达不到要求，可以选择一块比较平坦的场地进行教学，足球最好能够每人一个，这样可以加大学生的练习密度。如果达不到每人一球的要求，也可以 2 人一个球，循环练习。如果器材极少，也可以采用游戏比赛的形式，培养学生的兴趣。

（二）组织队形

1. 教师讲解示范队形（图 a）

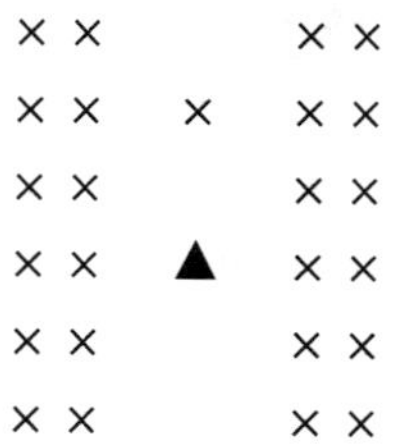

a

2. 学生迎面踢球队形（图 b）

× × × × × → × × × × ×
× × × × × → × × × × ×
× × × × × → × × × × ×
× × × × × → × × × × ×

b

（三）基本教学方法

【初步学习采用讲解法、示范法】

【改进提高采用练习法】

【巩固掌握采用易犯错误纠正法、比赛法】

★易犯错误：踢球腿的膝盖和脚尖外展不够；踝关节放松；支撑脚的方向位置不对；支撑腿和摆动腿配合不协调。

纠正方法：明确动作概念；用线标出支撑脚的位置和跑动方向；反复做踢固定球练习，体会支撑腿与摆动腿的配合。

【器材少时采用游戏法】

（四）教学评价

面对足球墙，相距 12 米，用任意一种脚法射墙上的“门”。将球按照 5、4、3、2、1 标出不同的分值，共射 5 次，评价得分情况。

15 分以上优秀；12 分以上良好；8 分以上及格；8 分以下不及格。

教学简案

【教学目标】

1. 认知目标：学习与了解足球脚内侧踢球的技术原理及其在足球运动中的作用，建立脚内侧踢球的动作概念，培养学生对足球的兴趣。

2. 技能目标：通过本课的学习，使 70% 以上的学生能正确掌握脚内侧踢球的动作要领；巩固提高学生对球的控制能力、支配能力，发展学生灵敏、速度等身体素质，提高其动作的协调性。

3. 情感目标：积极进取，顽强拼搏的竞争意识和团结协作、密切配合的集体主义精神，发展学生的个性和心理素质。

【教学重点】触球部位及脚型控制。

【教学难点】摆腿转髋。

【教学过程】

1. 开始部分

（1）体委整队，报告出勤人数，教师检查着装。

（2）师生问好。

（3）宣布课的内容；学习脚内侧踢球。

（4）集中注意力练习。

（5）安排见习生。

（6）热身跑。

2. 准备部分

（1）徒手操

①头部运动

②肩部运动

③扩胸振臂

④体转运动

⑤踢腿运动

⑥全身运动

⑦正压腿

⑧侧压腿

⑨跳跃运动

（2）专项练习

①原地踩球

②原地拨球

3. 基本部分

（1）脚内侧踢停球

①两人一球相距五米踢、停球

重点：正确的脚型。

难点：触球部位——后中部。

②跑动中迎面踢、停球

重点：主动上前迎球。

难点：停球位置。

③拓展与延伸练习

男：综合练习。

女：提高性游戏……“耍猴子”。

（2）教学比赛

4. 结束部分

（1）整队集合。

（2）放松练习：仰卧骑自行车；自我按摩腿。

（3）讲评小结。

（4）宣布下课，安排学生收还器材。

第二节　脚背正面踢球

一、动作方法及要点

【动作方法】

直线助跑，最后一步稍大，支撑脚积极地以脚跟着地，踏在球的侧后方10~15 厘米处，膝关节微屈，足尖正对出球方向；摆动腿以膝关节为轴，大腿带动小腿屈膝积极向前摆动，当膝盖摆至接近球的垂直上方时，小腿做爆发式的前摆，使膝盖处在球的正上方时用脚背正面击球的后中部。击球时脚面绷直，踝关节紧张，上体稍前倾，两臂配合协调摆动。（见图 4–2–1）

【口诀】

首先应是直线跑，
屈膝落稳支撑脚，
大腿带动小腿摆，
绷直脚面击准球，
身体跟随髋前移。

图 4–2–1

二、基本教学组织

（一）教学准备

【分析学生】

1. 学生的生理特征：如年龄、身高等，对于年龄较小的学生，在足球教学中应多采用游戏的组织形式，提高学生的学习兴趣。对于低年级的学生，由于他们身体发育不完善，可以选用软式足球进行教学。

2. 学生的心理特征：如好奇心理、求胜心强、探究能力等，对于年龄小、好奇心强的学生，在教学中可以多采用教师提问的方法，引导学生学习；对于求胜心强的学生，可以在教学中多安排一些比赛；对于年龄大一些、有一定探究能力的学生，则在教学中可以多采用一些分组讨论、研究手段。

3. 学生的身体素质情况：如力量、速度、弹跳力等。

4. 学生对足球运动的认知能力。

5. 学生有无足球运动基础。

6. 安全措施：教学一定要在平坦的场地上进行，要带领学生进行充分的准备活动，避免运动中受伤。

【场地器材】

足球场地 1 块，足球、挂图、标志桶若干。学校最好有 1~2 块标准的 7 人制场地和球门。低年级的学生可以使用小场地。如果学校的场地器材达不到要求，可以选择一块比较平坦的场地进行教学，足球最好能够每人一个，这样可以加大学生的练习密度。如果达不到每人一球的要求，也可以 2 人一个球，循环练。如果器材极少，也可以采用游戏比赛的形式，培养学生的兴趣。

（二）组织队形

1. 教师讲解示范队形（图 a）

```
××        ××
××   ×    ××
××        ××
××   ▲    ××
××        ××
××        ××
```

a

2. 学生迎面踢球队形（图 b）

```
××××× → ×××××
××××× → ×××××
××××× → ×××××
××××× → ×××××
```

b

（三）基本教学方法

【初步学习采用讲解法、示范法】

【改进提高采用练习法】

【巩固掌握采用易犯错误纠正法、比赛法】

★易犯错误：支撑脚的位置和脚尖方向不对，造成身体后仰或摆不起腿；踢球时摆动腿的膝盖，没处在球的垂直上方就摆动小腿，造成脚尖踢球，身体后仰；脚背绷不直，脚腕放松。

纠正方法：用线标出支撑脚的位置和跑动方向；

明确小腿摆动的时机，强调上体稍前倾，重心跟上；

上一步的模仿练习，要求脚背绷直。

【器材少时采用游戏法】

（四）教学评价

面对足球墙，相距 12 米，用任意一种脚法射墙上的“门”。将球按照 5、4、3、2、1 标出不同的分值，共射 5 次，评价得分情况。

15 分以上优秀；12 分以上良好；8 分以上及格；8 分以下不及格。

教学简案

【教学目标】

1. 认知目标：学生们能够掌握脚背正面踢球的技术。

2. 技能目标：大部分学生能掌握脚背正面踢球的技术，发展了学生的下肢力量、灵敏、速度、协调等素质。

3. 情感目标：提高学生的合作能力，培养学生互帮互学、团结协作的优良品质。增强学生团队意识。

【教学重点】支撑脚的位置、踢球腿的摆动和触球部位。

【教学难点】支撑、发力的协调配合。

【教学过程】

1. 开始部分

（1）体委整队，报告出勤人数，教师检查着装。

（2）师生问好。

（3）宣布课的内容：学习脚背正面踢球。

（4）集中注意力练习。

（5）安排见习生。

（6）热身跑。

2. 准备部分

（1）徒手操

①头部运动

②肩部运动

③扩胸振臂

④体转运动

⑤踢腿运动

⑥全身运动

⑦正压腿

⑧侧压腿

⑨跳跃运动

（2）专项练习

①原地踩球

②原地拨球

3. 基本部分

（1）脚背正面踢球

①轻触球

②快速上步支撑

③原地徒手练习

④由高到低踢球

⑤原地踢球

⑥上步踢球

（2）教学比赛

4. 结束部分

（1）整队集合。

（2）放松练习：仰卧骑自行车，自我按摩腿。

（3）讲评小结。

（4）宣布下课、安排学生收还器材。

第三节　脚背内侧踢球

一、动作方法及要点

【动作方法】

斜线助跑，助跑方向与出球方向约呈 45 度，支撑脚外侧积极着地，踏在球的侧后方 25~30 厘米处，膝关节微屈，足尖指向出球方向，身体稍向支撑脚一侧倾斜并转向出球方向；大腿带动小腿积极前摆，当膝盖摆到接近球内侧垂直方向时，小腿加速前摆，同时足尖稍外转，脚面绷直，脚趾扣紧，足尖指向斜下方，以脚背内侧击球的后中部。踢球后，踢球腿随球继续前摆，两臂随踢球动作自然摆动。（见图 4-3-1）

图 4-3-1

二、基本教学组织

（一）教学准备

【分析学生】

1. 学生的生理特征：如年龄、身高等，对于年龄较小的学生，在足球教学中，应多采用游戏的组织形式，提高学生的学习兴趣。对于低年级的学生，由于他们身体发育不完善，可以选用软式足球进行教学。

2. 学生的心理特征：如好奇心理、求胜心强、探究能力等，对于年龄小、好奇心强的学生，在教学中可以多采用教师提问的方法，引导学生学习；对于求胜心强的学生，可以在教学中多安排一些比赛；对于年龄大一些、有一定探究能力的学生，在教学中可以多采用一些分组讨论、研究的手段。

3. 学生的身体素质情况：如力量、速度、弹跳力等。

4. 学生对足球运动的认知能力。

5. 学生有无足球运动基础。

6. 安全措施：教学一定要在平坦的场地上进行，要带领学生进行充分的准备活动，避免运动中受伤。

【场地器材】

足球场地 1 块、足球若干、挂图、标志桶若干。学校最好有 1~2 块标准的 7 人制场地和球门。低年级的学生可以使用小场地。如果学校的场地器材达不到要求可以选择一块比较平坦的场地进行教学，足球最好能够每人一个，这样可以加大学生的练习密度。如果达不到每人一球的要求，也可以 2 人一个球，循环练习。如果器材极少，也可以采用游戏比赛的形式，培养学生的兴趣。

（二）组织队形

教师讲解示范队形（图 a）

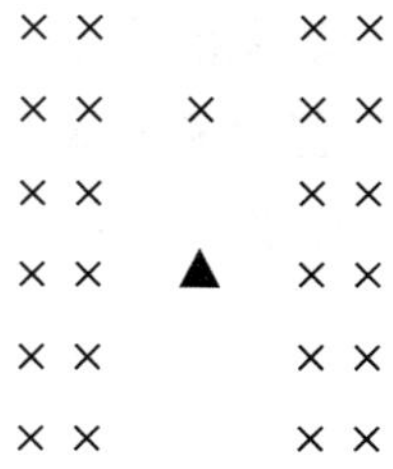

a

（三）基本教学方法

【初步学习采用讲解法、示范法】

【改进提高采用练习法】

【巩固掌握采用易犯错误纠正法、比赛法】

★易犯错误：支撑脚的位置和脚尖方向不对，造成身体后仰或摆不起腿；踢球时摆动腿的膝盖，没处在球的垂直上方就摆动小腿，造成脚尖踢球，身体后仰；脚背绷不直，脚腕放松。

纠正方法：用线标出支撑脚的位置和跑动方向；

明确小腿摆动的时机，强调上体稍前倾，重心跟上；

上一步的模仿练习，要求脚背绷直。

（四）教学评价

运动参与的评价（40 分）

______年级______班　姓名______　性别______　学号______

序号	评分指标	满分标准	得分
1	能经常参加足球活动	10	
2	能在比赛中运用所学技术、战术	8	
3	奔跑能力、身体的协调性和灵活性有明显提高	7	
4	比赛中总能主动和同伴配合	5	
5	能观看和欣赏电视转播的足球比赛	5	
6	能够参加 7 人制或 11 人制足球比赛	5	

教学简案

【教学目标】

1. 认知目标：知道脚背内侧踢球动作的方法，发展下肢肌肉力量，提高动作协调性。

2. 技能与身体目标：通过本课的学习，使 70% 以上的学生能正确掌握脚内侧踢球的动作要领，巩固提高学生对球的控制能力、支配能力，发展学生灵敏、速度等身体素质。提高其动作的协调性。

3. 情感目标：培养学生积极进取、颈强拼搏的竞争意识和团结协作、密切配合的集体主义精神，发展学生的个性和心理素质。

【教学重点】支撑脚的位置、踢球的摆动和触球部位。

【教学难点】支撑、发力的协调配合。

【教学过程】

1. 开始部分

（1）体育委员整队，报告出勤人数。教师检查着装。

（2）师生问好。

（3）宣布课的内容：学习脚背内测踢球。

（4）集中注意力练习。

（5）安排见习生。

（6）热身跑。

2. 准备部分

（1）徒手操

①头部运动

②肩部运动

③扩胸振臂

④体转运动

⑤踢腿运动

⑥全身运动

⑦正压腿

⑧侧压腿

⑨跳跃运动

（2）专项练习

①原地踩球

②原地拨球

3. 基本部分

（1）脚背内侧踢球

①轻触球

②快速上步支撑

③原地徒手练习

④由高到低踢球

⑤原地踢球

⑥上步踢球

（2）教学比赛

4. 结束部分

1. 整队集合。

2. 放松练习：仰卧骑自行车，自我按摩腿。

3. 讲评小结。

4. 宣布下课、安排学生收还器材。

第四节 局部战术（踢墙式二过一战术）

一、动作方法及要点

【动作方法】

带球靠近防守队员，把防守队员吸引到自己身边 2~3 米的距离，以地滚球的方式将球传给做球队员，在传球后立即快速插上，准备接应传球。作为“做墙队员”，在控球队员带球逼近防守队员的时候，应突然摆脱防守者，与持球者形成三角形位置，并侧对进攻方向，以利于观察传球的路线。当球来时应一脚出球，力量适当，传球到位，以地滚球为最佳。传球后立即跑位，寻找再次进攻配合的有利位置。

二、基本教学组织

（一）教学准备

【分析学生】

1. 学生的生理特征：如年龄、身高等，对于年龄较小的学生，在足球教学中，应多采用游戏的组织形式，提高学生的学习兴趣。对于低年级的学生，由于他们身体发育不完善，可以选用软式足球进行教学。

2. 学生的心理特征：如好奇心理、求胜心强、探究能力等，对于年龄小、好奇心强的学生，在教学中可以多采用教师提问的方法，引导学生学习；对于求胜心强的学生，可以在教学中多安排一些比赛；对于年龄大一些、有一定探究能力的学生，则在教学中可以多采用一些分组讨论、研究的手段。

3. 学生的身体素质情况：如力量、速度、弹跳力等。

4. 学生对足球运动的认知能力。

5. 学生有无足球运动基础。

6. 安全措施：教学一定要在平坦的场地上进行，要带领学生进行充分的准备活动，避免运动中受伤。

【场地器材】

足球场地 1 块、足球若干、挂图、标志桶若干。学校最好有 1~2 块标准的 7 人制场地和球门。低年级的学生可以使用小场地。如果学校的场地器材达不到要求，可以选择一块比较平坦的场地进行教学，足球最好能够每人一个，这样可以加大学生的练习密度。如果达不到每人一球的要求，也可以 2 人一个球，循环练习。如果器材极少，也可以采用游戏比赛的形式，培养学生的兴趣。

（二）组织队形

教师讲解示范队形（图 a）

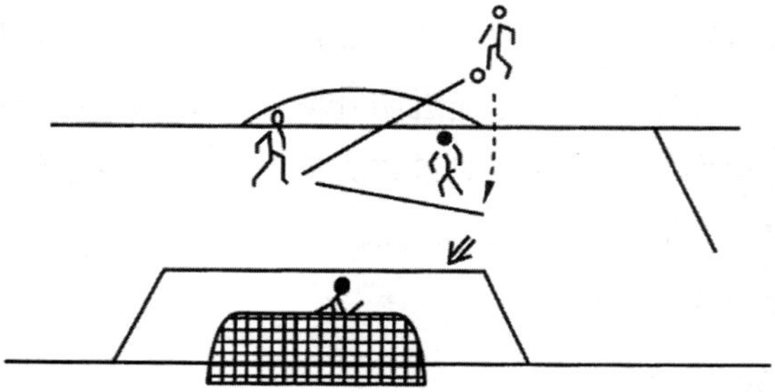

a

（三）基本教学方法

【初步学习采用讲解法、示范法】

【改进提高采用练习法】

【巩固掌握采用易犯错误纠正法、比赛法】

★易犯错误：传球人传球不准确；

“做墙人”的一脚球处理不好，力量过大；

传球后站在原地；

传球过早，导致防守队员可以断到球；

纠正方法：多做两人一组的行进间传接球；

强调做球动作应以压挡为主，控制球的方向和力度；

强调传球后向面前空当快速移动；

带球逼向防守队员，在接近其 1.5 米时快速传球。

（四）教学评价

运动参与的评价（40 分）

______年级______班　姓名______　性别______　学号______

序号	评分指标	满分标准	得分
1	能经常参加足球活动	10	
2	能在比赛中运用所学技术、战术	8	
3	奔跑能力、身体的协调性和灵活性有明显提高	7	
4	比赛中总能主动和同伴配合	5	
5	能观看和欣赏电视转播的足球比赛	5	
6	能够参加 7 人制或 11 人制足球比赛	5	

教学简案

【教学目标】

1. 认知目标：通过学习能够理解踢墙式二过一配合的原理。

2. 技能目标：练习中发展学生的下肢力量、灵敏，速度、协调等素质。

3. 情感目标：提高学生的合作能力。培养学生互帮互学、团结协作的优良品质。增强学生团队意识。

【教学重点】传球的准确性及做球队员的一次出球。

【教学难点】配合时机的掌握。

【教学过程】

1. 开始部分

2. 准备部分

3. 基本部分

（1）完整配合示范及运用时机说明。

（2）教师做“墙”，防守位置放标志桶，学生练习传跑配合。

（3）学生轮流做“墙”，体会做球人的跑动和做球位置、力度。

（4）带球逼近防守，体会踢墙式二过一的运用时机。

（5）踢墙式二过一结合射门练习。

（6）鼓励学生灵活运用二过一和个人突破的战术，提高实用性。

4. 结束部分

篮球运动

一、前言

北京市龙潭中学于1968年建校，是一所普通性综合中学，篮球专业辅导教师2人。40多年来，学校加强对学校体育工作的全面领导，努力提高学生篮球运动技术和健康水平，逐步形成和发展学校篮球特色运动，2010年被命名为“北京市篮球传统项目”学校。结合本校情况，龙潭中学将自己的办学方针定位于“让每一名学生都得到充分发展，为社会培养合格公民”的理念上，面对全体学生，实现共同基础上的多样化发展。以“求知，问道，感恩，报国”为校训。

2010年以来，龙潭中学男、女篮球队分别荣获北京市传统校篮球比赛第七名，阿迪达斯杯篮球比赛冠军，李宁高中联赛第六名，北京市中小学篮球联赛第三名，北京市“金帆杯”篮球比赛第四名，东城区“蓝天杯”第三名和第四名的好成绩。

本教材是结合我校“篮球特色，促进学生和谐发展”的办学理念，培养学生合作学习、自主创新的意识和能力。根据我校学生培养目标的总体要求和遵照有关规定，充分考虑本课程的特点而制定的。

第一章　篮球运动概述

一、篮球运动的概念

篮球运动是现代中、小学生最喜爱的运动项目之一，锻炼身体的综合效果非常好，能培养学生积极进取、团结合作的拼搏精神，是中学体育教学的内容之一。篮球运动作为一个竞技运动项目，是以投篮为中心，以得分多少决定胜负而进行的攻守交替、集体对抗的球类项目。

篮球运动是一项趣味性较高的运动，教师要培养学生对篮球运动的兴趣，在教学中采取合理的丰富多样的游戏化教学方法，使学生获得正确的篮球理论知识和运动方法，提高他们的运动水平，从而使学生对篮球运动由一般的兴趣转化为执着的热爱。

二、篮球运动的教学功能

对于体育教学改革的新潮的篮球运动项目来讲，它是一项集体对抗的球类游戏项目。它的特点是对抗性、集体性、趣味性。除了具有一定运动项目的锻炼价值外，篮球运动复杂多变的比赛过程，能提高神经系统的灵活性，进而提高大脑的分析综合能力和应变能力。竞争对抗的游戏形式，能提高学生参与的兴趣，培养学生的体育情感以及学生的顽强拼搏精神，提高学生的心理自我调控能力和自信心。比赛中的集体配合，可以培养学生的团队合作精神，提高学生正确处理人际关系的能力。篮球技能的掌握可以增加人的运动经验积累，能为今后学习其他运动项目提供一定帮助。

三、现代篮球运动发展的趋势

（一）快速：队员攻、防节奏快。

（二）多变：攻防的技、战术变化多。

（三）准确：投篮命中率越来越高，每场比赛的得分提高。

（四）全面：队员的技、战术素养全面提高。

（五）职业化进程加快。

（六）娱乐性加强。

（七）健身性越来越强。

（八）普及性越来越高。

四、篮球运动的特点

（一）集体性：篮球运动是靠集体的力量来完成的。

（二）对抗性：进攻与防守的对抗，身体与心理的对抗。

（三）技巧性：技、战术具有非常强的技巧。

（四）趣味性：比赛和游戏的趣味性极强。

（五）娱乐性：游戏、健身、比赛时具有非常强的娱乐性。

（六）健身性：经常参加篮球运动，综合健身效果非常好。

五、篮球运动的价值

（一）锻炼身体的综合效果好，不仅能发展参与者的速度、力量、耐力、爆发力、协调性等身体素质，还能发展他们的空间与时间上的支配能力。

（二）由于技、战术的复杂多变，能提高神经系统的灵活性，进而提高大脑的分析综合能力和应变能力。

（三）竞争对抗的游戏形式，能提高参与者的兴趣，培养他们的体育情感、团结合作、积极进取的顽强拼搏精神。

（四）通过激烈的竞争，不断尝试成功与失败，能提高人们的自信心和心理自我调控能力。

（五）通过游戏或比赛中的集体配合，培养人们的团队精神，提高他们正确处理人际关系的能力。

（六）通过对技、战术的掌握和运动经验的积累，能为以后学习其他运动奠定基础。

第二章　中学篮球教学内容与教法建议

本教材适用对象为本校高中各年级学生。本课程为提高型课程，属考查课程，总学时 18 学时，共进行一个学期的教学。

一、教学任务

（一）严格贯彻教育方针，以北京市东城区健康工程 2020 为契机，打造我校篮球特色，形成一校一品，结合篮球运动的特点，对学生进行纪律性、组织性和集体主义教育，培养学生团结协作、勇猛顽强的优良品质和思想作风。

（二）掌握篮球专业理论知识。

（三）发展学生身体及智力，使学生掌握基本的篮球技能及比赛、游戏方法。

（四）培养学生具有创编篮球游戏和组织进行教学的能力；具有指导进行身体锻炼的能力。

二、教学时数分配

（一）教学时数

本课程的教学总时数为 18 学时。

（二）各类教学内容的时数与比重

教学内容		时数与比重	
		时数	比重
理论	部分篮球知识及裁判知识 （1）裁判手势 （2）犯规和判罚	2	11.11%

续表

教学内容		时数与比重	
		时数	比重
技能部分	（1）篮球运动基本技术	6	33.33%
	（2）篮球运动技、战术		
实践部分	全场教学比赛	8	44.44%
	三对三教学比赛		
其他	考核	2	11.11%
合　计		18	100%

三、课程内容与授课安排

	主单元教材	授课年级	授课课时
第一篇：篮球运动概述	第一章：篮球运动的起源与发展	高一、高二	1 课时
	第二章：现代篮球运动的特点	高一、高二	1 课时
	第三章：现代篮球运动的意义	高一、高二	1 课时
第二篇：篮球技术篇	第一章：篮球的基本技术	高一、高二	
	第 1 节：移动技术	高一	4 课时
	第 2 节：传接球技术	高一	4 课时
	第 3 节：投篮技术	高一	4 课时
	第 4 节：运球技术	高一	6 课时
	第 5 节：持球突破技术	高二	4 课时
	第 6 节：防守及抢篮板球技术	高二	4 课时
	第二章：篮球的基本战术	高一、高二	
	第 1 节：攻守战术基础配合	高一	6 课时
	第 2 节：快攻与防守快攻	高二	8 课时
	第 3 节：人盯人攻防战术	高二	8 课时
	第 4 节：联防攻防战术	高二	8 课时
第三篇：篮球规则	第一章：篮球运动主要规则 第二章：篮球裁判基本手势	高二	4 课时

四、课程目标

（一）以篮球运动技术教学为主体系，建立以增强体质、提高运动能力、促进学生身心健康为主线的课程目标体系。使学生以篮球运动项目为基础，在意识形态、生理机能、身体素质和身体活动能力等方面得到全面的发展，增强学生对自然环境的适应能力和对疾病的抵抗能力。

（二）通过篮球项目的各种技、战术，向学生进行系统的篮球运动训练、提高学生的体育文化素养、培养兴趣、发扬优势、优缺共存、协调发展、养成经常锻炼身体的习惯，学会以篮球作为自身健身的主要项目，为终身体育奠定良好的基础。

（三）寓德育和美育于篮球教育活动中，培养学生热爱集体、团结合作、开拓创新、艰苦奋斗等良好体育作风，同时培养学生鉴赏美、表现美、创造美的能力，陶冶学生美的情操，促进学生个性的全面发展，让每位学生学会学习、学会生存、学会做人。

第一节　篮球技术内容

一、篮球基本技术分类分析

篮球技术是篮球战术的基础。任何正确的战术意图和先进的战术配合，都要求运动员必须掌握一定数量和质量的技术动作，没有技术也就谈不上战术。只有掌握扎实的基本功，才能保证熟练、全面、了解战术的多变性；反之，战术的发展与演变又对技术提出新的、更高的要求，从而又促进技术不断地发展和更新。

衡量运动员技术的标准是：熟练地掌握技术动作方法，达到自动化的程度；完成技术动作具有的准确性和实际效果；在各种困难、复杂的条件下所具有的稳定性和可靠性；在各种对抗条件下，具有较强的控制、改变技术动作节奏、动作方法的应变能力。

（一）基本技术

1. 移动

（1）移动的概念、作用及分类

移动的概念：移动是运动员在篮球比赛中，为了控制身体，改变位置、方向、速度，争取高度所采用的各种脚步动作方法的总称。

移动的作用：篮球比赛中完成各种攻防动作（无论是否持球），都需要有脚步动作的参与，移动是比赛中运用最多的一项基本技术。进攻中，运用移动的目的是为了摆脱对手，去选择有利的空间位置和地面位置，完成切入、接球、拼抢进攻篮板球及吸引防守者，或者是快速、准确、合理地完成传球、运球、突破、投篮等持球进攻技术；防守中，运用移动的目的是为了抢占有利的位置，防止对手的摆脱，或者是及时、果断地进行抢球、打球、断球、抢篮板球等。

移动的分类：

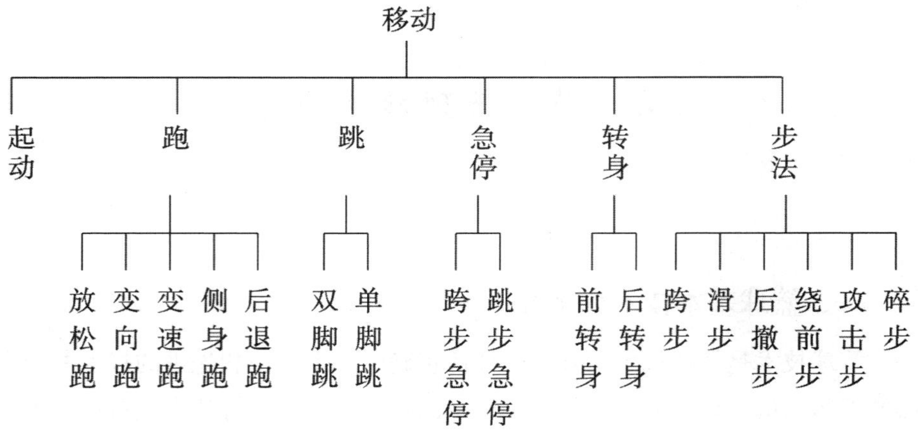

2. 移动技术分析

（1）保持正确的准备姿势：运动员在场上必须随时保持正确的基本站立姿势，以便于及时移动，更好地完成各种攻防技术。基本站立姿势，即两脚前后左右开立，距离与肩同宽、两膝微屈，身体重心的投影落在两脚之间，上体稍前倾，两臂屈肘自然下垂置于体侧，目视场上情况。

（2）控制好身体重心：各种脚步动作的运用，都是通过前脚掌用力蹬、辗地面或是用脚着地时的抵地制动动作来实现的。因此，腿部必须保持一定弯曲；在转移重心和改变移动方向时，要注意脚尖和膝关节的指向，以便于控制好身体重心，保持身体平衡，顺利完成移动技术动作的衔接和变换。

（3）身体各部位要协调配合：脚步动作的主要动力虽是靠脚对地面的作用力和地面的反作用力来实现的，但同时还必须有身体其他部位协调用力的配合来加强这种作用力，以克服人体的重力和惯性，保证身体平衡和转移。其中腰部的用力极为重要。

3. 移动技术的教学与训练要点

（1）移动技术的教学与训练的安排可采用集中与分散结合的方法进行，一般开始阶段进行集中教学，再结合课的准备部分进行，以后逐渐发展到与专项身体训练和学习其他攻守技术结合进行，移动与运球在安排上互相结合会收到事半功倍的效果。

（2）在移动教学与训练中，要把提高脚步动作的速度、灵活性、控制身体重心和应变能力作为重点，同时注意培养观察判断能力，提高移动的目的性。

（3）在移动教学与训练中，应严格注意动作符合规则要求，以形成正确的移动技术定型。

（4）在进行移动教学与训练时，可选用各种移动动作组成游戏作为手段，提高学习的兴趣。

（二）传接球

1. 传球的概念、作用及分类

传球的概念：传球是篮球比赛中进攻队员有目的地转移球的方法。

传球的作用：传球是队员之间互相配合和组成进攻战术的纽带，准确、及时、隐蔽、多变的传球能使五个队员联成一个整体，充分发挥集体的力量，打乱对方防守部署，从而创造更多更好的投篮机会。

2. 传球的分类

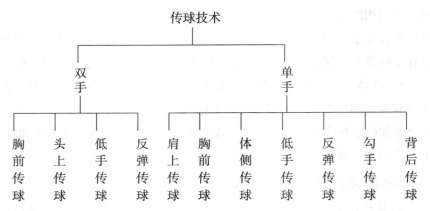

- 传球技术
  - 双手
    - 胸前传球
    - 头上传球
    - 低手传球
    - 反弹传球
  - 单手
    - 肩上传球
    - 胸前传球
    - 体侧传球
    - 低手传球
    - 反弹传球
    - 勾手传球
    - 背后传球

3. 传球技术分析

（1）持球方法

双手持球方法：两手手指自然分开，拇指相对成“八字”，指根以上部位握球的两侧后方，掌心空出，两臂自然屈肘，置球于胸腹之间，抬头注视场上情况。

手持球方法：手指自然分开，用手掌外沿和指根以上部位托球的侧后下方，掌心空出。

（2）传球用力

传球的出手动作：是指球出手的一刹那手腕翻转、屈扣和手指弹拨用力的方法。它是控制球飞行方向、路线和落点的关键。在球即将出手时，指、腕翻转屈扣、弹拨越急促，作用于球的力量越大，球飞行的速度越快。

传球用力：通过下肢蹬地、跨步、腰腹的伸展及手臂用力协调配合，最后通过手腕、手指力量将球传出。持球手法是传球的基础，合理用力是关键。

（3）球的飞行路线

手指、手腕作用于球的部位不同，所产生的飞行路线有 3 种：直线、弧线、折线。应根据具体情况合理地选择球的飞行路线，如需要从体侧或空中越过对手应采用弧线球；行进间跑动并出现空当时应采用。

（4）球的落点

球的落点：是指传出的球与接球同伴的相遇点。控制传球的落点应注意以下几点：①传给原地或已摆脱对手的同伴时，要传向接球人远离防守者的一侧；②传给向前移动接球者时，要根据他移动的速度，传到他前面一步左右的地方，球的高度一般在他的胸部；③传给从内线插上接球的同伴时，要隐蔽、突然、快速；④传给近距离迎面跑上来接球者，传球力量应柔和；⑤由后场传球给领先跑向前场球篮附近的接球者，传出的球既要快速有力，又要有适当的弧线，球的落点在接球者前面两步左右的地方，要以球领人，以便于他发挥速度；⑥传反弹球时，球的击地点一般应在传球人距接球人三分之二的地方，球弹起的高度在接球人的腹部为宜。

（三）传接球教学与训练要点

1. 传接球教学内容安排要突出重点，以抓好双手胸前传球、单手肩上传球和双手接胸部高度球为重点。

2. 要特别重视接球技术的教学与训练，养成正确的接球与持球手法。

3. 狠抓手腕、手指拨球能力的培养，加强熟练球性的练习，提高控制球能力。

4. 教学步骤：从原地传接球开始，重点掌握手法；然后进行移动传接球练习，以解决传接球与脚步动作的协调配合为重点，可安排先传球后移动换位练习，再进行人动、球动的行进间传接球练习；最后与运球、投篮、突破等技术结合起来并在防守情况下练习。

二、投篮

（一）投篮的概念、作用及分类

1. 投篮的概念：持球队员运用各种正确的手法，将球从篮圈上方投入球篮所采用的各种动作方法称为投篮。

2. 投篮的作用：投篮是篮球比赛中唯一的得分手段，竞赛中进攻队运用各种技术、战术的目的都是为了创造更多、更好的投篮机会；而防守队的积极防御也是为了阻挠和破坏进攻队的投篮，投篮是篮球比赛中攻守对抗的焦点。

3. 投篮的分类

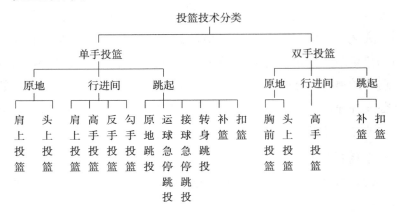

投篮技术分类

- 单手投篮
  - 原地
    - 肩上投篮
    - 头上投篮
  - 行进间
    - 肩上投篮
    - 高手投篮
    - 反手投篮
    - 勾手投篮
  - 跳起
    - 原地跳投
    - 运球急停跳投
    - 接球急停跳投
    - 转身跳投
    - 补篮
    - 扣篮
- 双手投篮
  - 原地
    - 胸前投篮
    - 头上投篮
  - 行进间
    - 高手投篮
  - 跳起
    - 补篮
    - 扣篮

（二）投篮技术分析

1. 握球方法：

单手握球方法：投篮手五指自然分开，用指根以上部位托球的后下方，手心空出，手腕略向后仰，球的重心落在食指和中指指关节处，肘关节自然下垂，置球于同侧肩的前上方。

双手握球方法：两手手指自然分开，拇指相对成八字形，用指根以上部位握球的两侧后下方，手心空出，两臂自然屈肘，肘关节下垂，置球于胸与颚之间。

2. 瞄准点：

直接命中的瞄准点：为篮圈距投篮队员最近的一点。适用于投空心球。

碰板投篮的瞄准点：将球投向篮板上能够碰板入篮的点。投篮队员与篮板成 15 度 ~45 度的位置时采用效果较好。规律：碰板角度小、距离远，则瞄准点离篮圈的距离高而远，投篮所需要的力量相对较大；碰板角度大、距离近，则碰板点离篮圈就较低而近，投篮所需要用的力量相对较小。

3. 力量的运用：

投篮用力是一种全身综合协调的聚合力。由下肢蹬地，伸展身体，抬肘伸臂，最后以手腕的抖曲及手指的弹拨将球投出。

出手角度：是指投篮时球离手的一瞬间的运动方向与出手点水平面所构成的夹角。它决定球在空中飞行弧度的高低和入篮角的大小。出手角度小，球的弧度低，反之则高。

出手速度：投篮时，球出手的一瞬间，球离手进入空间获得运动的初速度。合理的投篮速度取决于出手力量和手腕、手指动作的速率。手腕的前屈和手指拨球动作的突然性、连贯性和柔和性，对取得合理的出手速度起着关键作用（F=MV）。

球的旋转：是决定投篮准确性的一个因素。一般中、远距离投篮时，球围绕横轴向后旋转。

抛物线及入篮角：球在空间飞行受重力的影响面形成的弧形运行轨迹。一般有三种抛物线：低弧线、中弧线和高弧线。中等抛物线是比较理想的拗物线，容易投篮命中。

（二）投篮教学与训练要点

1. 在初学投篮时，重点掌握正确的投篮手法和全身协调用力，以建立正确的投篮技术概念，形成正确的动力定型。

2. 突出重点技术，以原地单手肩上投篮（双手胸前投篮）、行进间单手投篮、跳起单手肩上投篮为重点，掌握正确的投篮手法。

3. 教学顺序：原地单手肩上投篮—行进间投篮—原地跳起投篮—接球急停和运球急停跳投。

4. 要与传球、运球突破等技术结合起来，提高技术运用能力；并加强在对抗条件下的投篮练习及配合投篮练习，提高有防守情况下运用技术的能力和配合意识。

三、运球

（一）运球的概念、作用及分类

1. 运球的概念：持球队员在原地或移动中，用单手连续按拍借助地面反弹起来的球的技术叫运球。

2. 运球的作用：运球不仅是进攻队员摆脱防守创造传球、突破、投篮得分的桥梁，而且是进攻队员发动快攻，组织与调整战术配合，瓦解防守阵形的重要手段。

3. 运球的分类

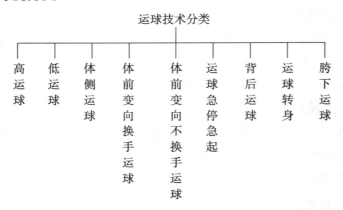

运球技术分类

- 高运球
- 低运球
- 体侧运球
- 体前变向换手运球
- 体前变向不换手运球
- 运球急停急起
- 背后运球
- 运球转身
- 胯下运球

（二）运球技术分析

1. 身体姿势：两脚前后开立，侧身上体稍前倾，两膝微屈，抬头目平视，非运球手臂屈肘平抬，侧肩转体保护球。

2. 球接触手的部位：五指分开，用手指和指根部位控制球，手心空出。

3. 运球动作：低运球时，以腕关节为轴，用手腕手指的力量运球；高运球时，主要以肘关节为轴，腕关节和肩关节联合运动，用前臂和手指手腕力量运球。运球手法：按拍与迎引。

4. 按拍球的部位：由运球的方向和速度决定。原地运球按拍球的上方；向前运球接拍球的后上方。

5. 球的落点：运球的速度、方向和防守情况不同，球的落点也不同。直线高运球的落点在运球手同侧前方，速度越快，落点越靠前，离自己越远。积极防守下运球的落点在体侧或侧后方。

6. 手脚协调配合：运球时既要要求人的移动速度和球的运行速度协调一致，又要保持合理的动作节奏。能否保持脚步动作和手部动作协调一致，在速度上同步进行，关键在于按拍球的部位、落点的选择和力量大小的运用。

（三）运球教学与训练要点

1. 首先应加强熟悉球性的练习，培养球感，提高控制球的能力，并注意加强弱手的训练。

2. 运球的教学步骤: 原地运球——行进间直线运球（高低、急停急起）——行进间变向运球（体前变向、背后运球、后转身运球、胯下运球）。

3. 注意加强培养学生屈膝、抬头、观察情况的良好习惯。

4. 加强学生运球时的战术意识培养，掌握运球时机，根据需要合理地进行运球。

四、持球突破

（一）持球突破的概念、作用及分类

1. 持球突破的概念：突破是控制球队员运用脚步动作和运球技术相结合达到超越对手的一种进攻技术。

2. 持球突破的作用：突破攻击力很强的一项进攻技术，合理运用突破技术，不仅能直接插入篮下得分或造成对手犯规，有效地增加个人进攻威力，而且能为同伴创造良好的投篮机会，打乱对方防守布置，实现内外结合进攻的一种有效手段。

3. 持球突破的分类：分为交叉步持球突破和同侧步（顺步）持球突破。

（二）持球突破的技术分析

1. 假动作吸引：

（1）做向一侧突破的假动作：诱使对手身体重心侧移，择机突破。

（2）做投篮假动作：诱使对手跳起或前扑，择机突破。

2. 脚步动作：是持球突破的主要环节。主要依靠两脚快速有力的蹬地和及时跨步、屈膝、上体前倾，通过重心的快速前倾和积极有力的蹬地获得超越对手的加速度。

3. 转体探肩：突破队员转体探肩紧贴对手的侧面，占据有利的空间位置，以保护好球突破对手。

4. 推放球加速：蹬跨、转体探肩的同时，应将球在跨步脚外侧前下推放球，球离手后，迅速蹬地发力加速超越对手。

（三）突破教学与训练要点

1. 教学顺序：交叉步持球突破——同侧步持球突破。

2. 讲解、示范突破技术时，应重点强调动作结构特点、各环节间的联系及竞赛规则对持球移动的限制。

3. 掌握两脚都能做中枢脚并能及时向任何方向突破，加强与其他技术结

合练习，培养应变能力和突破意识。

五、防守对手

（一）防守对手的概念、作用及分类

1. 防守对手的概念：防守队员合理地运用防守动作，积极抢占有利位置，破坏和阻挠对手的进攻意图和行动，并以争夺控制球权为目的所采取的各种专门动作方法的总称。

2. 防守对手的作用：防守对手是个人防守技术，也是集体防守的基础。防守的目的在于阻止和破坏对方的进攻，并力图从对手手中将球夺过来转守为攻。进攻的目的在于突破防守，投篮得分。攻和守是争取比赛优势和主动权缺一不可的两种方法和手段。进攻与防守相互对立、相互制约，又相互依存、相互促进。进攻和防守之间失去应有的平衡，防守质量很差，不能起到制约进攻的作用，也必然影响进攻质量的提高。

3. 防守对手的分类：分为防守无球队员和防守有球队员。

（二）防守对手的技术分析

1. 防守的位置与距离：

（1）防守有球队员：防守人应站在对手与球篮之间，使对手、自己和球篮要保持在一条直线上。防守者与对手的距离，离篮近则应靠近对手，离篮远则靠对手远。

（2）防守无球队员：

根据球和自己防守的对手所处的位置来确定和调整防守位置。防守无球队员时，始终要保持“球——我——他”的选位原则，即防守者的位置始终站在对手与球之间，与球和所防的对手三者要成钝角三角形，防守者始终站在钝角处。防守者与对手的距离要和对手距球的远近成正比，做到近球上，远球松，人、球、区三兼顾。强侧防守时，采用面向对手侧向球的斜前站立姿势，全力封锁对手接球，同时又控制对手向篮下切入；弱侧防守时，采用面向球侧向对手的站立姿势，采用松动防守，向球和球篮方向靠拢。

2. 防守姿势：

分为平步防守和斜步防守两种。平步防守防守面积大，攻击性强，便于左右移动，适合于防守运球、突破；斜步防守便于前后移动，对防投篮比较

有利。

3. 移动步法：防守时，防守队员要根据球和人的移动，合理地运用脚步动作来及时占据有利的防守位置，争取主动。常用的移动步法：碎步或跳步急停逼近对手；平步站立——横滑步；斜前站立——撤步、滑步。

（三）防守对手教学与训练要点

1. 在防守教学中，首先要树立“积极防御”的指导思想，培养积极主动的防守意识和勇猛顽强的防守作风。

2. 教学顺序：先教单个技术——再教组合技术——在消极对抗情况下练习——在积极对抗情况下练习——结合防守战术配合进行。

3. 重视加强从防无球到防有球，从防有球到防无球，从防强侧到防弱侧，从防弱侧到防强侧的转化训练。

六、抢篮板球

（一）抢篮板球的概念、作用及分类

1. 抢篮板球的概念：比赛中双方队员在空间争抢投篮未中的球统称为篮板球。

2. 抢篮板球的作用：抢得篮板球是获得控球权的重要手段，是增加进攻次数和发动快攻的重要保证，是攻守矛盾转化的关键。进攻队抢篮板球若占优势，不仅可以增加进攻次数，创造连续进攻或在篮下造成得分的机会，还可通过“外投里抢”增加本队外围投篮队员的信心。防守队抢得篮板球若占优势，不仅能由守转攻，而且可以迅速组织快攻反击，加重进攻队员投篮顾虑，减少对方的进攻次数。

3. 抢篮板球的分类：分为进攻篮板球（前场篮板球）和防守篮板球或后场篮板球。

（二）抢篮板球的技术分析

1. 抢位：是抢篮板球技术的关键环节，对能否抢获篮板球起着决定性作用。防守队员抢篮板球时要先挡后抢；进攻队员抢篮板球时要快速起动摆脱冲抢。

2. 起跳：抢防守篮板一般多采用原地上步、撤步或跨步的双脚起跳方法；

抢进攻篮板多采用助跑单脚起跳或跨一两步双脚起跳的方法。

3. 空中抢球动作：

（1）双手抢篮板球：优点是占据空间面积较大。

（2）单手抢篮板球：优点是触球点高，在空间抢球的范围较大。

（3）点拨球：优点是触球点高，可缩短传球的时间。

4. 获球后的动作：抢到篮板球落地时，都应两膝弯曲，两肘稍外展，护球于胸腹间，以便保护球并迅速衔接其他进攻动作。

（三）抢篮板球教学与训练要点

1. 明确抢篮板球在比赛中的重要作用，重视培养积极的拼抢意识和勇猛顽强的拼抢作风。

2. 初学阶段应先采取分解教学的方法，再进行完整的技术教学，使学生逐步掌握正确的技术规格。

3. 把抢篮板球与其他攻守技术结合进行练习，如进攻篮板球与补篮、连续进攻相结合；防守篮板球与快攻第一传相结合。

4. 要在接近比赛的情况下提高技术运用和应变能力，并把篮板球技术纳入攻守战术中结合进行训练。

第二节　篮球战术内容

一、攻防战术基础配合

战术基础配合是指两到三人之间所组成的简单配合方法，它是组成全队攻防战术的基础。篮球比赛的战术打法多、变化多，但各种战术都离不开这些基础配合。只有熟练地掌握与运用基础配合，才能在运用全队战术时更加灵活机动，使之更有效地发挥作用。

战术基础配合包括进攻与防守两个部分，攻防各有不同的配合方法。

（一）传切配合

传切配合是进攻队员之间利用传球和切入技术所组成的简单配合。它包括一传一切和空切两种。传切配合是一种最基本的简单易行的战术配合，在篮球比赛中经常采用。

1. 传切配合的方法

一传一切配合：是指持球队员传球后摆脱防守，向球篮方向切入接回传球投篮。

空切配合：是指无球队员掌握时机，摆脱对手，切入防守区域接球投篮或做其他进攻动作。

2. 传切配合的要求

· 队员配合的距离要拉开，切入路线要合理。

· 切入队员要利用假动作迷惑对手，掌握好摆脱时机，切入时紧贴对手，动作快速突然。

· 传球队员动作要隐蔽，传球及时准确。

（二）突分配合

突分配合是指持球队员突破对手之后，遇到对方补防或“关门”时，及时将球传给进攻时机最好的同伴进行攻击的一种配合方法。

1. 突分配合的方法

突分配合是进攻队员之间利用突破和传球技术所组成的简单配合。

2. 突分配合的要求

突破队员突破时要突然、快速，在突破过程中，准备投篮的同时要观察攻防队员位置的变化，及时、准确地传球。

接球队员注意把握时机，及时摆脱对手，迅速抢占有利位置接球投篮。

（三）掩护配合

掩护配合是进攻队员采取合理的身体动作，用自己的身体挡住同伴防守者的移动路线，使同伴得以摆脱防守，创造接球投篮或进攻机会的一种配合方法。

掩护配合有许多形式和方法，根据掩护者和被掩护者身体位置的不同，有前掩护、侧掩护、后掩护三种形式。根据不同情况，还可进行多种变化，有反掩护、假掩护、运球掩护、定位掩护、行进间掩护、双人掩护、连续掩护等。从组成掩护配合的行动来看，一是掩护者主动去给同伴做掩护，用身体挡住被掩护者的移动路线，使同伴借以摆脱防守。二是摆脱者主动利用同伴的身体和位置把对手挡住，使自己摆脱防守。因此，掩护配合能否成功，要看掩护者在挡位的同时，摆脱者是否能及时利用同伴把对手挡住。

1. 掩护配合的方法

侧掩护。掩护者站在同伴的防守者的侧靠后方，用身体挡住该防守者的移动路线，使同伴摆脱防守获得进攻机会的一种配合方法。

后掩护。掩护者移动到同伴的防守者的身后做掩护的一种配合方法。这种配合不易被防守者发现，配合容易成功。但与对手的距离不可太近，以免发生身体接触造成犯规。

前掩护。掩护者跑到同伴防守者身前，掩护同伴进行中、远距离投篮。

2. 掩护配合的要求

· 掩护时，身体的姿势要正确，两脚开立，上体稍前倾，两手屈肘放于体侧或胸前，距离要适当，掩护时身体保持静止，避免掩护犯规。

· 掩护时，摆脱队员要用投篮和压切等动作，诱使对手贴近自己并吸引对手的注意力，为配合创造有利条件。

· 掩护时，同伴之间的配合应掌握好配合时机及其变化方法。

· 组织掩护配合时，要创造中投和突破机会，要注意与内线进攻相结合。

（四）策应配合

策应配合是指进攻队员背对或侧对篮筐接球后，与同伴的空切或绕切相结合，借以摆脱防守，创造各种进攻机会的一种配合方法。

进行策应的范围较广，在半场范围内应用时，一般分为内策应和外策应两种，靠底线的，限制区两侧做策应通称为内策应，在罚球线附近或罚球线的延长线附近做策应通称为外策应。当对方用全场紧逼防守时，可在中场一带，甚至在对方前场运用策应配合来破坏防守。

1. 策应配合的方法

策应配合是进攻队员利用上提罚球线，或者在限制区两侧进行要位，给同伴进行传球机会的配合方法；如对手进行全场紧逼，进攻队员上提中线附近进行要位，运用策应配合来破坏对手的防守体系。

2. 策应配合的要求

·策应队员要突然起动，摆脱对手占据有利位置，接球时两脚开立，两膝弯曲，两肘外展，用身体保护球。同时注意观察场上攻、防的变化，及时将球传给进攻机会最好的同伴投篮或自己进攻。

·外围传球队员要根据策应者的位置和机会，及时、准确地传球给策应队员，做到人到球到，传球后迅速摆脱防守切入篮下，创造进攻机会。

二、防守战术基础配合

防守战术基础配合包括挤过、穿过、交换、关门、夹击、补防、围守中锋等配合方法。

（一）挤过配合

挤过配合是指对方采用掩护进攻时，防守者为了破坏对方的掩护配合，当掩护者临近的一刹那，被掩护者的防守者主动靠近自己的对手，并从两个进攻者之间侧身挤过去，继续防守自己对手的一种配合方法。

1. 防守者首先要善于发现对方的掩护行动，防守掩护者要及时提醒挤过和做好换防的准备。

2. 挤过时要贴近对手，向前抢步要及时、有力，运用碎步挤过并继续防住自己的对手。

（二）穿过配合

穿过配合是当进攻队员进行掩护时，防守者为了破坏对方的掩护配合，防守掩护者要及时提醒同伴，并主动后撤一步，让同伴及时从自己和掩护者之间穿过，继续防住对手的一种配合方法。

1. 防守掩护者要及时提醒同伴，并主动让出通路，使同伴能继续防守对手。

2. 穿过防守队员发现对方掩护时，应及时调整自己的防守位置，并迅速穿过防守对手。

（三）交换配合

交换配合是当进攻队员掩护成功时，防守者为了破坏对方的掩护配合，防掩护者及防被掩护者之间及时交换自己所防守对手的一种配合方法。

1. 防守掩护者的队员要及时提醒同伴，并跟紧自己的对手，当对手切入时，突然换防。

2. 防守被掩护者的队员一定要及时调整防守位置，抢占人篮之间或人球之间的有利位置。不让掩护者把自己挡在外侧。

（四）关门配合

关门配合是邻近的两个防守队员协同防守持球突破的一种配合方法。

1. 防守突破者预先要了解哪一侧有同伴协防，以便采取偏于一侧的防守，迫使对手向有同伴助防的一侧运球突破。

2. 协助防守者应采取错位防守，及时抢占有利的位置，当持球者突破即将超越同伴时抢先移动向防突破的同伴靠拢关门，不给突破者留有空隙。当突破者停球或传球时，要根据情况快速回防自己的对手。

（五）夹击配合

夹击配合是指两个以上的防守者采取突然的行动，封堵和围夹持球者的一种配合方法。

1. 正确选择夹击的时机和位置。当对方只顾运球，而不注意观察场上情况时，或在对方运球转身一刹那间，或对方运球刚停球时，都是进行夹击的良好时机，最佳夹击位置是边角和中线附近。

2. 夹击时防守者应用腿和躯干围住持球者，同时挥动两臂封堵传球角度，伺机抢球或断球，邻近的防守者应及时移动切断其传球路线，准备断球。

（六）围守中锋配合

围守中锋配合是指当对方中锋攻击力强，为削弱中锋在内线进攻的威胁，外围防守队员协同内线防守队员防守对方中锋的一种配合方法。

1. 提高中锋个人防守的能力，要尽量减少中锋接球。防守中锋的队员要积极移动阻截对手接球，外围对持球者进行紧逼，积极干扰其向中锋传球。

2. 邻近球和中锋的防守者，在防好对手的同时要注意协同围守中锋。当对方中锋接到球时，应迅速进行围夹，阻止对方进攻，迫使对方中锋将球传向外围。

三、篮球战术分类分析

半场人盯人防守与进攻半场人盯人防守战术，是篮球比赛中运用最广泛的攻防战术。半场人盯人防守战术是在每名防守队员分别防守一名进攻队员的基础上相互协作的一种全队防守战术。而进攻半场人盯人防守战术是运用传、切、掩护、策应及突分等基础配合组成的进攻战术。

（一）半场人盯人防守

1. 半场人盯人防守的基本要求

·防守方应根据双方队员的身高、位置和技术水平合理地进行防守分工，并使其尽量与对手的力量相当。

·由进攻转入防守时，要迅速退回后场，找到自己的对手，在控制住自己对手的基础上，积极抢球、断球、夹击和补防。

·防守有球队员要逼近对手，主动攻击球，积极封盖投篮，干扰传球，堵截运球，并伺机抢球，迫使对方处于被动局面。

·防守无球队员要根据对方、球和球篮的距离选择人球兼顾的位置。防守离球近的队员要贴近防守，切断对方的传球路线，不让对方接球，防守离球远的队员要缩小防守，在控制住自己对手的基础上，协助同伴防守。

（二）进攻半场人盯人防守

进攻半场人盯人防守是基本的进攻战术，在比赛中运用得最多、最普遍。所以，每一个篮球队都应该掌握进攻半场人盯人防守的战术。

1. 进攻半场人盯人防守的基本要求

·要根据本队队员的身体条件、技术水平，选择进攻战术配合和适宜的战术队形，以便扬长避短，发挥本队的优势。

·由防守转入进攻时，在前场要迅速落位，形成战术队形，立即发动进攻。

·在组织战术中，应该注意各种进攻基础配合之间的衔接和变化，既要明确每个进攻机会，又要明确全队的进攻重点还要保持进攻的战术连续性。

·组织进攻战术时，应该尽量做到内外结合、左右结合，要扩大进攻面，增多进攻点，增强战术的灵活性。

·在进攻配合中，既要积极地穿插移动，又要注意保持攻守平衡。在进攻结束时，既要有组织地抢前场篮板球，又要有组织地进行退守。

2. 进攻半场人盯人防守战术的运用提示

·要动起来打，传完球以后，不要站在原地不动，要积极地穿插、换位，把对方调动起来。但不要盲目乱跑，要注意保持适当距离，要注意攻守平衡。

·要抓住对方的弱点，通过各种配合，结合中、远距离投篮。要内外线结合，内外相互牵制。

·每次投篮以后，都要积极地冲抢篮板球，争取第二次进攻。

·要保持冷静的头脑，要有勇有谋，不要盲目蛮干，要敢于运用自己的特长。

（三）攻防战术

篮球运动战术，是组织全体队员充分发挥集体力量，密切配合，团结战斗的一种手段。进攻战术主要是靠五人的传球、运球切入、掩护等配合，最后选择良好的时机投篮。二人的传球、切入配合，是战术配合的基础，也是进攻战术的一种表现形式。

（四）进攻联防的原则

1. 在对方还没有退回组织好联防防守队形之前，争取时间，用快攻击破。

2. 根据联防防守队形寻找空隙攻击。

3. 在某一区域内造成以多打少的局面时，注意传接球的移动时间要恰当、合理、快速而且突然。

4. 大胆地、有组织地进行中、远距离投篮，扩大防区，造成篮下有更多的空隙进行攻击。

5. 通过有组织地进行传切、突分打法，造成对方队形紊乱。

6. 通过防守者背插移动，接球攻击。

7. 组织掩护配合，争取投篮机会。

8. 积极抢夺篮板球，争取第二次攻击机会。

第三节 体能训练

篮球运动是一项集体能、技能和心理能力为一体的综合性运动项目，其中体能是完成技术和战术配合，全面发挥训练水平的基础和前提，关于篮球运动员体能结构特征的研究主要是从运动员身体形态、生理机能和身体素质三个方面进行的，通过具体指标来揭示篮球运动员体能结构的特征。在任何的运动中，体能是基础，尤其是力量训练，是所有素质训练的基础，我们就简述一下，在篮球方面，学校学生体能训练的相关知识。

训练的强度为每周两天，比如周一和周四，如果有进行力量训练的话，不要和下肢力量训练放在同一天。起初可以在田径场上进行体能训练，然后逐步地过渡到篮球场上进行具体的专项体能训练。

周	天	训练量	间隔休息时间
1	1	300 米正常速度跑 4 组	2.5min
1	2	300 米正常速度跑 4 组	2.5min
2	1	300 米正常速度跑 6 组	2.5min
2	2	300 米正常速度跑 6 组	2min
3	1	100 米正常速度跑 10 组	1.5min
3	2	100 米正常速度跑 10 组	1.5min
4	1	100 米正常速度跑 12 组	1.5min
4	2	100 米正常速度跑 12 组	1min
5	1	100 米正常速度跑 2 组 50 米正常速度跑 2 组 30 米全速跑 12 组	30s 30s 30s
5	2	100 米正常速度跑 2 组 50 米正常速度跑 2 组 30 米全速跑 12 组	30s 30s 30s

续表

周	天	训练量	间隔休息时间
6	1	100 米正常速度跑 2 组 50 米正常速度跑 2 组 30 米全速跑 12 组	30s 30s 30s
6	2	100 米正常速度跑 2 组 50 米正常速度跑 2 组 30 米全速跑 12 组	30s 30s 30s
7	1	100 米正常速度跑 2 组 50 米正常速度跑 2 组 30 米全速跑 2 组	30s 30s 25s
7	2	6 次跑训练 2 组 X 跑训练 2 组 17 次跑训练 1 组	25s 1min 2min
8	1	100 米正常速度跑 2 组 50 米正常速度跑 2 组 30 米全速跑 2 组	30s 30s 25s
8	2	折返跑 2 组 X 跑训练 2 组 17 次跑训练 2 组	1min 2min 2min
9	1	全场快速运球跑训练 1 组 全场 Z 字形快速运球跑训练 1 组 边线冲刺打板进球训练 2 组 X 跑训练 2 组 折返跑 2 组	1min 1min 1min 2min 1min
9	2	胸前传球全场急速跑训练 1 组 全场 Z 字形快速运球跑训练 1 组 边线冲刺打板进球训练 2 组 X 跑训练 2 组 折返跑 2 组	1min 1min 1min 2min 1min
10	1	全场快速运球跑训练 1 组 全场 Z 字形快速运球跑训练 1 组 边线冲刺打板进球训练 2 组 X 跑训练 2 组 纵向 6 次跑训练 2 组	1min 1min 1min 2min 1min

续表

周	天	训练量	间隔休息时间
10	2	胸前传球全场极速跑训练 1 组 反弹传球全场极速跑训练 1 组 半场冲刺，罚球区拐角处跳投训练 2 组 变速跑训练 2 组 间歇跑训练 1 组	1min 1min 1min 1min
11	1	全场快速运球跑训练 1 组 全场 Z 字形快速运球跑训练 1 组 边线冲刺打板进球训练 2 组 胸前传球全场极速跑训练 1 组 反弹传球全场极速训练跑 1 组 半场冲刺，罚球区拐角处跳投训练 2 组 X 跑训练 1 组 17 次跑训练 1 组	1min 1min 1min 1min 1min 1min
11	2	全场快速运球跑训练 1 组 全场 Z 字形快速运球跑训练 1 组 边线冲刺打板进球训练 2 组 胸前传球全场极速跑训练 1 组 反弹传球全场极速训练跑 1 组 半场冲刺，罚球区拐角处跳投训练 2 组 间歇跑训练 1 组	1min 1min 1min 1min 1min 1min
12	1	全场快速运球跑训练 1 组 全场 Z 字形快速运球跑训练 1 组 边线冲刺打板进球训练 2 组 胸前传球全场极速跑训练 1 组 反弹传球全场极速训练跑 1 组 半场冲刺，罚球区拐角处跳投训练 2 组 X 跑训练 1 组 17 次跑训练 1 组	1min 1min 1min 1min 1min 1min 2min
12	2	全场快速运球跑训练 1 组 全场 Z 字形快速运球跑训练 1 组 边线冲刺打板进球训练 2 组 胸前传球全场极速跑训练 1 组 反弹传球全场极速训练跑 1 组 半场冲刺，罚球区拐角处跳投训练 2 组 间歇跑训练 1 组	1min 1min 1min 1min 1min 1min

·正常跑的速度为全速的四分之三。

·球场的体能训练全部要求全速跑。

·对于球场的体能训练，可以按照表中顺序来练，也可以把所有项目先练一遍，再回头做 2 组中剩余的 1 组。

·当有 17 次跑和间歇跑训练的时候，要安排在最后练习。

第三章　篮球基本知识及比赛规则

一、篮球基本知识

（一）场地

国际篮联标准：整个篮球场地长 28 米，宽 15 米。长宽之比为 28 ： 15。篮圈下沿距地面 3.05 米。

球场：是一个长方形的坚实平面，无障碍物。对于国际篮联主要的正式比赛，球场的丈量要从界线的内沿量起。对于所有其他比赛，国际篮联的适当部门，有权批准符合下列尺寸范围内的现有球场：长度减少 4 米，宽度减少 2 米，只要其变动互相成比例即可。天花板或最低障碍物高度至少 7 米。球场照明要均匀，光度要充足。灯光设备的安置不得妨碍队员的视觉。所有新建球场的尺寸，要与国际篮联的主要正式比赛所规定的要求一致: 长 28 米，宽 15 米。

（二）线条：宽度为 0.05 米（5 厘米）

1. 界线：球场界线距观众、广告牌或任何其他障碍物至少 2 米。球场长边的界线叫边线，短边的界线叫端线。

2. 中线：从边线的中点画一平行于端线的线叫中线；中线要向两侧边线外各延长 0.15 米（15 厘米）。

（三）罚球线、限制区和罚球区

1. 罚球线要与端线平行，它的外沿距离端线内沿 5.80 米；这条线长为 3.60 米。它的中点必须落在连接两条端线中点的假想线上。

2. 从罚球线两端画两条线至距离端线中点各 3 米的地方（均从外沿量起）所构成的地面区域叫限制区。如果在限制区内部着色，它的颜色必须与中圈内部的着色相同。

3. 罚球区是限制区加上以罚球线中点为圆心，以 1.80 米为半径，向限制区外所画出的半圆区域。在限制区内的半圆要画成虚线。

4. 罚球区两旁的位置区供队员在罚球时使用。画法如下：

（1）第一条线距离端线内沿 1.75 米，沿罚球区两侧边线丈量。

（2）第一位置区的宽度为 0.85 米（85 厘米），并且与中立区域的始端相接。

（3）中立区域的宽度为 0.40 米（40 厘米），并且用和其他线条相同的颜色涂实。

（4）第二位置区与中立区域相邻，宽度为 0.85 米（85 厘米）。

（5）第三位置区与第二位置区相邻，宽度也是 0.85 米（85 厘米）。

（6）所有用来画这些位置区的线条，其长度为 0.10 米（10 厘米），并垂直于罚球区边线的外侧。

（四）中圈

中圈要画在球场的中央，半径为 1.80 米，从圆周的外沿丈量。如果在中圈内部着色，它的颜色必须与限制区内部的着色相同。

（五）3 分投篮区

1. 分别距边线 1.25 米，从端线引出两条平行线。

2. 半径为 6.25 米（量至圆弧外沿）的圆弧（半圆）与两平行线相交。

3. 该圆弧的圆心要在对方球篮的中心垂直线与地面的交点上。圆心距端线内沿中点的距离为 1.575 米。注：假如球场宽度少于 15 米，圆弧仍按上述 6.25 米半径画出。

2010 年篮球规则部分区域变更，篮球场上的禁区，将由现在的梯形改变为长方形。梯形禁区的尺寸为罚球线长 3.6 米、梯形底线部分长 6 米、罚球线到底线长为 5.8 米。至于 2010 年改变为禁区长方形，长仍为 5.8 米、宽 4.9

米、罚球线仍维持 3.6 米。

球场内三分线距离，由现在的 6.25 米，延长到 6.75 米。（美国 NBA 的三分线长度为 7.25 米）

球场外的球队席，从底线算起，往记录台技术代表席的方向，长度 8 米 32.5 厘米，等于底线到三分线顶端弧线长度。

比赛到最后两分钟或是延长赛时，提出暂停的球队可以拥有后场球权，暂停后不用再从中场线外发球，而是技术代表区对面指定发球区发球。

依照美国职业篮球 NBA 的规则精神，从篮圈落地中心点画出一道 1.25 公尺的半圆，这个区域称为“合理冲撞免责区”，在这个区域内发生身体接触，只有阻挡犯规，没有带球撞人。这条规则与美国职业篮球 NBA 相同，未来篮球将主宰禁区。

当比赛中断时，如果 24 秒计时上的时间多于 14 秒（含 14 秒），则定时器的时间不做调整。如果少于 13 秒（含 13 秒 59），则 24 秒定时器剩余的时间将调整到 14 秒。

上述条文的变化，最重要的是禁区由梯形变动为长方形，另外三分线由目前的 6.25 米延长为 6.75 米。

2010 最新篮球场尺寸图的修改，从这项规则的改变，国际篮球规则已经逐渐地向美国 NBA 篮球规则中的场地规划相似。

二、篮球基本规则

（一）违例

1. 界定：违例是违犯规则的行为。

2. 罚则：发生违例的队失去球权，由对方队在违例地点最近的界外掷界外球继续比赛（篮板后除外）。

3. 违例的种类：

（1）时间方面的违例。

· 3 秒违例：进攻队员在对方的限制区内停留不得超过 3 秒钟（计时表正在走动），违犯就为 3 秒违例；

· 5 秒违例：持球队员必须在 5 秒钟内使球出手（投、传、运、滚等），违犯就为 5 秒违例；它分为三种情况：

A：掷界外球队员 5 秒违例；

B：罚球队员 5 秒违例；

C：场上持球队员被对方紧逼防守时 5 秒违例。

·8 秒违例：某方从获得球开始，必须在 8 秒钟内使球推进到前场，违犯就为 8 秒违例；

·24 秒违例：某方从获得球开始，必须在 24 秒钟内投篮出手，违犯就为 24 秒违例。

（2）跳球时的违例。

跳球队员的违例：

A：球在上升阶段就拍球；

B：一人连续拍球 2 次；

C：球没有触及非跳球队员、地面、篮板和篮圈等前就抢住球或触及球超过 2 次；

D：球在被合法拍击前离开跳球位置；

E：站位时没有使其一脚更靠近中线。

非跳球队员的违例：

A：在球被合法拍击前身体的任何部位位于中圈线上或进入中圈内；

B：在球被合法拍击前离开站位位置。

（3）掷界外球时的违例。

·5 秒违例；

·脚踏入场内掷球违例；

·掷出的球没有触及场上任何队员而直接触及了篮板、篮圈或篮网或命中为违例；

·掷出的球没有触及场上任何队员而又直接出界违例；

·掷出的球没有触及场上任何队员而掷球队员又在场内首先触及此球违例；

·掷界外球队员顺着进攻方向移动达 1 米以上的距离违例；

·场内队员直接从掷界外球队员的手中抢球进入比赛违例。

（4）罚球时的违例。

·罚球队员的违例：

A：5 秒违例；

B：球触及篮圈前触及了罚球线或其前面的地面；当球触及篮圈时触及了篮板或篮圈；

C：做投篮假动作；

D：故意用球打板；在球飞向球篮的途中触及了球；罚出的球从下方进入球篮；

E：没有站在罚球线后的半圆内；

F：罚出的球没有触及篮板、篮圈或篮网。

· 站位队员的违例：

A：没有按站位要求站位；站在不该站的位置；

B：球离开罚球队员的手前进入限制区、中立区或离开了站位位置；

C：在球飞向球篮的途中触及球；

D：在球触及篮圈时触及篮圈、篮板等；

E：用行为扰乱对方。

（5）比赛过程中的违例。

· 队员出界或球出界违例；

· 二次运球违例；（漏接球可以再拿球）

· 带球走违例；（在传球或投篮时可抬起中枢脚）

· 携带球违例；

· 拳击球违例；

· 脚踢球违例；（球碰脚不是脚球）

· 故意把球投进本方球篮违例；（第二次这样做是技术犯规）

· 干扰球违例；

球回后场违例：控制球队队员在前场使球回到了后场，控制球队队员在后场又首先触及此球。（防守队员点拨运球队员手中的球仍为原控制球队控制球。）

（二）犯规

1. 界定：犯规是违犯规则的行为，含有与对方队员的身体接触或违反体育道德的举止。

2. 罚则

罚则 1：防守队员对未做投篮动作的队员犯规，登记一次犯规，仍由原进攻队掷界外球继续比赛；

罚则 2：防守队员对正在做投篮动作的队员犯规，球命中照计得分，登记该队员一次犯规，让被犯队员罚球一次；如球没有命中，则根据投篮地点判给该队员 2 或 3 次罚球。

罚则 3：如果防守一方已满 7 次或 4 次犯规，不管被犯队员是否投篮，都要判给被犯队员 2 次罚球；如果被犯队员正在 3 分区内投篮，则判给 3 次罚球。

罚则 4：如果进攻队员犯规，登记该队员一次犯规，判给防守队在犯规地点最近的界外掷界外球继续比赛（不管全队犯规是否达到 7 或 4 次）。

3. 犯规的类型

（1）侵人犯规：不管是活球还是死球时，与对方队员发生非法接触的队员犯规（阻挡、撞人、拉人、推人、非法用手、过分挥肘、非法掩护、从背后防守）。

（2）技术犯规：指所有与对方没有身体接触的队员犯规（队员技术犯规、教练员等人技术犯规、比赛休息时间内的技术犯规）。

（3）违犯体育道德的犯规：不是在规则的精神和意图范围内合法地直接地试图抢球而造成的侵人犯规（违反体育道德的侵人犯规、违反体育道德的技术犯规）。

（4）双方犯规：2 名对抗的双方队员同时发生接触的犯规。

（5）取消比赛资格的犯规：十分恶劣的不道德的犯规是取消比赛资格的犯规（可能是侵人犯规，也可能是技术犯规）。

4. 判定一起身体接触是否犯规的原则

（1）垂直性原则：每个队员对其上方或下方（圆柱体内）拥有主权，不得受到他人的侵犯，谁侵犯谁负责。

（2）谁先到谁就有权占据的原则：任何人不得使用任何手段使原来占据合法位置的队员离开其位置。

（3）是否尽量避免身体接触的原则：尽量避免发生身体接触的人对接触负次要责任。

（4）根据规则的精神和意图以及坚持比赛的完整的需要的原则。

（5）运用“有利 / 无利”概念中的一致性的原则：不要企图靠不必要

地打断比赛的流畅来处罚附带的身体接触，况且该接触没有使有责任的队员获利，也没有置对方于不利。

（6）合法掩护的原则：合法掩护建立在：面向对手、双脚落地和静止不动三者缺一不可。

三、篮球基本手势

· 裁判员得分手势

· 裁判员时钟手势

· 裁判员管理手势

· 裁判员违例手势

· 裁判员犯规手势

· 裁判员号码手势

（一）裁判员得分手势

裁判员时钟手势

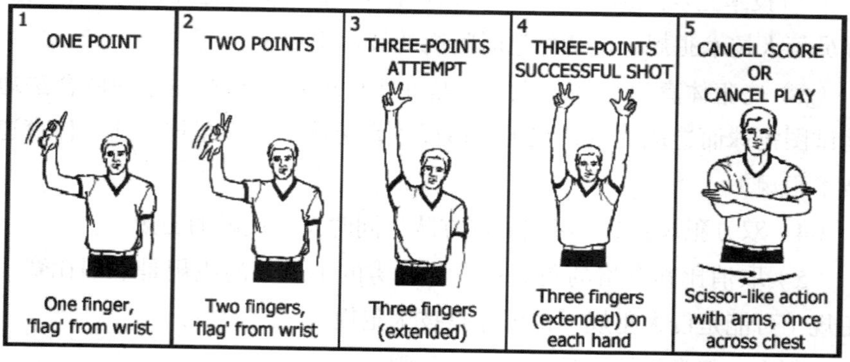

裁判员管理手势

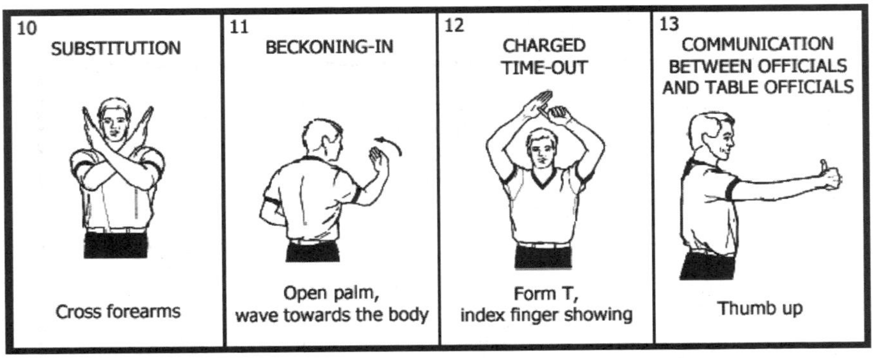

（二）裁判员违例手势 1

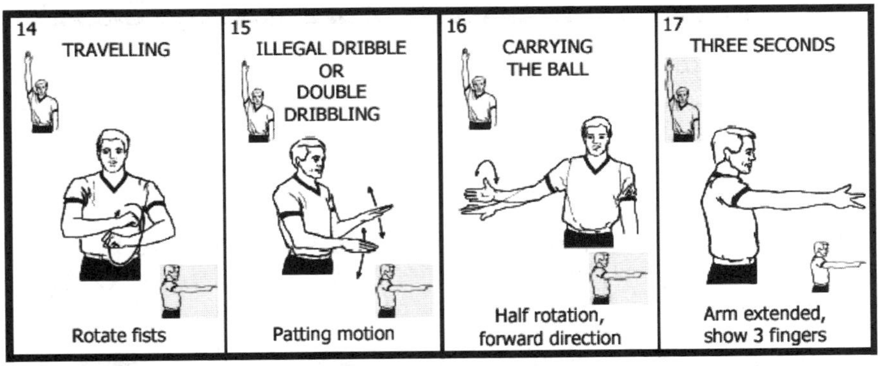

（三）裁判员违例手势 2

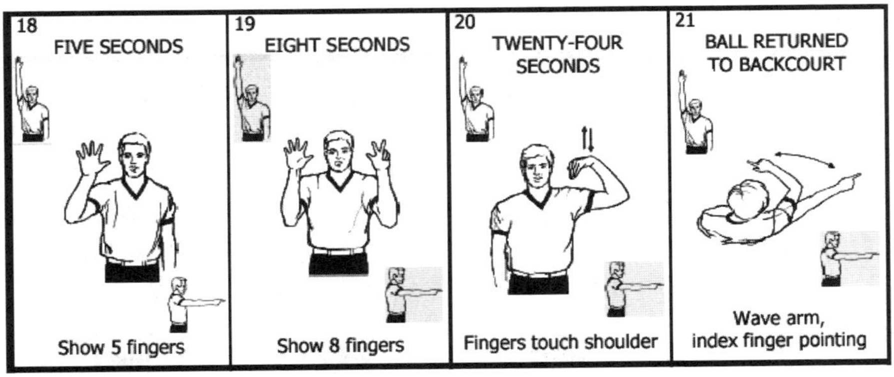

（四）裁判员违例手势 3

（五）裁判员报号手势 1

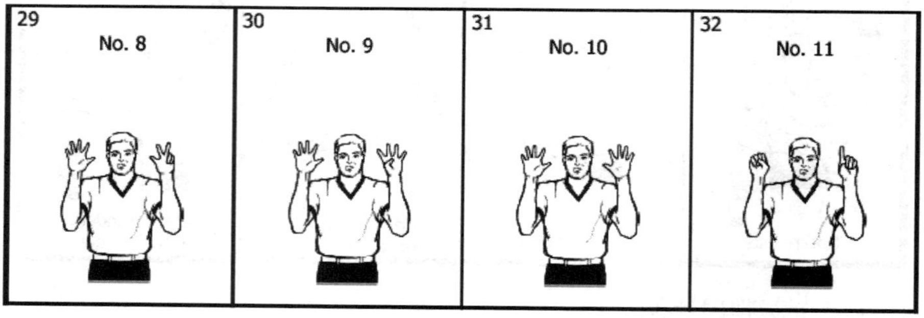

（六）裁判员报号手势 2

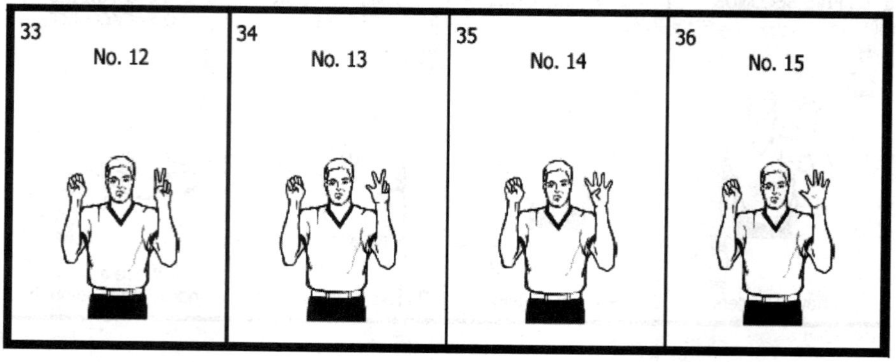

（七）裁判员犯规手势 1

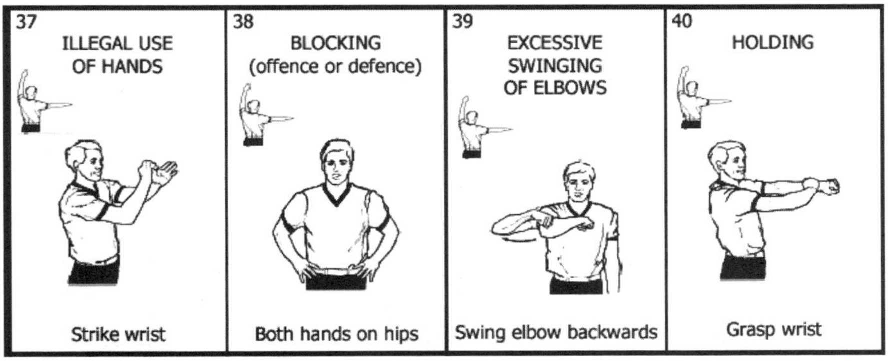

（八）裁判员犯规手势 2

（九）裁判员犯规手势 3

（十）罚球次数手势

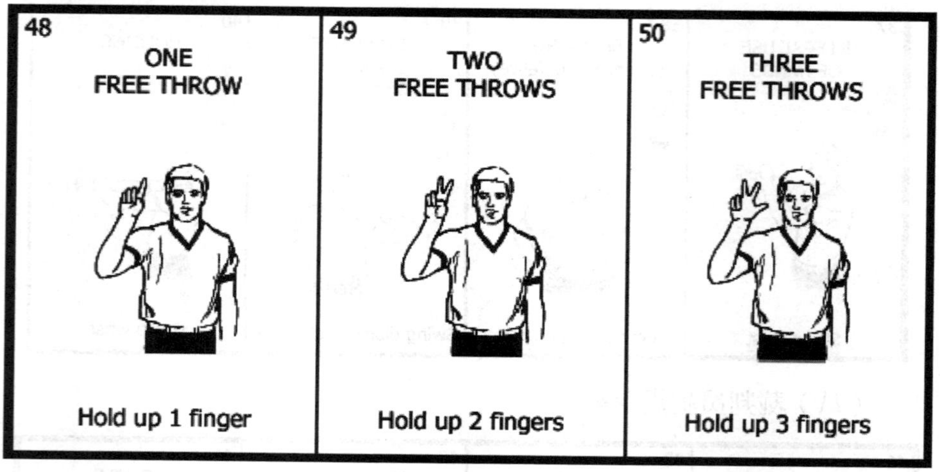

（十一）进攻方向手势

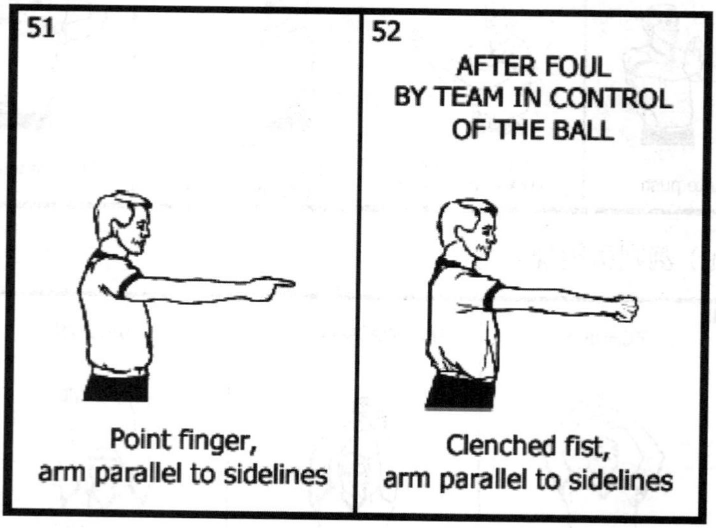

（十二）执行罚球限制区内手势

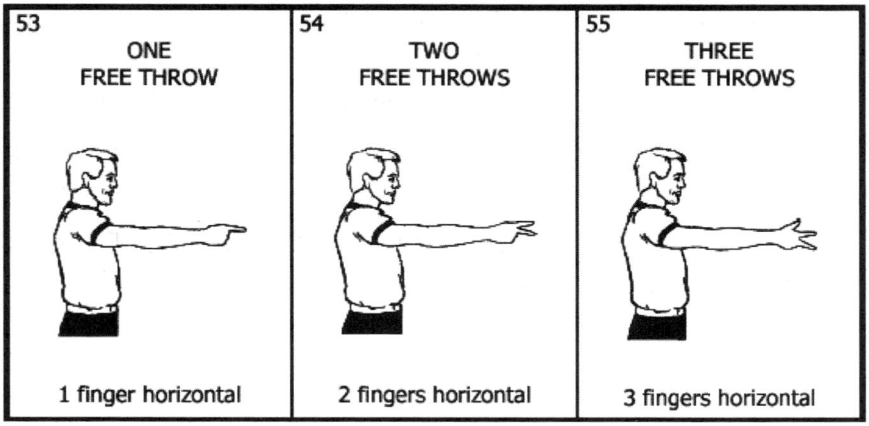

（十三）执行罚球限制区外手势

四、篮球裁判员应具备的基本素质

（一）思想素质：1. 敬业精神；2. 职业道德

（二）业务素质：1. 精通规则裁判法；2. 通晓技战术知识；3. 较强英语能力

（三）心理素质：1. 自信；2. 思维敏捷；3. 果断；4. 沉着冷静

（四）身体素质：1. 速度快；2. 耐力好；3. 灵敏高

参考文献

［1］孙民治《篮球》，北京，高等教育出版社，1995。

［2］李辅材等，中国篮球运动史 1 版，武汉：武汉出版社。

［3］孙民治，篮球纵横 1 版，北京，人民体育出版社，1996。

［4］孙民治，篮球意识及培养，北京体育大学学报，1995。

［5］中国篮球协会，篮球竞速规则 2016 版，北京：光明日报出版社。

［6］孙民治，篮球运动高级教程［M］，北京：人民教育出版社，2000。

［7］李丽，高校体育文化建构与促进学生身心和谐发展研究闭 . 体育文化导刊，2007：68~70。

社会实践篇

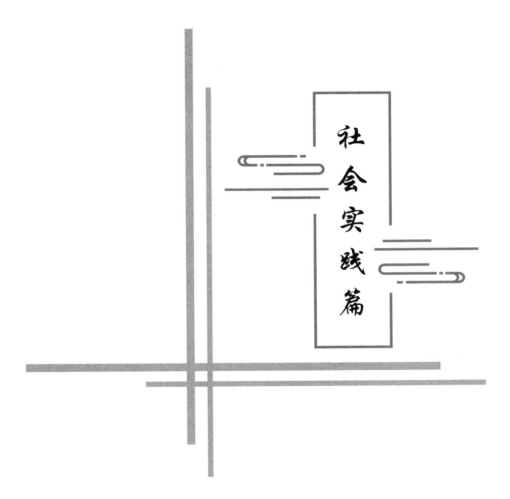

一、延安、西安篇

开启红色之旅，探索古都文化

（一）延安篇

红色圣地延安，是许多人向往的地方。著名革命景点宝塔山，早已成为红色政权的标志。宝塔始建于唐代，登上塔顶，全城风貌可尽收眼底。在塔旁边有一口明代铸造的铁钟，中共中央在延安时，曾用它来报时和报警，是延安革命圣地的标志性建筑。在塔前，有辅导老师向大家讲述延安这座革命古城的红色故事，并向同学们发放红军帽子。随着工作人员的指引，开始了对纪念馆的参观和学习。

延安革命纪念馆是一座规模宏大、内容丰富、历史价值高、感召力强、图文并茂的大型革命历史纪念馆。馆前广场上矗立着毛泽东的青铜像；展厅大门前有三个大花坛，花草拼成的“实事求是”4字鲜艳夺目；馆内有大量珍贵的革命文物，如毛泽东用过的手枪，战士们缴获的日本武器，还有一些仿真的战斗场景等。“小米加步枪”的展示，更是延安精神的最真实的写照。还有一些长征时战士们的破旧草鞋和衣服，看得让大家心酸，更感到震撼。老一辈革命家在延安住窑洞、吃小米、驱日寇的光辉业绩，全面展示了中国共产党及人民军队在延安革命十三年的经历。这些资料为我们学习中国革命史，进行革命传统教育，提供了极其珍贵的资料。

延安枣园革命旧址是一个园林式的革命纪念地，也是中共中央书记处所在地，现已成为全国革命传统教育的重要基地之一；“八一敬老院”住的都是对革命有功之人。在此聆听老人们讲述他们经历的峥嵘岁月、战火青春、浴血奋战，仿佛仍历历在目，内心里充满了对老一辈革命家们无比的崇敬之情。

开启红色之旅，探索古都文化，用最直观的体验去感受中华民族坚忍不拔的毅力、顽强拼搏的精神、自强不息的信念。感受革命圣地延安所拥有的厚重的文化底蕴，领悟延安所寄托的艰苦奋斗、拯救中国的革命精神。“红军战士崇高的革命理想，必胜的坚定信念与无私的奉献精神，定会薪火相传，把红色精神延续下去。”

（二）西安篇

参观位于西安南郊的小雁塔、汉族居民院落、欣赏关中传统文化艺术——皮影，是游学活动的内容之一。以陕西为代表的中国西北部地区传统皮影，人物造型的特点是精细秀丽，刻画惟妙惟肖。表演时，艺人们在白色幕布后，一边操纵戏曲人物，一边用当地流行的曲调唱述故事，同时配以打击乐器和弦乐，有浓重的乡土气息。欣赏后，同学们还可在专业导师的指导下进行了皮影组装，学生们通过动手组装，更全面地体会到了这一艺术形式的独特魅力。

探访陕西省非物质文化遗产永兴坊，体会古坊焕发出新的生机，感受历史与传统交融、美食与文化相衬的陕西特色商业美食街。在此，同学们既品尝了关中特色小吃，又加深了对我国少数民族“大杂居，小聚居”分布格局的了解，感受到了陕西历史传承的博大精深。

西安是六朝古都，历史文化厚重，位于临潼的秦俑村，更是爱国主义教育的基地——秦始皇兵马俑博物馆所在地。

秦始皇兵马俑博物馆是中国最大的古代军事博物馆，秦俑也被誉为“世界第八大奇迹”。进入秦俑馆后，在义务导游的精彩讲解下，依序参观秦始皇铜车马和一、二、三号俑坑。这里成千上万的兵马俑，神情各异，无一相同，或冷酷，或坚毅，眉、目、唇、鼻、耳每个细节无不是精雕细琢而成。在参观中，同学们可以领略秦时人民手工艺术水平之高超。

来到西安，不能不拜访大雁塔。大雁塔广场就位于举世闻名的佛教圣地大雁塔脚下，整体设计凸显大雁塔、大慈恩寺及大唐文化精神，并注重人性化设计，本身是一个规模宏大的音乐喷泉广场。看到大雁塔，自然想起了唐僧师徒西天取经的故事，神话也好、传说也好、真人真事也好，在这里，一切都成了我们美好的经历。

延安、西安游学，不仅为红色足迹社会实践活动画上了浓墨重彩的一笔，更是有利于红色基因浸入孩子们的心扉，坚定爱国的信念，树立远大的理想，珍惜韶华，奋发有为，让革命精神生生不息、薪火相传。此外，还加深了同学们对西安这座千年古都的历史底蕴、现代风采的了解。

西行漫记——游走中感受不一样的历史

第一章　枣园中走出红色政权

第一节　双手抱定宝塔山

【知识链接】

“几回回梦里回延安，双手搂定宝塔山”这是著名文学家贺敬之的话语。它热情讴歌了宝塔山在全国人民心目中的重要地位。宝塔山及山上的宝塔成为一代中国人心目中圣地的象征。1953 年，我国发行的第二套人民币两元券正面图案即为“延安宝塔山”。中华人民共和国 1955 年颁授的独立自由勋章，核心图案也是宝塔山。

宝塔山，古称丰林山，宋时改名为嘉岭山，现在又称宝塔山。位于延安城东南方，海拔 1135.5 米，为周围群山之冠。宝塔建于唐代，高 44 米，共九层，登上塔顶，全城风貌可尽收眼底。在塔旁边有一口明代铸造的铁钟，中共中央在延安时，曾用它来报时和报警。此外山上还有长达 260 米的摩崖石刻群和碑林，石刻案面整齐，是难得的石刻艺术。山上现已建成为宝塔山公园，林木葱郁，环境优美。宝塔山是延安市的标志性建筑，是游览延安的必去之地。

宝塔山同时还是历史名城延安的标志，是革命圣地的象征。1935年，中共中央进驻延安后，在随后的抗日战争及解放战争期间，延安成为全国追求进步、民主、自由的进步人士和青年的圣地。在新中国成立后，周总理等老一辈革命家，江泽民、李鹏、朱镕基、李瑞环、胡锦涛、李岚清等党和国家领导人都曾登临宝塔山，视察革命圣地的变迁。尤其是在改革开放的三十多年来，随着延安成为全国红色旅游重要的教育基地，宝塔山也成为中外游客到延安旅游的重要景点。

宝塔山除了有全国重点文物保护单位延安宝塔外，尚有宋代摩崖石刻、明代大铁钟、清代“重修嘉岭书院记”石碑、范公井、烽火台、古城墙及望寇台等文物古迹，还有日本工农党校旧址，古今名人诗词碑刻等景观。因此，这一地区对学生的历史、语文等学科的学习有重要的帮助作用。

【游学感悟】

延安宝塔山是游学活动的一个重要地点，但由于其所处的陕北地区距离北京较远，两地的文化、生活习俗存在差异，对于生活在北京的高中生而言，有太多的陌生感；而且学生在学习历史的过程中，对于中国近代史的学习本身就存在着很多的问题，基础知识的混乱会对学生的游学学习效果产生非常大的影响作用。这些都需要教师在游学之前为学生进行相应的学习知识的储备。

建议教师在行前的准备中，首先将陕北地区的一些文化特色向学生加以介绍，例如陕北的气候、地理特色；语言方言特点等，以增加学生对这一地区的兴趣。

在具体知识学习方面，教师引导学生重新对所学的近代史知识进行整理，其中包括：红军的长征、共产党领导的抗日战争相关史实等。在此之后，教师不仅应对学生进行相应的知识检测，同时还可以引导学生通过搜集相关资料，从宝塔山遗留的历史文物保护、宝塔山旅游资源开发等方面进行探究，寻找一些学生能够感兴趣的课题，丰富游学活动，同时增强学生的学习兴趣。

【牛刀小试】

1. 延安是中国革命的圣地，你知道抗日战争时期延安被称为什么吗？党中央在延安一共驻扎了多长时间？

2. 延安革命纪念馆共由几个展厅组成？延安革命史共分成几个单元展出，分别是什么？

第二节　向老红军们致敬

【知识链接】

延安市八一敬老院始建于1959年，是全国唯一一所以“八一”冠名的敬老院，副县级建制，隶属延安市民政局管理。主要承担全市13个县（区）在乡退伍红军老战士、在乡老复员军人等重点优抚对象的集中供养工作。

自建院以来，受到了党、政、军各级领导和社会各界的高度重视和关怀。党和国家领导人习近平、李克强、胡锦涛、李源潮、汪洋、吴邦国、贾庆林、曾庆红、贺国强等先后来院看望慰问老红军，历任兰州军区司令员、政委及陕西省委书记、省长等领导也多次到八一敬老院视察、慰问。

八一敬老院不仅是老红军、老复员军人颐养天年的温馨家园，也是弘扬爱国主义教育、革命传统教育和延安精神教育的重要基地。老人们利用自身独特的“政治活教材”优势，开展红色教育，近年来，每年接待各级领导100余人次，各大专院校学生、部队官兵、社会团体、中小学生6000余人次，中外记者20多批。

【游学感悟】

学生学习过程中，教师可以组织学生参加与老红军的一系列互动活动，由老红军为学生们讲述很多自己身上的战斗故事。不仅增加了学生们的兴趣，还在这种环节中丰富了学生的历史知识。

【牛刀小试】

在听老红军的战斗故事后，有哪些是最能够让你感动的？

第三节　枣园中走出红色政权

【知识链接】

枣园又名“延园”，原是陕北军阀高双成的庄园，国共十年对峙时期归人民所有。中共中央来延安后，于1941年开始修建，至1943年竣工。共修窑洞二十余孔，平瓦房八十余间，礼堂一座。1943年，毛泽东、张闻天、刘少奇等先后迁居枣园。1944年至1947年3月，这里是中共中央书记处所在地。1945年8月，毛泽东由这里赴重庆和国民党进行和平谈判。毛泽东、周恩来、朱德、任弼时、刘少奇、张闻天、彭德怀等领导人先后在这里居住，领导中国革命。中共中央在这里领导抗日战争、整风运动和大生产运动，筹备并召开“七大”，领导解放战争。1947年3月，中共中央书记处从这里撤离，转战陕北。现为全国重点文物保护单位，全国红色旅游重要景点及青少年重要的教育基地。1996年，第五届全国大学生运动会“世纪之火”火炬传递活动采集“革命之火”火种的仪式在枣园隆重举行。枣园已成为全国革命传统教育的重要基地之一。

枣园现展出文物共计800余件，在全国红色旅游景点中占据着重要的地位。学生在游览、学习的过程中，可以参观中共中央书记处小礼堂，毛泽东、刘少奇、周恩来、朱德、任弼时、张闻天、彭德怀等领导人旧居，“为人民服务”讲话台，中央医务所旧址，幸福渠等参观学习景点。

进入枣园地区后，首先到任弼时同志旧居。其位于中央书记处小礼堂后面的山下。任弼时在这里居住期间，主持中共中央书记处的工作，参与领导了整风运动和大生产运动，参加筹备了中国共产党第七次全国代表大会。

任弼时旧居旁还有刘少奇、彭德怀、朱德等中共领导人的旧居。沿着任弼时同志旧居旁边的台阶走上山去，就来到毛泽东同志旧居的院落。1943年初至1946年初，毛泽东在这里居住。周恩来同志旧居在毛泽东同志旧居的西边，是一排四孔面向西南的石窑洞。1944 年 10 月至 1947 年 3 月，周恩来在这里居住。

枣园西北面山上的一幢房子，是苏联医生阿洛夫住过的地方。当时，阿洛夫医生除给中共中央的同志们看病外，还经常给枣园及周围村庄的群众看病和接生。当地一些群众给孩子起名叫“院生”“院成”，以示纪念。

河渠边保留着当年的一个讲台，中共中央常在这里召开大会。1944 年 9 月 8 日，在这里召开了警备团战士张思德同志的追悼大会，毛泽东在会上作了著名的《为人民服务》的讲话。

【游学感悟】

作为全国重要的红色教育基地及重点文物保护单位，延安枣园在学生的陕北游学活动中占有重要的位置，也是对学生进行爱国主义教育的重要内容。但在进行游学活动之前，教师也要通过大量的工作，帮助学生进行必要的知识储备，以强化学生的知识基础、提升学生的学习兴趣，达到较好的游学效果。

具体而言，教师可以利用游学前的学习过程，引导学生列举出在国共十年对峙时期、抗日战争时期及解放战争初期，在延安发生过的重要的历史事件。通过学生的自行整理、教师的辅助帮助，学生可以对这段时期的重要历史事件脉络进行整理，对于游学过程中的基础知识进一步进行夯实。

在此基础上，教师可以向学生就一些近代史上重要的历史事件介绍不同历史学家的研究成果，通过学习，激发学生的历史学习兴趣，帮助学生可以带着问题，探访延安枣园等这些历史事件的实际发生地，在游学的过程中，进行不断探索，最终达到游学活动“激发学习兴趣、用一种全新的方式进行学习”的最终目的。

【牛刀小试】

1. 延安枣园是抗日战争期间中共中央的所在地，其间发生过很多重大的历史事件。你是否能列举出几件？

2. 毛主席曾经在延安枣园发表过多篇重要的文章，你是否能写出几篇来？

第二章　千年帝都里风度依旧

第一节　小雁塔下皮影情

【知识链接】

小雁塔位于唐长安城安仁坊（今陕西省西安市南郊）荐福寺内，又称“荐福寺塔”，建于唐景龙年间，与大雁塔同为唐长安城保留至今的重要标志。小雁塔是中国早期方形密檐式砖塔的典型作品，原有15层，现存13层，高43.4米，塔形秀丽，是唐代佛教建筑艺术遗产，佛教传入中原地区并融入汉族文化的标志性建筑。

小雁塔与大雁塔东西相向，是唐代京师长安保留至今的两处重要地标。小雁塔在唐、宋朝时期一直叫“荐福寺塔”，“小雁塔”之名和“大雁塔”有关。

唐高宗永徽三年（652年），朝廷资助在长安大慈恩寺西院建造用于安置玄奘由印度带回经籍的佛塔，此塔名雁塔。唐中宗景龙元年（707年），由皇宫中的宫人集资、著名的道岸法师在荐福寺主持营造了一座较小的佛塔。后来，为了区别两塔，慈恩寺塔名为“大雁塔”，而荐福寺塔外形似雁塔又小于大雁塔，故名“小雁塔”，一直流传至今。

小雁塔和荐福寺钟楼内的古钟合称为“关中八景”之一的“雁塔晨钟”，是西安博物院的组成部分，为国家AAAA级旅游景区。1961年3月4日，小雁塔被国务院公布为第一批全国重点文物保护单位。2014年6月22日，在卡塔尔多哈召开的联合国教科文组织第38届世界遗产委员会会议上，小雁塔作为中国、哈萨克斯坦和吉尔吉斯斯坦三国联合申遗的“丝绸之路：长安——天山廊道的路网”中的一处遗址点被成功列入《世界遗产名录》。

小雁塔景区内还有一座独树一帜的博物院——西安博物院。这座博物院由文物展馆区、小雁塔和荐福寺为核心的历史名胜区以及园林游览区三部分构成。2007 年 5 月 18 日正式对外开放。西安博物院体现出了强烈的地域博物馆特色。其以“古都西安”作为一条重要的线索，将西安作为 13 朝古都，拥有着 1000 多年的建都历史，着重体现了西安千年以来的城市历史发展情况。在整体介绍西安历史发展的布置中，博物馆通过“千年古都”和“帝都万象”两个方面从周秦至隋唐西安历史发展进行了整体的叙述与布展。

除此之外，博物院还通过设立“长安佛教”“古代书画”“玉器专题”“印章专题”“历史陈列厅”等一系列展示，从不同方面揭示了古代西安，乃至陕西地区各方面发展的状况，学生通过参观，可以从课本以外更多方面对中国古代的历史进行学习与了解，具有很高的游学价值。

皮影戏，旧称“影子戏”或“灯影戏”，是一种用蜡烛或燃烧的酒精等光源照射兽皮或纸板做成的人物剪影以表演故事的民间戏剧。表演时，艺人们在白色幕布后面，一边操纵戏曲人物，一边用当地流行的曲调唱述故事（有时用方言），同时配以打击乐器和弦乐，有浓厚的乡土气息。在河南、山西、陕西、甘肃天水等地农村，这种拙朴的汉族民间艺术形式很受人们的欢迎。

“皮影”是对皮影戏和皮影戏人物（包括场面道具景物）制品的通用称谓。皮影戏是让观众通过白色幕布，观看一种平面人偶表演的灯影来达到艺术效果的戏剧形式；而皮影戏中的平面人偶以及场面景物，通常是民间艺人用手工、刀雕彩绘而成的皮制品，故称之为皮影。在过去还没有电影、电视的年代，皮影戏曾是十分受欢迎的民间娱乐活动之一。

2011 年中国皮影戏入选人类非物质文化遗产代表作名录。在大力弘扬中华传统文化的今天，皮影戏非常适合加入到学生的游学活动中，通过观看皮影戏、学生亲手制作等环节，真正在活动中体会文化的迷人之处，帮助学生增强对中华传统文化的兴趣。

【游学感悟】

在本节活动中，学生的游学目的地也从红色旅游的重要城市——延安，转移到了我国重要的古都、历史文化名城——西安。在这个中华文明的重要发祥地，有很多的活动项目与环节，教师需要对这些项目与环节进行精心筛选，才能更好地提升学生的学习成果与兴趣。

因此，本次在西安市内的游学，教师主要选择了几个具有代表性的地点——小雁塔、西安博物院，并安排了观看与制作皮影戏这个环节。

小雁塔与西安博物院毗邻，而且也成为西安博物院历史名胜区的一个重要组成部分。小雁塔造型优美，虽然在明朝嘉靖三十四年的关中大地震过程中，14 至 15 层的塔身被毁，但现存的 13 层塔身仍旧可以看出佛教文化在中国传播的过程中，不断与汉族文化融合的特点。这也是学生了解唐代建筑特色的资源。

西安博物院作为西安地区重要的地区性博物院，收藏了大量西安当地的文物等实物资料。学生可以通过大量实物展品，或通过 3D 展示等方法，了解西安作为千年古都的历史发展脉络。

皮影戏作为我国各地流传广泛的剧种，从西汉诞生至今已经有两千余年的历史。现在的学生与电视、电脑等新兴事物接触很多，对于皮影戏知之甚少。所以本次活动更能较好地激发学生的兴趣，帮助学生更好地了解中国古代的传统文化，体会其魅力。

在游学活动之前，教师应该先通过行前课程等，引导学生大致了解佛教的基本教义，了解佛教在发源地印度的“塔”建筑风格，了解佛教从东汉时期传入我国之后的变化脉络，了解中原传统的佛教寺庙的建筑特点等。以此作为最基本的知识储备，为学生在小雁塔的学习与参观奠定基础。

关于西安的历史发展等知识，教师可以帮助学生多收集一些“周秦”至“隋唐”，乃至近代西安地区的主要历史发展线索，通过教学多媒体等向学生进行展示，学生在学习的过程中，不仅可以将中国古代的重要朝代的时空关系记忆准确，增强基础知识的学习与巩固，还能从直观的角度对一些重要的历史文物进行了解，这些都为学生真正到了西安博物院，看到真实展品之后的学习奠定了基础。

在皮影戏的学习过程中，建议教师可以与西安博物院的工作人员进行联系，由当地的工作人员为学生讲解皮影戏的发展情况、皮影戏反映的主要角色、皮影的制作过程等。而且由工作人员带领学生进行皮影的制作，通过学生的亲手制作，可以使学生的动手能力有所加强，使学生对中华传统文化有更深入的了解与掌握。

【牛刀小试】

1. 西安在中国历史上地位曾经一度非常显赫，是多个王朝的都城。它曾经是下列哪些朝代的都城所在地？

①东周　　②西汉　　③西晋　　④唐

A. ①②　　B. ①③　　C. ②③　　D. ②④

2. 西安的城市规划曾经强调过居住区与商品交易区要分离，为此，有的朝代曾经长时间在西安实行________

A. 市坊制　　B. 分封制　　C. 郡县制　　D. 共和制

3. 西安是一座闻名于世的历史文化名城，市内有很多世界级的文物古迹。它们魅力无穷，每年都吸引着众多的游客前来西安参观游览。你能够写出一些你所了解的有关西安的历史古迹吗？（请写出至少 3 个）

第二节　始皇陵中的地下军团

【知识链接】

秦始皇陵是中国历史上第一个皇帝——秦始皇帝的陵墓，也称骊山陵。兵马俑坑现在在学术界普遍被认为是始皇陵的陪葬坑，位于陵园东侧 1500 米处。其规模之大，陪葬坑之多，内涵之丰富，为历代帝王陵墓之冠。

秦始皇陵从现存的地面建筑遗迹可以看出，整体陵园有两重城垣，平面呈现出回字形。陵丘位于内城垣中部偏南侧，陵丘的西北 50 米处建有寝殿，便于后世对秦始皇的祭祀。在寝殿中，对秦始皇像进行供奉与祭祀，这种陵寝制度对后世产生了深远的影响，被后世历代帝王陵墓所仿效，直至明清。其也成为我国古代丧葬文化的一个重要组成部分。

其次，陵墓不仅在建筑风格及建筑布局上面开创了独特之处，而且在陪葬制度上也开创了独特之处。这便是被称为世界第八大奇迹的秦始皇陵兵马俑。

秦始皇兵马俑坑是秦始皇陵的陪葬坑，位于陵园东侧1500米处。秦始皇兵马俑陪葬坑坐西向东，三坑呈品字形排列。最早发现的是一号俑坑，呈长方形，东西长230米，南北宽62米，深约5米，总面积14260平方米，四面有斜坡门道，左右两侧又各有一个兵马俑坑，现称二号坑和三号坑。秦始皇兵马俑陪葬坑，是世界最大的地下军事博物馆。俑坑布局合理，结构奇特，在深5米左右的坑底，每隔3米架起一道东西向的承重墙，兵马俑排列在墙间空当的过洞中。

1974年3月，在陵东的西杨村村民抗旱打井时，发现了规模宏大的秦始皇陵兵马俑坑，后经发掘，揭开了埋葬于地下2000多年的秦兵马俑。

在一号坑中已发掘出武士俑500余件，战车6乘，驾车马24匹，还有青铜剑、吴钩、矛、箭、弩机、铜戟等实战用的青铜兵器和铁器。俑坑东端有210个与人等高的陶武士俑，面部神态、服式、发型各不相同，个个栩栩如生，形态逼真，排成三列横队，每列70人，其中除3个领队身着铠甲外，其余均穿短褐，腿扎裹腿，线履系带，免盔束发，挽弓挎箭，手执弩机，似待命出发的前锋部队。其后，是6000个铠甲俑组成的主体部队，个个手执3米左右长矛、戈、戟等长兵器，同35乘驷马战车间隔在11条东西向的过洞里，排成38路纵队。南北两侧和两端，各有一列武士俑，似为卫队，以防侧尾受袭。这支队伍阵容齐整，装备完备，威风凛凛，气壮山河，是秦始皇当年浩荡大军的艺术再现，具有强烈的艺术感染力。二号坑位于一号坑的东北侧和三号坑的东侧，呈曲尺形方阵，东西长96米，南北宽为84米，总面积约为6000平方米。坑内建筑与一号坑相同，但布阵更为复杂，兵种更为齐全，是3个坑中最为壮观的军阵。二号坑建有1.7万平方米的陈列大厅，是目前我国规模最大、功能最齐全的现代化遗址陈列厅。据初步推算，二号坑有陶俑陶马1300多件，战车80余辆，青铜兵器数万件，其中将军俑、鞍马俑、跪姿射俑为首次发现。

二号坑东、西两端各有4个斜坡门道，北边有2个斜坡门道，俑坑坐西面东，正门在东边。坑内布局分为4个单元。第一单元，位于俑坑东端，四周长廊有立式弩兵俑60个，阵心由八路面东的160个蹲跪式弩兵俑组成。弩兵采取阵中张阵的编列，立、跪起伏轮番射击，以弥弩张缓慢之虞。第二个单元，位于俑坑的右侧，由64乘战车组成方阵（车系木质，仅留遗迹）。

每列8乘，共有8列。车前驾有真马大小的陶马4匹。每车后一字排列兵俑3个，中为御手拉马辔，另两个分别立于车左和车右，手持长柄兵器。第三单元，位于中部，由19辆战车、264个步兵俑和8个骑士俑组成长方形阵，共分3列。每匹马前立骑士俑一个，一手牵马缰，一手作拉弓状。每乘车后除三名车士外，还配有8~36个步兵俑。第四单元，位于军阵左侧，108个骑士俑和180匹陶鞍马俑排成11列横队，组成长方形骑兵阵。其中第1、3列为战车6辆。每匹马前，立胡服骑士俑一个，右手牵马，左手拉弓。

三号坑在一号坑西端25米处，面积约为520平方米，呈凹字形。门前有一乘战车，内有武士俑68个。从3号坑的布局看，似为总指挥部，统帅左、右、中三军，只是没有建成而已。四号坑有坑无俑，只有回填的泥土。

兵马俑坑从1961年起被中华人民共和国国务院指定为全国重点文物保护单位，1987年被联合国教科文组织批准列入《世界遗产名录》，2007年被批准为国家5A级旅游景区。

【游学感悟】

秦始皇陵及兵马俑作为全国5A级旅游景点家喻户晓，很多学生在小学或者初中时已经和家长一起进行过游览。但由于其具有丰富的历史文化价值，所以在学校组织高中学生的游学活动中，陕西的游学线路必然避不开这一重要的学习景点。因此，如何让这个传统的景点在高中学生的游学活动中发挥出不一样的特色，便变得至关重要。

因此，在游学之前，建议教师可以先利用行前准备课的时间为学生大量展示兵马俑的图片资料，让学生大致了解一下兵马俑都有哪些分类，各自不同的人俑在面部表情、服装装备、行动姿态上各有什么不同的地方，这样可以产生直观的认识。

到景点现场后，工作人员会带领学生从一号坑开始到三号坑结束，进行全程的讲解。讲解内容较为丰富，可以吸引学生的注意力，激发学生的学习兴趣，达到学生游学的目的。但为了更好地帮助学生加深印象，建议教师可以为学生准备一些专门的行前前测、游学作业以及行后的后测等题目，学生在过程中会做到较好的“有的放矢”，既让学生加深了对兵马俑，乃至秦始皇陵的全面认识，还能克服有些学生由于多次游览而带来的厌倦感，真正达到学生游学的目的。

【牛刀小试】

1. 秦始皇陵的兵马俑被誉为“世界奇迹”，而每一件兵马俑都是用什么制作而成的?

A. 陶　　B. 瓷　　C. 玻璃　　D. 木头

2. 秦始皇陵兵马俑位于秦代都城咸阳的东边，其具体所处的位置在今天的________

A. 骊山　　B. 华山　　C. 崤山　　D. 武当山

3. 参观了秦始皇陵博物馆后，你有何感受?

第三节　舌尖上品味到的西安历史

【知识链接】

陕西的美食品种非常丰富，其中尤以各种面食最为突出。本次游学活动，就将引导学生体会、品尝、了解一些陕西的特色小吃。

1. 千层油酥饼（荣获“金鼎奖”“中华名小吃”称号）。千层油酥饼被誉为“长安第一点”。相传，唐玄奘法师取经回长安后，翻译佛经达千卷时，唐高宗李治命宫中御厨专门用植物油炸成“千层烙饼”，赏赐给玄奘，以示慰劳和表彰。后经历代厨师不断改进，取名为千层油酥饼。千余年来历久不衰，一直流传至今。

2. 金线油塔（荣获“中华名小吃”称号）。唐时金线油塔属于蒸饼，亦称“油塌”，为唐丞相段文昌家里一位女厨所擅长，后流传民间。经过厨师们精心改进的金线油塔在制作时，除加适量猪板油和调料外，更讲究调面、切丝和盘形。

3. 羊肉泡馍简称羊肉泡、泡馍，制作原料主要有羊肉、葱末、粉丝、糖蒜等，古称“羊羹”，西北美馔，尤以陕西西安最享牛羊肉泡馍盛名，它烹制精细，料重味醇，肉烂汤浓，肥而不腻，营养丰富，香气四溢，诱人食欲，食后回味无穷。北宋著名诗人苏轼留有“陇馔有熊腊，秦烹唯羊羹”的诗句。因它暖胃耐饥，素为西安和西北地区各族人民所喜爱，外宾来陕也争先品尝，以饱口福。牛羊肉泡馍已成为陕西名食的“总代表”。

4.Biáng biáng 面（汉语拼音：Biáng biáng miàn，biang 字是一个合字，有多种写法，均无法输入电脑，常被代替写为 Biáng biáng 面、Biáng biáng 面或彪彪面、冰冰面）。是陕西关中特色传统风味面食，是传统的陕西裤带面。因为制作过程中有 biang、biang 的声音而得名。特指关中麦子磨成的面粉，通常手工拉成长宽厚的面条。由上等面粉精制而成，用酱油、醋、味精、花椒等佐料调入面汤，捞入面条，淋上烧热的植物油即成。

5. 樊记腊汁肉是陕西省西安市著名传统小吃。由樊凤祥父子俩创于 1925 年，已有 70 年历史。于 1989 年参加商业部“金鼎奖”评选活动，被评为部优产品。腊汁肉是一种用酱锅卤制的酱汁肉，但比一般酱肉酥烂，滋味鲜长。由于选料精细，调料全面，火功到家，加上使用陈年老汤，因此所制的腊汁肉与众不同，有明显的特色，人们称赞它是：“肥肉吃了不腻口，瘦肉无法满嘴油。不用牙咬肉自烂，食后余香久不散。”

【游学感悟】

游学活动，有游，有学，需要学生在游历各地景点的过程中，通过自己切身的感受，去体会在书本中仅仅依靠文字反映出来的内容。通过这种切身的感受，让学生加深对所学知识的理解与认识，增强学生发现问题、解决问题的能力。但我认为除了书本上的内容之外，游学活动还可以涉及很多书本中没有的、但对于学生全面发展有很大帮助的内容。比如在陕西游学的过程中，如何感受传统的陕西特色小吃，体会中华饮食文化在不同地区的不同特色，理所应当成为游学活动的一大亮点，也会得到学生广泛的认可，增强他们在这方面学习的兴趣。

由于这方面的学习内容在课本中并没有出现，实际上留给教师可操作的空间是比较大的。教师可以在行前准备课的时候，首先由学生介绍一下他们所听说过的一些陕西的特色小食，基本上会以“牛羊肉泡馍”“𰻞𰻞面”“腊汁肉夹馍”为主。如果时间允许，教师可以在课上花一些时间让学生介绍一下如何来制作。其后，教师可以为学生介绍一些知道较少的特色小吃，例如“金线油塔”“千层油酥饼”等，通过这种提前的学习，增强学生的一些兴趣。

在实际游学活动中，除了学生品尝特色小吃，观看特色小吃的制作外，教师也可以引入一些环节，增加学生的学习兴趣。例如：西安售卖牛羊肉泡馍的著名餐厅就有很多，如“老孙家”“义祥楼”“鼎兴春”“同盛祥”“一间楼”“望月楼”等。可以让学生挑一到两家店，通过品尝寻找在口味上有何不同之处；也可以看一看经常光顾不同店家的人群有何不同的特点。

【牛刀小试】

请推荐一个你最喜欢的西安传统美食，并简单介绍这个美食的历史。

西行漫记——游走中感受不一样的数学

第一章　从数学角度观小雁塔

第一节　从平面几何角度观小雁塔

【学习导航】

小雁塔位于唐长安城安仁坊（今陕西省西安市南郊）荐福寺内，又称“荐福寺塔”，建于唐景龙年间，与大雁塔同为唐长安城保留至今的重要标志。小雁塔是中国早期方形密檐式砖塔的典型作品，小雁塔由地宫、基座、塔身、塔檐等部分构成，塔身为四方形，青砖结构。原为 15 级，约 45 米高，明嘉靖三十四年（1556 年）大地震时，塔顶被毁掉两层，现存 13 层。1989 年测定塔的总高度是 43.395 米，底边长 11.38 米，高与底边的比例是 100 ∶ 26。

三角形是平面解析几何中非常重要的图形，相似三角形是几何中重要的证明模型之一，是全等三角形的推广。如果两个三角形的三角分别相等，三边成比例，则这两个三角形叫作相似三角形。如果两个三角形相似，则对应角相等，对应边成比例。接下来将证明两个三角形相似的方法总结如下：

定理：两角分别对应相等的两个三角形相似。

定理：两边成比例且夹角相等的两个三角形相似。

定理：三边对应成比例的两个三角形相似。

定理：一条直角边与斜边成比例的两个直角三角形相似。

根据以上判定定理，可以推出下列结论：

推论：三边对应平行的两个三角形相似。

推论：一个三角形的两边和三角形任意一边上的中线与另一个三角形的对应部分成比例，那么这两个三角形相似。

问题 某学校的学生为了对小雁塔有基本的认识，在老师的带领下对小雁塔进行了测量。

测量方法如下：如图，间接测得小雁塔底部点 D 到地面上一点 E 的距离为 115.2 米，小雁塔的顶端为点 B，且 BD ⊥ DE，在点 E 处竖直放一个木棒，其顶端为 C，CE=1.72 米，在 DE 的延长线上找一点 A，使 A、C、B 三点在同一直线上，测得 AE=4.8 米。求小雁塔的高度。

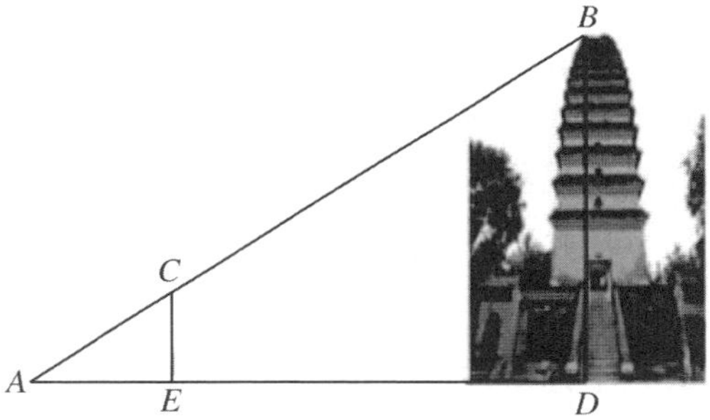

分析：由题意可知 BD ⊥ DE，CE ⊥ AE，因此△ AEC 与△ ADB 的三个角对应相等，因此△ AEC ∽△ ADB，进而可以直接利用相似三角形的性质得出$\frac{AE}{AD}=\frac{EC}{BD}$。

解析：由题意可得：△ AEC ∽△ ADB，则$\frac{AE}{AD}=\frac{EC}{BD}$，

故$\frac{4.8}{4.8+115.2}=\frac{1.72}{BD}$，解得：DB=43，

答：小雁塔的高度为 43 米。

总结：本问题是对相似三角形的应用。如果两个三角形相似，则对应边成比例。

【学习建议】

旅游情境中，有很多与测量相关的数学问题，借助相似三角形知识进行测量是众多方法中的一种，引导学生发现旅游中的数学问题，感受到生活中处处有数学，处处需要用数学。

【牛刀小试】

你能结合数学所学的知识测出小雁塔基座的高度吗？

第二节　从立体几何角度观小雁塔

【学习导航】

一、三视图

“横看成岭侧成峰”，这说明从不同的角度看同一物体视觉的效果可能不同，要比较真实地反映出物体的结构特征，我们可从多角度观看物体，我们已经学习了正方体、长方体、圆柱、圆锥、球的三视图（正视图、侧视图、俯视图）。

三视图是观测者从上面、左面、正面三个不同角度观察同一个空间几何体而画出的图形。

画三视图的规则是：主俯长对正、主左高平齐、俯左宽相等。即：主视图和俯视图的长要相等；主视图和左视图的高要相等；左视图和俯视图的宽要相等。画组合体的三视图时要注意的问题：

（1）要确定好主视、侧视、俯视的方向，同一物体三视的方向不同，所画的三视图可能不同；

（2）判断简单组合体的三视图是由哪几个基本几何体生成的，注意它们的生成方式，特别是它们的交线位置；

（3）若相邻两物体的表面相交，表面的交线是它们的分界线，在三视图中，分界线和可见轮廓线都用实线画出，不可见轮廓线，用虚线画出；

（4）要检验画出的三视图是否符合“长对正、高平齐、宽相等”的基本特征，即正、俯视图长对正；正、侧视图高平齐；俯、侧视图宽相等，前后对应。

由三视图还原为实物图时要注意的问题：

我们由实物图可以画出它的三视图，实际生产中，工人要根据三视图加工零件，需要由三视图还原成实物图，这要求我们能由三视图想象它的空间实物形状，主要通过主、俯、左视图的轮廓线（或补充后的轮廓线）还原成常见的几何体，还原实物图时，要先从三视图中初步判断简单组合体的组成，然后利用轮廓线（特别要注意虚线）逐步做出实物图。

二、直观图

在立体几何中，空间几何体的直观图通常是在平行投影下面画出的空间图形。

要画出空间几何体的直观图，首先要学会水平放置的平面图形的画法，对于平面多边形，我们常用斜二测画法画出它们的直观图。斜二测画法是一种特殊的平行投影画法。斜二测画法的步骤是：

（1）建立直角坐标系，在已知水平放置的平面图形中取互相垂直的 OX，OY，建立直角坐标系；画出斜坐标系，在画直观图的纸上（平面上）画出对应的 $O'X'$，$O'Y'$，使 $\angle X'O'Y'=45°$（或 $135°$），它们确定的平面表示水平平面；

（2）画对应图形，在已知图形平行于 X 轴的线段，在直观图中画成平行于 X' 轴，且长度保持不变；

（3）在已知图形平行于 Y 轴的线段，在直观图中画成平行于 Y' 轴，且长度变为原来的一半；擦去辅助线，图画好后，要擦去 X 轴、Y 轴及为画图添加的辅助线（虚线）。

问题 1 画出圆柱和圆锥的三视图。

解析：图 1（1）是圆柱的三视图，图 1（2）是圆锥的三视图。

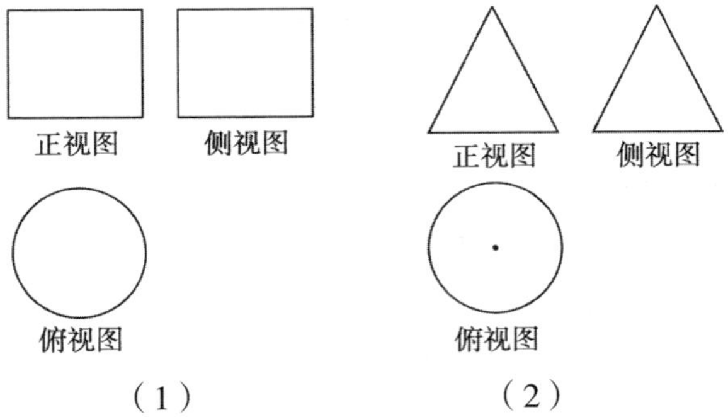

图 1

总结：本问题主要考查简单几何体的三视图和空间想象能力。有关三视图的题目往往依赖于丰富的空间想象能力。要做到边想着几何体的实物图边画着三视图，做到想图（几何体的实物图）和画图（三视图）相结合。

练习　说出下列图2中两个三视图分别表示的几何体。

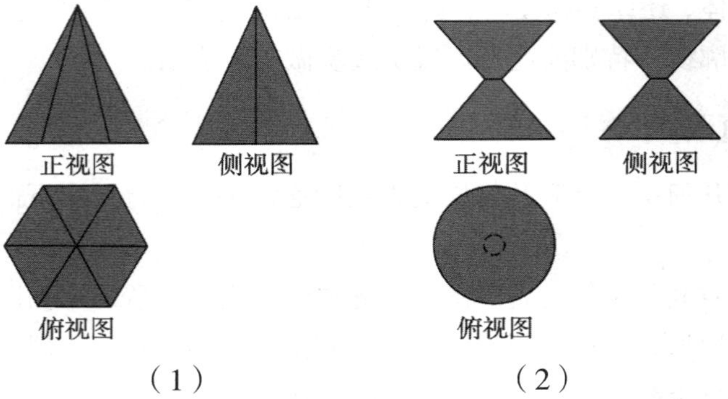

图2

解析：图2（1）是正六棱锥；图2（2）是两个相同的圆台组成的组合体。

问题2　试画出图3所示的矿泉水瓶的三视图。

分析：矿泉水瓶是我们熟悉的一种容器，这种容器是简单的组合体，其主要结构特征是从上往下分别是圆柱、圆台和圆柱。

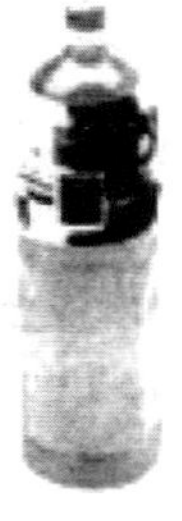

图3

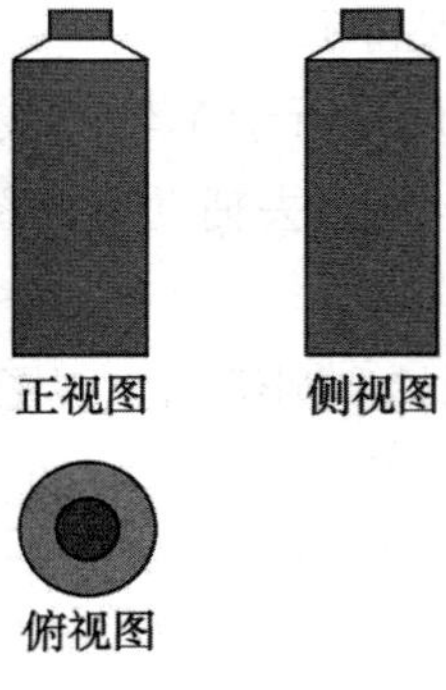

图4

解析：三视图如图4所示。

总结：本问题主要考查简单组合体的三视图。对于简单空间几何体的组合体，一定要认真观察，先认识它的基本结构，然后再画它的三视图。

练习　画出图5所示的几何体的三视图。

图 5

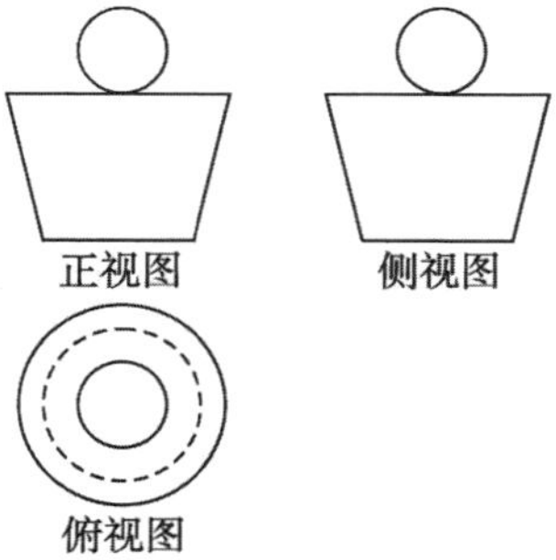

图 6

答案：三视图如图 6 所示。

问题 3 （2007 年山东高考）下列几何体各自的三视图中，有且仅有两个视图相同的是（　）

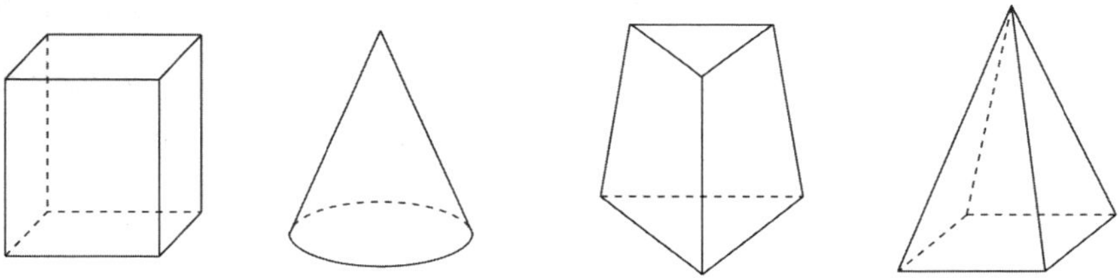

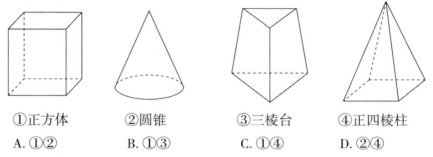

①正方体　　②圆锥　　③三棱台　　④正四棱柱

A. ①②　　B. ①③　　C. ①④　　D. ②④

解析：正方体的正视图、侧视图、俯视图都是正方形，圆锥的正视图与侧视图相同，都是三角形，正四棱锥的正视图与侧视图都是三角形，三棱台的三视图各不相同，因此选 D。

【学习建议】

学生在游学过程中会发现，很多景点的建筑造型都涉及了立体几何的相关知识。教师可以通过问题，引导学生从不同角度观察小雁塔进行重新反思与认识，获得新知。

【牛刀小试】

你能大致画出小雁塔的三视图与直观图吗？

第三节　从概率统计角度观小雁塔

【学习导航】

一、加法原理，乘法原理与排列组合

1. 加法原理

分类计数原理：做一件事，完成它有 n 类办法，在第一类办法中有 m_1 种不同的方法，在第二类办法中有 m_2 种方法，……，在第 n 类办法中有 m_n 种不同的方法。那么完成这件事共有 $N=m_1+m_2+\cdots+m_n$ 种不同的方法。又称加法原理。

2. 乘法原理

分步计数原理：做一件事，完成它需要分成 n 个子步骤，做第一个步骤有 m_1 种不同的方法，做第二个步骤有 m_2 种不同方法，……，做第 n 个步骤有 m_n 种不同的方法。那么完成这件事共有 $N=m_1\times m_2\times\cdots\times m_n$ 种不同的方法。又称乘法原理。

3. 加法原理与乘法原理的综合运用

如果完成一件事的各种方法是相互独立的，那么计算完成这件事的方法数时，使用分类计数原理。如果完成一件事的各个步骤是相互联系的，即各个步骤都必须完成，这件事才告完成，那么计算完成这件事的方法数时，使用分步计数原理。

分类计数原理、分步计数原理是推导排列数、组合数公式的理论基础，也是求解排列、组合问题的基本思想方法。

4. 排列：一般地，从 n 个不同的元素中任取 m（$m\leqslant n$）个元素，按照一定的顺序排成一列，叫作从 n 个不同元素中取出 m 个元素的一个排列。（其中被取的对象叫作元素）

排列数：从 n 个不同的元素中取出 $m(m \leqslant n)$ 个元素的所有排列的个数，叫作从 n 个不同元素中取出 m 个元素的排列数，用符号 A_n^m 表示。

排列数公式：$A_n^m=n(n-1)(n-2)(n-3)\cdots(n-m+1)$，$m$，$n \in \mathbf{N}_+$ 并且 $m \leqslant n$。

全排列：一般地，n 个不同元素全部取出的一个排列，叫作 n 个不同元素的一个全排列。

n 的阶乘：正整数由 1 到 n 的连乘积，叫作 n 的阶乘，用 $n!$ 表示。规定：$0!=1$。

5. 组合：一般地，从 n 个不同元素中，任意取出 $m(m \leqslant n)$ 个元素并成一组，叫作从 n 个元素中任取 m 个元素的一个组合。

组合数：从 n 个不同元素中，任意取出 $m(m \leqslant n)$ 个元素的所有组合的个数，叫作从 n 个不同元素中，任意取出 m 个元素的组合数，用符号 C_n^m 表示。

组合数公式：$C_n^m=\dfrac{n(n-1)(n-2)\cdots(n-m+1)}{m!}=\dfrac{n!}{m!(n-m)!}$，$m$，$n \in \mathbf{N}_+$，并且 $m \leqslant n$。

组合数的两个性质：性质 1：$C_n^m=C_n^{n-m}$；性质 2：$C_{n+1}^m=C_n^m+C_n^{m-1}$。（规定 $C_n^0=1$）

6. 排列组合综合问题

解排列组合问题，首先要用好两个计数原理和排列组合的定义，即首先弄清是分类还是分步，是排列还是组合，同时要掌握一些常见类型的排列组合问题的解法：

①特殊元素、特殊位置优先法

元素优先法：先考虑有限制条件的元素的要求，再考虑其他元素；

位置优先法：先考虑有限制条件的位置的要求，再考虑其他位置；

②分类分步法：对于较复杂的排列组合问题，常需要分类讨论或分步计算，一定要做到分类明确，层次清楚，不重不漏。

③排除法，从总体中排除不符合条件的方法数，这是一种间接解题的方法。

④捆绑法：某些元素必相邻的排列，可以先将相邻的元素“捆成一个”元素，与其他元素进行排列，然后再给那“一捆元素”内部排列。

⑤插空法：某些元素不相邻的排列，可以先排其他元素，再让不相邻的

元素插空。

⑥插板法：n 个相同元素，分成组 m（$m \leqslant n$），每组至少一个的分组问题——把 n 个元素排成一排，从 $n-1$ 个空中选个空 $m-1$，各插一个隔板，有 C_{n-1}^{m-1}。

⑦分组、分配法：分组问题（分成几堆，无序）。有等分、不等分、部分等分之别。一般地平均分成 n 堆（组），必须除以 n！，如果有 m 堆（组）元素个数相等，必须除以 m！

⑧错位法：编号为 1 至 n 的 n 个小球放入编号为 1 到 n 的 n 个盒子里，每个盒子放一个小球，要求小球与盒子的编号都不同，这种排列称为错位排列，特别当 n=2，3，4，5 时的错位数各为 1，2，9，44。关于 5、6、7 个元素的错位排列的计算，可以用剔除法转化为 2 个、3 个、4 个元素的错位排列的问题。

问题 1 游学的一批学生，要乘车前往小雁塔，大车每辆 160 元，限乘 18 人；小车每辆 120 元，限乘 12 人。（总人数共 48 人）要知道怎样租车好？把租车方案一一列出来，看看哪位同学最有谋略。

解析：

	大车辆数	小车辆数	可坐人数	应付 / 元
方案一	2	1	$2\times18+12=48$	$2\times160+120=440$
方案二	1	3	$18+12\times3=54$	$160+120\times3=520$
方案三	0	4	$12\times4=48$	$120\times4=480$
方案四	3	0	$18\times3=54$	$160\times3=480$

问题 2 五位学生分别站在小雁塔前面的 5 个台阶上照相，要求每个台阶上各有一位学生，甲不站在最低的台阶上，乙不站在最高的台阶上，不同的排列方式是________________。

分析一：以甲为标准，分类完成。

第一步，安排甲同学，有两类方法；（1）甲在最高的台阶上，再安排其他同学有 A_4^4 种方法。（2）甲在第 2 或 3 或 4 个台阶上，有 3 种可能，再安排乙，有 3 种方法，然后安排其他三名学生，有 A_3^3 方法。

所以共有 $A_4^4+3\times3\times A_3^3=78$ 种不同方法。

分析二：以第一个位置为标准，分步完成。

第一步，安排第一个位置，有两种方法；安排乙或其他三名同学。

第二步，若第一步安排的是乙，则其他四名同学的安排方法有 A_4^4 种，若第一步安排的是其他三名同学，则先安排乙，有 3 种方法，再安排其他三名同学有 A_3^3 种方法。所以共有 $A_4^4+3\times3\times A_3^3=78$ 种方法。

分析三：不考虑限制条件，共有 A_5^5 种，不合题意的是甲在第一有 A_4^4 种，乙在第五有 A_4^4 种，其中包含甲在第一且乙在第五的有 A_3^3 种。故共有 $A_5^5-2A_4^4+A_3^3=78$ 种方法。

问题 3 本次西安游学，高一年级有 6 名女生，8 名男生，这 14 名同学排成一行，其中 A、B、C、D 四名女生必须排在一起，另两名女生不相邻且不与前四名女生相邻，不同的排法共有（ ）种。

（A）$A_9^2\cdot A_8^8$　　（B）$A_8^7\cdot A_6^6\cdot A_4^4$

（C）$A_8^8\cdot A_9^3\cdot A_4^4$　　（D）$A_9^5\cdot A_8^5\cdot A_4^4$

分析：先让 A、B、C、D 四名女生相邻有 A_4^4 方法，再将 8 名男生排列有 A_8^8 种方法，最后将四名女生整体与另外两名女生插入 8 名男生中的 9 个空位，有 A_9^3 种插入法，由分步计数原理，共有 $A_8^8\cdot A_9^3\cdot A_4^4$ 种不同排法。

二、随机事件的概率

1. 事件

在条件 S 下，一定会发生的事件，叫作相对于条件 S 的必然事件，简称必然事件。例如：明天 7：30 前一定会起床。

在条件 S 下，一定不会发生的事件，叫作相对于条件 S 的不可能事件，简称不可能事件。例如：明天不起床。

必然事件和不可能事件通称为相对于条件 S 的确定事件，简称确定事件。

在条件 S 下可能发生也可能不发生的事件，叫作相对于条件 S 的随机事件，简称随机事件。例如：明天 7：30 前一定会起床，但是周六就不一定了。

确定事件和随机事件统称为事件。

对于随机事件，知道它发生的可能性大小是非常重要的。我们用概率来度量随机事件发生的可能性大小，为我们的决策提供关键性的依据。

例如：天气预报，明天用不用穿羽绒服？用不用带伞？

2. 频数、频率、概率

在相同的条件 S 下重复 n 次试验，观察某一事件 A 是否出现，称 n 次试

验中事件 A 出现的次数 n_A 为事件出现的频数，称事件 A 出现的比例 $f_n(A)=\frac{n_A}{n}$ 为事件 A 出现的频率。

必然事件出现的频率为 1，不可能事件出现的频率为 0。随着试验次数的增加，随机事件 A 发生的频率 $f_n(A)$ 逐渐稳定在区间 [0，1] 中的某个常数上，这个常数越接近 1，频数就越多，发生的可能性越大；反过来，频率越接近 0，频数就越少，发生的可能性越小。那么我们就用这个频率 $f_n(A)$ 的常数来估计概率 $P(A)$。

频率是概率的近似值，常用频率估计概率。

频率本身是随机的，试验前不能确定。

概率是一个确定的数，是客观存在的，与每次试验无关。

问题 我们要去小雁塔游玩，每天某一时段开往小雁塔有三辆汽车（票价相同），但是我们不知道这些车的舒适程度，也不知道汽车开过来的顺序。下面是两种不同的乘车方案。

方案 1：无论如何总是上开过来的第一辆车。

方案 2：先观察后上车，当第一辆车开来时，不上车，而是仔细观察车的舒适状况，如果第二辆车的状况比第一辆好，就上第二辆车；如果第二辆不比第一辆好，就上第三辆车。

如果把这三辆车的舒适程度分为上、中、下三等，请尝试着解决下面的问题：

（1）三辆车按出现的先后顺序共有哪几种不同的可能？

（2）你认为应采用哪一种方案使自己乘坐上等车的可能性大？为什么？

解析：

顺序	第一种方案	第二种方案
（上，中，下）	上	下
（上，下，中）	上	中
（中，上，下）	中	上
（中，下，上）	中	上
（下，上，中）	下	上
（下，中，上）	下	中

第一种方案乘坐上等车的概率是$\frac{1}{3}$；

第二种方案乘坐上等车的概率是$\frac{1}{2}$；

所以采用第二种方案乘坐上等车的可能性大些。

【学习建议】

旅游情境中，发现旅游中的数学问题，感受到生活中处处有数学，处处需要用数学，并在活动中感受到解决问题策略的多样性，从而培养应用数学知识计算、分析、解决问题的能力。根据实际情况选择解决问题的最佳方案，初步培养学生的优化意识。

【牛刀小试】

在西安游学师生团队中，有5名带队老师，分别带领高一、高二年级的学生，要求每个年级至少有一位带队老师，共有多少种分配方法？

第二章　从数学角度观秦始皇兵马俑博物馆

第一节　从数与形的角度观秦始皇兵马俑博物馆

【学习导航】

数和形概念的产生是数学的萌芽和起源，它们的发展进程奠定了早期古代数学科学形成的基础。从数和形开始的中国早期古代数学，在发展过程中也伴随着数学理念、思想的形成和发展。数和形的相关内容和内涵与古代人们的生活融为一体，对中国古代数学中数与形的认识应从社会整体角度来认识才会全面深刻。

一切人类文明结晶都是社会发展的必然产物，数学也不例外，每一个地域的古代文明，必然伴随着大量文明智慧的结晶，从而形成了各具特色、丰富多彩的文化形态，今天去看待和解读这些文明成果时，应具有一种开放的态度和全面的视角。

1974 年陕西西安发掘出的秦始皇兵马俑，是一个具有时代意义的发现，它将 2000 多年前世界上先进的成就、伟大的文明展现在人们面前。仅对一号坑进行统计，就挖掘出了 6000 多个铠甲俑，各种兵器、战车等物品加在一起，数目巨大。在 2000 多年前的秦朝，如何统计这些“数”，如何计算这些物品，必将是一件十分复杂而困难的事情，其中必将包含有数学计算和其他数学原理的内容。可以想象，若当时没有一系列有效的统计方法，没有一套较为准确的良好计算，今天人们就无法看到这个辉煌的成果，从单个的“数”到极其大量的“数量”。从数到数量，这是一个思维的形成和进步，这是一个质的突破，一个内涵上的飞跃。

同样用秦始皇兵马俑来认识当时的“形”，战车车身的直线和立方体，车轮的圆弧线和圆柱体，在当时，这些物体的造“形”如此精美，铸造得如此细致，没有杰出的数学知识和方法是无法达到的。

兵马俑中关于马匹形状的造型，以及秦朝以前商周时期的各种青铜器的形状造型，只从某些局部就能看到那是一些复杂的曲面，早已不是平面几何所能解决的问题，用今天的立体几何来看，仍是十分复杂的图形，用解析几何来认识，将会是十分复杂的曲线方程和曲面方程。目前仍具有启迪和借鉴意义，也为后来中国在形的方面的突破奠定了基础。例如，在台北故宫博物院中，至今珍藏着清朝时期的众多物品，其中，一个用象牙制作的球图形雕刻十分精美，象牙球内外共计 24 层，各层均可旋转，且各层造型独特。

常见的空间几何体有很多，现将各个几何体的结构特征总结如下：

（一）棱柱的结构特征

1. 定义：一般地，有两个面互相平行，其余各面都是四边形，并且每相邻两个四边形的公共边都互相平行，由这些面所围成的几何体叫作棱柱。在棱柱中，两个相互平行的面叫作棱柱的底面，简称底；其余各面叫作棱柱的侧面；相邻侧面的公共边叫作棱柱的侧棱。侧面与底的公共顶点叫作棱柱的顶点。棱柱中不在同一平面上的两个顶点的连线叫作棱柱的对角线。过不相邻的两条侧棱所形成的面叫作棱柱的对角面。

2. 棱柱的分类：底面是三角形、四边形、五边形……的棱柱分别叫作三棱柱、四棱柱、五棱柱……

3. 棱柱的表示方法：

①用表示底面的各顶点的字母表示棱柱，如下图，四棱柱、五棱柱、六棱柱可分别表示为 $ABCD-A_1B_1C_1D_1$、$ABCDE-A_1B_1C_1D_1E_1$、$ABCDEF-A_1B_1C_1D_1E_1F_1$；

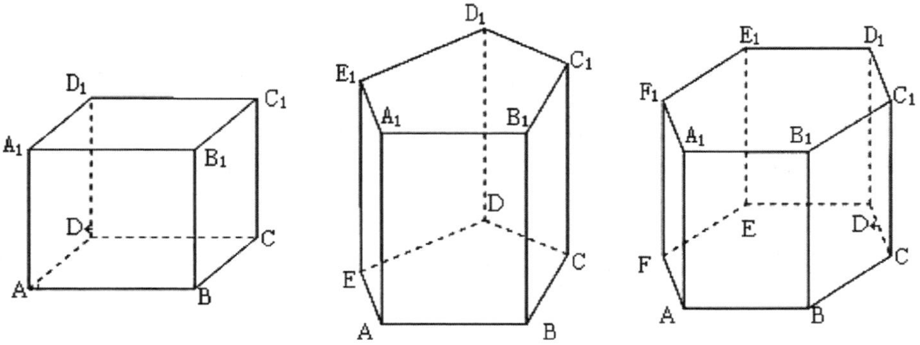

②用棱柱的对角线表示棱柱，如上图，四棱柱可以表示为棱柱 A_1C 或棱柱 D_1B 等；五棱柱可表示为棱柱 AC_1、棱柱 AD_1 等；六棱柱可表示为棱柱 AC_1、棱柱 AD_1、棱柱 AE_1 等。

4. 棱柱的性质：棱柱的侧棱相互平行。

（二）棱锥的结构特征

1. 定义：有一个面是多边形，其余各面是有一个公共顶点的三角形，由这些面所围成的几何体叫作棱锥。这个多边形面叫作棱锥的底面。有公共顶点的各个三角形叫作棱锥的侧面。各侧面的公共顶点叫作棱锥的顶点。相邻侧面的公共边叫作棱锥的侧棱；

2. 棱锥的分类：按底面多边形的边数，可以分为三棱锥、四棱锥、五棱锥……；

3. 棱锥的表示方法：用表示顶点和底面的字母表示，如四棱锥 $S-ABCD$；

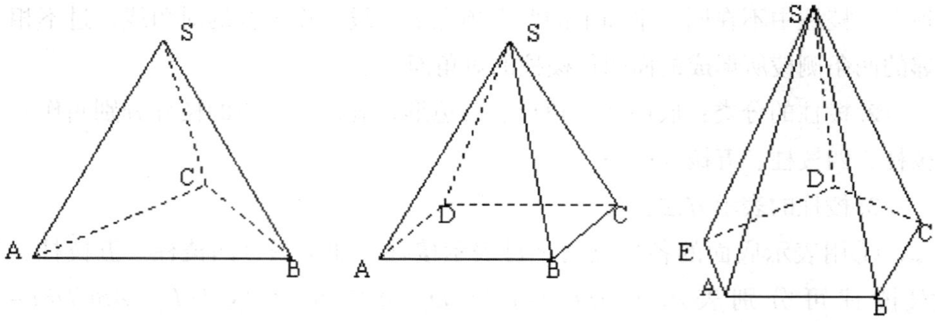

（三）圆柱的结构特征

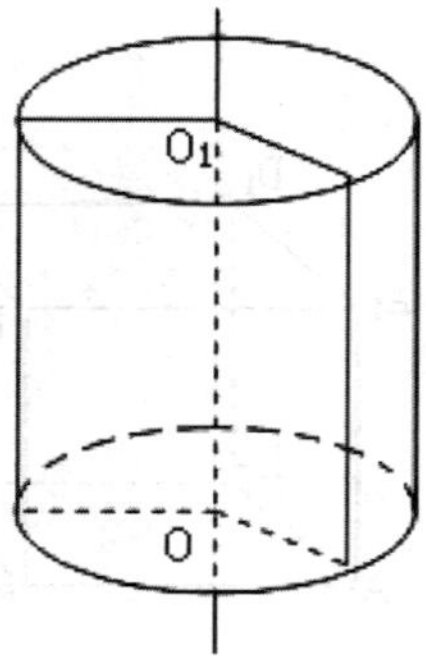

1. 定义：以矩形的一边所在直线为旋转轴，其余三边旋转形成的曲面所围成的几何体叫作圆柱。旋转轴叫作圆柱的轴。垂直于轴的边旋转而成的曲面叫作圆柱的底面。平行于轴的边旋转而成的曲面叫作圆柱的侧面。无论旋转到什么位置，不垂直于轴的边都叫作圆柱的母线。

2. 圆柱的表示方法：用表示它的轴的字母表示，如圆柱 OO'。

（四）圆锥的结构特征

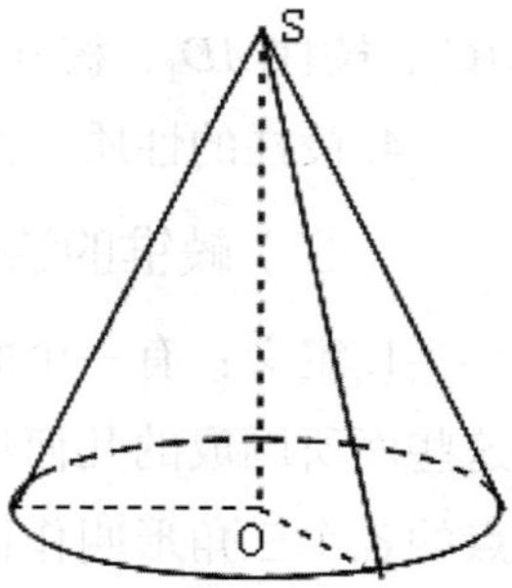

1. 定义：以直角三角形的直角边所在直线为旋转轴，其余两边旋转而成的曲面所围成的几何体叫作圆锥。旋转轴叫作圆锥的轴。

垂直于轴的边旋转而成的曲面叫作圆锥的底面。不垂直于轴的边旋转而成的曲面叫作圆锥的侧面。无论旋转到什么位置，不垂直于轴的边都叫作圆锥的母线。

2. 圆锥的表示方法：用表示它的轴的字母表示，如圆锥 SO。

（五）棱台和圆台的结构特征

1. 定义：用一个平行于棱锥（圆锥）底面的平面去截棱锥（圆锥），底面和截面之间的部分叫作棱台（圆台）；原棱锥（圆锥）的底面和截面分别叫作棱台（圆台）的下底面和上底面；原棱锥（圆锥）的侧面被截去后剩余的曲面叫作棱台（圆台）的侧面；原棱锥的侧棱被平面截去后剩余的部分叫作棱台的侧棱；原圆锥的母线被平面截去后剩余的部分叫作圆台的母线；棱台的侧面与底面的公共顶点叫作棱台的顶点；圆台可以看作由直角梯形绕直角边旋转而成，因此旋转的轴叫作圆台的轴。

2. 棱台的表示方法：用各顶点表示，如四棱台 $ABCD-A_1B_1C_1D_1$；

3. 圆台的表示方法：用表示轴的字母表示，如圆台 OO'；

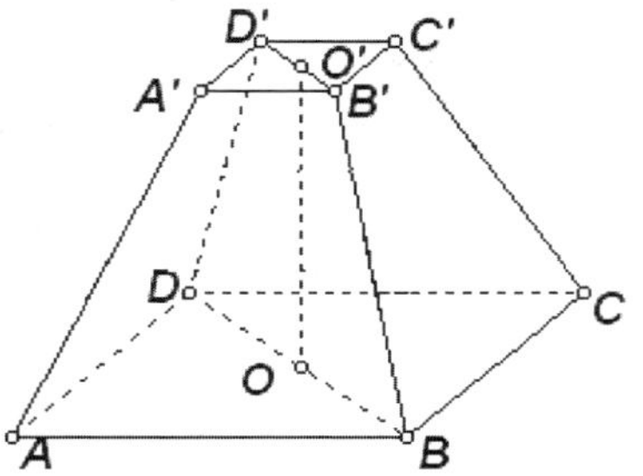

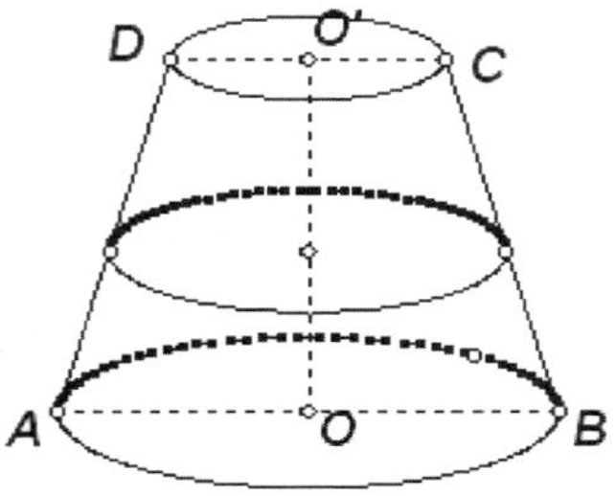

注：圆台可以看作由圆锥截得，也可以看作是由直角梯形绕其直角边旋转而成。

（六）球的结构特征

1. 定义：以半圆的直径所在直线为旋转轴，半圆面旋转一周形成的几何体叫作球体，简称球。半圆的半径叫作球的半径。半圆的圆心叫作球心。半圆的直径叫作球的直径。

2. 球的表示方法：用表示球心的字母表示，如球 O。

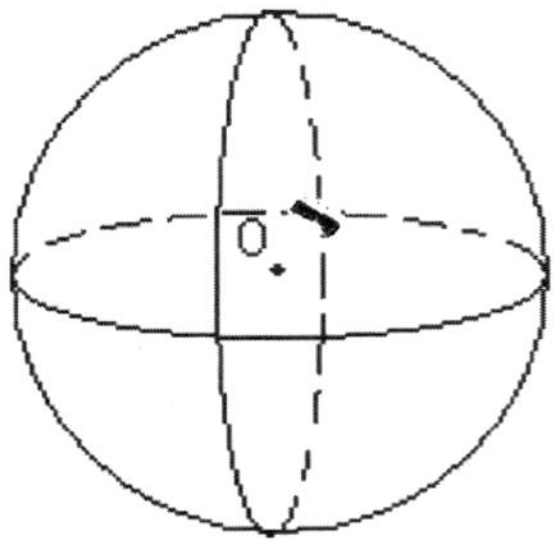

（七）特殊的棱柱、棱锥、棱台

特殊的棱柱：侧棱不垂直于底面的棱柱称为斜棱柱；垂直于底面的棱柱称为直棱柱；底面是正多边形的直棱柱是正棱柱；底面是矩形的直棱柱叫作长方体；棱长都相等的长方体叫作正方体；

特殊的棱锥：如果棱锥的底面是正多边形，且各侧面是全等的等腰三角形，那么这样的棱锥称为正棱锥；侧棱长等于底面边长的正三棱锥又称为正四面体；

特殊的棱台：由正棱锥截得的棱台叫作正棱台；

注：简单几何体的分类如下表：

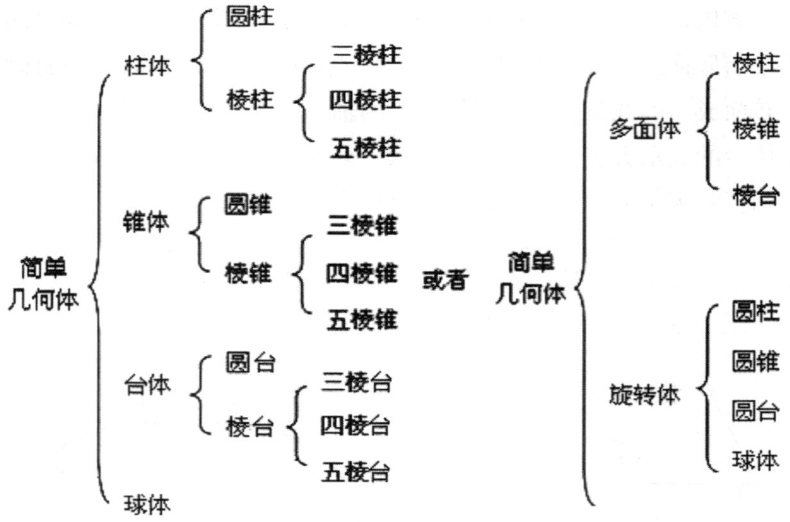

问题 1 秦始皇陵兵马俑坑呈品字形排列，最早发现的是一号俑坑，呈长方形，东西长 230 米，南北宽 62 米。一号俑坑的周长是多少米？

解析： 周长 =2（长 + 宽）=2（230+62）=584 米。

问题 2 秦始皇陵内共有 3 个兵马俑坑，呈品字形排列。秦始皇一号俑坑呈长方形，东西长 230 米，南北宽 62 米，深约 5 米。一号俑坑的体积是多少立方米？

解析： 体积 = 长 × 宽 × 高 =230 × 62 × 5=71300 立方米。

【学习建议】

在游览秦始皇兵马俑的过程中，教师可以不断渗透数学核心素养——直观想象。引导学生提升数形结合的能力，发展几何直观和空间想象能力；增强运用几何直观和空间想象思考问题的意识。直观想象是指借助几何直观和空间想象感知事物的形态与变化，利用图形理解和解决数学问题的素养。

【牛刀小试】

简述你在游览秦始皇兵马俑博物馆的过程中观察到的几何体有哪些？

第二节　从统计学角度观秦始皇兵马俑博物馆

【学习导航】

在统计工作中，平均数（均值）和标准差是描述数据资料集中趋势和离散程度的两个最重要的测度值。

（一）平均数

平均数是表示一组数据集中趋势的量数，是指在一组数据中所有数据之和再除以这组数据的个数。它是反映数据集中趋势的一项指标。解答平均数应用题的关键在于确定“总数量”以及和总数量对应的总份数。

平均数是统计中的一个重要概念。小学数学里所讲的平均数一般是指算术平均数，也就是一组数据的和除以这组数据的个数所得的商。在统计中算术平均数常用于表示统计对象的一般水平，它是描述数据集中位置的一个统计量。既可以用它来反映一组数据的一般情况和平均水平，也可以用它进行不同组数据的比较，以看出组与组之间的差别。用平均数表示一组数据的情况，有直观、简明的特点，所以在日常生活中经常用到，如平均速度、平均身高、平均产量、平均成绩等。

（二）标准差、方差

标准差 s：样本数据到平均数的一种平均距离。一般用 s 表示。

$$s=\sqrt{\frac{1}{n}[\left(x_1-\bar{x}\right)^2+\left(x_2-\bar{x}\right)^2+\cdots+\left(x_n-\bar{x}\right)^2]}$$

标准差较大，数据的离散程度较大；标准差较小，数据的离散程度较小。

从标准差的定义和计算公式都可以得出：$s\geqslant 0$，当 $s=0$ 时，意味着所有的样本数据都等于样本平均数。

方差是在概率论和统计方差衡量随机变量或一组数据时离散程度的度量。概率论中方差用来度量随机变量和其数学期望（即均值）之间的偏离程度。统计中的方差（样本方差）是每个样本值与全体样本值的平均数之差的平方值的平均数。在许多实际问题中，研究方差即偏离程度有着重要意义。方差是衡量源数据和期望值相差的度量值。

方差：

$$s^2=\frac{1}{n}[(x_1-\bar{x})^2+(x_2-\bar{x})^2+\cdots+(x_n-\bar{x})^2]$$

在刻画样本数据的分散程度上，方差和标准差是一样的，但在解决实际问题时，一般多采用标准差。

问题　2011 年“五一”黄金周期间，秦始皇兵马俑风景区在 7 天假期中每天旅游的人数变化如下表（正数表示比前一天多的人数，负数表示比前一天少的人数。）

日期	1 日	2 日	3 日	4 日	5 日	6 日	7 日
人数变化（万人）	+ 1.6	+ 0.8	+ 0.4	− 0.4	− 1	+ 0.2	− 1.2

（1）若9月30日的游客人数记为M万人，则5月2日的游客人数是(　　)万人。（用 M 的代数式表示）

（2）哪两天的游客人数相等？（　　）和（　　）

（3）七天内游客人数最多的是（　　），游客最少的是（　　），它们相差（　　）万人。

（4）若 9 月 30 日的游客人数记为 M 万人，你能计算出五一黄金周期间每天的平均游客人数吗？

（5）若 9 月 30 日的游客人数记为 M 万人，你能计算出五一黄金周期间每天的游客人数方差吗？

解析：

日期	1 日	2 日	3 日	4 日	5 日	6 日	7 日
人数（万人）	M + 1.6	M + 2.4	M + 2.8	M + 2.4	M + 1.4	M + 1.6	M + 0.4

（1）M+2.4；

（2）第二天和第四天人数相等；

（3）七天内游客人数最多的是 3 日，游客最少的是 7 日，它们相差 2.4

万人；

（4）平均游客人数 =（M+1.6+M+2.4+M+2.8+M+2.4+M+1.4+M+1.6+M+0.4）/7=M+1.8（万）；

（5）

$$方差=\frac{2(M+1.6-M-1.8)^2+2(M+2.4-M-1.8)^2+(M+2.8-M-1.8)^2+(M+0.4-M-1.8)^2+(M+1.4-M-1.8)^2}{7}$$

=0.56。

【学习建议】

在游览秦始皇兵马俑的过程中，教师可以不断渗透数学核心素养——数学运算。引导学生进一步发展数学运算能力，有效借助运算方法解决实际问题；同时，通过运算促进学生数学思维发展，形成程序化思考问题的品质，养成一丝不苟、严谨求学的科学精神。

第三节　从流程图与结构图的角度观秦始皇兵马俑博物馆

【学习导航】

框图是表示一个系统各部分和各环节之间关系的图示，它的作用在于能够清晰地表达比较复杂的系统各部分之间的关系，框图可分为流程图和结构图，流程图与结构图直观形象、简洁、明了，在日常生活中应用广泛。

一、流程图

（一）流程图

流程图常常用来表示一个动态过程，通常会有一个“起点”，一个或多个“终点”。程序框图是流程图的一种。流程图可以直观、明确地表示动态过程从开始到结束的全部步骤。它是由图形符号和文字说明构成的图示。

流程图用于描述一个过程性的活动，活动的每一个明确的步骤构成流程图的一个基本单元，基本单元之间用流程线联系。基本单元中的内容要根据需要而确定。可以在基本单元中具体说明，也可以为基本单元设置若干子单元。

（二）流程图的种类

1. 算法流程图

（1）算法流程图在必修课程中已经学过，它是一种特殊的流程图，主要适用于计算机程序的编写。

（2）在算法流程图内允许有闭合回路。

2. 工艺流程图

（1）工艺流程图是常见的一种流程图，又称统筹图，在日常生活、生产实践等各方面经常用到工艺流程图。

（2）用来描述具有先后顺序的时间特征的动态过程。

（3）工艺流程图的构成

由矩形框、流程线和名称（代号）构成。

（4）工艺流程图可以有一个或多个“起点”，一个或多个“终点”，对于同一个矩形框可以有多个流出点和流入点。

（5）在工艺流程图中不允许出现几道工序首尾相连接的圈图或循环回路。

（三）绘制流程图的一般过程

首先，用自然语言描述流程步骤；

其次，分析每一步骤是否可以直接表达，或需要借助于逻辑结构来表达；

再次，分析各步骤之间的关系；

最后，画出流程图表示整个流程。

问题 某工厂装配一辆轿车的工序、工序所花的时间及各工序的先后关系如下表所示：

工序代号	工序名称	工序所花时间（小时）	紧前工序
A	装配车身	6	无
B	外表喷漆	3	A、I
C	装配发动机	11	无
D	安装发动机	5	C
E	安装水泵	4	D
F	安装汽化器	5	C
G	安装点火、排气、发电、冷却装置	12	E、F
H	内部设施装配	5	无
I	安装内部设施	5	G、H

注：紧前工序，即与该工序相衔接的前一工序。

画出装配该轿车的工序流程图。

分析：要画工序流程图，首先要弄清整项工程应划分为多少道工序，这当然应该由上到下，先粗略后精细，其次是仔细考虑各道工序的先后顺序及相互联系、制约的程度，最后考虑哪些工序可以平行进行，哪些工序可以交叉进行。一旦上述问题都考虑清楚了，一个合理的工序流程图就成竹在胸了，依据其去组织生产，指挥施工，就能收到统筹兼顾的功效。

解析：工序流程图如下图所示：

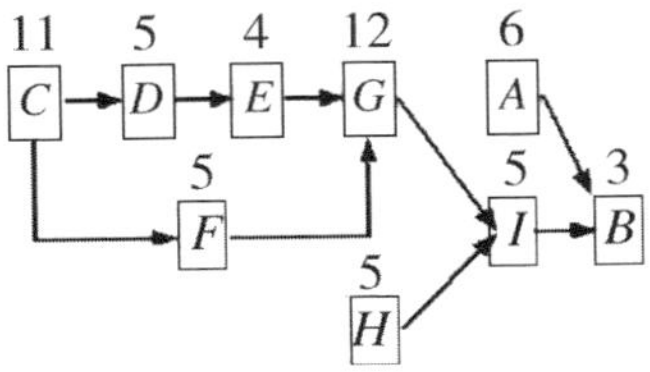

总结：有关工序流程图应先理清工序大体分几个阶段，再对每一阶段细分，每一步应注意先后顺序，这是十分关键的，否则会产生错误。在画工序流程图时，不能出现几道工序首尾相接的圈图或循环回路。

【牛刀小试】

兵马俑坑在秦始皇陵东侧约 1 公里半，先后发现一、二、三号三个坑。一号坑是当地农民打井时发现的，后经钻探先后发现二、三号坑。在本次游学过程中，我们要游览秦始皇兵马俑博物馆的三个坑，你能根据实际浏览画出对应的流程图吗？

景区游览图：

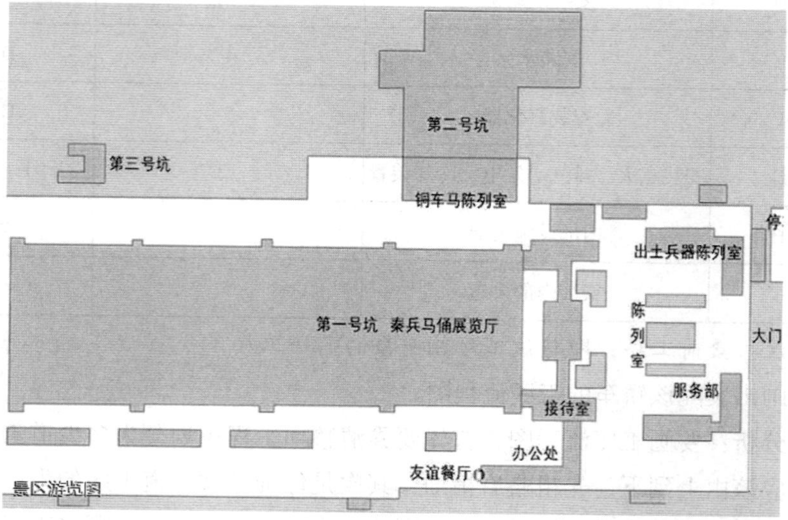

二、结构图

（一）结构图

表示一个系统中各部分之间的组成结构的框图叫作结构图。

（二）结构图的种类

常用的结构图一般包括知识结构图、组织结构图及分类结构图。

（三）绘制结构图步骤

1. 确定组成系统的基本要素，及它们之间的关系。
2. 将系统的主体要素及其之间的关系表示出来。
3. 确定主体要素的下位要素（从属主体的要素）

“下位”要素比“上位”要素更为具体；

“上位”要素比“下位”要素更为抽象。

4. 逐步细化各层要素，直到将整个系统表示出来为止。

（四）结构图与流程图的区别

流程图和结构图不同。流程图是表示一系列活动相互作用、相互制约的顺序的框图。结构图是表示一个系统中各部分之间的组成结构的框图。

流程图描述动态过程，结构图刻画系统结构。流程图通常会有一个“起点”，一个或多个“终点”，其基本单元之间由有向线连接；结构图则更多地表现为“树”状结构，其基本要素之间一般为逻辑关系。

问题 下面为某集团的组织结构图，请据下图分析财务部和人力资源部的隶属关系。

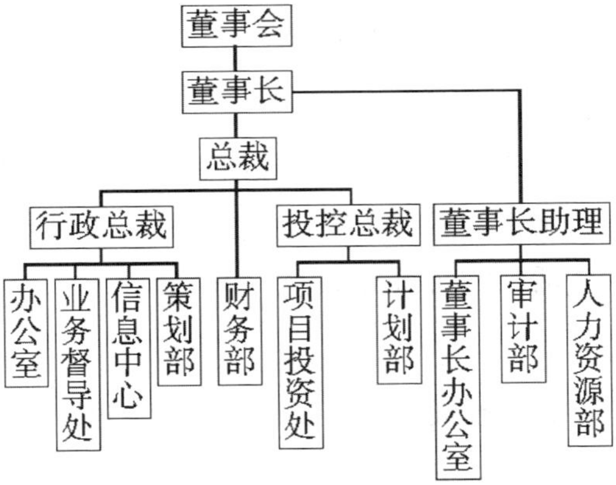

分析：根据组织结构图，分析好各部门之间的从属关系，最后作答。

解析：由组织结构图可分析得：财务部直属总裁管理；而总裁又由董事长管理，董事长服从于董事会管理。

人力资源部由董事长助理直接管理，董事长助理服从董事长管理，董事长又服从于董事会管理，董事会是最高管理部门。

总结：有关组织结构图一般都呈“树”形结构。这种图直观，容易理解，被应用于很多领域中。在组织结构图中，可采用从上到下或从左到右的顺序绘制图，注意各单元要素之间的关系，并对整个组织结构图进行浏览处理，注重美观、简洁、明了。

练习 某公司做人事调整：设总经理一个，配有经理助理一名；设副经理两人，直接对总经理负责，设有 6 个部门，其中副经理 A 管理生产部、安全部和质量部，经理 B 管理销售部、财务部和保卫部；生产车间由生产部和安全部共同管理，公司配有质检中心和门岗。请根据以上信息设计并画出该公司的人事结构图。

解析：

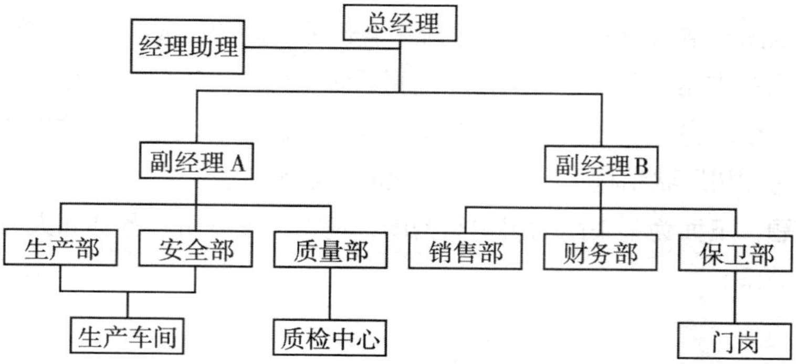

【学习建议】

教师在带领学生游学的过程中，可以引导学生发现流程图与结构图是处处存在的，它将看似无序的量有序地结合在了一起。引导学生善于用数学简洁明了地表述现实生活中的问题及关系。

【牛刀小试】

本次游学过程中，我校成立了临时宣传组织，这个组织由一位校领导及两位老师、10 名同学组成，其中这位校领导担任总指挥，负责统一协调，一位老师负责审稿编辑，一位老师负责审照片，编辑视频，这 10 位同学又分成了三组，一组负责撰稿，一组负责拍照，一组负责录制游览学习的视频，每组都有对应小组长，你能根据实际画出对应的组织结构图吗？

大雁塔——盛唐诗人的朋友圈

如今聚会，自拍、拍美食发朋友圈成了一种流行。你知道在唐代，文人骚客们聚在一起都做些什么吗？长安作为唐王朝的政治文化经济中心，自然人才济济，同时长安又是科举取士的大考场，成为进身之阶，一展人生抱负的理想之地。以诗会友的聚会可以说是唐代诗人间的一种风气，比如每年三月开春的曲江流觞，就是大家在曲江池畔聚会，洗去旧年；科举开始之后也有雁塔题名、题诗。又比如李白、杜甫都好酒，他们会时常和好友聚会，席间喝酒，然后吟诗。就像我们现代人聚会要玩手机发朋友圈一样，这是体现文人风雅、文学情怀的一种形式。在唐代，阿房宫、大明宫、青龙寺、大雁塔都经常入诗。在盛唐时期，长安城大雁塔上，就有一场至今令人津津乐道的诗友会。

大雁塔，在今天的西安境内，当时玄奘法师求得真经后回到长安进行翻译工作，为了妥善存放这些佛经，他便在慈恩寺内修建了这座大雁塔。慈恩寺的历史略早于大雁塔，唐高宗做太子时，为了纪念离世的母后文德皇后，出资捐盖了一座寺庙，由于是感念母亲的养育恩德，故命名为慈恩寺。

天宝十一年（752 年）秋天，杜甫、岑参、高适、储光羲和薛据同游并同登大雁塔，除薛据名头略小外（但也非等闲之辈），其余四位皆是盛唐的诗坛大腕儿。这几位大诗人怎么会聚在一起游大雁塔呢？原来，当时正处在岑参第一次赴安西都护府回来后，到长安述职（也就是汇报工作）的时候。闲暇时，他便约上几位同事兼诗友同游大雁塔，见宝塔巍峨俊逸，拾级而上，触景生情，于是他们每人赋诗一首，薛据之作因其人诗坛地位不及其余四人而失传，其他人的作品都流传至今，而且题目相似，是中国诗史上一次难得且颇有意义的同题诗竞赛，我们甚至可以把它看作是盛唐诗坛的“华山论剑”。

众所周知，同题比较，参照系数更大，可比性更强。由此，我们能更清楚地看出诗人诗力的高下。根据古人的评论，现存的这四首诗歌里，杜甫的这首排第一（不愧是诗圣！），排在第二位的是岑参的作品。下面我们就来欣赏一下这两位大诗人在大雁塔之巅登临咏唱的壮美诗篇。

同诸公登慈恩寺塔①

杜　甫

高标跨苍穹②，烈风无时休③。
自非旷士怀④，登兹翻百忧⑤。
方知象教力⑥，足可追冥搜⑦。
仰穿龙蛇窟⑧，始出枝撑幽⑨。
七星在北户⑩，河汉声西流⑪。
羲和鞭白日⑫，少昊行清秋⑬。
秦山忽破碎⑭，泾渭不可求⑮。
俯视但一气⑯，焉能辨皇州⑰。
回首叫虞舜⑱，苍梧云正愁⑲。
惜哉瑶池饮，日晏昆仑丘⑳。
黄鹄去不息㉑，哀鸣何所投。
君看随阳雁㉒，各有稻粱谋㉓。

词句注释

①此诗题下原注：“时高适、薛据先有此作。”同：即和。诸公：指高适、薛据、岑参、储光羲。慈恩寺塔：即大雁塔。为新进士题名之处。唐高宗永徽三年（652年）玄奘法师所建，在今陕西西安市和平门外八里处，现有七层，高六十四米。

②标：高耸之物。高标：指慈恩寺塔。

③烈风：大而猛的风。休：停息。

④旷士：旷达出世的人。旷：一作“壮”。

⑤兹：此。翻：反而。

⑥象教：佛祖释迦牟尼说法时常借形象以教人，故佛教又有象教之称。佛塔即是佛教的象征。

⑦ 足：一作“立”。冥搜：即探幽。

⑧ 龙蛇窟：形容塔内磴道的弯曲和狭窄。

⑨ 出：一作“惊”。枝撑：指塔中交错的支柱。幽：幽暗。

⑩ 七星：北斗七星，属大熊星座。北户：一作“户北”。

⑪ 河汉：银河。

⑫ 羲和：古代神话中为太阳驾车的神。鞭白日：言日行之快，如鞭促赶。

⑬ 少昊：古代神话中司秋之神。

⑭ 秦山：指长安以南的终南山，山为秦岭山脉一部分，故云秦山。破碎：终南诸峰，大小错综，登高眺望，山峦如破碎。

⑮ 泾渭：泾水和渭水。不可求：难辨清浊。

⑯ 但：只是。一气：一片朦胧不清的样子。

⑰ 焉能：怎能。皇州：京城长安。

⑱ 虞舜：虞是传说中远古部落名，即有虞氏，舜为其领袖，故称虞舜。

⑲ 苍梧：相传舜征有苗，崩于苍梧之野，葬于九疑山（在今湖南宁远县南）。见《礼记·檀弓上》《史记·五帝本纪》。这里用以比拟葬唐太宗的昭陵。唐太宗受内禅于高祖李渊，高祖号神尧皇帝。尧禅位于舜，故以舜喻唐太宗。

⑳“惜哉”二句：《列子·周穆王》：“（穆王）升昆仑之丘，以观黄帝之宫。……遂宾于西王母，觞于瑶池之上。”《穆天子传》卷四，记周穆王“觞西王母于瑶池之上”。此喻指唐玄宗与杨贵妃游宴骊山，荒淫无度。饮：一作“燕”。晏：晚。

㉑ 黄鹄（hú）：即天鹅，善飞，一举千里。去不息：远走高飞。

㉒ 随阳雁：雁为候鸟，秋由北而南，春由南而北，故称。此喻趋炎附势者。

㉓ 稻粱谋：本指禽鸟觅取食物的方法，此喻小人谋取利禄的打算。

创作背景

这首诗是杜甫在天宝十一年（752 年）秋天登慈恩寺塔写的。慈恩寺是唐太宗贞观二十一年（647 年）太子李治为纪念他的母亲文德皇后所建。寺在当时长安东南区晋昌坊。唐高宗永徽三年（652 年），三藏法师玄奘在寺中建塔，即慈恩寺塔，又名大雁塔。塔共有六层。武则天大足元年（701 年）改建，增高为七层，在今西安市东南。当时高适、薛据、岑参、储光羲均登大雁塔，每人赋诗一首，今薛据诗已失传。杜甫的这首诗是同题诸诗中的压卷之作。

诗歌赏析

“高标跨苍穹，烈风无时休。”开篇就出语奇崛，气概雄阔，不同凡响。不说高塔而说高标，使我们不禁想起李白《蜀道难》中“上有六龙回日之高标”句所形容的高耸入云的峰顶。这里借“高标”极言塔高。此二句意思是说塔高耸入云，风烈而且无时休，不但形容塔之高，似乎暗示天宝年间大唐国运危殆。

“自非旷士怀，登兹翻百忧。”委婉言怀，有愤世之慨。“我不是旷达之士，登此塔百感交集，胸中翻滚起无穷无尽的忧虑。”忧什么？忧的是表面歌舞昇平之下的大唐皇朝已危机四伏。

“方知象教力，足可追冥搜。”“象教”即佛教，佛教用形象来教人，故称“象教”。“冥搜”，意谓在高远幽深中探索，这里有冥思和想象的意思。由于塔是崇拜佛教的产物，这里塔便成了佛教力量的象征。“方知象教力，足可追冥搜”二句，极赞寺塔建筑的奇伟宏雄，极言其巧夺天工，尽人间想象之妙。

“仰穿龙蛇窟，始出枝撑幽。”又用惊人之笔描写登塔，突出塔之奇险。沿着狭窄、曲折而幽深的阶梯向上攀登，如同穿过龙蛇的洞穴。塔底几层有纵横交错条木支撑，攀登到顶层，方才豁然开朗。

“七星在北户，河汉声西流。羲和鞭白日，少昊行清秋。”极言塔高在天际。河汉是银河，羲和、少昊都是传说中的天神，一个在用鞭子赶着太阳跑，一个在散布秋天萧肃之气。

“秦山忽破碎，泾渭不可求。俯视但一气，焉能辨皇州？”在作者视觉形象中，终南山和秦岭已经破碎；渭清泾浊，但在塔上已看不清楚。暗示大唐国运危殆，山河破碎。皇州指长安，在塔上也不分明，只见朦胧一片。李林甫当权已养成天下乱象。作者看到社会危机爆发已不可避免，所以有“登慈翻百忧”的感慨。

“回首叫虞舜，苍梧云正愁。惜哉瑶池饮，日宴昆仑丘。黄鹄去不息，哀鸣何所投？君看随阳雁，各有稻粱谋。”作者指斥时政，怀念唐太宗时的贞观盛世。由于唐玄宗、杨贵妃、杨国忠等人穷奢极欲，饮宴无度，挥霍民脂民膏，使得大唐江河日下，危机四伏，百姓逃难，颠沛流离，如哀鸣的黄鹄，艰难地寻求活路而无所归依。虞舜指唐太宗，苍梧指太宗陵墓昭陵（暗指墓中的太宗也在为国运日衰而发愁）。“日宴”指日落，暗示大唐如日落西山。最后两句斥责那些趋炎附势的人，就像追逐太阳的候鸟，只顾自己谋利，活得滋润。“稻粱”指利益。“稻粱谋”一词已成典故，广泛地指追求物质利益的活动，也指为谋生计而辛苦工作。

全诗有景有情，寓意深远。钱谦益说：“高标烈风，登兹百忧，岌岌乎有漂摇崩析之恐，正起兴也。泾渭不可求，长安不可辨，所以回首而思叫虞舜”，“瑶池日晏，言天下将乱，而宴乐之不可以为常也”，这就说明了全篇旨意。正因为如此，这首诗成为诗人前期创作中的一篇重要作品。

名家点评

王嗣奭《杜臆》：“旷士”“冥搜”句：“他人于此能作气象语，不能作此性情语，余谓信手平平写去，而自然雄超，非力敌造化者不能。如“高标”句，气象语也，谁能接以“烈风无时休”？又谁能转以“旷士怀”“翻百忧”？然出之殊不费力。“七星北户”“河汉西流”，已奇，而用一“声”字尤妙。“秦山”近在塔下，故云“忽破碎”，真是奇语。……末后“黄鹄”四句，若与塔不相关，而实塔上所见，语似平淡，而力未尝弱，亦以见“旷士”之怀，性情之诗也。“君看”正照题面诸公，其缜密如此。

钱谦益《钱注杜诗》：“高标”“烈风”，“登兹”“百忧”，岌岌乎有漂摇崩折之恐，正起兴也。“泾渭不可求”，长安不可辨，所以“回首”而思“叫虞舜”。“苍梧云正愁”，犹太白云“长安不见使人愁”也。唐人多以王母喻贵妃，“瑶池”“日晏”言天下将乱，而宴乐之不可为常也。

仇兆鳌《杜诗详注》：同时诸公登塔，各有题咏。薛据诗已失传；岑、储两作，风秀熨贴，不愧名家；高达夫出之简净，品格亦自清坚。少陵则格法严整，气象峥嵘，音节悲壮，而俯仰高深之景，盱衡今古之识，感慨身世之怀，莫不曲尽篇中，真足压倒群贤，雄视千古矣。三家结语，未免拘束，致鲜后劲。杜于末幅，另开眼界，独辟思议，力量百倍于人。

杨伦《杜诗镜铨》：凭空写意中语入，便尔耸特；亦早伏后一段。前半写尽穷高极远、可喜可愕之趣，入后尤觉对此茫茫，百端交集，所谓“泽涵汪茫，千汇万状”者，于此见之。视同时诸作，其气魄力最，自足压倒群贤，雄视千古。李子德云：岑作高，公作大；岑作秀，公作奇。

黄子云《野鸿诗稿》：嘉州与少陵同赋《慈恩塔》诗，岑有“秋色正西来，苍然满关中。五陵北原上，万古青濛濛”四语，洵称奇伟；而上下文不称，末乃逃入释氏，不脱伧父伎俩。而少陵自首至结一气，横厉无前，纵越绳墨之外，激昂霄汉之表，其不可同年而语，明矣。

与高适薛据同登慈恩寺浮图①

岑参

塔势如涌出②，孤高耸天宫。
登临出世界③，蹬道盘虚空④。
突兀压神州⑤，峥嵘如鬼工⑥。
四角碍白日⑦，七层摩苍穹⑧。
下窥指高鸟，俯听闻惊风⑨。
连山若波涛，奔走似朝东。
青槐夹驰道⑩，宫馆何玲珑⑪。
秋色从西来，苍然满关中⑫。
五陵北原上⑬，万古青濛濛。
净理了可悟⑭，胜因夙所宗⑮。
誓将挂冠去⑯，觉道资无穷⑰。

词句注释

① 高适：唐朝边塞诗人，景县（今河北景县）人。薛据，荆南人，《唐诗纪事》作河中宝鼎人。开元进士，终水部郎中，晚年终老终南山下别业。慈恩寺浮图：即今西安市的大雁塔，本唐高宗为太子时纪念其母文德皇后而建，故曰慈恩。浮图，原是梵文佛陀的音译，这里指佛塔。

② 涌出：形容拔地而起。

③ 出世界：高出于人世的境界。世界，人世的境界。

④ 磴（dèng）：石级。盘：曲折。

⑤ 突兀：高耸貌。

⑥ 峥嵘（zhēng róng）：形容山势高峻。鬼工：非人力所能。

⑦ 四角：塔的四周。碍：阻挡。

⑧ 七层：塔本六级，后渐毁损，武则天时重建，增为七层。摩苍穹：连接天空。

⑨ 惊风：疾风。

⑩ 驰道：可驾车的大道。

⑪ 宫馆：宫阙。

⑫ 关中：指今陕西中部地区。

⑬ 五陵：指汉代五个帝王的陵墓，即高祖长陵、惠帝安陵、景帝阳陵、武帝茂陵及昭帝平陵。

⑭ 净理：佛家的清净之理。

⑮ 胜因：佛教因果报应中的极好的善因。夙：素来。

⑯ 挂冠：辞官归隐。

⑰ 觉道：佛教的达到消除一切欲念和物我相忘的大觉之道。

创作背景

唐玄宗天宝十一年（752年）秋，岑参自安西回京述职，相邀高适、薛据、杜甫、储光羲等同僚诗友，出城郊游，来到慈恩寺，见宝塔巍峨俊逸，拾级而上，触景生情，遂吟诗唱和以助兴。高适首唱，作《同诸公登慈恩寺塔》，其余人相和，岑参此诗就是当时的和诗之一。

诗歌赏析

“塔势如涌出，孤高耸天宫。”自下而上仰望，只见巍然高耸的宝塔拔地而起，仿佛从地下涌出，傲然耸立，直达天宫。用一“涌”字，显示了佛祖的神迹，增强了诗的动势。既勾勒出了宝塔孤高危耸之貌，又给宝塔注入了生机，将塔势表现得极其壮观生动。

“登临出世界，磴道盘虚空。突兀压神州，峥嵘如鬼工。”写登临所见、所感，到了塔身，拾级而上，如同走进广阔无垠的宇宙，蜿蜒的石阶，盘旋而上，直达天穹。此时再看宝塔，突兀耸立，如同鬼斧神工般，简直不敢相信人力所及。慈恩寺塔，不仅雄伟，而且精妙。

“四角碍白日，七层摩苍穹。下窥指高鸟，俯听闻惊风。”写登上塔顶所见，极力夸张塔体之高。大雁塔是四方形的，不是我们常见的六角塔、八角塔，它只有四个角，而且高达七层，会遮蔽日光，可谓是摩天蔽日，与天齐眉。低头下望，鸟在眼下，风在脚下。这鸟和风，从地面上看，本是高空之物，而从塔上俯瞰，便成了低处之景，反衬出宝塔高可摩天。

下面八句，以排比句式依次描写东南西北四方景色。**“连山若波涛，奔走似朝东。”**运用化静为动的写法描绘东面的山景。远处群山连绵起伏，如滚滚巨浪波涛；**“青槐夹驰道，宫馆何玲珑。”**状摹南面宫苑。专供皇帝车驾出行的大道两旁，青槐葱翠，一直延伸至曲江池、长乐宫，放眼望去，宫室密布，金碧交辉；**“秋色从西来，苍然满关中。”**刻写西面秋色，秋风飒飒，满目萧然，透露出浓浓的肃杀之气；**“五陵北原上，万古青濛濛。”**写北边陵园，渭水北岸，座立着长陵、安陵、阳陵、茂陵、平陵，它们分别是前汉高帝、惠帝、文帝、景帝、武帝五位君王的陵墓。当年，他们创基立业，轰轰烈烈，如今却默然地安息在青松之下。诗人对四方之景的描绘，从威壮到伟丽，从苍凉到空茫，景中含情，也寄托着诗人对大唐王朝由盛而衰的忧思。

末了四句，**“净理了可悟，胜因夙所宗。誓将挂冠去，觉道资无穷。”**诗人想辞官事佛，此时，岑参得知，前方主将高仙芝出征大食，遭遇挫折；当朝皇帝唐玄宗，年老昏聩；朝廷之内，外戚宦官等祸国殃民；各方藩镇如安禄山、史思明等图谋不轨，真可谓“苍然满关中”，一片昏暗。诗人心中充满惆怅，认为佛家清净之理能使人彻悟，殊妙的善因又是自己向来信奉的，因此想及早挂冠而去，去追求无穷无尽的大觉之道。

这首诗主要写佛塔的孤高以及登塔回望景物，望而生发，忽悟佛理，决意辞官学佛，以求济世，暗寓对国是无可奈何的情怀。全诗状写佛塔的崔嵬和景色的壮丽十分成功。

名家评价

明·谭元春《唐诗归》：“从西来”妙，妙！诗人惯将此等无指实处说得确然，便奇（“秋色”句）。“万古”字入得博大，“青濛濛”字下得幽眇。秋色又四语写尽空远，少陵以“齐鲁青未了”五字尽之，详略各妙。（“万古”句）。岑塔诗惟秋色四语，时敌储光羲、杜甫，余写高远处俱有极力形容之迹。

明·毛先舒《诗辩坻》：“四角”二语，拙不入古，酷为钝语。至“秋色从西来，苍然满关中。五陵北原上，万古青濛濛”，词意奇工，陈隋以上人所不为，亦复不办，此处乃见李唐古诗真色。

清·吴煊《唐贤三昧集笺注》：老杜、高、岑诸大家同登慈恩寺塔诗，如大将旗鼓相当，皆万人敌。

清·黄子云《野鸿诗稿》：岑有“秋色正西来，苍然满关中。五陵北原上，万古青濛濛”四语，洵称奇伟；而上下文不称，末乃逃入释氏，不脱伧父伎俩。

清·沈德潜《唐诗别裁》：登慈恩塔诗，少陵下应推此作，高达夫、储太祝皆不及也。

延伸阅读

大雁塔上试比高——读杜甫《同诸公登慈恩寺塔》

余　丹

《同诸公登慈恩寺塔》

杜　甫

高标跨苍穹，烈风无时休。
自非旷士怀，登兹翻百忧。
方知象教力，足可追冥搜。
仰穿龙蛇窟，始出枝撑幽。
七星在北户，河汉声西流。
羲和鞭白日，少昊行清秋。
秦山忽破碎，泾渭不可求。
俯视但一气，焉能辨皇州。
回首叫虞舜，苍梧云正愁。
惜哉瑶池饮，日晏昆仑丘。
黄鹤去不息，哀鸣何所投。
君看随阳雁，各有稻粱谋。

非能销忧，徒生百忧！

天宝十一载(752)秋天，杜甫和高适、岑参、储光羲、薛据一起登慈恩寺塔，五人还分别作了一首诗。杜甫原注说："时高适、薛据先有作。"杜甫在高适、薛据之后作诗，所以称为"同诸公"，"同"即和。慈恩寺，在唐代位于长安东第一街进昌坊，北魏道武帝时在此建净觉寺，隋文帝在净觉寺故址上修建无漏寺，后来都荒废了。唐太宗贞观二十二年（648），太子李治为生母文德皇后建寺，命名慈恩寺。唐高宗永徽三年（652），三藏法师玄奘在寺中建塔，便称为慈恩寺塔，又名大雁塔。

此诗共二十四句，前两段各四句，后两段各八句。首四句总领全诗。"高标跨苍穹，烈风无时休。"出语奇突不凡，"高标"极言塔高，苍穹指穹窿行状的天，中间妙用动态有力的"跨"字，突出塔高耸入天之气势。杜甫此句仅是极度夸张的写法吗？天宝年间这慈恩寺塔到底有多高？宋代张礼《游城南记》详细记载了此塔最初仿造西域佛塔而成，有五层，武则天及王公筹钱重建到十层，后来又惨遭兵火，只剩下七层。就一直固定为今天所见大雁塔的七层塔身，通高64.517米。估摸一算，相当于站在北师大图书馆顶楼看北京城呢！可见，此诗言塔高并非一味地夸张。可杜甫这样夸张地描写塔高还不够，又引出"烈风"来衬托。古乐府《满歌行》里说"暮秋烈风起"，满目秋意。这风啊不仅劲烈，它还没完没了地吹！

"自非旷士怀，登兹翻百忧。"想起王粲在《登楼赋》起句言"登兹楼以四望兮，聊暇日以销忧"，实际销忧与否不论，起码嘴上是说暂且在这闲暇的时光里消解忧愁吧。然而杜甫则不是，他说自己就不是那旷达绝俗之人，登此高塔不仅不能排忧解闷，心中反倒翻滚起百忧！那这无穷无尽的忧虑是什么？杜甫在末段才点了出来。

登塔太不容易：穿窟出幽

次四句杜甫抛开"百忧"，转写登塔过程：

"方知象教力，足可追冥搜。"先写建塔者——象教，也写作像教，即佛教。佛家有正、像、末三法之说：佛虽去世，法仪未改，谓正法时；佛去世久，道化讹替，真正之法仪不行，惟行像似之佛法，谓像法时；道化微末，谓末法时。那什么是"象教力"呢？赵次公说："言危楼高观，世间无有，唯讬之象教而后可营。"杜甫近观此塔，惊叹只有佛教的力量才能建造如此高塔！接着写登塔者在这高远幽深的塔中登攀探索。冥搜就是探幽，杜甫《奉同郭给事汤东灵湫作》诗也有“旷原延冥搜。”登塔时都有这个体验，目光先行，脚随着目光不停攀爬，也就是杜甫所谓的“追”。

“仰穿龙蛇窟，始出枝撑幽。”此句用惊人笔力突写塔的奇险，写诗人如何穿窟出穴，就是前句“冥搜”的细节版！枝撑，指塔中斜柱。杜甫《自京赴奉先县咏怀五百字》：“河梁幸未拆，枝撑声窸窣。”黄庭坚评析这句是“慈恩寺塔下数级皆枝撑洞黑，出上级乃明。”可想见，诗人逐步向上攀爬，然而越往上啊，视线越幽暗！阶梯越狭窄曲折！就如同穿过龙蛇的洞穴。诗人逐步艰难地绕过塔内盘错的斜柱，终于登上了塔顶，才豁然开朗！后人章元八《题慈恩寺塔诗》化用这句诗：“回梯暗踏如穿洞，绝顶初攀似出笼”，也很形象地表述了登塔的过程。

这二句既照应首句“高标”，又引出后面站在塔顶所见的景象：仰观于天，想象夜晚时眼前仿佛看到北斗七星在北窗外闪烁，耳边似乎正响着银河水向西流淌的声音，是巧妙的曲喻。白天那羲和鞭赶太阳迅速西进，秋神少昊给人间带来了清秋，点出登临正值清秋日暮时分，为后文抒发忧思酝造氛围。俯视于地，见山川微渺，终南诸山散落成大小相杂、高低起伏的碎块，极其有神。泾渭乃关西大川，韦朝宗引渭水入金光门，置漕于西市，然登高远望却不能分别其清浊。再从上往下一眼望去，长安城内人烟、宫殿、屋庐、城郭，一切莫辨，成了迷蒙的一片。前后顺承，行文极为严谨自然！

这是一首政治寓言诗吗?

此诗与《乐游园歌》是同时期作品。相比可见，乐游原歌重在伤身，此作则多忧世。杜诗因为现实针对性强，往往容易被过度阐释，句句被附会为现实的影射。但就此作而言，这一阐释方法是有合理之处的。诗歌从一开始便强调登楼所带来的动荡感，以下俯视所见皆浑茫一体，落到“皇州”二字，便有政治性的指向。这便同李白“总为浮云能蔽日，长安不见使人愁”句，长安已为薄暮阴翳所笼罩，这如同一个时代变乱的暗示，暗示着长安即将沦陷于乱世纷争之中。末段用“虞舜”“西王母”典故，一“愁”一“惜”，暗示诗人的吊古包含着复杂的心绪。末二句将个人的不遇之感融化在黄鹄、随阳雁这传统比兴手法的意象之中，不明说，却又没有不说。

此诗并非因此便成为一首政治寓言诗。妙处在于将政治影射容纳在诗意中，浑融不露，不使政治寓意有伤于诗意的表达，因此此诗的形象依然是较为饱满的。秦山数句是时代的暗喻，同时也是精妙的写景之句。虞舜、西王母的用典拉开了时空的距离，使诗歌的视角不仅变换于俯仰之间，更有广角的镜头四处环望，既缅怀苍梧云烟，又遐想昆仑宴饮。苍梧云和昆仑丘仍是较高视野方可见到的景致，与其登高望远的情态相一致。再如末二句，其比兴手法较为明显，但若理解为单纯的写景，也无不可。诗中带有影射意味的诗句均可是登高所见之景。末段吊古之余，忽有哀鸣，将黄鹄阳雁视为实境，因而既悲往哲，又伤物类，哀叹黄鹄是诗人的同类相感。要之，全诗简单从字面意思理解，也未尝不可。诗无达诂，见仁见智。

他们并非站在同一高度！

塔势如涌出，孤高耸天宫。登临出世界，磴道盘虚空。
突兀压神州，峥嵘如鬼工。四角碍白日，七层摩苍穹。
下窥指高鸟，俯听闻惊风。连山若波涛，奔走似朝东。
青松夹驰道，宫观何玲珑。秋色从西来，苍然满关中。
五陵北原上，万古青濛濛。净理了可悟，胜因夙所宗。
誓将挂冠去，觉道资无穷。

——岑参

金祠起真宇，直上青云垂。地静我亦闻，登之秋清时。
苍芜宜春苑，片碧昆明池。谁道天汉高，逍遥方在兹。
虚形宾大极，携手行翠微。雷雨傍杳冥，鬼神中躨跜。
灵变在倏忽，莫能穷天涯。冠上阊阖开，履下鸿雁飞。
宫室低逦迤，群山小参差。俯仰宇宙空，庶几了义归。
崩岁非大厦，久居亦以危。

——储光羲

香界泯群有，浮图岂诸相。登临骇孤高，披拂欣大壮。
言是羽翼生，回出虚空上。顿疑身世别，乃觉形神王。
宫阙皆户前，山河尽檐向。秋风昨夜至，秦塞多清旷。
千里何苍苍，五陵郁相望。盛时惭阮步，末宦知周防。
输效独无因，斯焉可游放。

——高适

仇兆鳌评价这同题四诗："岑、储两作，风秀熨贴，不愧名家；高达夫出之简净，品格亦自清坚。少陵则格法严整，气象峥嵘，音节悲壮，而俯仰高深之景，盱衡今古之识，感慨身世之怀，莫不曲尽篇中，真足压倒群贤，雄视千古矣。三家结语，未免拘束，致鲜后劲。杜于末幅，另开眼界，独辟思议，力量百倍于人。"

具体而言，四诗在语辞和景物上有着不同的特点。

语辞上，岑参、储光羲、高适三诗均使用较多的佛教语汇，在诗歌起首便为佛塔定性，着力描写塔为佛教圣地、高耸雄伟、远离尘世，正体现佛理的精妙广大。而杜甫全诗仅仅用"方知象教力，足可追冥搜"二句表现慈恩寺塔为佛塔的性质，其他笔墨着重刻画塔之高，与佛教并无关系。因此明人胡震亨认为，岑等三诗均以吟咏佛塔为重心，是合法度的诗作，突出了慈恩寺塔的本体特征，即其宗教属性，并在诗中着力描绘塔的形貌。特别是岑、储两诗相同重点是在写佛寺中的浮图，把登塔时所看到的景物与佛家教义紧密联系。而杜诗在简笔带过后转入七星在北户，以下八句均写观塔之景，侧写塔高，突出塔高带给诗人的独特视觉感受。

景物上，四首诗是站在同一高度来观景的，但各自诗作所呈现的高度却有所不同。岑诗和杜诗一样工于起首，气势非凡，也着力突出塔高入天际的雄伟之貌。但岑诗中这一高度并不统一："连山若波涛，奔走似朝东""秋色从西来，苍然满关中"，意境阔大，视角高远，而"青槐夹驰道，宫馆何玲珑"夹在以上四句之间，描写细致，与前后略微显得不协调。同样，高、岑二诗开头的高度与中段写景的高度存在一定落差。这可能是由于开头数句重在描绘佛塔，因此需要塑造为迥别人间的高耸之物，而真正落实到写景时，其笔调又较为朴实。就杜诗而言，七星在北户的八句写景始终紧扣"高标跨苍穹"一句来写，其所站视角是临近天穹的。秦山忽破碎数句同是写山，却体现出俯视的视角，其艺术场景的描绘是较为统一的。将"宫阙皆户前，山河尽檐向"和"七星在北户，河汉声西流"进行对比，更可见这一特点。

要之，岑等三诗的创作或关乎佛理，或关乎自身，唯杜甫关乎天下国家，其立足点有高低之分。程千帆先生指出，对于观察自然景物来说，他们都站在同样高度的七级浮屠上，可是对观察社会现象来说，杜甫却独自站在一个迥然挺出的高度上。杜甫除了高塔远景之外还看到了尘昏满目，除了个人命运蹭蹬之外还感到了国家命运的危机。这正是杜甫的独特之处。便如清人薛雪所言，“有胸襟然后能载其性情智慧”。杜甫与三人胸襟之别造成诗境之别，进而使其创作之旨亦有所区别！他们站在同一高度观景，却又不是站在诗国的同一高度！

大　雁　塔

李元洛

我追踪杜甫、高适、岑参等诗人的足迹，终于在朝阳初升时来到大雁塔，然而，却无法和他们联袂攀登了，我已迟到了一千多年。好像急急忙忙去赴一场盛会，待至赶到会场，早已曲终人散，只留下你形单影只，凭空想象演出的盛况而不胜低回。

唐代的长安，有如现在美国的纽约、法国的巴黎、英国的伦敦、德国的柏林，是当时世界上最壮丽繁华的国际性大都会，也是人类历史上第一座人口超过一百万以上的城市。在“贞观”“开元”之治的盛唐，更是声威远振，万邦来朝。然而，人生有悲欢离合，历史有兴衰更替，“安史”乱后，唐朝江河日下，京都也日渐败落，复经唐末的战乱和兵火，长安城几乎成了一片废墟。时至今天，往日的宫殿楼台千门万户，只能从考古学家绘制的复原图样中去追寻，而昔年的诗酒风流昌盛繁荣，也只能从诗人流传至今的作品中去想象。

然而，目击唐代盛衰的见证人仍在，那就是唐高宗李治之时修建而屹立至今的慈恩寺内的大雁塔。而先知者的预言呢，那就是杜甫的《同诸公登慈恩寺塔》了，时在唐玄宗天宝十一年，即公元 752 年的秋天。三年之后，安禄山骑兵的铁蹄，就将关中大地大唐帝国践踏得一片狼藉。其时大雁塔高峙半空，听到了也见到了下界的鬼哭狼嚎，愁云惨雾。

那年秋日同游并同登大雁塔的，有杜甫、岑参、高适、储光羲和薛据，前三位是盛唐的诗坛俊杰，后二人也非等闲之辈。除薛据之作失传外，其他人的作品都流传至今，而且题目大同小异，可谓中国诗史上一次颇有意义的同题诗竞赛。最差的是储光羲的诗：“冠上阊阖开，履下鸿雁飞。宫室低逦迤，群山小参差。”这已是他写景的好句，结尾的“俯仰宇宙空，庶随了义归。敞労非大厦，久居亦以危”，也不过一般的居高思危之意而已，而且认为万事皆空，只有佛家的“了义”才是最后的归宿。高适与岑参的写景胜过储作不止一筹，高适说“言是羽翼生，迥出虚空上。宫阙皆户前，山河尽檐向”，岑参说“突兀压神州，峥嵘如鬼工。四角碍白日，七层摩苍穹”，都颇能写出塔的高峙和登临的感受。但53岁的高适，其结句是“盛时惭阮步，末宦知周防。输效独无因，斯焉可游放”，抒发的仍然是一己的怀才不遇之情。岑参的结句是“净理了可悟，胜因夙所宗。誓将挂冠去，觉道资无穷”，正当三十八岁的盛年，就想退隐宗佛，也未免过于消极。

在洞箫低吹单弦缓奏之中，大雁塔的最高层，轰然而鸣的却是杜甫的黄钟大吕之声：

高标跨苍穹，烈风无时休。
自非旷士怀，登兹翻百忧。
方知象教力，足可追冥搜。
仰穿龙蛇窟，始出枝撑幽。
七星在北户，河汉声西流。
羲和鞭白日，少昊行清秋。
秦山忽破碎，泾渭不可求。
俯视但一气，焉能辨皇州？
回首叫虞舜，苍梧云正愁。
惜哉瑶池饮，日宴昆仑丘。
黄鹤去不息，哀鸣何所投？
君看随阳雁，各有稻粱谋。

杜甫他们登临咏唱之时，到处莺歌燕舞的大唐帝国已经危机四伏，奸相李林甫和杨国忠独揽大权，斥贤害能，朝政日非，昔日励精图治的唐玄宗，也已经蜕化成为贪图享受终日醇酒美人的腐败分子，安禄山秋高马肥，反叛的旗帜即将在朔风中呐喊。前来登临大雁塔的几位诗人，他们的写景都各有千秋，不乏佳句甚至壮语，但在眼光的锐利、胸襟的阔大和忧国忧民的情怀方面，杜甫之作不但高出他们不少，同时也是唐代诗人写大雁塔的近百首作品之冠。时代的深忧隐患，社会的动荡不安，个人的忧心如捣，这一切都交织在“登兹翻百忧”的主旋律之中，全诗就是这一主旋律的变奏。仰观于天，俯察于地，“惜哉瑶池饮，日宴昆仑丘”，他讽刺唐玄宗贪于声色而荒于国事，他预见到时代的动乱有如山雨欲来，因而发出了“秦山忽破碎，泾渭不可求”的警告和预言。“有第一等襟抱，斯有第一等真诗”，前人不早就这样慨乎言之了吗？

前有古人，后有来者。原籍唐朝的大雁塔，千年来一直候我登临。沿着塔内的回旋楼梯，踩着杜甫的足迹，高六十多米的古塔将我举到半空之上，凭窗阅读四方风景和千古兴亡。极目远眺，只见浑圆浑圆的地平线，千秋万代以来就和天边青蒙蒙的雾霭捉着迷藏，至今没有了局；低头俯瞰，唐宋元明清早已退朝，即使是月夜，也再听不到李白听过的万户捣衣之声。只见成群的大厦高楼拔地而起，汹汹然想来和大雁塔比高，而纵横交错车水马龙的大街是现代的驿道，喇叭声声向大雁塔宣告：昔日的长安已经不在，你面对的是今日的西安。以笔为生，以笔为旗，有时也要以笔为剑呵，在高高的大雁塔上，我书生气地想。虽然“斯人不可闻”，但“余亦能高咏”，面对八面来风，我高声吟咏杜甫登塔的诗章，以乡音呵湘音。流浪的鸟，过路的云，还有曾经认识诗人的八百里秦川，都在下面倾听。

经济似笔，文化似墨

前言：文化作为一种软实力，能够在人们认识世界和改造世界过程中转化为物质力量，对经济的发展有正负两方面的作用。文化与经济，作为社会发展的两大核心要素，缺一不可，相辅相成。随着社会的发展变化，文化事业和文化产业发展的空间非常广阔，其不仅仅可以满足人们多样化的精神需求，还可以提高人民群众的生活品质和幸福感，更是培育发展新动能、推动创新创业的重要动力。站在新的历史起点上，每一名同学都要认识到文化的突出作用，在生活中关注文化的经济价值。

第一章　歇脚处的美味

永兴坊是西安打造的一个新的美食街区，不同于回民街，这里的美食都是陕西省各地市最有名的美食集合，不出西安，就可以品尝到全省美食，一个不落。

永兴坊是西安市为了继续完善顺城巷历史风貌，充分彰显古城历史底蕴，扩大西安知名度和影响力，在 2007 年于原址上建造的，为古城再添了一个“坊”式的精品项目。项目总占地 15 亩，东西长 130 米，南北宽 88 米，按规划设计拟建仿古“坊、肆”建筑群、牌楼、休闲绿化广场、内街、井房以及建筑物外墙仿古装饰等，主要以关中牌坊和具有民间传统的建筑群组合，形成古里坊式布局，展示古长安城的街坊式形态和历史生活气息以及传统民俗生活空间。依托古城墙深厚的历史文化底蕴，在传承历史、彰显人文，进出有序、错落有致，内涵丰厚、做旧如旧，内敛外聚、动静分离等风格特色上，实现与古城墙历史景观系统的高度和谐，不仅将里坊文化的建筑作为保护重点，更将陕西非物质美食文化的城市人文精神作为发掘和保护的核心。

今天我们就来到这里歇歇脚，品尝品尝这里的美味，也在这里开启我们游学中的第一个思考。

第1部分　有内涵的美味——寻找美食背后的故事

【学习导航】

三秦大地的美食
和这块古老的土地一样
散发着迷人的气息
在漫长的历史岁月中
上到皇宫殿堂下到田间地头
诞生出一样又一样的人间美味
然后和那些历史故事、传说
一起流传了下来

俗话说得好，民以食为天。一款美食打动你的或许是它精美的外形，诱人的香气，但你有没有想过，有些美味的产生，不仅仅是手艺人的精心烹制，还有着这些手艺人的执着所在，或许是它背后令你动容的故事，让你对一些美食情有独钟。

【游学指导】

请同学品尝一道地方美食，寻找一个关于这个美食背后的故事。

【游学建议】

永兴坊内区域适中，陕西特色的美食种类众多，很多商家也会在招牌前介绍自家店的特色，教师在引导学生过程中做简单提示即可。

【示例】

1.1　牛羊肉泡馍——赵匡胤“发明”的美食

据说，五代末年，赵匡胤还未得志时，穷困潦倒。一日，在长安街头流浪的他，向一家烧饼铺讨吃。店主看他可怜，就把几天前剩下的两个烧饼给了他。可放了几天的烧饼又干又硬，根本咬不动。这时，他闻到了一股肉香，原来不远处正有一家肉铺在煮羊肉，又讨了一碗羊肉汤，泡着吃。

几年后，赵匡胤“黄袍加身”做了宋朝的开国皇帝。一次，赵匡胤外出巡察，行至长安。忽然进了一小店。店主便把饼子掰得碎碎的，浇上羊肉汤煮了煮，再放上大片牛肉，撒入葱花，最后又淋上几滴鲜红的辣椒油。赵匡胤尝了一下，立刻找到了当年的感觉。吃完后，赵匡胤全身舒畅。一夜之间，皇帝来吃羊肉泡馍的事就在长安城里传开了，店家索性把肉铺改成羊肉泡馍馆，吃的人多了，馍也掰不及了，于是谁吃谁就自己掰。久而久之，羊肉泡馍成了长安人最喜爱的小吃，一直流传至今。

1.2　biang biang 面——穷秀才一字写尽世态炎凉

“biang——biang——”，即面与案板碰撞发出的声音。biang biang 面之名也由此而来。传说，古时有个穷困潦倒的秀才要进都城咸阳考试，饥肠辘辘之时他刚好看到前面有一家面馆，里面“biang——biang——”之声不绝于耳，秀才不由得踱步进去。只见白案上摆满了和好的长条状面块儿，师傅拎过一块儿，扯住两头，顷刻间摔打成裤带般宽厚扔进锅里，不一会儿就从锅里捞出一大海碗，碗底事先盛着作料和一些豆芽青菜，再浇上一大勺油泼辣子，刺啦一声，香气四溢。秀才叫了一碗，吃罢，秀才才想起自己身无分文。他与店小二商量：“小二，你家这面何名？”答曰：“biang biang 面。”秀才问：“biang biang 字咋写？”见店小二答不上来，秀才顿时有了主意，他说：“小二，你与老板商量过，本人今天没钱，可否写出‘biang biang’二字，换这碗面吃？”店小二顷刻间回来，说：“好。”秀才一声大喝：“笔墨伺候！”只见他笔走龙蛇，一边写一边唱道：“一点飞上天，黄河两边弯；八字大张口，言字往里走，左一扭，右一扭；西一长，东一长，中间加个马大王；心字底，月字旁，留个勾搭挂麻糖；推了车车走咸阳。”一个字，写尽了山川地理，世态炎凉。秀才写罢掷笔，满堂喝彩。从此，“biang biang

面”名震关中。

1.3　肉夹馍——历史可追溯到战国时代

2016年1月，肉夹馍入选陕西省第五批非物质文化遗产名录。“肉夹馍”是典型的古汉语，是宾语前置，意为“肉夹于馍中”，“肉”前置是起强调作用。另一种说法是，一开始人们是叫“馍夹肉”的，但陕西方言“馍”与“没”同音，所以“馍夹肉”听起来像“没夹肉”，于是就只能叫“肉夹馍”了！陕西地区有使用白吉馍的“腊汁肉夹馍”、宝鸡西府的肉臊子夹馍、潼关的潼关肉夹馍。其中的腊汁肉，相传战国时已有制作，相沿成习，流传至今。在《周礼》一书中提到的“周代八珍”中的“渍”就是它。北魏贾思勰《齐民要术》记载的“腊肉”制法，与今天腊汁肉的制法基本相同。

【学科指导】

在今天，对于一件设计作品来说打动人们的往往不完全是作品本身，能更加分的是作品背后的故事。在传统文化复苏的今天，学会讲好中国故事是非常重要的。有了好故事，一个好的IP（文学财产）自然会诞生，产业链条也会水到渠成。在今天这个时代，可以说是“故事决定IP，而非IP决定故事”。虽然有某些IP的流行缘于某经典的人物形象，也是由于那个经典故事丰满了那个经典人物。可见，“故事好，才有钱”的影视运作法则是不少流行元素背后的“造物主”，必须一致。同时，它也是“内容为王”的生存铁律缘何屡屡挂在业内人士嘴边的根本缘由。因为，人类对故事的胃口总是无法被满足的。

为什么好故事会一直吸引我们。最核心的一点恐怕就是其戏剧困境表现得是否抓人眼球。顾名思义，戏剧困境是指剧中人物被编剧不断设置的一个接一个的“人生障碍”。这些“人生障碍”的出现，会给人物带来顺理成章的困境，主要人物和次要人物独特的个性色彩从而得以体现，悬念和冲突也因之流露。缺少戏剧困境的语言和动作，会显得苍白无力，令观者有索然无味之感。可能每一件动人的物品或事物背后都有一个凄美的故事。

想讲好故事，最重要的是解决讲什么、怎么讲和怎么讲好的问题。在这里给同学们提个建议，第一，讲什么？我们要精心选题，讲有意思性的故事；第二，怎么讲，以情感人，讲有可读性的故事，以小视角和情感冲突切入，更易代入个人的感受；第三，怎么讲？要以真示人，讲有思辨性的故事，要在各种戏剧困境中设置挣扎与释放。

第2部分　有特色的街区

【学习导航】

但凡我们去一个景点、步行街或者商场里，总能见到一种地方，这里有各种各样的餐厅形态，从小吃到正餐，从饮品到甜品，一应俱全，大家聚集在一起，吃着各种各样的食物。无论什么时候，总是有人，这地方叫美食广场。

美食广场，又称熟食中心、美食街、食阁等，流行于中国香港、中国台湾、新加坡等地，指多家食肆聚集的地方，提供各种各样的美食，桌椅则由各食肆公用。美食广场一般是固定的地方，久而久之形成独特的美食集中地，是游客经常光顾的地方。

作为餐饮形态的一种，美食广场一直占据着自己特有的地位，那么，美食广场的发展是否比一般餐饮更好呢？我们从美食广场利弊来分析看看，美食广场的发展如何。

【游学指导】

通过你的游览体验，指出这条特色美食街的特点。

【游学建议】

永兴坊内特色鲜明，在门口介绍中也介绍了此条美食街的特色，教师引导学生关注介绍牌，关注来此地吃饭的人是不是当地人，有哪些有意思的特点。

【示例】

2.1　西安永兴坊非物质文化遗产美食商业街区

西安永兴坊非物质文化遗产美食商业街区，位于西安市东新街中山门里，东临顺城巷。是唐代一百零八坊之一，昔日魏征府邸。永兴坊总占地十五亩，经营占地面积一万平方米。街区分为关中（关中巷）、陕南（陕南街）、陕北（陕北里）三个板块，全省各地特色美食经营户五十余家入驻，有省级非物质文化遗产美食，有中华老字号美食，有各地耳熟能详的经典小吃，还有手工民俗技艺表演、民间食品加工作坊演示等项目。街区还推出了各地名小吃特色套餐、魏征家宴咥关中民俗席面、陕西非遗宴等特色美食，能充分满足国内外游客“一站式咥美陕西”的消费愿望。街区内建有世界最大皮影、陕西最长石桌、魏征历史墙、方言文化墙、陕西八大怪街景墙等景观各具特色的美食文化相匹配。

西安永兴坊还汇聚陕西十一个地市，一百零七个区县的非遗美食，满足游客购物需求的同时，搭建全省特色商品展销展示和电子商务交易平台。

西安永兴坊将打造成集民俗休闲、文化旅游、美食体验、县域商贸、非遗美食博物馆等为一体的综合性特色美食商业街区，并成为陕西文化餐饮旅游名片。

2.2 走遍永兴坊，感受我陕西

在永兴坊我们可以体验一站式咥美陕西。关中巷、陕南街、陕北里三大区域，享受各个地区具有地方特色的非遗美食和特色名小吃。

永兴坊特产中心享有 107 个区县特产，能够让游客在线上线下购买到最齐全的当地特产并提供快递服务，一站式购齐陕西，把陕西带回家。

永兴坊每天上演多场秦腔、皮影戏、杂耍等小而精的曲目，让这古老而奇妙的艺术与游客零距离接触，并通过非遗美食博物馆的展览，让非遗文化显示出巨大的魅力，更可以体验陕西传统儿时游戏，滚铁环、踢毽子、跳房子、打木猴、跳皮筋，一站式看美陕西、完美陕西。我们更可以一站式体验陕西。在这里，我们更可以体验陕西美食的工坊，我们把土豆用木杵石臼反复捣砸，千锤百炼之后，做成糍粑，再配上熬制好的汤汁，再浇上油泼辣椒，陈醋等佐料，变成另一种风味，更看到了很多游客喝完摔碗酒摔酒碗的一种飒爽豪情。

【学科指导】

一般来说，有人的地方就有经济，美食广场现已成为中国大型商业项目中必备的配套设施之一，由于美食广场食品种类丰富、用餐形式随意，不仅可以满足众多时尚男女、公司白领用餐的需求，更避免了餐饮行业“众口难调”的尴尬。

美食广场的经营为多种经营形式，而且最多的就是合作联营的形式，因为这种形式把美食广场的实际经营者们紧密联系在一起，双方都大大降低了经营风险，而且互利互惠各取所长，能够快速发展。

这里就要说到一个群聚效应，群聚效应（Critical mass）是一个社会动力学的名词，用来描述在一个社会系统里，某件事情的存在已达至一个足够的动量，使它能够自我维持，并为往后的成长提供动力，而美食广场的模式就是群聚经济模式，当有足够多的商家聚集在一起，就形成了一个圈，便有了一个流量入口，有了流量就会有经济，从而彼此互惠互利，这就比单打独斗的餐厅来说更有优势。

作为餐饮形态的一种，美食广场一直占据着自己特有的地位。曾专门就国内美食广场兴衰进行过研究的学者郑贤贵认为，“绝大多数美食街的形成，都与几家‘领头羊’相关，在它们的带动下，寄望于分享人气的同行逐渐集聚，因此其兴盛多依靠‘共同品牌效应’。”

也就是说，大树底下好乘凉，说白了，还是一个流量入口，对于餐饮品牌来说，有了人的流量一切就都好说。

【游学指导】

结合你的体会，谈一谈你认为未来特色美食商业街区的发展应注重哪些环节。

【游学建议】

结合永兴坊的鲜明特色，也结合学生自己在日常生活中游览过的美食街和美食广场，试想哪些因素会影响一个美食商业街区的发展。提醒学生结合《经济生活》的相关知识，进行思考和分析。

【示例】

2.3 影响美食商业街区发展的因素

品牌是影响美食商业街发展的核心要素。但现如今，随着旅游业的蓬勃发展，坐地起价、专坑外地人、死贵又难吃等标签，都是常与美食广场挂钩的。这种市场环境的变化，让不少消费者望而却步。常有人认为，美食广场是一个共同品牌，这种不良的变化实际上是在消费着自身诚信的，因此这种自砸招牌式的发展是表面的。所以，在发展过程中，就需要系统的规划和管理共同品牌，就需要所有商家通过不懈努力一起营造出一个好的消费氛围，但凡哪一家商铺坏了名声，都能影响到其他商铺，这是独立餐厅所没有的忧虑，也是美食广场要有凝聚力的关键原因。

美食街作为一般的商业街，也需要考虑交通和客流量两大因素。发展美食街，交通便利、人流量大是必然条件，除此之外就是要思考如何顺应市民的需求。人们有需求，有消费，这些美食街就自然而然地形成了，常有一些美食街的没落，很大程度上是因为没有顺应市民需求，或是离市民需求渐行渐远，长久下来，难以发展。

顺应需求有特色，是今天美食街的发展之道。

【学科指导】

为了发挥餐饮业对促就业、稳增长的积极作用，我国很多省市提出大力发展大众化餐饮，并将建设和提升改造特色美食商业街区工作作为重点工作之一，以推动大众化餐饮稳步发展。一般来说，有以下几点注意的事项。

一要突出地域特色，要因地制宜。

总有人说中国地域特色大体是南甜、北咸、东辣、西酸。人们出游在外，必不可少的就是一品当地的美食。所以如果能将特色美食商业街区与宣传推介本地区的风味名小吃、民俗文化、餐饮文化、地理标志保护产品、甚至非物质文化遗产结合起来，形成一条风格鲜明、独树一帜的地域特色美食街，岂不妙哉？

现如今，各市县结合实际打造一批市级和县级特色美食商业示范街区，带动本地餐饮业转型和特色商品外销已成为了一条重要的经济发展规划。

二要融合商旅文化，走好发展之路。

近几年，以历史文化为主题的商业开发备受青睐。深入挖掘省市深厚丰富的历史文化资源，让特色美食商业街区融入当地的文化、旅游产业发展布局，成为主流。历史文化商业街区使传统历史文化与现代文明得到融合，在体现本土传统文化的同时，又展现出现代时尚生活。比如一些地区景区的传统节日、花卉节已经开始探索文化与商业结合的方式了，这种融合的发展将有利于带动一系列新商机的发现，以丰富项目的文化内涵，凝聚人气。

三要严格把控食品安全，打造防控体系。

相信每个同学都遇到过，吃饭的时候吃出脏东西的情况。每当这个情况出现的时候，你是如何处理，又有什么样的感受呢？民以食为天，食品安全大于天。从业资质、食材供应、清洗消毒、菜品质量和售后服务没有一个关卡可以小瞧。统一采购、统一加工、统一配送等体系也要按照科学规范的模式建立。还要提高从业人员、销售人员的相关素养，树立起食品安全理念，保护好消费者的权益。

四要大胆创新，转变服务模式。

在共享经济、大数据、物联网等新生事物的影响下，要加强在“互联网+”时代背景下的新媒体合作，发展线上、营销、团购、外卖、餐厅索引和评价各项服务，实现企业经营网络化，提升扩大本地美食和特色商品的影响力、美誉度和辐射面，不仅可以在当地消费，更可以把美味带回家，大力促进地方美食和特色商品走出本地、走向全国。

第二章　行走中的乐趣

旅游时，难免闲来没事出去逛逛，发现一个公园，正要进去走走，居然要收费。虽然不贵，但心情总有些不对。外出旅游难免消费，可这门票太贵，心情也难免受罪。但西安的这几个免费公园，真是让很多学生感到眼前一亮。

第1部分　公园要不要收钱？——免费公园和收费公园

【学习导航】

中国提出建立国家公园体制已两年有余，其中，关于国家公园是否收费的问题一直是公众关心和讨论的热点。有人主张，国家公园是全民所有的公共资源，应当充分体现其公益性，完全免费。也有人认为，国家公园是旅游的金字招牌，建设、运营和管理都有成本，应该收费。

【游学指导】

通过你的游览体验，谈一谈收费公园和免费公园的利和弊。

【游学建议】

联系自己曾经去过的收费公园和免费公园，可以尝试从公益性和功能性两个角度思考公园收费的利弊。

【示例】

1.1 国家公园具有生态公益性

国家公园是国家所有、全民共享、世代传承的生态资源。

作为一个受特别保护的自然地理空间，国家公园在保护重要的生态系统和生态过程的同时，还要兼顾保存生物多样性，发挥生态服务的功能，为人民大众提供生态安全屏障。公园的生态公益性就如同阳光、空气和水，每个人都能直接或间接感受到，并拥有同等的参与体验机会。因此，国家公园不能理解为一般意义上的公园，建立国家公园不是为了旅游开发，所以不能以经济效益为主。

国家公园保存了典型的自然景观和文化资源，为人们欣赏和体验自然之美提供了机会，还可以培养人们的环境意识，增强爱国情怀，因此，在不损害自然生态系统的前提下，可以适度开展科研教育和自然观光活动。当然，开发必须要以保护为前提，当有可能损害保护功能的情况发生时，就必须降低其利用程度，让公园的公益性质能够世代永续利用。

【学科指导】

党的十八大从建设生态文明关系人民福祉、关乎民族未来长远大计的认识高度，把“生态文明建设”纳入中国特色社会主义事业“五位一体”的总体布局，提出建设“美丽中国”、实现民族永续发展的目标。

维护环境需要付出成本，特别是国家公园这样的优质自然生态环境，当一些地区的政府财政预算能够满足国家公园建设和运行费用时，国家公园可以向公众免费开放。但一些著名的旅游景点和个别的文化遗产的门票本身在这些商业经营过程中，公益性公园的既有功能受到了损害，公园的用地性质也在发生改变，因此有些地区的门票不仅仅有数量的限制，还会有价格的限制。同学们还可以想一想，比如说免费博物馆、组织学生游览景区、生活中的一些免费订票、低票价或特定人群的优惠票价，是不是也是一种不同的解决方法呢?

第2部分　在小雁塔下看皮影——文化遗产和非物质文化遗产

文化遗产一般分为物质文化遗产和非物质文化遗产，物质文化遗产指的是历史遗留下来的文物，是具体存在的实物，突出的重点也是物品本身的历史和价值，比如同学们参观的小雁塔、宝塔山。而非物质文化遗产，大多并不是以实物存在的，以现在的非物质文化遗产分类来说，比如说民间文学或者民间手艺，如同学们参观的皮影戏等。

【学习导航】

中国是一个文化大国，这种“大”，主要体现在文化信仰、价值追求方面。文化遗产富含东方价值、民族价值，具有鲜明的民族特色、东方性格，小村落、小器物当中都能充分体现文化和传统价值的魅力。中国的老祖宗给我们留下了很多瑰丽的文化宝贝，这些宝贝有形也无形，却有历史穿透力和征服力，更是解决发展难题的“好药方”。故宫长城、刮痧针灸、司南火药、面人糖人，充分汲取这些价值遗产，认同我们中国人自己的精神，就能获得饱满的文化自信、发展自信。

【游学指导】

谈一谈你对皮影戏这种非物质文化遗产宣传的看法。

【游学建议】

通过学生自己观看、操作皮影戏以及制作皮影，想一想参与式教育对非遗宣传的好处。

【示例】

2.1　对话皮影戏

演出结束后，我们参观了后台，发现原来皮影之所以能那么生动，是因为操纵他们的师傅们耗费了巨大的心血：最少的皮影有3根棍子支撑，最多的居然有8根，还表演得活灵活现。后来，我自己也尝试着拿着棍子拉着绳子表演起皮影戏来，可是皮影的样子实在是滑稽万分，真的又好气又好笑，我也不得不惊叹师傅们的厉害，要把皮影戏演好，这舞台上的一分钟，真需要台下的十年功啊。

【学科指导】

注重文化的传统价值是非常重要的，随着时代的变更，很多非遗都面临着传承人不足的现实问题。只有通过这样的活动，才能在接触理解非物质文化遗产的同时，领悟各自的魅力。在今天我们要更加继承和保护非遗，保卫住我们民俗文化的根。假如只有老一辈知道那些民俗手艺，青少年却不了解的话，就是把中国自己的特点慢慢褪去。

现在这个世界知道中国红，知道《茉莉花》，这是在以国家实力为支撑的舞台上献给世界的礼物，但我们也有很多不为人所知、留在某些小地方的精彩玩意，等待更多的人挖掘和保护。

第三章　不产“金”的金矿

秦始皇，这位古老的中国皇帝怎么都不会想到，在经过两千多年后，因为其陪葬的兵马俑被发现，当地百姓很快与世界“接轨”。180户人家，700多口人，大多数秦俑村的村民都会说几句英语。曾几何时，秦俑村不少村民贴了好几年的春联广为流传。上联：翻身不忘共产党；下联：致富不忘秦始皇；横批：感谢老杨。其实，秦俑村的村民和城市居民已经区别不大了，享受最低生活保障和医疗保险的同时，村民也做上了小生意。秦俑村在统筹城乡发展上，主要选定了农家乐经营、发展手工艺品制作和旅游纪念品销售。这个富有历史意义的新村，依靠它的地理优势，通过旅游业的发展带动和不断建设，展现出了吸引世界的魅力。

第1部分　兵马俑养活一个村

【学习导航】

兵马俑，即秦始皇兵马俑，亦简称秦兵马俑或秦俑，第一批全国重点文物保护单位，第一批中国世界遗产，秦俑丰富而生动地塑造了多种具有一定性格的人物形象。其风格浑厚、洗练，富于感人的艺术魅力，是中国古代塑造艺术臻于成熟的标志。它既继承了战国以来中国的陶塑传统，又为唐代塑造艺术的繁荣奠定了基础，起着承上启下的作用，被誉为“世界第八大奇迹”“人类古代精神文明的瑰宝”。39年前，就是村民杨志发抗旱挖井时那一镢头，挖出了震撼世人的“世界第八大奇迹”。之后，“兵马俑”迅速成了西安的代名词，也成了当地经济发展的支柱。为了配合秦始皇兵马俑博物馆前工程改造，从2003年开始规划，历时4年，一个统筹城乡发展的样板村——秦俑村诞生了。

【游学指导】

有人说，一个兵马俑，养活了一个村？根据观察，你是怎么理解这句话的？

【游学建议】

在游览兵马俑景区后，有一个成熟的商业街，你可以关注一下这个街区有哪些地方特色的商店，你也可以问一问在这个地方工作的人，他们为什么要在这里工作。

【示例】

1.1　兵马俑的一日游

参观完兵马俑博物馆后，可以在出口处的食街享用午餐。不可否认，兵马俑这一世界闻名的景观，周边配套也相当到位，哈根达斯、星巴克、赛百味、麦当劳、肯德基等国外快餐品牌纷纷入驻这里，本国的大娘水饺、各种西安本土小吃也是旅客的又一选择。

在停车场，卖水果农民的现代化更是让我大开眼界，现场结账打包，微信支付，甚至还可以选择直接邮寄到指定地点方便旅客带走，周边的农家乐更是配套齐全，迎接中外旅客。

【学科指导】

门店最重要的是什么——那就是选址。选址是一个很复杂的综合性商业决策过程，需要定性考虑和定向分析。那么店铺开在这里的主要原因，就是这个地方能够获得盈利。以星巴克为例，虽然众多景区都可以看到它的身影，但是相信大家也很难认同故宫里的星巴克，所以文化的契合也是门店需要考虑的一个角度。

十八大以来，我国鼓励农村发展合作经济，提出很多惠民、利民的好政策。中国的农村和城镇之变，在背后的正是中国转型中必然会遇到的冲突，也是必然会最终和谐的一段历程。我国对于农民、农村的经济发展方式的鼓励和支持，就是我国转型过程中致力于农村改革的一大强心针。

现代农民和过去的农民相比已有所转变，很多农二代、农三代已经不太愿意从事土地劳动。知识改变命运，新时代给这些群体提供了不少创造财富的新角度和新机会，这些素质逐渐提高的劳动者也慢慢从城镇走回了农村，村子虽然还是叫村子，虽然很多农民还会有传统的思想观念，但是生活中也充满了现代的经营理念和对于知识的渴望。

第2部分　如何开发和保护文化遗产

【学习导航】

在面对文化遗产的保护和开发出现矛盾和冲突的时候，让文化遗产的保护和经济开发能够最大程度地同时进行，要最大程度地缓和它们的矛盾的冲突，是需要很多协调和磨合的。很多古迹在今天都或多或少地受到了损害，很多人对于文化遗产的不理解和漠视也是存在的。某某到此一游，这个富有典型民族印记的坏毛病，需要一代又一代的人共同努力，才能转变过来。更有无数保护文化遗迹的工作人员，在用他们的方式，默默无闻地修复着一个又一个国之瑰宝。

【游学指导】

文化对经济有反作用。通过秦俑村的变化，我们应该如何开发和保护文化遗产？

【游学建议】

浏览一些网站，关注一些文化遗产的开发和保护工作，仔细思考保护和开发的矛盾关系。

【示例】

2.1 推动文化遗产进市场

在现代文化创意产业的背景下，想要推动手工艺与民间艺术的传承发展，传统工艺就要将产品融入老百姓的生活中，比如一些中国传统文化中的图案图腾，如青花瓷、祥云做成了各种小商品，做到了艺术化、生活化、市场化。

旅游休闲、文物文博等特色经济领域总是会融合发展的，此时旅游的内涵就特别重要，“桃花节”“体验长征精神”“重走丝绸之路”等不同的形式，正在以旅游扩大文化的传播和消费。

要推动文化产业与科技、网络融合发展，从构思、制作、传播、交易消费等，吸引各阶段的群体，焕发传统文化新活力。团购、特色游、促销和广告等不同方式，唤起人的消费欲望，呼唤人的精神需求。

【学科指导】

在当前的文化遗产保护工作中，已经形成了两个对立的观点，一种观点认为，非物质文化遗产只能保护不能开发，一旦开发便会导致破坏。另一个观点截然相反，认为文化遗产项目只有在开发中才能更好地获得保护。开发和利用已经成为当今时代对于文化遗产保护工作的一个特别困难的难题了。

要解决这一难题，首先需要我们弄明白的是何为“产业化”。“产业化”即是指要使具有同一属性的企业或组织集合成社会承认的规模程度，以完成从量的集合到质的改变，真正成为国民经济中以某一标准划分的重要组成部分。

在当前的文化遗产保护工作中，创意和开发常常成为“保护”的对立面，当前一些专家甚至是普遍民众都会对“产业化”“开发”“创意”有一种天然的抵触。在一些权威专家看来，开发和创意都是“利”字当头的，这种导向必然会带来对文化遗产的破坏。文化不是通过流水线打造出来的，而是一代代人共同的精神成果，是自然积淀而成的，需要时间和心灵的积淀。

二、苏州篇

苏州文化俏江南

——记龙潭中学苏州游学实践活动

龙潭中学“苏州游学实践活动”开启了“苏州文化与科学素养之旅”的课程。

游学活动分五个小组，四个实践主题，分别是：语文组在感受诗词中的苏州魅力、体味厚重的历史人文情怀的同时，积淀孩子们的文学文化素养；英语组以“书面表达”为主题，写三篇介绍狮子林、苏州园林博物馆、拙政园的导游词；物理组观察假山石的取材，分析假山中光和影的应用、分析桥的力学结构；生化组：调查苏州园林景观水水质，从化学、生物学科的角度，判断水质的大致级别，对水质的改善提出建议。

游学实践活动的课程内容包括参观木渎古镇、苏州博物馆、拙政园、狮子林、寒山寺，这些苏州的文化符号给师生们留下了深刻的印象，木渎由来，科举制度，园林建筑的亭、台、楼、榭、桥、回廊、镂空景致、假山、水池、花树、光影等建筑布局构造、太平天国遗迹、枫桥夜泊佳话等浓郁的文化气息，让师生们流连忘返。当然，诗词苏州、光影应用、水质调查、解说词写作等游学项目的考察、学习和落实也逐次展开。白天游学，晚上总结，带着学业，增长知识。

读万卷书，行万里路，新课改背景下学习方式的探索受到了师生们的欢迎和喜爱，建立家长、学生、教师的共同微信群，每天行程内容的随时播报、宣传汇总的定时播发、及时的沟通和了解，使这次游学活动精彩异常，龙潭中学苏州游学实践活动的动态追踪更是得到了学生家长们的一致好评，精美图文赢得了家长和学生们的欢欣。

山水秀美，人杰地灵，锦绣华丽，园林闻名；水乡古镇粉墙黛瓦，桥街水道交错纵横。苏州，不愧是人间天堂，厚重的文化底蕴，古朴的历史名城，在一步一景里，在吴语呢喃中，犹如中华大地上一颗璀璨的明珠，风韵不减，熠熠灿烂，闪现着凝聚人心的魅力。她激发出我们无限的自豪之感、热爱之情。

附：

苏州纪行（一）

高铁飞驰到水镇　驿路风行下苏州

龙潭师生江南游，驿路风行下苏州，
迷离好景烟入画，木渎古镇乐悠悠。
假山怪石瘦透漏，小径曲折路通幽，
游学实践户外走，春风微醺醉心头。

苏州纪行（二）

观览苏州博物馆　拙政园里说江南

人生苦短，脚步匆匆，游学观览，聆听历史的呼唤，叩问苍天：我若为王，乾坤能否倒转？让生命更精彩，让生活更好看：

博物馆、拙政园，人间天上梦江南，
又是一天好风景，赏心乐事耐人看。
洪秀全、洪仁轩，欲把当朝来推翻，
太平天国闹革命，纵使成功也枉然，帝王思想毁三观。
苏州有个忠王府，如今辟成博物馆，
雕梁画栋规模大，馆藏文物很久远，一日观览越千年。
拙政园，天下园林之典范，
四大名园之魁首，世界文化好遗产。
兰雪堂、涵青亭，芙蓉榭来秋香馆，
四壁荷花三面柳，半潭秋水一房山。
缀云峰、天泉亭，见山楼有陶渊明。
岁寒三友结伴行，廊桥遗梦小飞虹。
采菊东篱下，悠然见南山；海棠春坞早，坐观听雨轩。
雪香云蔚亭宜两，梧竹幽居波形廊。

笠亭观塔影，倒影留听雁；卅六鸳鸯馆，与谁同坐轩？
拙者为政需抱朴，垂衣拱手向天然，
漫步园中说观览，龙潭学子邀您看。

苏州纪行（三）

狮子林狻猊有没有　寒山寺乡情愁不愁

狻猊本是狮中王，狮子林中逞刚强，
化作顽石池中立，结缘佛道入禅房。

灯火照亮了黑夜，繁华暗淡了星空，记忆的海市蜃楼里，依然有一弯新月、一抹乡愁：月落乌啼霜满天，江枫渔火对愁眠；姑苏城外寒山寺，夜半钟声到客船。

都说那苏杭是天堂，都说要梦里回故乡，都说有你的日子更精彩，父母在，不远游，游必有方。莫说观亭台楼榭假山堆，莫说看西洲日暮伯劳飞，莫说听南塘荷舟采莲曲，浮云游子意，落日故园情。

落日余晖伴归程，游学记忆同窗情，
苏州美景留心里，一路飞驰到北京。

光与影间的物理

一、行前准备

烟花三月，我们将行。在刚得知我要带着物理学习小组的六位同学在最美的春光中远行于江南的苏州，脑海里浮现出的便是那烟雨濛濛的江南。秀丽的城、楚楚的水、玲珑的桥，还有那一座座精美的园林，宛如披着轻纱薄雾、颦着似蹙非蹙罥烟眉的少女依水独立。多少文人墨客的笔都无法全然描述那座城的美丽，而今我要去亲密接触，真的是兴奋不已。而且从一个物理老师的视角来看，那些秀丽的景致不仅仅只是满足眼睛的美景，更是前人先贤和劳动人民的智慧结晶。所以平静下来以后，我思考更多的是：那些桥是怎么经历百年风雨屹立不倒？那些园林是如何避过阴暗潮湿的梅雨天的？江南的冬天是寒冷的，没有暖气，园林中的人们又是怎么既维持绿树如茵，又引斜阳入室的？这一切都美得如梦似幻，然而又满足了人们日常生活的切实需要，这样的矛盾，却又完美的融合。不管怎样，我们将行，去看看那百年不老的少女在最美的年纪、最美的春光中最旖旎的秀色。

（一）行前的思想动员：我害怕让苏州的秀美夺了孩子们的全部心神，害怕孩子们迷失在美景中忘记自己的来意，所以在出行之前的第三周召开第一次会议。告知孩子们我们此行的目的地和大致行程。最重要的是我们此次游学的终极目的：在光影之中、山水之间，学习蕴藏在亭台楼阁中的物理知识。“在游中学，在玩中学”是我们的方式，我们希望另辟蹊径，探究：如果是在不同的场所、小团队师生全时间相处、有着不同的伙伴会对“学习”这个过程有着怎样积极的作用。

（二）行前的生活必备品准备：此次在生活方面学校有校医和保卫干部

随行，团委的带队老师作为领队负责团队和各处学习参观的景点、下榻的宾馆、用餐的餐厅，在此不做赘述。要提醒孩子们准备的有雨伞、雨衣、常见药品、防蚊、防晒、换洗衣物用的袋子。

（三）行前的学生学习准备：我打算让学生从光学和力学的角度去深层体验苏州的园林，力学部分知识我们已经全部学习完毕，基本的概念和规律对于我们这个小组的成员来说是小菜一碟，可是对于光学部分的知识，孩子们的认知还停留在初中阶段的一点点简单的“光沿直线传播”的理论和现象上。另外理论学习终究是纸上谈兵，终觉浅显，所以这次能够在看得见摸得着的实际建筑群中体验光影和力的魔力，机会十分难得。第一步：建立家长联系网络，建立学生联系学习群。第二步：我让学生先在网上查找所要参观的景点的简介，还有一些与建筑力学相关的资料。第三步：召开第二次小组会，会议主要内容是进行分工：收集文字资料一人，收集影像资料一人，收集整理问题一人，其余三人作为进行试验或者采样的“壮劳力”。这样做的原因是在参观园林的时候难免会有自由活动的时间，如果在孩子们自行参观的期间，有什么问题不能及时得到解答，就要有搜集和记录的专人来负责，晚上开会或者学习的时候我就可以为孩子们解答了。第四步：制定前测，我们发现孩子们在网上找的资料丰富多样的、五花八门，有很多脱离了我们此行的目的。由于时间所限，所以我们需要主攻一定的方向，为了能够有的放矢，引导孩子们此行中在物理方面能够走得更远一点，我制定了一个前测，内容涉及每个要参观的景点中我们主要学习方向上的一些小问题。第五步：统计前测结果数据，发现孩子们对于物理知识在苏州园林中的应用的认知几乎为零，也许是因为没有去过，也许是因为视角不同，孩子们将纸上的物理知识和实际生活中建筑之间的关系剥离得分明。这让我警醒却也雀跃，看来此行大有可为。第六步：召开行前的最后一次会议，确定了研究的大概方向，确定了每个晚上要集中的时间，确认了组长和彼此的联络方式。然后，出发！苏州，我们来啦！

（四）行前老师的准备：我们将要参观的路线是：木渎古镇——苏州博物馆——拙政园——狮子林——寒山寺。所以针对各个参观的景点我们要做的是学习攻略，首先要对所有景点的历史背景、建筑构造、各种典故有所了解；然后找出各个参观地点中能蕴藏的物理知识和物理规律；最后进行教学设计，准备现场教学的内容和参观后每晚集中时需要进行的教学内容。

二、学习实践

下面我将针对每个参观地点所展开的教学内容进行总结：

第一部分：小镇风华——风流木渎

（一）情景再现：我们最先游览的是木渎古镇。火车终于停在苏州站的时候时近中午，天上飘落小雨，神奇的是我们下车吃过午饭后，雨竟然停了，微风轻拂，三月底的木渎游人很少，景色却不减半分。为了做到有的放矢，抓紧时间，我带领学生在行进的火车上就进行了第一次现场授课，我进行了几次发问。

（二）明确目标：江南的名镇真的是太多了，潺潺流水绕城蜿蜒，柔婉了城市的线条，吸引着大量的游人来此，那么木渎小镇到底有何过人之处？不像北方很多村镇以当地大族的姓氏为名，为什么要唤作“木渎”？看来是有着一定历史原因和很多传说故事的。从地理位置来说又有着怎样重要的地位？

（三）温故知新：在行前我布置过孩子们在网上查找我们需要参观景点的基本资料，所以大家很快就根据我的提问给出了自己的答案：木渎位于苏州城西，太湖之滨，是江南著名古镇。境内风光秀丽，物产丰饶，又恰在天平、灵岩、狮山、七子等吴中名山环抱之中，故有“聚宝盆”之称。木渎是与苏州城同龄的水乡古镇。相传吴王为取悦西施大肆兴建宫殿台阁，当然要应用大量的木材。可是木材在陆路上运输造价太大，运输时间慢，运输量小，耗用人力、物力太大，所以让木材顺水而下就方便快捷得多，而木渎相当于太湖门户，作为交通枢纽，当大量

木材源源而至，竟然堵塞了山下的河流港渎，“积木塞渎”，木渎由此得名。作为沟通苏州城和浩淼太湖的交通枢纽，木渎是名副其实的太湖门户，因而在明清时期，木渎即是苏州城西最繁华的商埠。清代乾隆南巡六下江南，六次来到木渎，其中有乾隆亲题的御码头，乾隆与他的老师沈德潜吟诗唱和，

与他的好友徐士元茶棋相娱，留下了一个个脍炙人口的传说。传说不知道是不是真的，但是从木渎的地理位置来看确实可以管中窥豹，足见木渎作为交通重镇，在明清时期对苏州的商业往来做出了很重要的贡献。孩子们告诉我，老师如果您不是这么问，我们很少会将看到的答案跟您说的这些问题联系在一起，也可能就是走马观花看看热闹，大家这么一讨论，我们一定会记得很清楚了。

（四）动手实践：实际上到现在为止，还有一些林场将从山上砍伐下来的木头利用河流来进行短途运输木头。那么你认为要是利用这种方法运输的话，必须要有哪些必备的条件？如果你是运送项目的负责人，你都要做什么工作来避免损失？在运输的过程中都用到了哪些物理知识？

（五）交流探讨：这种方法叫作“浮运”，主要是因为水的密度大于木头的密度，这样木头可以漂浮在水面上不至于沉入水底。要想做到能精准地运送需要有一些必要的条件：河流的流向要跟木材的运输方向大概一致，所以很可能需要结合陆路运输才能到达最终的目的地；河流的水量要充沛，像北方有一些季节河，在丰水期的时候水量丰沛，可是在枯水期的时候河床都干涸见底，这样的河流是肯定不利于运输的；河道要平直，如果弯道太多，大量木材从上游而来，很可能会因弯道的原因积塞在某一个角落，这样会造成木材的损失；水流速要快，而且上下游有一定的落差，如果流速缓慢，会造成积塞或者运送时间上的拖延。在运送的过程中还要考虑避开客运或者船载货运的河道，避免撞翻船的危险发生；沿途要有人负责押送，避免木材被堆积在某个角落，或者是被偷盗。所以运送的流程也不能太长。

进入木渎，当年水流湍急、运送忙的场景当然不见，取而代之的是江南水乡的婉约，我和我们小组的成员为了体验在穿镇而过的小河上泛舟的感觉，坐上了一艘小小的游船，苏州船娘唱着行船小调，摇橹操舟，把船行驶得摇摇摆摆，此时又落下了几丝细雨，船娘告诉我们：晴苏州不如雨苏州，大家好好观景吧。在摇摇晃晃的船上，我们既体验了江南的水乡垂柳，也体验了水上讨生活的艰难不易。

第二部分：收藏年华——苏州博物馆

（一）情景再现：在行前我得知要去苏州博物馆，一开始并不以为意，我大北京的博物馆太多了，从天到地，从古到今，围堵海陆空，什么我们没见过？孩子们在这样的大环境中成长，眼界自然开阔，一个博物馆有什么好去的！所以我今天关注的重点放在了下午要参观的拙政园上。然而到了苏博的门前我才知道自己多么狭隘。

（二）明确目标：苏州博物馆，并不像我开始想象的是气派的门脸、钢筋水泥、现代科技打造的金属质感的收藏柜，玻璃展台跟过去百货商店柜台似的一个个排排坐。而是这样的：不同于皇家园林——故宫博物院的方正恢宏，而是白墙灰瓦映衬假山碧树。从比较现代风的大门进入，迎面而来的就是一副活动的山水画。静静的水面上是没有围栏的曲桥，水不深，桥也不高，水就像一面镜，倒映着水面上的景致，华人建筑师贝聿铭巧妙地将山石剖开，竖立在白色院墙前，繁茂的大树从院墙后露出树冠，那么恬静，而曲桥上行走的人又为画注入鲜活的气息。

（三）温故知新：在这里我们穿过千年光阴，看着吴地风流——精美的瓷器、玉珏，巧夺天工的雕镂、锦绣，艺术文化的传承。因为时间原因，一件件展品在讲解员的带领下浮光掠影般地从我们面前掠过，我们这群如痴如醉的人们不知不觉地走过大部分展厅，时间竟然已经过去了两个小时。伴随着对讲解员的感激之心，我们却又觉得意犹未尽。在游览的过程中，我注意到这样一个细节，苏博的最高明之处在于：建筑造型与所处环境自然融合，空间处理独特，建筑材料考究和内部构思以及最大限度地把自然光线引入到室内。

（四）动手实践：我立刻拉着孩子们观察，并发出提问：请你猜测设计师这样的创意是希望达到哪些效果？你能从物理知识的角度给出你对这种设计的理解吗？

（五）交流探讨：经过两个小时的游历，还有对博物馆的一些基本层面上的了解，孩子们略作思考，七嘴八舌地给了我一些答案：故宫博物院是大型的皇家园林，而且是过去皇帝办公和生活的真实场所，所以在故宫里行走，要的就是那种“穿越时光”的走法，跟进行皇帝生活体验似的，所以故宫最重要的就是“复原”。而苏州博物馆既让人体验现代建筑的精妙，又带着浓浓的古典书卷气，从创意上感觉是古典与现代的结合，非常有特色，用水、廊、桥、墙将整个博物馆又做了区域划分，所以设计不能呆板，多层次的院落，多样式的屋顶，大大的落地玻璃窗幕，使游客透过大堂玻璃可一睹江南水景特色，这种传统的庭院组合设计不仅满足现代建筑对于功能、景观的要求，同时赋予现代建筑以传统文化内涵。而馆内又有着很多古时吴地的书画展品，充分的采光必不可少，可是灯光等光源可能对一些藏品有着致命的破坏，所以巧妙地利用自然光作为照明，还能环保，让人感觉也很新奇巧妙，设计巧思令人叹为观止。另外还要保证馆内的温度、湿度都要处于一个恒定的状态，现在游人不多，要是游人多的时候，估计很可能要限定每批的参观人数和参观时间。（这时候有小家伙插嘴，那怎么限制啊，一大堆人在门外等着？多不合适啊！玩都没心情了。立即有别人出谋划策：可以进行网上预订啊，在网上统计时间，现在网络那么方便，还可以让游人合理规划时间。）聪明了，我的宝宝们。

短短的两个多小时的时间，我们看到了庭院、窗景、假山、竹林、铺满鹅卵石的池塘、曲水、桥、穿越时光的文化，就像跟先贤在对话一样，他们在自己的作品中留给我们他们想表达的内容，我们也尽力地体会着他们的思想。现在回忆起来，越想越觉得惊叹，所有的一切都是那么美，让这种美华丽绽放的就是人们的智慧。

第三部分：富贵荣华——拙政园

（一）情景再现：木渎展现的是普通民众的生活，苏州博物馆展示的是千年文化的变迁，而拙政园展现在我们面前的就是建筑上的心思细腻，一步一景。从拙政园里我们看到的是积累在财富基础上的巧思、周到、讲究、体贴，讲究的是处处有典故，宝剑藏锋，秀丽逼人。

（二）明确目标：站在“小飞虹”上，我开始我的第一个问题：苏州园林中必不可少的因素是水，水上必然有桥，“小飞虹”属于哪种桥？有的孩子是知道答案的：廊桥。我续问：那么在古代的大家族院落中，有抄手游廊，为什么要在桥上或者庭院四周的游廊加盖以檐？这是苏州园林中少见的廊桥，朱红色桥栏倒映水中，水波粼粼，宛若飞虹，映卧池面，水波荡漾，桥影势若飞动，亭、廊、桥置于一体，故取名为“小飞虹”。你认为主人在当初修建的时候是出于什么目的建筑这样一座小桥？孩子们七嘴八舌地猜测，大概可以总结为：“在古代这样的人家一般会有很多丫鬟、仆从，红楼梦里都说这些高级的仆从相当于副小姐，所以衣食住行也是非常讲究的。下雨天不可避免地要在院落中穿行，那么湿了衣裳鞋袜也是很麻烦的，所以有了屋檐就可以躲避风雨。另外朱色小桥与水面的倒影扩张了视觉感，静则拓宽空间，动则波光粼粼，很美。”孩子们，我真的为你们骄傲，说得真好。

（三）温故知新：我们一路行来，发现园内可以说是完全无死角，每一株草都有刚刚好的摆放位置，每一块石都有恰恰好的存在道理。白墙灰瓦不是方正的，不会像个框子把人和屋子框在格子里。或随着流水，或就着山石，竟然建得婉转妩媚。墙虽然分割了院落，将院落的功能也做以区分，可是妙就妙在虽是不同的院落，却不是死板冷硬的隔离，因为墙上有窗！墙在，于是院落不同，窗在，那么景色相通，半遮着面孔的少女般的院落在你经过每一个花窗前都会露一小面，让你心痒难耐，想看，却又看不透彻。岁月的痕迹也会烙在这如诗的园林上，那从墙那边伸过来的虬枝当年也许还是不起眼的嫩芽。我叹服，因为这窗显然不是量产，因为每个花窗构造都不同，但都花纹繁复华丽，花鸟鱼虫，人物景色无不可上墙。

（四）动手实践：我给孩子们讲解关于这花窗的光影小知识：除了从审美角度和家族的一些理念（比如吉祥如意）方面考虑，当日光一点点缓缓升起，那么这窗还会有什么样的作用呢？我们都知道，在同一种均匀介质中，光是沿直线传播的，那么当大量的光线在传播途中遇到不透明障碍物的时候，光线被挡住，当然会在障碍物后面形成影子，那么镂空的花窗就会通过光烙印在地面上。那么如果光穿过比较大的通道的时候，当然会直接穿过，可是如果让通道很窄很窄，你还能看到一道光柱或者光线么？很多人都说能，我对孩子们神秘地一笑，告诉他们光会听我的指挥，我会让它们变形，他们都表示不相信，拉着我让我给他们讲讲，我说晚上咱们回宾馆开个光影小 party。

（五）交流探讨：当晚我们回到宾馆，将我的激光笔、不同宽窄的狭缝拿出来，我们将月光关在厚厚的窗帘之外，在黑暗中，孩子们变得超级兴奋，又唱又跳，打开激光，看着明显的光线，开心得不得了。我提醒着孩子们注意光线不要扫射到眼睛，然后开始今晚的主菜——干涉衍射现象的学习。（孩子们并没有学过这部分知识，所以是提前学习，我的目的是想将孩子们在不同环境中学习的效果做个对比，一组是在课堂上一板一眼正规教学，另一组就是我们这样的一个轻松的、有过前期铺垫的环境中学习，看哪种效果更好。）随着我不断减小狭缝的宽度，激光在墙面上的影像就是从一条亮线慢慢变成亮暗相间的条纹，孩子们惊呆了，都问是什么原理。我给孩子们解释：“你认为那亮的地方就应该是光线到达的地方，暗线就应该是光线无法到达的地方，光可以说是一种能量，那么亮的地方就应该是能量加强的地方，暗线就应该是能量削弱的地方，你们觉得这个道理跟我们学过的哪种物理现象很相似？”孩子们立刻反应：“跟机械波很类似”。我继续解释：“没错，就像波一样，但是又跟机械波不太一样，因为它无需介质就可以传播。”我又让孩子们看看狭缝，他们都表示这狭缝用肉眼基本上看不出来还有缝隙，只能看到一道很细的黑线。更多的原理我不准备继续解释，因为我需要对比数据，所以只是制造一个合适的不同于课堂的环境就可以了，剩下的具体原因我会放在课堂上让这些孩子跟剩下的同学一起学习。

我们在行进的过程中一定要注意，我们不是要看看风景就走过，我们要看的是在风景中蕴藏的世家底蕴、心思，最重要的是蕴含的学科知识。

第四部分：掇菁撷华——狮子林

（一）情景再现：我在此行之前没有到过苏州，所以当第一次听到狮子林的时候，我第一反应是肯定不会是动物园，毕竟苏州地属江南，不是适合狮子大规模生活的地方，所以应该是跟狮子有关的园林，那么应该是很多狮子雕像？可是在江南为什么建狮子雕像园林？结果上网找资料，才知道自己闹了个大乌龙，原来是因园内“林有竹万，竹下多怪石，状如狻猊（狮子）者”，又因天如禅师惟则得法于浙江天目山狮子岩普应国师中峰，为纪念佛徒衣钵、师承关系，取佛经中狮子座之意，故名“狮子林”。亦因佛书上有“狮子吼”一语（“狮子吼”是指禅师传授经文），且众多假山酷似狮形而命名。惟则曾作诗《狮子林即景十四首》，描述当时园景和生活情景。园建成后，当时许多诗人画家来此参禅，所作诗画列入“狮子林纪胜集”。

（二）明确目标：到了今天，狮子林内早已没有参禅的禅师和弟子，唯留下嶙峋的怪石，不知道夜半会不会风过处，还有佛音禅唱。园内特别多的太湖石，环水而立，园四周建有游廊，也就是说如果想逛园子，那么有两条

路，一条是选择在石中穿梭，身在石中，会有很多出口，很有可能会走冤枉路；如果选择游廊，可以纵观全貌，在游廊中还会有园中怪石的样品。狮子林就是一个“假山王国”。假山群气势磅礴，以“适、漏、瘦、皱”的太湖石堆叠的假山，玲珑俊秀，洞壑盘旋，像一座曲折迷离的大迷宫。假山上有石峰和石笋，石缝间长着古树和松柏。孩子们选择石中穿行，而我选择沿游廊迤逦而行，在这儿有很多我从未见过的石头，让我真的是大开眼界。

（三）温故知新：我对孩子们提出问题：“假山石取材有很多种，有的厚重沉稳，有的秀美嶙峋，你知道最受人欢迎的假山石取什么材料么？这种材料有什么好处？从假山石头的取材、设计分析：什么样的景色需要什么样材料的石头？了解青石、黄石、湖石、石笋、人工塑石的区别。”

（四）动手实践：孩子们在行前也做过功课，所以从网上找到资料，这几个问题当然并不难回答，所要关注的主要是将网上找来的图片和资料与眼前的实际景物要很好地对应上，所以孩子们在穿越的时候还注重把很有特点的石头拍下照片，给我看，讲给我听。

（五）交流探讨：晚上回到宾馆，孩子们主动来找我，跟我讨论拙政园和狮子林的不同，他们提到：最初的感觉是景色不同，虽然都是走秀美风，但是很显然，拙政园处处都流露出古代大户人家的奢华之风，园林的功能性也很强，每一个角落的布置都匠心独运，而且院落之间的呼应和全局的考虑做得很到位。而狮子林里面透着一股刚硬果敢，在秀美中透出风骨，石头玲珑，心亦玲珑。

第五部分：寒市春华——寒山寺

（一）情景再现：时值三月，在北方正是春寒料峭的时节，我们上车的时候，在北京象征春天到来的迎春还没有开花，树木还是枝枝桠桠，满眼是灰突突的颜色，然而在这里，已有春华吐艳。车停在姑苏城外，我们进入寒山寺。

（二）明确目标：寒山寺作为我们此行的终点，除了那著名的诗句“月落乌啼霜满天，江枫渔火对愁眠。姑苏城外寒山寺，夜半钟声到客船。”令我们感叹的是这以秀美闻名的苏州城外的古刹竟然充满了雄浑的气韵，寒拾殿屋顶上去西天取经的师徒四人，钟楼、鼓楼，还有寒山拾得和合二仙的传说，还有那残字诗碑，寒山寺经历过战乱、大火，最著名的《枫桥夜泊》一诗一经问世，历代文人墨客为寒山寺刻石刻碑者不乏其人，前后共有四块石碑刻成，其中最著名的莫过于与唐寅齐名的文征明所提。

（三）温故知新：寒山寺殿宇大多为清代建筑，主要有大雄宝殿、藏经楼、钟楼、碑廊、枫江楼、霜钟阁等。寒山寺寺院布局并不追求左右均衡，照墙和山门基本是一线相承，后边的大雄宝殿、藏经楼，并不在一条中轴线上；新建的普明塔院，则按南北向中轴线布局。寺中处处皆院，错落相通。古老的寺院，我们并没有看到僧人，香客倒是不少，怒目的金刚，慈悲的菩萨，缭绕的烟雾，让人会有些错觉，寺院的肃穆和如织的游人造成对撞的视觉和感官效果。今日傍晚我们就要返京，所以我们放松身心，孩子们和我都融入了人流。漫步寺中，太阳明晃晃挂在半空，我此时想：今日的寒山寺，在夜半大抵是没有钟声的吧。

（四）动手实践：前几天的参观是领略园林之美，建筑之力，前人之巧思，匠心之神奇，那么这次的寒山之行就是感悟文化之底蕴。寺庙文化作为江南之行非常重要的一部分，是势必要仔细感受的。前面更多的是学习，是讨论，那么今天就让我们沉醉在这早春的风中，雄浑的寺、玲珑的塔、含苞的花、温暖的日光、绿意的枝头，就此作别，也满满收获，心无遗憾。

（五）交流探讨：孩子们在傍晚飞驰回京的列车上跟我兴奋地交流：老师，真的是每个地方都不一样。我问：哪里不一样？孩子们：文化底蕴的不同，造成人对自己的居住环境或者生活空间的理解和需求就不一样，大户人家需要舒适、安逸、奢华；寺庙需要人瞻仰、敬畏、崇拜；博物馆需要展示、再现历史、还原经历。苏州人生活的感觉跟北京人生活的感觉也不一样，节奏要慢，人更温柔，不那么急躁。

三、行后总结

当我们坐在飞驰的高铁上，人忽然有些恍惚，刚才还在如画的景致中穿行，此时就在铁轨上飞奔，人生就是这样，沿途总会有很美的风景，但是人一定要在既定的轨道上前行。回顾此行，收获颇多，不但欣赏了美景，丰富了阅历，更是带着孩子们从另一个角度看世界，这就是我们老师带着孩子们游览学习和家长带着孩子们的游玩最大的不同吧。

（一）成果汇报：在出门前，我们进行了一次前测，很简单，从学科知识角度简单设置了 6 个选择题，得分率在 30% 左右，有两个去过苏州的同学也跟我说：以前出去玩不会关注这些内容，所以答不出来。在回来后，我们又进行了一次后测，也是类似的 6 个问题，这回得分率达到了 95%，我们本次游学目的达成了第一步。第二个目的：对比考察不同学习环境对于知识接受程度的影响。我特意在游学的过程中给孩子们讲了光的干涉问题，这部分知识还没有学过，后来我在班里讲到这部分知识的时候，所有参加过游学的孩子都记得非常深刻，而且在后面的检测里，完成任务情况非常好，记忆深刻，且能够对其他同学解释光的干涉成因和具体应用。第三个目的：知识迁移能力的培养，这次是行走的课堂，是开放的空间，多样的形式，孩子们可以观察，可以聆听，可以讨论，不拘泥，每个人都拥有有序的自由，所以得到的知识更灵活，而且思维更跳跃，相互之间碰撞出的火花让知识得到迁移，经常会听到孩子们问我：老师，这是不是就是您讲过的某某内容？第四个目的：生活自理能力大考验。在本次游学过程中，孩子跟老师学在一起、吃在一起、玩在一起、也住在一起。我亲眼看到有的孩子衣箱整洁，有的孩子房间如同台风过境，孩子们也感受到自己的一些生活能力确实有所欠缺，所以孩子们之间也在相互学习生活技能，相互帮助对方达到更舒适的目的。我们在行程中会遇到风雨、烈日、跋涉，辛苦总会有的，孩子们之间会有谦让，男孩子会有担当，女孩子也会细致体贴。这一切都让我觉得真是不虚此行。

（二）拓展延伸：首先老师一定要做好定位，一定要明确游学和游玩的区别，行前的准备一定要充足，为此我们有前测支撑，作为对比数据，还有后测进行比较，可以从中看到学习开展到社会这种行为是不是真正有效。其次一定要选好所研究的问题，带着问题去学习势必事半功倍，所以每次行前我们小组都要碰头，对于上一次行程遗留的问题和下次行程可能遇到的问题都要进行梳理。另外还要准备一些突发事件的解决方案，所以要在行前对于游学地点进行全方位的认知。而且我在翻看资料的过程中，发现了生化小组的学案中有一个关于水质监测的考察问题，其中有一项需要监测的是——胶体：属于微米级悬浮物，悬浮物意为不可溶解于水的固体颗粒，生化小组要研究这些胶体既不溶于水，又很难沉淀的情况，提到了一个词："布朗运动"。布朗运动是我们物理学上，热学知识中所要研究的一个情况，说的是由于不溶于水的固体颗粒受到周围水分子的无规则运动的撞击，导致固体颗粒也无规则地运动着，在物理学上主要研究的方向是：希望透过固体颗粒运动的这种表象，体现周围水分子如何运动的本质，是一种很巧妙的思维方式，也是一种巧妙的研究方法。所以我想，下次如果再有类似活动，我们可以跟生化小组灵活地联合一下，在条件允许的情况下，可以研究一些特定内容，研究过后，在各自主攻自己的专项内容。

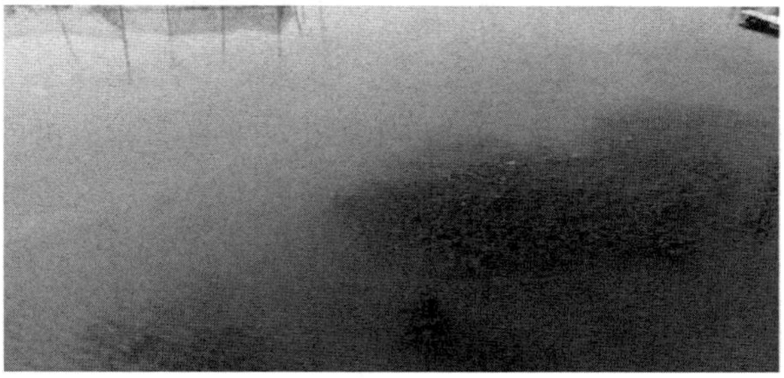

烟花三月，江南之行——水质监测及治理

地球上最早的生命诞生在原始海洋，自此之后，生命就与水密不可分了。可以说：水是“生命之源”。但随着社会的发展、人口的增多，各种环境问题随之而来，自然“水”也难逃厄运。如果无法处理好发展与环境的问题，不能实现可持续性发展，人类的最后一滴水终将是人类的眼泪。

一、情景再现

（一）市渎古镇

木渎与苏州一样，有着近2500多年历史的水乡古镇。相传在春秋时期，吴王夫差为取悦西施，建造馆娃宫，并筑姑苏台，运来的木材堵塞了河流港渎，“积木塞渎”，木渎因此得名。木渎比邻太湖，四周环山。私家园林、名人故居，比比皆是，至今仍保留 10 余处。

（二）拙政园

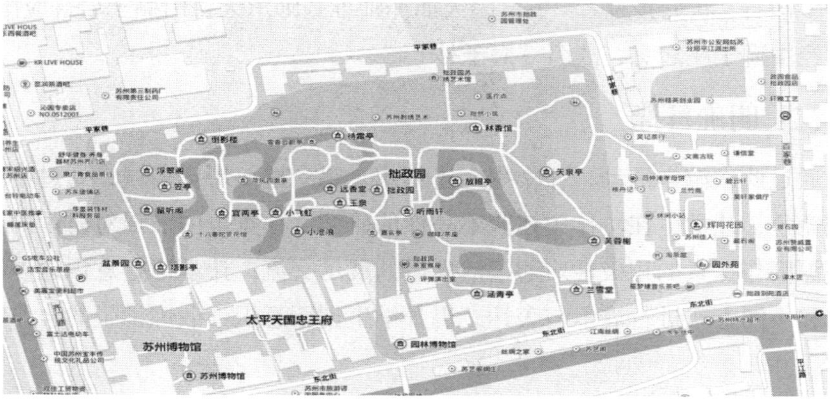

拙政园与承德避暑山庄、颐和园、留园齐名，被胜誉为“天下园林之典范”。史籍记载，拙政园最早由文征明设计，并存文氏之《拙政园图》《拙政园记》和《拙政园咏》，较为完整地记录了园林风貌。

（三）狮子林

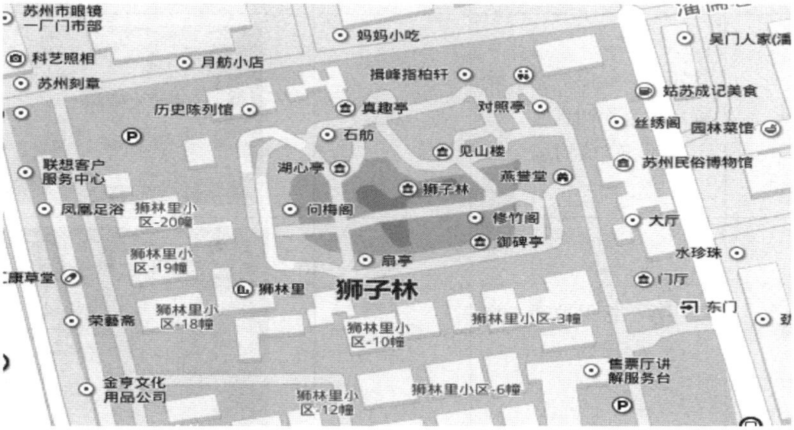

狮子林是苏州四大名园之一，最为著名的是园中的假山，“林内竹万，竹下多怪石，状如狻猊者”，又因天如禅师维则师承天目山狮子岩普应国师，取佛经中狮子座之意，故名“狮子林”。

二、明确目标

通过此次游学活动，让学生走进苏州，感受这一历史名城；通过小组合作与竞争，让学生在协作中体验不一样的研学，在竞争中加强对研学内容探究的深度与探索的积极性。通过活动后的展示交流，让学生有意识地以不同视角和不同方式进行展示与表达，提升学生创新意识，锻炼学生的合作交流能力。

不同景点的水环境不同，污染原因不同，因此治理方法有所差异。通过本次游学活动调查几个景点的水环境问题，总结初步治理方法，寻求解决水环境问题的规律。

三、温故知新

水质分类

水质类别	定义	颜色	示意图
Ⅰ类	源头水、国家自然保护区	蓝色	
Ⅱ类	饮用水一级保护区、珍稀水生生物栖息地、产卵场、索饵场	蓝色	
Ⅲ类	饮用水二级保护区、游泳区	淡绿色	

续表

水质类别	定义	颜色	示意图
Ⅳ类	一般工业用水、人体非直接接触娱乐用水	黄色或深绿色	
Ⅴ类	农业用水、一般景观水	橙色或褐色	

景观娱乐用水标准（GB12941–91）

（国家环境保护局 1991 年 3 月 18 日 批准，1992 年 2 月 1 日实施）

1. 适用范围

适用于景观、疗养、度假和娱乐为目的的江、河、湖（水库）、海水水体或其中一部分。

2. 标准的分类与标准值

（1）标准的分类：本标准按照水体的不同功能，分为三类

A 类：主要适用于天然浴场或其他与人体直接接触的景观、娱乐水体。

B 类：主要适用于国家重点风景游览区及与人类非直接接触的景观娱乐水体。

C 类：主要适用于一般景观用水水体。

（2）标准值

编号	项目		A 类	B 类	C 类
1	色		颜色无异常变化		不超过 25 色度单位
2	嗅		不得含有任何异嗅		无明显异嗅
3	漂浮物		不得含有漂浮的浮膜、油斑和聚集的其他物质		
4	透明度，m	≥	1.2		0.5
5	水温		不高于近十年当月平均水温 2℃		不高于近十年当月平均水温 4℃

续表

编号	项目		A类	B类	C类
6	pH		6.5~8.5		
7	溶解氧（DO），mg/L	≥	5	4	3
8	高锰酸盐指数，mg/L	≤	4	6	10
9	生化需氧量（BOD5），mg/L	≤	4	4	8
10	氨氮，mg/L	≤	0.5	0.5	0.5
11	非离子氨，mg/L	≤	0.02	0.02	0.2
12	亚硝酸盐氮，mg/L	≤	0.15	0.15	1.0
13	总铁，mg/L	≤	0.3	0.5	1.0
14	总铜，mg/L	≤	0.01（浴场 0.1）	0.01（海水 0.1）	0.1
15	总锌，mg/L	≤	0.1（浴场 1.0）	0.1（浴场 1.0）	1.0
16	总镍，mg/L	≤	0.05	0.05	0.1
17	总磷（以 P 计），mg/L	≤	0.02	0.02	0.05
18	挥发酚，mg/L	≤	0.005	0.01	0.1
19	阴离子表面活性剂，mg/L	≤	0.2	0.2	0.3
20	总大肠杆菌群	≤	1000		
21	粪大肠杆菌群	≤	2000		

注：1）氨氮和非离子氨在水中存在化学平衡关系，在水温高于 20℃，pH ≥ 8 时，必须用非离子氨作为控制水质的指标。

2）浴场水温各地区根据当地的具体情况自行规定。

本标准未做明确规定的项目，执行 GB3838《地表水环境质量标准》和 GB3097《海水水质标准》中的标准值及其相关规定。

3. 标准的实施与管理

（1）各地环境保护部门会同同级有关部门规划景点、娱乐水域的保护范围及其使用类型。

（2）若是景观、娱乐水体中有些标准项目的自然本底值（即没有受到人为的污染）高于本标准所规定的标准值，应维持原自然状态。

（3）在不发生事故和特殊自然条件的干扰情况下，景观、娱乐水体的水质一年内应有95%以上的分析样品数符合本标准的规定。

（4）天然浴场在游泳季节内水质应保证全部分析样品符合本水质标准。

几种景观水常见问题

1. 水体发绿

富营养化，引起藻类爆发性增长。

2. 水体发黑

有机物污染超过水体自净化能力，当水中的溶氧量低于需氧量，厌氧菌数量增加。

3. 水体浑浊

固体悬浮物含量过高，影响水体感官。

泥沙——雨季较常见。

胶体——微米级悬浮物，由于布朗运动，很难沉淀。

4. 含氧量低

水体含氧量低，水生动植物生长不良，生态系统崩溃，水体自净化能力弱。

四、动手实践

第一天　木渎古镇

1. 眼前一亮

请每位学生在本人的游学手册上贴出自己在本版块活动中认为最好的照片 2 张。

2. 边游边想

（1）问题一：你了解污水、景观水和饮用水的各自的标准吗？

（2）问题二：你是否了解苏州古典园林与古城水系的关系？

3. 小小实践

检测项目	采样地 1	采样地 2
透明度		
温度		
pH 值		
溶氧量		
电导率		
总氮量		

4. 绝对发现

请总结水样调查的方法及注意事项。

第二天　拙政园

1. 眼前一亮

请每位学生在本人的游学手册上贴出自己在本版块活动中认为最好的照片 2 张。

2. 边游边想

（1）问题一：根据观察到的水体物理性质，判断水质的大致级别。

（2）问题二：你认为造成水质不佳的原因是什么？

3. 小小实践

检测项目	采样地 1	采样地 2	采样地 3
透明度			
温度			
pH 值			
溶氧量			
电导率			
总氮量			

4. 绝对发现

请你从化学、生物学科的角度对水质的改善提出建议。

第三天　狮子林

1. 眼前一亮

请每个学生在本人的游学手册上贴出自己在本版块活动中认为最好的照片 2 张。

2. 边游边想

（1）问题一：最近两天观察的水体，水质情况有何不同？

（2）问题二：你认为造成这种差异的关键原因是什么？

3. 小小实践

检测项目	采样地 1	采样地 2	采样地 3
透明度			
温度			
pH 值			
溶氧量			
电导率			
总氮量			

4. 绝对发现

记录在游学过程中，你自己了解到的知识与趣闻。

五、交流讨论

（一）调查取样地点环境条件，并拍照留档，以便后续分析。水环境问题与周围环境密切相关，如污染源。因此需要对取样点环境条件进行记录，为后续数据分析、成因及对策研究提供证据。

（二）检测数据并及时记录

调查透明度、pH、温度、溶解氧、电导率等相关理化数据，是分析水环境问题的重要依据。另外需要记录检测时间，不同的季节，一天中的光照强度，对温度，溶解氧等相关数据都会有较大影响。如对同一地点进行深度检测，则需要在同一天中的典型时间点，进行多次取样。取样时应注意平均值。实验要研究普遍性的规律，需具备可重复性。一般较大水面，至少要有三个取样点。每个取样点至少重复取样三次，计算平均值。

（三）检测仪器的使用

· 传感器的使用

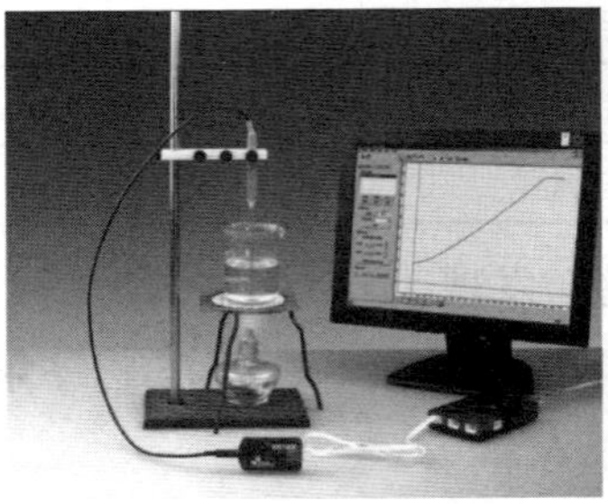

使用传感器可迅速采集数据，传感器包括数据采集器、传感器和数据终端三个主要部分。连接相应传感器，点开软件既可读取数据，使用较为方便。需注意的是，待数据稳定后方可读数。

· 透明度盘

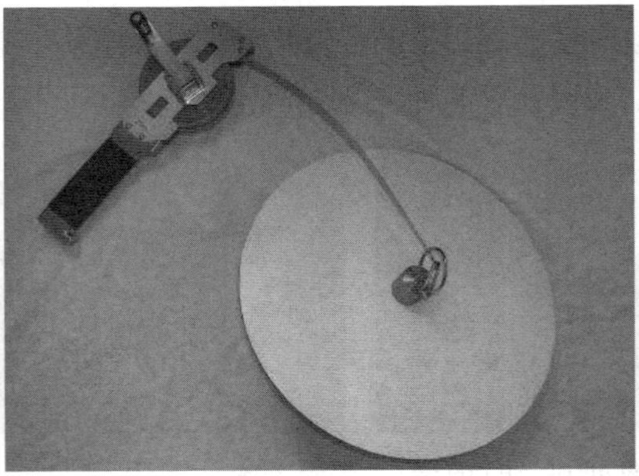

使用透明度盘可检测水体透明度。

（四）水样采集

对水体污染进行分析，只靠野外简单的数据收集是远远不够的，需对水体成分进行明确，特别是总氮、总磷、叶绿素含量等。这些检测需要在实验室中进行，因此要在取样点采集水样。采集水样可选用矿泉水瓶，便于携带。需在水面 20cm 以下采集，有条件的话，可同时在水底取样。水样需低温保存或冷冻，一般可保存两个月。

六、资料阅读

（一）总磷含量测定方法

钼酸铵分光光度计法：

实验原理：在中性条件下，用过硫酸钾（或硝酸——高氯酸）为氧化剂使试样消解，将所含磷全部氧化为正磷酸盐。在酸性条件下，正磷酸盐与钼酸铵反应，在锑盐存在下生成磷钼杂多酸后，立即被抗坏血酸还原，生成蓝色络合物。

实验仪器及试剂：硫酸、硝酸、高氯酸、氢氧化钠、过硫酸钾[50g/L溶液：将5g过硫酸钾（$K_2S_2O_8$）溶解于水，并稀释至100mL。]、抗坏血酸［100g/L溶液：溶解10g抗坏血酸（$C_6H_8O_6$）于水中，并稀释至100mL。此溶液贮于棕色的试剂瓶中，在冷处可稳定几周］、钼酸盐｛溶解13g钼酸铵［$(NH_4)_6Mo_7O_{24}\cdot 4H_2O$］于100mL水中。溶解0.35g酒石酸锑钾$KSbC_4H_4O_7\cdot 1/2H_2O$于100mL水中。在不断搅拌下把钼酸铵溶液徐徐加到300mL硫酸中，加酒石酸锑钾溶液并且混合均匀。此溶液贮存于棕色试剂瓶中，放在约4摄氏度处可保存二个月。｝、酚酞、灭菌锅、50mL具塞（磨口）刻度管、分光光度计。

实验步骤：

1. 绘制工作曲线取7支50ml比色管，分别加入0.0、0.50、1.00、3.00、5.00、10.00、15.00ml磷酸盐标准溶液。分别加入1ml抗坏血酸，2ml钼酸盐，定容50ml，700nm检测吸光度，绘制工作曲线。

2. 过硫酸钾消解：取25ml试样于50ml比色管中，加入4ml过硫酸钾溶液，将比色管塞紧后，用棉线和布将玻璃塞扎紧，置于高压灭菌锅中。120℃，30min。带压力表归零后。取出冷却。

3. 显色：分别向各分消解液中加入1ml抗坏血酸，30s加入2ml钼酸盐，定容50ml。

4. 比色：室温下放置15min，波长700nm，与水作参照，测定吸光度，去除空白对照后，绘制工作曲线，查磷含量。

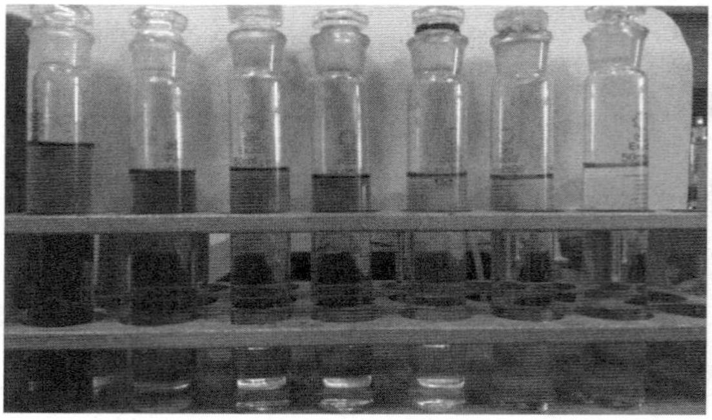

（二）紫外分光光度计

由于各种物质具有各自不同的分子、原子和不同的分子空间结构，其吸收光能量的情况也就不会相同。因此，每种物质就有其特有的、固定的吸收光谱曲线，可根据吸收光谱上，某些特征波长处的吸光度的高低，判别或测定该物质的含量，这就是分光光度定性和定量分析的基础。分光光度分析就是根据物质的吸收光谱研究物质的成分、结构和物质间相互作用的有效手段。

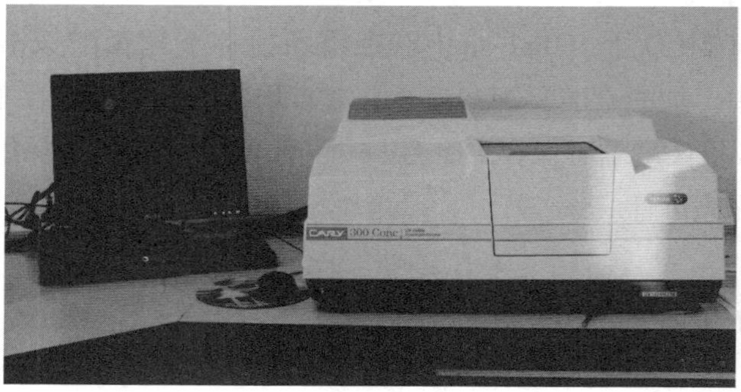

（三）叶绿素测定

实验仪器及试剂：分光光度计、比色杯、蔡氏滤器（滤膜）、真空泵、丙酮溶液。

实验方法：

1. 清洗玻璃仪器。

2. 过滤水样：每个样品取 200ml 过滤。

3. 提取：将滤膜放入比色管中，加入丙酮溶液，冰箱静置 24 小时。

4. 离心：提取后，使用离心机离心 3500r/

min，离心 10min。

5. 测定光密度：藻类叶绿素 a 具有独特的吸收光谱（663nm）。用移液管将提取液移入比色杯中，以 90% 的丙酮作为空白对照，分别在 750、663、645、630nm 波长下测提取液的光密度值（OD）。

6. 计算：样品提取液在 663、645、630 波长下的光密度值（OD_{663}、OD_{645}、OD_{630}）分别减去 750nm 的光密度值（OD_{750}）。

计算公式如下：

样品中叶绿色 a 的浓度为 Ca

$$Ca(\mu g/l)=11.64(OD_{663}-OD_{750})-2.16(OD_{645}-OD_{750})+0.1(OD_{630}-OD_{750})$$

（四）水体富营养化标准

1. 经合作制 OECD 富营养化评价标准

氮含量超过 0.2~0.3mg/l，磷含量超过 0.01~0.02mg/l，BOD 大于 10mg/l，pH 在 7~9 之间，细菌总数超过 10^5/ml，叶绿素 a 含量大于 10μg/l。

2. 卡尔森营养指数

TSI（SD）=10（6–lnSD/ln2）

TSI（chl）=10（6–（2.04–0.68lnchla）/ln2）

TSI（TP）=10（6–ln（48/TP）/ln2）

其中，TSI 为卡尔森营养指数，SD 为湖水透明度（m），chla 为水中叶绿素 a 含量（μg/l），TP 为总磷含量（μg/l）。

七、实践创新

（一）水质监测及生物综合处理教学设计

教学案例基本信息					
对应核心素养主题	学科融合、跨学科研究、全面提升学生科学素养				
开始时间		结束时间			
学科	生物、化学	学段	第四学段	年级	高三
案例名称	水质监测及生化综合处理研究 ——以护城河水质为例				
教材	校本				

教学案例设计参与人员			
分工	姓名	单位	联系方式
设计者	肖东琦 涂凤娇	北京市龙潭中学	从略
实施者	肖东琦 涂凤娇	北京市龙潭中学	从略
课件制作者	肖东琦 涂凤娇	北京市龙潭中学	从略
教学基本信息			
课题	水质监测及生化综合处理研究 ——以护城河水质为例		
指导思想与理论依据			
科学发展方向呈现出大科学、大综合的发展趋势，中学教学中的物理、化学、生物等理科学科紧密联系，教学中可以借鉴不同学科教学方式的变革成果，进一步形成基于学科融合观念的教学主张，有目的、有计划地跨学科研究，能提升教师自身教学素养的同时，更重要的是有利于在学科教学中帮助学生打破学科壁垒，引导学生应用多种学科思想方法去分析并解决问题，提升高中学生科学素养，培养全面、协调、可持续发展的人。			

教学目标（内容框架）			
知识与技能： 1. 了解铵根离子和氨水的用途及对环境带来的危害，学会使用氨氮检测仪。 2. 了解目前处理氨氮废水的五种方法。 3. 说出总磷和叶绿素含量的检测方法。 4. 说明水体富营养化的成因及表现。 5. 综合运用生态学原理尝试解决护城河水体富营养化的问题。 过程与方法： 1. 通过对氨氮废水中铵根离子处理的研究，明确研究物质性质角度的方法。 2. 通过水质监测，明确实验的基本原则。 3. 通过对水体富营养化综合治理的研究，提升学生的科学素养。 情感态度与价值观：通过对护城河中氨氮废水的处理及综合治理，培养学生的社会责任感及全面辩证看待问题的观点。			
教学重点、难点分析			
教学重点：结合实际情况选择合适的方法综合处理			
教学难点：结合实际情况选择合适的方法综合处理			
教学过程			
阶段	教师活动	学生活动	设置意图
导入	［情境素材］展示生化兴趣小组在苏州游学时检测拙政园、狮子林水质的照片及身边护城河水质的照片。	听讲、体会。	让学生体会到一个真实的科学检测情景。
提出问题	展示：同学们去护城河取水样时所拍的照片。 提问：1. 水为什么这么绿？ 2. 是什么导致鱼死亡？ 资料：1. 氨氮废水中的氮元素多以 NH_4^+ 和 $NH_3 \cdot H_2O$ 的形式存在。 2. 氨氮的作用：用于制氨水、氮肥、HNO_3、纯碱，广泛应用于化工、化肥、制药、合成纤维、塑料、染料等。 3. 氨氮的危害：由于过量施肥导致土壤和河流中化肥残留物过高，不仅对土壤和河流有污染作用，过量的氨氮还导致河流中的水生物中毒，鱼类大量死亡。	学生猜测：可能是水体富营养化。	在学生真实探究的过程中提出问题，激发学生兴趣。 引导学生关注的角度，关注物质的正反两面，体会到物质的危害还是作用取决于使用的人。

续表

教学过程			
阶段	教师活动	学生活动	设置意图
解决问题	提问：护城河水的氨氮含量是多少？ 展示：测量的数值。 提问：如何降低水中氨氮（NH_4^+）的含量？ 介绍：5 种降低氨氮含量的方法。	学生用氨氮检测仪检测护城河中的水、自来水、矿泉水中的氨氮含量。 结果：氨氮含量 护城河＞自来水＞矿泉水 思考 1. 方法的选择：依据物质的性质。 2. 从经济的角度考虑回收。 3. 尽量无污染排放产物。 从分类和化合价的角度分析铵根离子的性质，提出解决方法，书写方程式。	动手检测、真实可信。激发学生解决问题的兴趣。 引发学生对化学学科知识与真实问题情境的结合与碰撞的思考。
总结并过渡	展示：国家工业废水中氨氮含量标准。 总结并过渡：护城河氨氮含量不高，只用化学的方法成本过高而且可能会造成二次污染，可以与生物学科互相配合，采取合理的方法，帮助河水形成稳定的生态环境。	对比得出结论。	综合全面的解决问题。
提出问题	设问：护城河水体出现的现象真的是水体的富营养化吗？ 提问：水体富营养化的成因？ 展示：水体富营养化造成生态系统稳定性下降的过程图。 提问：水体富营养化耗尽氧气，造成大量水生生物死亡，生态系统稳定性持续下降这一过程，被称为什么？	思考 回答：主要是 N、P 等无机盐的含量过高，藻类爆发。 正反馈调节。	理性、客观的分析真实情景。 基础知识复习。

续表

教学过程			
阶段	教师活动	学生活动	设置意图
分析问题	演示：护城河水体中的藻。 设问：护城河水总磷含量是多少? 演示：生化兴趣小组同学在中国科学院生态环境中心进行实验的照片。 展示：烟硝酸盐含量测定的结果。 提问：测定安硝酸盐含量的方法是什么? 讲述：利用分光光度计定量分析样品总磷含量原理。 演示：表格展示标准液配制方法。 提问：第一组数据的作用? 实验数据处理：利用 EXCEL，设置标准液吸光度为横坐标，磷含量（浓度）为纵坐标，得出相关关系曲线，并计算回归方程、检验。 样品吸光度带入方程，计算总磷含量。 演示：色素含量测定结果。 提问：提取色素的方法? 讲述：利用分光光度计测定水体中色素含量。 演示：列表展示三个样品采集地总磷、色素含量检测结果。	观察 思考 观察 观察、思考。 标准比色法。 观察思考。 对照，排除其他实验药品的吸光度的干扰。 观察、思考。 观察思考。 萃取，有机溶剂提取。 观察思考。 护城河水体确为水体富营养化。	利用实验探究的方法判断水体是否为富营养化。 联系所学知识，拓展实验思路，强化实验原则的应用。
解决问题	演示：经合组织提出的富营养湖的指标。	学生判断护城河水是否富营养化。	
发现问题	提问：1. 护城河水体富营养化的成因? 提供材料：P 是水体富营养化的重要限制因子。 2. 如何治理护城河水富营养化?	生态系统成分单一，营养结构简单。 思考。 降低 N、P 含量。 降低藻类量 增加溶氧量	分析护城河水体富营养化的成因，寻找解决问题的思路，帮助学生理清逻辑关系。

续表

教学过程			
阶段	教师活动	学生活动	设置意图
分析问题	提问：如何将系统中的 P 去除？ 提供材料：3 种挺水植物和 5 种沉水植物净化水体的能力图。 提问：请选择最适宜的挺水植物与沉水植物。 讲解：分析曲线。 提问：可通过何种方法降低藻类的量？ 演示：护城河营养结构。	思考、回答： P 是生物体的重要组成成分，可通过水生植物吸收 P，并通过定期收割降低系统中 P 含量。 分析曲线。 美人蕉吸收 P 的能力是最强的同时具有较强的吸收 N 的能力。 金鱼藻具有较强的除 P 能力且能去除叶绿素并有较强提供溶解氧的能力。 思考、回答：增加竞争者和捕食者。 营养结构别复杂，生态系统稳定性提高。	从利用水生植物固定 P，增加水体生物种类，提高生态系统稳定性两个方面解决问题。
解决问题	提问：综合治理护城河水体富营养化的思路是？ 演示：治理水体富营养化的物化生方法。	思考、回答： 减少污染排放，清除底泥，吸附，爆氧等。	物化生三类方法综合治理水体富营养化。

（二）水质监测及生物综合处理学案

例题 当前湖泊、水库水体、城市景观水的富营养化是全世界普遍存在的环境问题之一。利用水生植物简单、高效、低代价的特点修复富营养化水体已得到国内外广泛共识，对其研究和应用也日益增多，并取得大量成果。

1. 富营养化是指生物所需的 N、P 等营养物质大量进入湖泊、河口、海湾等缓流水体，引起藻类及其他浮游生物迅速繁殖，水体溶氧量下降，由于__________作用耗尽氧气，导致鱼类及其他生物大量死亡的现象。

2. 水体中总氮、总磷含量是判断水体富营养化的重要标准。生物兴趣小组的同学利用钼酸铵分光光度法检测了护城河总磷含量。

分组	1	3	4	5	6	7	8
加入磷酸盐标准液（ml）	0	0.5	1	3	5	10	15
过硫酸钾（ml）	4	4	4	4	4	4	4
定容 50ml，高温消解							
抗坏血酸（ml）	1	1	1	1	1	1	1
钼酸盐（ml）	2	2	2	2	2	2	2
波长（nm）	700	700	700	700	700	700	700
吸光度（Abs）	0.000	0.012	0.027	0.105	0.127	0.255	0.383

标准曲线

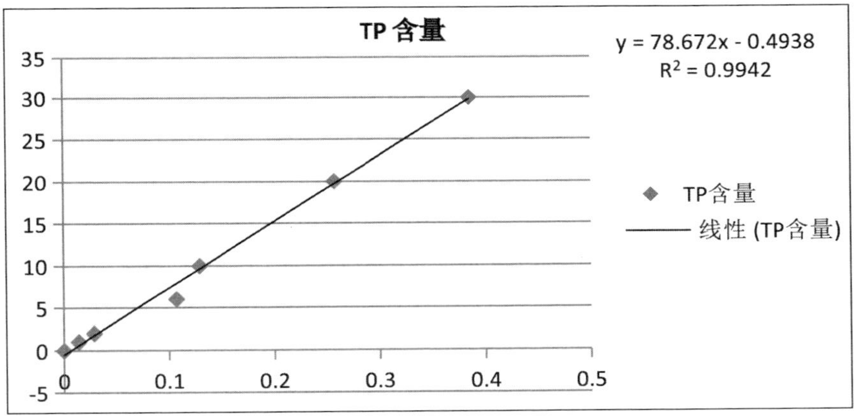

总磷（mg/L）计算公式：C=m/v　M——试样测得磷含量，ug；

V——测定用试样体积，ml。

③第 1 组的作用是________________。根据生态学原理分析，造成护城河水体富营养化的原因是________________。

（3）氮、磷是生物的重要营养物质，但藻类等水生生物对磷更加敏感，当水体中磷浓度在 0.02mg/L 以上时，对水体的富营养化起明显的促进作用。水生植物对去除磷素发挥重要作用，一方面水生植物通过根系吸收可溶性活性磷，合成__________等植物细胞成分。另一方面，水生植物表面为聚磷菌等微生物提供附着空间。沉水植物的茎、叶和表皮都与根一样具有吸收作用，且皮层细胞含有叶绿素，有进行__________的功能。通过定期________，实现将氮、磷从系统中去除的目的。

（4）研究人员对 3 种挺水植物和 5 种沉水植物净化水体的能力进行了

相关实验。

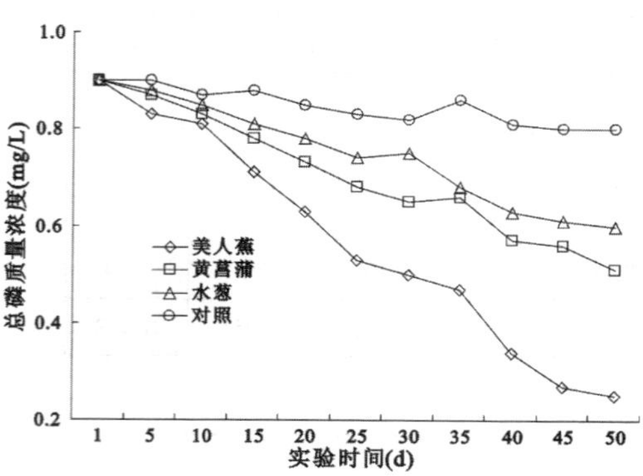

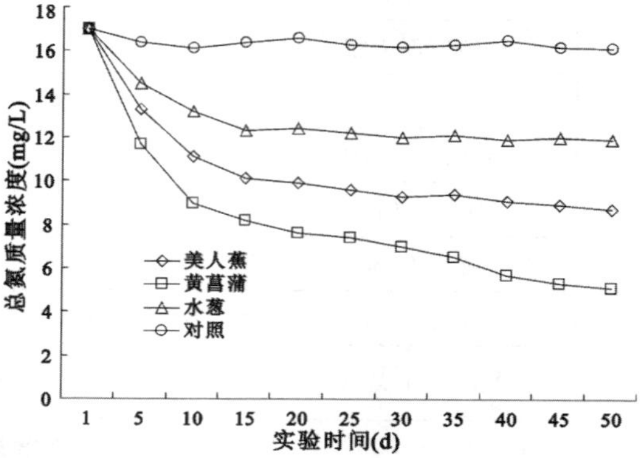

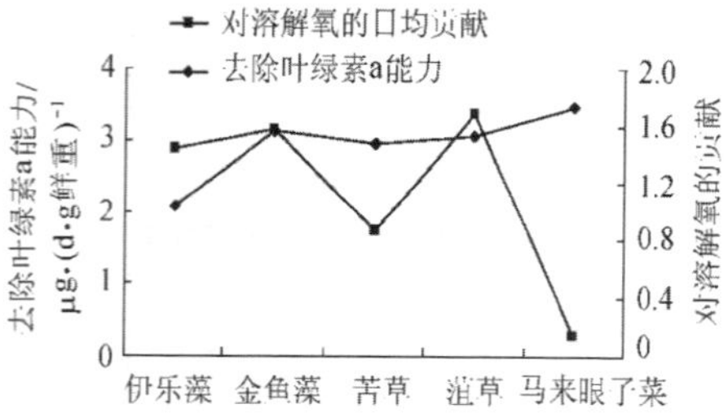

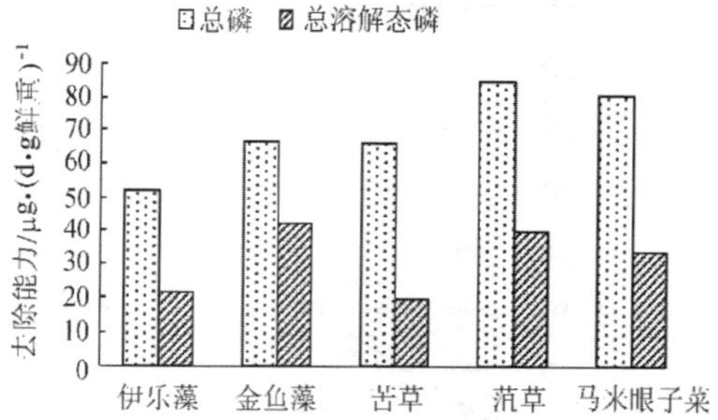

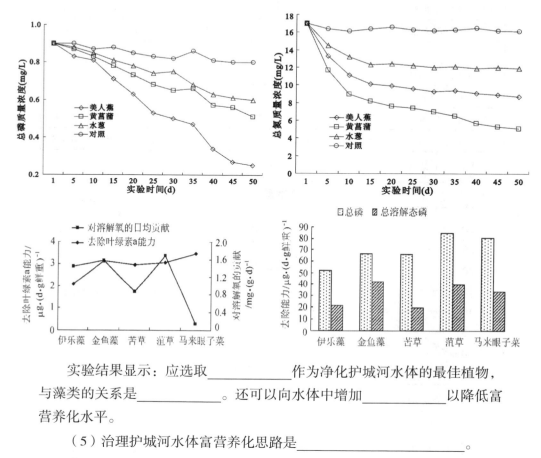

实验结果显示：应选取__________作为净化护城河水体的最佳植物，与藻类的关系是__________。还可以向水体中增加__________以降低富营养化水平。

（5）治理护城河水体富营养化思路是____________________。

【课前阅读】

紫外分光光度计：由于各种物质具有各自不同的分子、原子和不同的分子空间结构，其吸收光能量的情况也就不会相同，因此，每种物质就有其特有的、固定的吸收光谱曲线，可根据吸收光谱上的某些特征波长处的吸光度的高低判别或测定该物质的含量。

在选定的波长范围内（或最大波长值处），分别以（不同浓度）标准溶液的吸光度和溶液浓度为横、纵坐标绘出化合物溶液的标准曲线得到其所对应的数学方程；在相同实验条件下配制待测溶液，测得待测溶液的吸光度，最后用已获得的标准曲线方程求出待测溶液中所需测定的化合物的含量。

实验原理：

$$\text{各种磷存在形式}\xrightarrow[\text{过硫酸钾}]{\text{中性条件}}\text{正磷酸盐}\xrightarrow{\text{钼酸铵}}\text{磷钼杂多酸}\xrightarrow{\text{抗坏血酸}}\text{蓝色络合物}$$

烟花三月下江南

主要思想：体现与在校学习不同的学习方式，在行走中发现问题，解决问题，收获知识。

主要环节：1. 行前准备　2. 学习实践　3. 行后总结

一、情景再现

A brief introduction of Suzhou

Chinese Gardens

Chinese parks and gardens enjoy a high position in the world. For instance, they had spread to Japan during the Tang and Song dynasties, and exerted direct influence on Japanese gardens. Chinese gardens were introduced to Europe in the 17th century, first to Britain and then arousing great astonishment in France and other countries. Compared with other gardening systems of the world, such as European or Islamic Chinese gardens have their distinct national characteristics:

(1) Paying attention to natural beauty. The buildings in Chinese gardens do not pursue excessive artificial, well-arranged patterns, but rather they follow the example of roadside with natural mountains and rivers becoming a total merger of architectural and natural beauty.

(2) Pursuing many twists and turns. Nature itself is ever-changing and interesting. Chinese horticulturists who emulate nature necessarily pursue changing, free-style composition. It is of a completely different system compared with the Western landscape gardening theory which "compels nature to accept the symmetrical rules" —and stresses the symmetrical pattern, straight roads, regular

flower beds and ponds, the carpet pattern-like lawns and trees cut into a geometric shape.

(3) Advocating artistic conception. The beautiful environment created by Chinese horticulturists does not stop at the stage of formal beauty, but tries to express inward feeling through outward scenery. This atmosphere of merging feeling with scenery is what is called artistic conception.

The imperial garden in north China and private garden south of the Yangtze River constitute the two major schools of Chinese gardening. In large imperial gardens of north China, the main buildings are connected by an imaginary line in the middle of the garden on a north-south axis. Other buildings are scattered among hills, and waters are linked by subordinate lines, forming a well-designed symmetry and adding beauty to the chief architectural complex. Decorated archways abound in those gardens. The Imperial Summer Resort in Chengde, which covers more than 560 hectares, is the largest imperial garden in China.

The private gardens are usually built in the south of China. The Gardens were mostly built at one side or the back of the residential houses. In almost every garden, there is a large space in the garden set in a landscape of artistically arranged rockeries, ponds, pavilions, bridges, trees and flowers. Surrounding the beautiful scene are small open areas partitioned by corridors or walls with latticed windows or beautifully shaped doors. The winding corridors connect various buildings and also provide a covered veranda as shelter from the rain and shade from the sun. Suzhou, known as the home of gardens, displays the most and the best traditional private gardens in China.

Choose the best answer to complete each statement.

1. How many categories of the traditional Chinese garden are there according to the text?

A. 2. B. 3 C. 4 D. 5

2. Which gardening theory stresses the symmetrical pattern, straight roads, regular flower bed and ponds and the carpet pattern—like lawns?

A. Chinese B. Arabian C. European D. Indian

3. Which garden attaches great importance to the central line of the building ?

A. Private garden B. Royal garden

C. Landscape garden D. Waterscape garden

4. Which garden is the largest imperial garden in China ?

A. Pavilion of the Surging Waves B. Imperial Summer Resort in Chengde

C. Li Garden D. Humble Administrator' s Garden

Please read the following introduction about Suzhou:

Suzhou

As one of the first group of "Cultural and Historic Cities" of China as well as a key scenic tourist city, Suzhou has a history of over 2500 years as an established city built by Helv, King of Wu Kingdom 514 BC. It is still on its original location during the Spring and Autumn Period, and preserves the double chessboard layout of "water and land in parallel, canal and street in neighbor", the network of rivers and canals composing three vertical, three horizontal and one ring, and the unique landscape of "small bridges, flowing water, white walls, black tiles, cultural relics and classical gardens".

At present, 9 classical gardens of Suzhou and the Suzhou Section of the Grand Canal are listed in the Catalogue of World Cultural Heritage. Six projects including Kunqu Opera and Guqin Art are listed in the Representative List of the Intangible Cultural Heritage of Humanity of the UN.

As a cradle of generations of talented people in history, Suzhou is home to numerous celebrities. There are altogether 51 civil and military No. 1 Scholars in history and 104 academicians of the Chinese Academy of Sciences and Chinese Academy of Engineering coming from Suzhou, and therefore Suzhou is known as a famous "Hometown of Scholars" and "Hometown of Academicians".

As a national historical and cultural city, Suzhou is also known as a tourist city, a national high-tech industrial base as well as one of the important central cities in the Yangtze River Delta.

Situated at the northern subtropical zone, Suzhou enjoys a warm and moist monsoon climate. It has four distinctive seasons of which winter and summer are long while spring and autumn are short.

The city spreads on a low terrain, with the plain covering 55% of the total area. With rivers and harbors intersecting, lakes and canals densely distributed and a fertile land, Suzhou is rich in a variety of agricultural products. Major crops include rice, wheat, rape, cotton, mulberry and fruits. Its specialties contain Biluochun Tea, Dao Fish from the Yangtze River, Silver Fish from the Taihu Lake, Hairy Crab from the Yangcheng Lake, etc..

Well-known as a Land of Fish and Rice and Silk Capital, Suzhou enjoys the fame as Paradise on Earth.

Located at the central part of the Yangtze River Delta, Suzhou borders Shanghai on the east, Zhejiang Province on the south, the Taihu Lake on the west and the Yangtze River on the north. It has a riverbank stretching 140 kilometer along the Yangtze River. The Beijing-Hangzhou Grand Canal passes through from north to south, and the Shanghai-Nanjing Railway, the Beijing-Shanghai Express Railway and the Shanghai-Nanjing Expressway traverse from east to west.

The Humble Administrator's Garden

Suzhou gardens are very famous. They attract tourists every year. The Humble Administrator' s Garden, The Lingering Garden, the Master-of-Nets Garden and the Lion Forest Garden are the four most famous. Covering 51, 950 square meters, the Humble Administrator' s Garden is the largest of all classical gardens in Suzhou. With well—spaced buildings, the garden landscape and waterscape are simple, extensive, natural, and of the traditional styles of the Ming Dynasty. It divides into three parts: the eastern, the middle and the western. The residential part lies in the south of the garden.

The best part is in the center, where there are rockeries, clear water, exquisite buildings, beautiful trees and flowers. The Hall of Drifting Fragrance is the most famous of them. It was cleverly designed so that one can enjoy the view from all four sides.

The buildings in the western part of the garden are built by the lake. To the south of the lake is a big Mandarin Duck' s Hall. The northern half is named "the Hall of 36 Paris of Mandarin Ducks" and the southern half "the Hall of 18 Daturas".

The eastern part of the garden has several pavilions, green hills with pine and bamboo, distant islands encircled by winding streams, and an extensive area of grass, flowers and trees.

A good number of buildings in the garden are named after lotus blooms, often known as "a virtuous gentleman" among flowers, such as the Hall of Drifting Fragrance, the Lotus Pavilion, expressing the theme of the whole garden-to be pure as lotus blooms.

The residential house in the south of the garden is typical of Suzhou' s dwellings.

The Humble Administrator' s Garden has altogether 48 different buildings, 101 couplets and door plateaux, 40 stelae, 21 precious old trees, and over 700 bonsai kept in the Bonsai Garden in the western part of the garden.

As we all know, the private gardens in Suzhou were built as a place for the gentleman-scholars to escape the chaos of the city. One of the key elements is the necessity for the garden to "look natural, though man-made". It is equally important to obtain the harmonious combination of opposites, that is, of the small and large, of the real and unreal, and so on. Another key element of Chinese gardens is their covered walkways fall into two kinds, the owners to enjoy the garden in rain and snow. These covered walkways fall into two kinds, those which connect buildings and those which are built by the shore of a small pond or lake. As with waterside pavilions, corridors often have windows or "scenic opening", which act as picture frames directing the eye to particular views of the garden. Such scenic openings were designed simply as circles, squares or ovals or in more imaginative shapes.

Notes

The Humble Administrator' s Garden 拙政园

The Master-of-Nets Garden 网师园

stelae ['stɛlə] n. 碑（stele 的复数）

plateaux ['plætəʊ] n. 匾（plateau 的复数）

couplet ['kʌplɪt] n. 对句，对联

the Hall of Drifting Fragrance 远香堂

the Hall of 18 Daturas 十八曼陀罗花馆

"a virtuous gentleman" among flowers 花中君子

the Hall of 36 Pairs of Mandarin Ducks 卅六听鹂馆

the chaos of the city 城市的喧嚣

the Lingering Garden 留园

the Lion Forest Garden 狮子林

oval ['əʊv(ə)l] n. 椭圆形

waterscape ['wɔːtə,skeɪp] n. 水景

bonsai ['bɒnsaɪ] n. 盆栽，盆景

the Mandarin Duck' s Hall 鸳鸯厅

Greeting Guests

Dialogs：Meeting Guests at the Airport

（G：Guide T：Tourist）

Dialogue 1

（In the airport lobby outside the customs，Yu Hong，a guide from China Travel Service，Beijing Branch，is greeting a tour party from the United Sates headed by Mr. Richard Stewart.）

Y：Excuse me，but are you Mr. Richard Stewart from the States ?

S：Why，yes. Are you our tour guide from CTS ?

Y：Yes，Mr. Stewart. Very glad to meet you. My name is Yu Hong. Yu is my family name.

S：Hello，Miss Yu. Thank you for coming to meet us.

Y：My pleasure. How was your trip ? It was quite a long flight.

S：Well，we had some turbulence，but on the whole，it was a nice flight.

Y：I suppose you must be rather tired after the long flight. We' ve made reservations for your party at the Kunlun Hotel. We shall get you to the hotel to rest as soon as possible.

S: Thank you. (To the group) Attention, folks. Let me introduce our local guide, Miss Yu, to you. Miss Yu Hong from China Travel Service will act as our guide during our stay in Beijing.

Y: All of you are welcome to Beijing. I hope you will have a pleasant stay here. If you have any special request, please let me know. Shall we go to the hotel? Our coach is waiting outside.

S: Fine.

Y: Oh, I almost forgot. Please give me your luggage checks. Our porters will send your luggage to your rooms.

Dialogue 2

(Mr. Alex White and his colleagues have just arrived in Beijing. Mo Jun from China International Travel Agency, Beijing Branch, has met them at the airport. They are in the sitting room.)

M: Mr. White, is everybody in the group here?

W: Yeah. There are five of us.

M: Good. Now, let' s go to the baggage claim to get our baggage. (After some time, all have got their baggage except Mr. Louis Thompson.)

T: I haven' t seen my suitcase. I hope it' s not lost.

M: What color is your suitcase, Mr. Thompson?

T: It' s blue. Please call me Louis. First names are friendlier than last names.

M: OK, Louis. Don' t worry. We' ll find it. Give me your baggage check, please.

T: Here you are. (Mo goes to check with the Lost Baggage Office. After a while, he returns.)

M: I' m terribly sorry, Louis. The airport in Kunming made a mistake. They left out your suitcase while loading the baggage.

T: Oh, dear. What can I do?

M: I have contacted Kunming airport and they said they were awfully sorry and would put it on the next flight to Beijing.

T：When will it arrive here？

M：Around six o' clock this evening. The airport here will send the suitcase to your hotel.

T：Thank you. Ms. Mo.

M：Don' t mention it. OK，everybody，we will drive directly to your hotel. I believe you will look refreshed and revitalized after a good sleep.

Notes

on the whole　大致上，大体上

folk [fəuk] n.　大伙，大家

leave out　遗漏

act as　充当

coach [kəutʃ] n.　长途旅游汽车

load [ləud] v.　装载

二、明确目标、温故知新

We will learn the knowledge about tourism English and Suzhou.

游学主题：

向世界展示"大美中国之大美苏州"。

高中英语核心素养之一是文化品格，文化品格指对中外文化的理解和对优秀文化的认同，是学生在全球化背景下表现出的知识素质、人文修养和行为取向。通过本游学课程的学习，学生能获得与苏州文化相关的文化知识，理解文化内涵，吸收文化精华，形成正确的价值观和道德感，自信、自尊、自强，具备一定的跨文化沟通和传播中华优秀文化的能力。

首先以以下写作主题为例：

书面表达：

假如你是高一（1）班的学生李华，请给你的美国笔友 Paul 写一封邮件介绍你去年暑假游览中国某历史名胜的经历。邮件包括以下内容：

1. 时间、地点、人物；

2. 见闻；
3. 感受。
注意：1. 词数不少于 50；
2. 邮件的开头和结尾已给出，不计入总词数。

范文

Dear Paul,

How' s everything going? In the summer vacation, I went to the Forbidden City with my cousin from Shandong Province. There we saw many great palaces, where the emperors used to live. We were attracted by countless treasures in the ancient times. We learned that the Forbidden City was built in the Ming Dynasty and it is now a national museum. I really admire the ancient Chinese old buildings and feel proud of my country. If you visit China someday, I will take you there. How was your vacation? Did you do anything interesting? Please write to me.

Li Hua

三、动手实践

Mudu Town in Wuzhong District

Located in the west of Suzhou, at the foot of Lingyan Mountain, bordering Taihu Lake, Mudu Town is a historical and cultural town with ancient streets and alleys, beauty of hills and rivers and residences built by the rivers and hills. It boasts a traditional lifestyle in the Ming and Qing Dynasties, classical opera, and traditional crafts. It is a quintessential water town in south.

The Humble Administrator's Garden

The Humble Administrator's Garden is located at Dongbei Street within the District of Gusu. It was listed as National Key Cultural Relics Protection Unit by the State Council in 1961, and was approved and included in the "World Heritage List" by the UNESCO in 1997.

The Humble Administrator's Garden was built in the Ming Dynasty

(1368~1644). An Imperial censor named Wang Xianchen retired to his native home of Suzhou and created a garden on the site of the dilapidated Dahong Temple. The garden was named after a verse by the famous scholar official of the Jin Dynasty, Pan Yue, in his prose, An Idle Life, "I enjoy a carefree life by planting trees and building my own house, I irrigate my garden and grow vegetables for me to eat... such a life suits a Humble Administrator (meaning retired official) like me well."

Humble Administrator' s Garden underwent 400 years of rises and falls. Most of the existing buildings were built during Taiping Rebellion and afterwards, but the layout of the Ming and Qing Dynasty mostly remained. It is the largest classical garden in Suzhou, covering an area of 51, 950 square meters. The garden is divided into three parts, eastern, central and west. The southern part of the garden is the residential area. In general, the East Garden is spacious while the West Garden is crowed. Water is the blood vein as well as the soul of the garden. The water area takes one third of the garden area, which gather and diverge, move or stand still.

The Eastern Section is wild and spacious. The middle part boasts winding corridors, pavilions and towers, water rings, and gardens within gardens, the truly elite part of the garden. The western part is densely dotted with terraces and halls, and rising water corridors. South of the loquat garden are residential houses, which are built in the Qing Dynasty (1644~1911), with the main part being constructed in the Reign of Emperor Kangxi. In the middle axle are sedan hall, the main hall and two balcony halls. In between there are brick carving gate, wisteria planted since the Ming Dynasty, and in front of the door there is a wall opposing to the river. On the east road, there is Yuanyang Hualan (mandarin duck and flower basket) Hall, Four Window-sided Hall and so on. This residential area was turned into Suzhou Garden Museum in 1992.

1. Name: The Humble Administrator' s Garden

2. Introduction:

Located at Dong Bei St., in the ancient city of Suzhou, the Humble Administrator' s Garden covers 5. 2 hectare. And is one of the 4 most famous gardens of China. In 1961 it was listed as cultural relics of national importance. Serving as a fine specimen of the classical gardens of Suzhou, the Humble Administrator' s Garden was inscribed the World Heritage List by UNESCO in 1997.

The eastern part of the garden is rustic and extensive, giving the appearance of being a village settlement of Jiangnan. The middle part is the cream of the garden, featuring Venetian scenes. With a winding and undulating roofed-walkway, the western part of the garden is noted for its sumptuousness.

The Humble Administrator' s Garden boasts the wild expanse of lotus ponds. Water occupies one fifth of the total garden area. All the kiosks, terraces and pavilions were laid out by the water. More than 10 buildings were named after lotus blooms. Its annual Lotus Blooms Festival gains world-wide fame.

3. Address: No. 178, Dong Bei Street, Suzhou

4. Contact:

Postcode: 215001

Tel: 962015、0512-67510286

Fax: 0512-67546631

5. Ticket Price for Foreigners:

RMB 70 in off season (January, February, March, June, November and December)

RMB 90 in busy season (April, May, July, August, September and October)

6. Opening hours: 7: 30~17: 30 (March 1 to November15); 7: 30~17: 00 (November 16 to February 29 in the next year)

7. Transportation:

A. Buses: Passengers can take tour buses No. 1, 2, 5 or buses No. 178, 202, 309, 40, 313 to the garden.

B. Light Railway: Passengers can take Line 1 to Lindun Road Station, Exit 3, then walk along the road (north) to the bus station, then take the bus to Suzhou Museum Station (the Humble Administrator' s Garden, the Lion Forest Garden). At last walk along the Dong Bei street (east) 200 meters to the garden. There are tour buses No. 2, 5 (north), buses No. 112, 178, 202, 309, 50, 518, 529, 55, 811, 923.

8. Notice: In order to create a harmonious and beautiful scenic spot with safety and order, we work out this tourist guide according to Suzhou Regulations on the Management of Landscape and Famous Scene, Suzhou Regulations on Protection and Management of Gardens and other relevant laws and regulations.

1. Tourists must conscientiously abide by the laws of the State and the regulations and rules of the province and the city, maintain public order and observe common courtesy.

2. Please purchase a ticket or show your valid identification; please get into the garden after ticket-checking in the entrance.

3. Please protect the resources in the area. The following behaviors are forbidden: pulling down, breaking off the flowers or trees; picking the fruits; climbing or crossing the rookery and guardrails; trampling on the lawn; doodling on the trees or the bamboos.

4. Smoking and naked flame (except for some special place or activities) are not allowed in the scenic area; Please do not take equipment like barbecue furnaces into the garden.

5. Lethal weapon, flammable, radioactive and other hazardous items are not allowed to carry into the garden according to Regulations on Administrative Penalties for Public Security; the following behaviors are forbidden: making a lot of noise; fights; picking a quarrel and making trouble; entering of exotic vehicles.

6. The following behaviors are forbidden: setting up stands without permission; engaging in business activities or selling wares to tourists; tour-guiding without permission.

7. Please dress neatly and keep to the timetable of the garden. The following behaviors are forbidden: taking pets into the garden; swimming or fishing in the garden (except for some special activities).

8. "the Annual Card for Suzhou Gardens" is only available to the owner himself in the daytime, it is not transferable or redeemable; Those who lend the card to

other people will lost the certification to buy the Annual card.

9. Any kind of tour activities regarding films, TV programs and advertisements should be carried out under the permission.

Yan Garden

Yan Garden is beside Wangjia Bridge, Shantang Road, in Mudu. The front is facing a stream and the back is against Lingyan Hill. Although it is in the mountain areas, the delicacy of its structure is no interior to that in urban areas (Records of Gardens in the South of Yangtze River, Tong Jun), thus making it one of the famous gardens in the south of Yangtze River.

Yan Garden is used to be the house of ShenDeqian, the scholar in Suzhou in the Qing Dynasty and compiler of Gu Shi Yuan. In 1828AD, the descendants of Shen sold the garden to QianDuanxi, a poet in Mudu. Qian built artificial mountains, lakes, pavilions and scenic spots including Youyu Study, Tiaonong Pavilion, Yanqing Pavilion, making the garden popular for a time. As complimented by Gong Zizhen, the garden "is delicate and natural in structure without any trace of human intention" and "rocks placed inside look like beauties". In 1902 AD, Yan Guoxi, the richest in Mudu and the grandfather of Mr. Yan Chi-kan, the important politician in Taiwan, bought the garden, refurnished it, and changed its name into Xian Garden. However, the local people called it Yan Garden because Yan is its owner' s surname. Through the effort from three generations about 170 years, the garden gained the cultural richness and style as famous garden. In 1935, Professor Liu Dunzhen, the modern architecture, visited the garden twice, praise highly of arrangement and detail treatment in it, and regarded it as the outstanding example of gardens in Suzhou.

The Lion Forest Garden

1. Name of Scenic Spot: The Lion Forest Garden

2. Introduction:

The Lion Forest Garden is located at Yuan Lin Road of the ancient city of Suzhou, covering an area of 1. 1 hectares. Serving as a fine specimen of the classical gardens of Suzhou, the Lion Forest Garden was inscribed on the World Heritage List by UNESCO in 2000. It was listed as cultural relics of national importance in 2006.

The Lion Forest Garden covers an area of 11, 140 square meters. Within the tall walls around, the twisted corridors encircle the entire garden. In the center, the pool bends its way, flowing and staying still at the same time. Among the trees are hidden houses and pagodas, which are spotted by people from time to time. Rockeries and valleys wind, with hanging splashing waterfalls. Grotesque rock and stones are in great variety of shapes, resembling dancing lions. The garden enables one to feel the charm of mountains and forest as well as a sense of Buddhist atmosphere. The main architectures within the garden are the Yanyu Hall, the Little Square Hall, the Zhibai House, the Ancient Five Pines Garden, Mountain-in-view Tower, Lotus Hall, Genuine Amusement Pavilion, Stone Boat, Hidden Fragrance and Scarce Shadows House, Pavilion of Flying Cascade, Wenmei Pavilion, Double Fragrance Hall, Pavilion of Fan, Pavilion of Wen Tianxiang Tablet, Pavilion of Imperial tablet, the Lixue Hall, Bamboo Pavilion, Cloud lying Room, the Mid-Lake Pavilion, etc..

In the second year of the reign of Zhizheng of Yuan Dynasty (AD1342), disciples of the famous Buddhist Abbot Weize raised money to construct this garden. Because of a range of rockeries here resembling lions and with reference to Lion Peak of Mount Tianmu where the Buddhist Abbot Zhong Feng, teacher of Wei Ze, attained nirvana, the garden got its present name. Qing emperor Kangxi and Emperor Qianlong visited this garden several times and even made replicas of it in the Yuan Ming Yuan Garden and Chengde Mountain Resort respectively. Known as "the Kingdom of Rockeries", the Lion Forest Garden boasts labyrinthine rockeries ranges, artfully made with the upper, middle and lower layers of limestone, totally 21 serene caves and 9 winding stony paths. "Others say that I am living in the metropolis; however, my earthly surrounding produces the illusion of living among mountains". These are vivid descriptions of the physical features of the garden. Bei Yuming, the world-famous architect, once praised it as "pictures drawing by nature".

3. Add：No. 23，Luan Lin Road，Suzhou City

4. Form of contact

Postcode：215001

Tell：0512-67773263（also Fax Number），0512-67272428

5. Ticket price for foreigners

Busy season：40 Yuan per visitor during April，May，July to October.

Off season：30 Yuan per visitor during January，February，March，June，November and December.

6. Opening time：

1st March~15th October 7：30~17：30

16th October~end of February of the next year 7：30~17：00

The box office will be closed 30 minutes before the garden closes.

7. Transportation

A. Bus

Take the travelling bus No. 1，travelling bus No. 2，travelling bus No. 5，bus 55，bus 202，bus 309，bus 529，bus 811 or bus 923，get off at Suzhou Museum，the Humble Administrator' s Garden and The Lion Forest Garden station，walk straight about 150 meters towards the south to Shi Lin Si Lane to reach the destination.

Take bus 301 or bus 305，get off at Southern Lion Forest Garden station，and walk straight about 200 meters along the Yuan Lin Road to reach the destination or walk about 3 minutes to reach the Humble Administrator' s Garden.

B. Rail Transit

Take line 1，exit from Lin Dun Lu station，walk about 100 meters towards the north to transfer travelling bus No. 2，travelling bus No. 5，bus 55，bus 202，bus 309，bus 529，bus 811 or bus 923，get off at Suzhou Museum，the Humble Administrator' s Garden and The Lion Forest Garden station，walk straight about 150 meters towards the south to Shi Lin Si Lane to reach the destination. Take bus 305，get off at Southern Lion Forest Garden station，and walk straight about 200 meters along the Yuan Lin Road to reach the destination.

8. Notices:

In order to create a harmonious, beautiful, safe and orderly environment for all the tourists, the following notices are based on Scenic Spot Regulations of Suzhou and Administrative Regulations on the Protection of Suzhou Gardens.

First: Tourists should consciously obey the relevant laws and regulations of the state, province as well as municipality, preserve public order, and observe social ethics to be civilized tourists.

Second: Tourists should buy tickets voluntarily and then check it at the entrance to enter the scenic spot under the guidance of signs. Moreover, tourists who enjoy free entry by policy should show the valid certificate.

Third: Tourists should take good care of flowers, trees and all the public facilities in the scenic spot. No picking flowers and fruits. No climbing and crossing buildings, rockeries and rails. No walking on grass. No scribbling and carving on trees, bamboos and architectures.

Fourth: No smoking. No firing except particular sites and scheduled activities. No private barbecues.

Fifth: Social Security Regulations will be strictly implemented. Lethal weapon and inflammable and explosive goods are prohibited to be taken into the scenic area. No causing disturbances and picking fights. Foreign vehicles, except disabled cars and baby carriages are prohibited from entering the scenic area.

Sixth: Setting up a vendor stand or photo stand to conduct business activities or selling products without permission are all prohibited. Charging tourists for explanation without permission is also prohibited.

Seventh: Dress neatly. No pets. No swimming and fishing except scheduled events. Opening and closing time should be observed.

Eighth: Garden Card for One Year can only be used by the designated holder during daytime and any transferrable behavior is prohibited. Otherwise, the card will be temporarily suspended and such qualification will be cancelled.

Ninth: Advertising and recordings of film and television without permission are prohibited.

Hanshan Temple

Profile: thousand-year-old Hanshan Temple is located at the old town Fengqiao, west of Suzhou, and the east bank of the Beijing—Hangzhou Grand Canal. It was firstly built during the years of Xiao Liang Tianjian of the Southern Dynasties（502~519AC）, and named "Miaoli Puming Tower". Hanshanzi, the eminent monk of the Tang Dynasty, once lived here, so it got the name "Hanshan Temple". It was widely known for the poem Maple Bridge Night Mooring written by Zhang Ji.

Address: Hanshan Temple Lane No. 24 of Suzhou

Contact number: 0512–67236213

Ticket price for foreigners: 20RMB, 16RMB per person for group buying, 5RMB for tolling bell at Bell Tower.

Opening time: 7: 00~17: 30（March 20th~October 20th）; 7: 30~17: 00（October 21st~March 19th）

Route:

Bus: 30, 300, 308, 324, getting off at Heshanqiao station

10, 30, 306, 40, 406, 816, 9, 935, 游3, getting off at Laifengqiao station.

四、交流探讨

Situational dialogues

Words and Expressions

retreat n.　隐居处

simplicity n.　质朴

persecution n.　迫害

collaboration n.　写作

Summer Palace　颐和园

Summer Resort of Chengde　承德避暑山庄

Lingering Garden　留园

Lu Guimeng　陆龟蒙

Dahong Temple　大宏寺

Wang Xianchen　王献臣

East Imperial Secret Service　东厂锦衣卫

Dialogue 1

Pre-reading questions:

1. What are the four most famous gardens in China?

2. What are the differences between imperial gardens and private gardens in China?

The tour guide and tourists are on the way to Humble Administrator' s Garden. (G=Guide; T=Tourist)

G: Our next Destination is the Humble Administrator' s Garden, which is also called Zhuozheng Garden.

T: Great! I heard that it is one of the four most famous gardens in China. I can' t wait to get there.

G: Let' s go!

T: By the way, can you tell us something about the four famous gardens in China?

G: Of course. The four famous gardens in China are the Summer Palace in Beijing, the Summer Resort of Chengde in Hebei Province, the Humble Administrator' s Garden and the Lingering Garden in Suzhou.

T: Are there any difference?

G: The Summer Palace and the Summer Resort of Chengde are imperial gardens, while the Humble Administrator' s Garden and the Lingering Garden are private gardens.

T: Imperial gardens must be much larger than private gardens. Are there any other difference between the imperial gardens and private gardens in China?

G: Yes. Since imperial gardens are much larger, there are always real lakes and hills in imperial gardens.

T: That must be very magnificent!

G: Sure, while there are ponds and rockeries in private gardens instead.

T: Interesting!

G: Imperial gardens were built for emperors, so the buildings there are magnificent. The idea of private gardens is to seek the quiet retreat from the hustle and bustle, so the buildings in private gardens are usually of simplicity.

T: The owners of private gardens must have lived a free, quiet and pleasant life.

G: It may be true. So let' s go and have an unforgettable experience.

Dialogue 2

Pre-reading questions:

1. Who is the first owner of the Humble Administrator' s Garden ?

2. How long did the construction of the Humble Administrator' s Garden take ?

The tour guide and tourists are arriving at the Humble Administrator' s Garden.

G: Now we are in front of the gate of the famous Humble Administrator' s Garden.

T: Actually I am interested in the owner of the Humble Administrator' s Garden. Who built such a beautiful garden ?

G: The garden' s site was initially the residence and garden of Lu Guimeng, a Tang Dynasty scholar. Later in the Yuan Dynasty it became monastery garden for Dahong Temple.

T: But I heard that the first owner was Wang Xianchen.

G: Yes. In the Ming Dynasty (1510), he retired to his native home of Suzhou after a long persecution by the east Imperial Secret Service, and began to work on the garden.

T: It' s not an easy task for a person to build such a garden. How did he make it ?

G: This garden, meant to express his fine taste, was designed in collaboration with his friend Wen Zhengming, the renowned artist, Suzhou native.

T: I know him. He was an artist as famous as Tang Bohu!

G: Right! The garden was built to its current size, with numerous trees and pavilions.

T: How long did it take to construct the garden ?

G: It took 16 years until 1526 to complete.

T: Wow, but why did he name it "Humble Administrator' s Garden" ?

G: The name is from an essay called "To cultivate my garden and sell my vegetable crop is the policy of humble man". This verse symbolized Wang' s desire to retire from politics and adopt an easy life.

T: Oh, I see.

G: Unfortunately, Wang died soon and Wang' s son lost the garden to pay gambling debts, and it has changed hands many times since.

T: What a pity!

Humble Administrator's Garden

Good morning, ladies and gentlemen! "Above there is paradise and below there are Suzhou and Hangzhou." Suzhou has a history of more than 2000 years and was a center of trade and silk weaving for more than 900 years. It is a city with many beautiful gardens. Here is the Humble Administrator' s Garden, which is also called Zhuozheng Garden. It is a very beautiful garden. In 1997, Humble Administrator' s Garden, along with other classical gardens of Suzhou was proclaimed a UNESCO World Heritage Site.

This garden was built by Wang Xianchen, its owner, around 1509 during the Ming Dynasty influenced by the imperial inspector Pan Yue of the Jin Dynasty. In the rhyme-prose "Xian Ju" he writes "this is the way of ruling for an unsuccessful politician." This garden, which meant to express his fine tastes, was designed in collaboration with his friend Wen Zhengming.

The garden is nearly 52, 000 hectares or 78 acres. Many of the areas are named for lotus flowers, such as the Lotus Pavilion and the Hall of Distance Fragrance. Growing in mud, lotus blooms still keep themselves pure and clean. The farther their fragrance drifts the purer it becomes. The lotus is often called "a true person of virtue among flowers". So the theme of the garden is to be as pure as a lotus flower.

Now I would like to introduce the layout of the garden. It consists of Eastern, Central and Western sections as well as some residences of the former owners.

Here we are in the Eastern Section. The Eastern Section GuiTian Yuan Ju (Return to Nature) mainly consists of idyllic scenery. In front of us is a huge cloud-shaped rockery, which is surrounded by green bamboo bushes and ancient trees. The huge rockery is called Zhuiyun Peak. It obstructs the view, making it impossible to command the whole scene, which is called "barrier scenery". The main building is Orchid Snow Hall. There is a panoramic map of the entire garden on the south wall. Another impressive structure is Tianquan Pavilion, which gets its name from an ancient well whose water tastes very sweet. From the outside Tianquan Pavilion looks like a two-storey building, but when we walk into the pavilion, we will find that in fact it has only one storey.

Now we come to the Central Section. The Central Section Fu Yuan is the essence of Zhuozheng Garden with one-third of its area covered by water. Its ponds and rockeries are the best. The Hall of Distant Fragrance is the main building. Through the clear glass windows around the hall, you can clearly see the surrounding scenery, just like appreciating a long scroll of painting. Windows are more like pictures frames. This is a commonly used perspective style in Suzhou gardens, called "frame view". In summer, when the water lilies are in full blooms, the hall will be pervaded with faint fragrance. Therefore people named the hall.

This is a boat-like structure. Its lower section is named Fragrant Islet. The characters "Xiang Zhou" on a horizontal tablet were written by Wen Zhengming. The upper section is called Watching-clear-water Building. A large mirror in the "cabin" reflects the scenery across the pond. That is a good example of the garden building technique which contrasts the real with the unreal. From the secluded pavilion of Phoenix Tree and Bamboo you are able to see the pagoda in the distance. The picturesque scene of the pagoda mirrored in water is an example of the garden technique called "borrowed view from afar".

The main building in the Western Section is a stately and ornate hall which is divided into two by a massive screen. The southern part is 18 Camellias Hall （ShibaMantuoluohua Guan） and the northern part is the 36 Pairs of Mandarin Duck' s Hall（SaliuYuanyang Guan）. In a nearby pool stands an octagonal Pagoda Reflection Pavilion; there is an optical illusion that it appear as if a pagoda were lifting, but all we actually see is the reflection of the pavilion.

In recent years, Humble Administrator' s Garden has been the site of many floral exhibitions. Every spring and summer, the garden hosts the Azalea Festival and the Lotus Festival. There are bonsai shows in the Western Section while precious Chinese stones are shown in the Elegant Stone House in the Central Section.

Time passes so quickly. Now our trip is coming to an end and I' m looking forward to seeing you again.

Notes

1.Humble Administrator's Garden 拙政园：拙政园名称出自晋代辞赋家潘岳的《闲居赋》，原文为“灌园鬻蔬……此亦拙者之为政也。”意思是在园里浇浇水，将种出的蔬菜卖出去，这也是守拙之人从政的一种方法。中国古代文人和官吏往往遵从儒家传统，官场得意则积极入世，而官场失意后，则常常归隐田园山庄，自居清高。

2.Wen Zhengming 文征明：明代中期最著名的画家，大书法家，其诗、文、画无一不精，人称是“四绝”的全才，晚年声望极高。画史上将他与沈周、唐寅、仇英并列，合称“吴门四杰”。

3.Barrier scenery 障景：“缀云峰”像一个巨大的屏风，挡住来宾们的视线，这种“开门见山”的造园手法，被称为“障景”，起着引人入胜的作用，激起了游客要绕到山后一看究竟的兴致。“翻”过此山，眺目望去，山石、池水、林木、铺地、墙坦、路、桥等在设计者的手法下，组成了迷人的风景图。

4.Frame view 框景：就是将景框在“镜框”中，如同一幅画。

5.Borrowed view from afar 借景：将离拙政园 3.5 里外的北寺塔借入园中，那巍峨的北寺塔耸立在亭后的云霄中，煞是壮观，这就是著名的“涉门成趣”、“入园见塔”景观。当代园林专家陈从周称赞这里为“极妙的借景”。

五、资料阅读

北京故宫导游词

Hello, everyone,

We are now going to pay a visit to a place of special interest. This scenic spot is located at the center of Beijing and is characterized by thousands of palatial architectures and purple walls as well as yellow glazed tile roofs-it is simply a sea of palaces. This is the world-famous wonder—the palace museum.

The palace museum has served as the royal residence during the Ming and Qing dynasties. It was here that a total of 24 monarchs ascended the throne and wielded power for some 500 years. The palace museum, as the most beautiful spot of interest throughout Beijing, is unique for its location: to the northwest is Beihai (north sea) park, famous for its white pagoda and rippling lake; to the west is the Zhongnanhai (central and south sea); to the east lies the Wangfujing shopping street; and to the north is Jingshan park. Standing in the Wanchun (everlasting spring) pavilion at the top of Jingshan (charcoal hill) park, you overlook the skyline of the palace museum. At the southern end of the palace is Tiananmen (gate of heavenly peace) and the famous square named after it. This is the symbol of the People' s Republic of China.

A world-famous historical site, the palace museum is on the world heritage list of UNESCO and is an embodiment of oriental civilization.

The palace museum is rectangular in shape, 960 meters long from north to south and 750 meters wide from east to west, covering a space of 720, 000 square meters of which 150, 000 is building area. It has 9000-strong rooms in it. According to legend there are 9999. 5 room-units in all. The whole compound is enclosed by a 10-meter-high wall and is accessed through four entrances, namely, the meridian gate in the south, the gate of military prowess in the north, Donghua (eastern flowery) gate in the east and Xihua (western flowery) gate in the west. On each corner there is a turret consisted of 9 roof beams, 18 pillars and 72 ridge. Encircling the compound there is a 3, 800-meter-long and 52-meter-wide moat, making the palace museum a self-defensive city—within-a city.

Su Embroidery

Words and Expressions

embroidery n. 刺绣

extant adj. 现存的

nominate v. 提名

intangible adj. 无形的

adornment n. 装饰品

prominent adj. 著名的

spin v. 使旋转、纺织

rival v. 与……相匹敌；比得上

stitch n. 针法

intricate adj. 复杂的

inherent adj. 固有的

Chinese Intangible Cultural Heritage 中国非物质文化遗产

Spring and Autumn Period 春秋时期

Chinese embroidery is some of the oldest extant needlework. The four major regional styles of Chinese embroidery are Suzhou embroidery (Su Xiu), Hunan embroidery (Xiang Xiu), Guangdong embroidery (Yue Xiu) and Sichuan embroidery (Shu Xiu). All of them are nominated as Chinese Intangible Cultural Heritage.

Su Embroidery is ranked as top of the four famous Chinese embroidery styles. The name comes from its places of origin—Suzhou. Su Embroider is famous for its vivid presentation. The landscape is in perspective. Pavilions and towers are exactly the same as their real counterparts. Figures show facial expression; birds and flowers are lifelike. The best embroidery words even overshadow paintings.

According to historical records, embroidery was already used in clothes adornment in the Spring and Autumn Period some 2, 000 years ago. There are records of detailed embroidered pieces being produced in Suzhou area around 200 BC and embroidered silk maps in the second and third century AD. But it was during the Song Dynasty that the Suzhou style became prominent. With finely spun silk thread, embroiders from Suzhou area were able to create images that were said to have "rivaled nature", and it became very stylish to have Suzhou embroidery at home. In late Qing Dynasty, Su Embroidery was exceptionally exquisite. The lifelike embroidery style is unique to China and enjoys fame around the world. Although other techniques of Chinese embroidery have appeared over the years, it is the Suzhou style that has set the standard for other styles.

Su Embroidery consists of representations of almost any subject which are embroidered onto fine silk with silk thread. One of the distinctive features of Suzhou embroidery is that some pieces are two-sides. The stitching on Suzhou embroidered pieces is done with silk thread until the actual thread is almost impossible to see. Through the repetition of stitches a very dense embroidering occurs. Suzhou embroidery has been used in clothing, wall hangings, and even intricate book covers dating back almost 1, 000 years.

Su Embroidery as a technique has continued to grow and develop. In the years since its first appearance, many crafting schools have taught the technique, and an entire industry has developed to produce Suzhou embroidery pieces of sale both in China and in world markets. However, Suzhou embroidery is not just a commercial enterprise. Suzhou embroiderers have practiced their craft for hundreds of years, creating some of the most detailed and beautiful pieces.

Whether it is a piece made recently or a piece with more history, Suzhou embroidery remains one of the world' s finest handcrafts. Many people around the world are now discovering the beauty and artistry inherent in these pieces, and it seems clear that the market for Suzhou embroidery will remain strong for years to come.

拙政园导游词

The Humble Administrator' s Garden

Ladies and gentlemen! Please look at the horizontal board in the brick wall! There are three carved and gold lacquered characters: Zhuo Zheng Yuan, which means "Humble Administrator' s Garden". Now, we come to a house named

Lanxue Tang (Orchid Snow Hall) . Before you tour the garden I think you' d better remember the layout of the garden; otherwise you may get lost or miss some important scenic spots. Look, the lacquer painting on the middle screen presents you a panoramic view of the garden. From this painting, we can see that the garden could be divided into three parts. The cast part GuiTian Yuan Ju (Return to Nature) mainly consists of idyllic scenery. The middle part Fu Yuan is the essence of the Humble Administrator' s Garden, and its ponds and rockery are the best. The western part is called Bu Yuan, on which most of its buildings were established in the Qing Dynasty.

Ladies and gentlemen, after you have a clear idea of the layout of the garden, I' ll show you around this world famous garden. In front of us is a huge cloud shaped rockery, which is surrounded by green bamboo bushes and ancient trees. Two strange stones in the west and a narrow path run through them. The huge rockery is called Zhuiyun Peak, and serves a huge screen for the other scenery of the garden. This kind of construction style is called "camouflage view" in Chinese classic garden, and plays an important role in the whole scenery.

Here is the Furong Xie (Lotus Waterside Pavilion) . In front of Furong Xie is a lotus pond, with a high wall in the back. The tranquility is appropriately set off by the strong contrast between wideness on one side and the closeness on the other side. If you stand in front of the pavilion and look to its western side, you will see an engraved round cover on the doorframe. You may see the bridge and the water in front of you through the round frame. They look like a painting which is framed in the doorframe. It is a wonderful landscape painting, isn' t it? This is a commonly used perspective style in Suzhou gardens, called "frame view".

Well, we are going to visit the Tian Quan Pavilion (Heavenly Spring Pavilion) . It is located in a green lawn, very conspicuous under the blue sky and white clouds. All the eight sides of the pavilion are double-eaves. By the way, anybody knows how many storeys the pavilion has? It seems that the pavilion has two storeys from outside, but it is actually a one-storey structure if you examine it inside. When you look at the Tian Quan Pavilion under its ledges with the floating clouds in the background, you will feel as if the pavilion were soaring into the sky.

Now, we are walking along in a corridor which separates the eastern part and the middle part of the Humble Administrator' s Garden. There are 25 carved windows in the wall along corridor, like elaborate paper-cuts lying on a long painting roll. The surrounding scenes are changing with changes of window designs while you walk along the corridor. That is called "Yi Bu Huan Jing" (scene change with each pace) . If you come closer to have a look, you will find that the windows are designed in wave shape and ice shape. The cultural aura of water is exaggerated by the lively ripples reflected on the designs of the windows.

Well, we' ll go to the middle garden through the black door of the corridor. Have a rest here and we' ll meet in fifteen minutes.

Classical Chinese Gardens

Vocabulary

spiritual 精神的

display 展现

monastic 寺院的，修道院的

naturalistic 自然的

continuation 连续

insert 嵌入

randomness 随意

disorder 凌乱

recreation 娱乐

typically 典型地

enclose 围起

intimacy 亲密

traverse 横贯

crooked 弯曲的

Confucianism 儒教

Classical Chinese gardens are an important heritage of human civilization. It is recognized as a wonder of world art. Aimed at pursuing some natural and spiritual haven, Chinese gardens have displayed a delicate balance between the forces of nature and man' s creations.

A harmonious balance of five key elements, water, rocks, plants, buildings and art makes up the classical Chinese gardens. Through the combination of these five elements, the designer sought to attain an effect which adhered to the Taoist principles of balance and harmony between man and nature.

There are three types of Chinese gardens: imperial, private and monastic. Most gardens are naturalistic and designed as a continuation or reflection of nature. Garden designers tried to insert elements of randomness and disorder into their designs to mirror not only nature, but life itself.

The imperial gardens were built specially for resting and enjoyment of the emperors. It is believed by ancient Chinese people that all the land below the heaven belonged to the emperor, thus the ruling class viewed landscape as belonging to the imperial court. The imperial gardens are characterized by the large scale and magnificence of the buildings, as well as the natural water and mountains within them. Some of the existing imperial gardens are the Summer Palace and Beihai Park in Beijing and Mountain Resort in Chengde.

The private gardens are built for the recreation and retreat of imperial officials and scholars. Private gardens were typically surrounded by buildings, which enclose the garden and create intimacy. The garden itself is usually traversed by crooked walkways which hide their ends from view, or are blocked by other structures or natural features, inviting the visitor to explore them.

Monastic gardens refer to the gardens of Buddhist and Taoist temples. With the quick development of Buddhism, Taoism and Confucianism during the Tang and Song Dynasty, temples have become places not only for religious event, but also for people to communicate and enjoy recreation. Scholars then incorporated their understanding of landscape into the atmosphere of temples, which promoted the development of the monastic gardens.

China' s rich flora and long history of garden development has had a profound influence on garden design throughout the world. The harmonious blending of man and nature results in a beautiful place for people to enjoy, learn and rest.

Notes

1. Through the combination of these five elements, the designer sought to attain an effect which adhered to the Taoist principles of balance and harmony between man and nature. 通过这五种元素的统一，设计者力求达到道家思想中人与自然的和谐统一。

2. all the land below the heaven belonged to the emperor. 普天之下，莫非王土。

3. The garden itself is usually traversed by crooked walkways which hide their ends from view, or are blocked by other structures or natural features, inviting the visitor to explore them. 弯弯曲曲的小路从园中穿过，或一眼望不到尽头，或由其他建筑或景观阻隔，引得游人去深处探寻。

4. Incorporated their understanding of landscape into the atmosphere of temples 将他们对于山水的理解与寺庙的氛围结合起来。

Summer Palace

The Summer Palace in Beijing is an imperial garden where Qing Dynasty emperors once handled state affairs, retreated from the hot summer in Beijing and enjoyed tours. It is the largest and best preserved royal garden among the ancient architecture in the world. The imperial Chinese garden, as shown by the Summer Palace, is a potent symbol of one of the major world civilizations.

Located about 15 kilometers northeast of downtown, the Summer Palace mainly consists of Longevity Hill and Kunming Lake. It covers an area of 290 hectares, three quarters of which are water. The ancient buildings cover 70, 000 square meters and there are 400, 000 various plants in the garden.

Centered on the Tower of Buddhist Incense, the Summer Palace consists of over 3, 000 structures, including pavilions, towers, bridges and corridors. The Summer Palace can be divided into four parts: the court area, front-hill area, front-lake area, and rear-hill and back-lake area.

The Court Area is where Empress Dowager Cixi and Emperor Guangxu met officials, conduced state affairs and rested. The main palace building is the Hall of Benevolence and Longevity, which is named after the saying "the benevolent enjoy longevity" from the Analects of Confucius, Also located in this area is the Hall of

Jade Ripples and Hall of Happiness in Longevity, which serve as the living quarters of Emperor Guangxu and Empress Dowager Cixi.

The Front Hill of Longevity Hill is a thick group of palaces. Its layout is quite distinctive because of the central axis from the yard of Kunming Lake to the hilltop. The axis running uphill links all the structures together, starting from the archway at the foot of the hill, and going up through Gate that Dispels the Clouds, the Second Palace Gate, the Hall that Dispels the Clouds, the Hall of Moral Glory, and the tower of the Fragrance of the Buddha, and ending on the hilltop at the Sea of Wisdom Temple.

In contrast to the Front Hill area, there are fewer constructions but a unique landscape with dense green trees and winding path in the Rear-Hill and Back-Lake Area, where you can feel a rare tranquility and elegance. The main scenic spots here are Garden of Harmonious Interest and Suzhou Street.

Kunming Lake is the central lake in Summer Palace. With its three large islands, Kunming Lake represents the traditional Chinese feature of the "fair hill within the sea". The largest bridge on Kunming Lake is the 17-Arch Bridge. There are 544 carved stone lions along the railings, each one different from the others. Close to the bridge on the eastern shore stands a bronze ox sculpture, which is said to have been used by Yu the Great to prevent flooding.

Notes

1.Longevity Hill 万寿山

2.Tower of Buddhist Incense 佛香阁

3.Empress Dowager Cixi 慈禧太后

4.Emperor Guangxu 光绪皇帝

5.Hall of Benevolence and Longevity 仁寿殿

6.The benevolent enjoy longevity 仁者寿

7.Analects of Confucius 论语

8.Hall of Jade Ripples 玉澜堂

9.Hall of Happiness in Longevity 乐寿堂

10.The axis running uphill links all the structures together, starting from the archway at the foot of the hill, and going up through Gate that Dispels the Clouds, the Second Palace Gate, the Hall that Dispels the Clouds, the Hall of Moral Glory, and the tower of the Fragrance of the Buddha, and ending on the hilltop at the Sea of Wisdom Temple. 这条通向山顶的中轴线把所有的建筑连接起来。这条中轴线始于山脚下的拱门，穿过排云门、二宫门、排云殿、德辉殿、佛香阁、终至山巅的智慧海。

11.Garden of Harmonious Interest 谐趣园

12.17-Arch Bridge 十七孔桥

13.Yu the Great 大禹

六、成果汇报

书面表达：

假如你是高一（1）班的学生李华，请给你的美国笔友 Paul 写一封邮件介绍你去年暑假游览中国某历史名胜的经历。邮件包括以下内容：

1. 时间、地点、人物；

2. 见闻；

3. 感受。

注意：1. 词数不少于 50；

2. 邮件的开头和结尾已给出，不计入总词数。

Dear Paul,

How' s everything going? In the summer vacation, I went to the Forbidden City with my cousin from Shandong Province. There we saw many great palaces, where the emperors used to live. We were attracted by countless treasures in the ancient times. We learned that the Forbidden City was built in the Ming Dynasty and it is now a national museum. I really admire the ancient Chinese old buildings and feel proud of my country. If you visit China someday, I will take you there. How was your vacation? Did you do anything interesting? Please write to me.

Li Hua

参考资料

[1] 褚琴，江苏导游英语 [M]，北京：中国旅游出版社，2016。

[2] 王向宁，实用导游英语（风景名胜）[M]，北京：北京大学出版社，2010。

[3] 林竹梅，旅游英语 English for Tourism [M]，北京：对外经济贸易大学出版社，2011。

[4] 苏州博物馆官网 http：//www.szmuseum.com/

[5] 木渎古镇官网 http：//www.mudu.com.cn/

苏州园林中的对联之美

【学习导航】

园林是一门综合艺术，造园者巧妙构思，既包罗自然山水美景，又点缀亭台楼阁，家具陈设，书画匾联，成为人文艺术博览的窗口。在苏州园林中，到处可看到悬挂着一些对联，有的当门，有的抱柱，有的补壁，其内容或追溯历史，或咏叹园景，或寄托情感，或抒发志节，真可谓琳琅满目，丰富多彩，游走鉴赏于其中，使人心胸开阔，耳目一新。

对联，又称楹联，是中国特有的一种文学体裁。它文字精练、寓意深远。特别是在园林名胜中，能高度概括地反映出景物的特点，起到画龙点睛的作用。《红楼梦》第七十回，曹雪芹通过贾政之口说出了园林对联的价值。贾政说："偌大景致若干亭榭，无字标题，任是花柳山水也断不能生色。"可见，让高雅的文学与园林结合，会产生很好的效果。园林中的题对能把游人的思路引上更高的境界，并从中受到熏陶；园林中的题对能指导游人理解造园艺术的匠心；园林中的题对本身也是一种艺术品，一种景观。如昆明大观楼天下第一长联闻名海内外，人们游览大观楼时都要着意欣赏它。

【学习目的】

1. 了解对联的起源发展及其形式特点。

2. 欣赏名园林对联，体会其对于欣赏山水风景、介绍建设始末、体味闲适雅兴甚至重温历史事件、点评古今人物所起的画龙点睛的作用。

3. 欣赏表现作者志向、修养、情趣的抒情联，体会其述志感怀、修身自勉的作用。

【行前知识准备】

一、对联的起源及发展

对偶修辞手法孕育了对联，但是，对偶并不等于对联。对偶要转变为对联，还必须具备外在的形式。这种使对联获得独立的外在形式，是我国古代一种民族习俗——挂“桃符”。因此，对联始于古时的“桃符”，即对联源于春联，春联始于桃符。“桃符”又称“仙木”。早在2000多年前的秦汉时期，中原人民在旧历辞旧迎新之际，用两块桃木板分别写上“神荼”“郁垒”二神的名字，或者用纸画上二神的图样，悬挂、嵌缀或者张贴于门旁，意在驱邪祛鬼，祈福避祸。根据神话故事《山海经》等书记载，相传在东海度朔山有一棵弯曲伸展三千里的大桃树，它的枝丫一直伸向东北的鬼门，山洞里的鬼神都要由此出入。桃树下有两位神将把守，名叫神荼、郁垒。他们一旦发现有害人的恶鬼，就用苇索捆住送去喂虎，使人们得以安居乐业。

随着社会的发展和文化的进步，这种悬挂桃符的习俗也在不断发生变化。由最初写二神名字或者描画图像，到后来有人在桃木板上写除祸祈福的吉祥话，进而发展到写两句对偶的诗句。于是便产生了所谓“桃符诗句”，即“楹贴”。这种题桃符的楹贴，便是对联的雏形。

最早的一副楹帖，即春联的出现，根据史料记载，是在五代时期。《宋史·西蜀孟氏世家》载：“公元964年，孟昶（919~965）命学士辛寅逊题桃符，以其非工，自命笔题云：‘新年纳余庆；佳节号长春’”。后蜀主孟昶所题的这副楹贴，就目前来讲，被公认为是第一副春联。至此，对偶的修辞手法，便“分娩”出春联这种独立的文体。

及至宋代，对联创作已蔚然成风。象苏轼、朱熹、黄庭坚这样的名流大家，也有不少对联作品传世。北宋文学家王安石（1021~1086）在《元日》诗中描写了人们张贴春联的情景：“爆竹声中一岁除，春风送暖入屠苏。千门万户曈曈日，总把新桃换旧符。”宋、元、明时期，宫廷、宦门、寺庙、佛门已经出现了铭刻于木柱上的对联，后人称之为“楹联”。同时，最早的寿联、挽联、题赠联也开始产生了。宋代大学者朱熹（1120~1200）还编有《联语》，可见楹联已开始盛行。

到了明代，春联便作为一种年节志庆的独立文化风俗形式，被正式肯定和推广。据说“春联”一词，就是明太祖朱元璋（1328~1398）创造的，并且开始采用红纸写春联。公元1368年，明代建都金陵（今南京），为庆贺开国立业，号称“对联天子”的朱元璋除夕传旨：“公卿士庶家门上须加春联一副”（据清人陈元澹《簪云楼杂话》记载）。这种把“题桃符”变成张贴春联的习俗，一夜之间，由宫廷豪门推广到了老百姓门户。他不仅下命令，而且在第二天（大年初一）清早，“微服出游”，漫步大街小巷，鉴赏春联。当他发现城门口有一骟猪户因无钱买纸来贴春联时，他便命人取来纸墨，亲自挥毫，为该户题上一联：“双手劈开生死路；一刀斩断是非根”。由后蜀主孟昶“题桃符”，到明太祖朱元璋“设春联”，其间经过四百多年，对联便由桃符的雏形逐步趋于成熟。并且，在此过程中，对联也开始由唯一的春联发展到其他更多的种类。在内容上，也和社会的政治、经济、文化及人们的各种社会活动，发生了日益密切的联系。到清代康乾盛世时，对联艺术达到了鼎盛时期。

二、对联的形式特点

（一）上下联的字数必须相等，不能用重复的字。

（二）上联的末一句必须是仄声，下一联的末一字必须是平声。

（三）上下联的句式必须一致（词类相当，结构相应）。

（四）上下联的平仄要相对立，上联要用平声字的地方，下联就得用仄声字，反过来也一样（平：平声字；仄，仄声字，包括上、去、入三声的字）。按现代汉语标调，一声为阴声，音高而平；二声为阳声，音由下往上（以上为平声）；三声为上声，音由上往下再往上；四声为去声，音由高往下（以上为仄声）。古入声字已消失。

对联平仄口诀：

“平对仄，仄对平，平仄要分清；一三五不论，二四六分明”。

例：杜甫《登高》中的三四句，即是一副极工整的对联：

无边 / 落木 / 萧萧 / 下（平平仄仄平平仄）

不尽 / 长江 / 滚滚 / 来（仄仄平平仄仄平）

（五）上下联意思可以相近或相反，可以只说一事，也不妨分说两事。

（六）对联的对法：从上下联所表达的内容关系看，可分正对、反对、串对三种。

1. 正对：上下两联所表达的内容相似或相关。

例：福如东海　　寿比南山

　　浮舟沧海　　立马昆仑

两个黄鹂鸣翠柳　　一行白鹭上青天

春蚕到死丝方尽　　蜡炬成灰泪始干

2. 反对：顾名思义，反对即上下两联意思相反。

例：红军中，官兵夫，衣着薪饷一样

　　白军中，将校尉，饮食起居不同

3. 串对：又名流水对，单看上或下联，意思不全，上下联连起来，表达一个完整的思想意境。

例：春色满园关不住　　一枝红杏出墙来

　　人生自古谁无死　　留取丹心照汗青

　　纸上得来终觉浅　　绝知此事要躬行

三、名胜对联的作用

（一）突出旅游景点的特色

每一处风景名胜都有自己的内涵、各自的特色，游人则往往匆匆而来，匆匆而去。要让游客迅速了解景点内涵，把握景点特色，旅游点对联往往起着不可低估的作用。山海关，是万里长城东端第一关，它北依燕山，南临渤海，地势险要，是东北入京津的必经之途，历来为兵家必争之地。山海关上的一副对联就突出了它的这些特点："两京锁钥无双地。万里长城第一关。"韩信墓上的一副对联，更以寥寥十字高度概括了韩信的发迹与死亡，突出了与其生死攸关的三个人物，"生死一知己，存亡两妇人。""一知己"指萧何，是他推荐韩信做了刘邦的大将，成就了韩信的一生事业，又是他诱骗韩信至长乐宫被诛杀。"两妇人"，一个是舍饭救少年韩信的漂母，一个是残杀韩信的吕后。十个字即道破了如此复杂的历史，非大手笔写不出这样的佳作。这样的点题，容易使游客更深刻地领会了旅游点的意义，更增添了游览的兴味，言简意赅地揭示丰富的蕴含，使丰富的知识内涵深深地刻印在游客的脑海里。此次游览苏州阊门外枫桥镇的寒山寺是一座六朝古刹，始建于一千多年前的南朝梁，闻名遐迩的原因缘自唐张继的七绝《枫桥夜泊》，寒山寺的半联就道明了这一点："尘劫历一千余年，重复旧观，幸有名贤来作主。"

（二）增添景点情趣

如果说，以上对联只是传达了景点本身包含的意蕴，只是起了简单的导游作用，那么，另外有的对联则扩大了景点蕴含，增添了无穷情趣。有的景点，也许只是简朴的楼台亭榭，一般的山林湖泉，孤立看景，可能无甚奇处。但一幅佳联，就可以使游人扩大视野，生发联想，平添无穷乐趣。济南大明湖历下亭的一联“风雨送新凉，看一派柳浪竹烟，空翠染成摩诘画。湖山开晚霁，爱十里红情绿意，冷香飞上浣花诗。”“摩诘”即王维，他既是大诗人，又是大画家。“浣花诗”则指五代前蜀韦庄的诗集《浣花集》，韦庄既是大诗人又是大词人，以这样两人的诗画作比，大明湖的景致更能令人神往了。

江西九江琵琶亭上的一联，容易把人带进一个寒水素月、桅影朦胧、灯光摇曳、琵琶传情的夜晚。“灯影幢幢，凄绝暗风吹雨夜。荻花瑟瑟，魂销明月绕船时。”九江即唐时浔阳，白居易贬谪于此，写下了脍炙人口的《琵琶行》。为纪念此事而建的琵琶亭上的这一联，正再现了当时的情景，传达了当时的哀怨。

（三）抒写作者情怀

游览旅游胜地，面对佳妙的自然景观或人文景观，人们容易心潮澎湃、激情泉涌。不少仁人志士、文人墨客挥毫写下了他们的内心感受，胸中激情化为笔底波澜，除留下了大量的诗词文章外，也给景点留下了无数抒情写意的妙对佳联，使今天的游人于欣赏美景之余，还能在品读这些对联之际体会前人的襟怀，磨砺自己的心志。

诗人臧克家为济南大明湖畔的辛弃疾纪念祠题了一联：“力挽山河，浩气贯日月，空余英雄心一颗。名垂宇宙，文光冲斗牛，剩有悲壮词千篇”，作者在对联中既热情赞颂了辛弃疾的政治理想和文学成就，又沉痛表达了对辛弃疾报国无门、壮志难酬的痛惜。郭沫若为成都杜甫草堂所撰联“世上疮痍，诗中圣哲。民间疾苦，笔底波澜”。联语虽短，但作者对杜甫的崇高赞誉溢于言表，作者对民生的殷切关注流注笔端。

（四）启迪教育后人

如何为人处世，待人接物，是人生的根本性的大问题。在旅游景点中，对游客最具吸引力的对联，莫过于那些含义隽永，意味深长，富含哲理，启迪心灵的作品。人们吟颂着，品味着，甚至抄录着，从中感受到一种心胸的荡涤，灵魂的升华。

上海城隍庙的一联“做个好人，心在身安魂梦稳。行此善事，天知地鉴鬼神钦。”这一联看似浅显，道出的却是做人的根本。河南洛阳白马寺的一副对联，它从佛学禅理出发，取相反角度，也有着同样的立意。“天雨虽宽，不润无根之草。佛门广大，难度不善之人。”广东肇庆鼎湖山半山腰有个半山亭，它上面的一联是“到此处才进一步，愿诸君勿废半途。”这副对联嵌在这里真是太合适了。想想看，游人气喘吁吁登到此处，见到这样一副对联，必然受到鼓舞，登山意志大增。

四、苏州园林名联集萃

（一）梧林幽居亭对联：爽借清风明借月，动观流水静观山。

（二）沧浪亭翠玲珑对联：风篁类长笛，流水当鸣琴。

（三）拙政园雪香山云蔚亭对联：蝉噪林愈静，鸟鸣山更幽。

（四）艺圃朝爽亭对联：漫步沐朝阳，满园春光堪入画；
登临迎爽气，一池秋水总宜诗。

（五）留园五峰仙馆对联：历宦海四朝身，且住为佳，休辜负清风明月；
借他乡一廛地，因寄所托，任安排奇石名花。

（六）曲园乐知堂对联：三多以外有三多，多德多才多觉悟；
四美之光标四美，美名美寿美儿孙。

（七）上联：亭花楼榭慕水香；
下联：奇石妙径舞林辉；　横联：绿水青山

（八）上联：江南园林甲天下，
下联：苏州园林甲江南。

（九）上联：宝相瞻大雄，像瀌禅机垂正觉；
下联：劳生来小息，鱼音梵呗涤尘烦。

（十）上联：圣教名言，独乐何如同乐；
下联：佛家宗旨，杀生不若放生。

（十一）上联：小有园亭山水，种树养鱼，得少佳趣；
下联：虽无管弦丝竹，论文把酒，足叙幽情。

（十二）上联：卧石听涛，满衫松色；
下联：开门看雨，一片蕉声。

（十三）上联：香水濯云根，奇石惯延携砚客；
下联：画廊垂月地，幽花曾照浣纱人。

（十四）上联：万里清晖初出海；
　　　　下联：一声长啸独登台。
（十五）上联：消夏湾中容小艇；
　　　　下联：熙春台上喜新晴。
（十六）上联：瑶台含雾星辰近；
　　　　下联：仙峤浮云岛屿微。

【学习实践】名联分类鉴赏

一、描写景致类

（一）名联示例

“四壁荷花三面柳，半潭秋水一房山。”（拙政园荷风四面亭）

鉴赏：此联是仿山东济南大明湖小沧浪亭的一副对联“四面荷花三面柳，一城山色半城湖”。该联由清朝著名的文人刘凤诰所撰。拙政园中的这副对联巧妙地点出了在这里可观赏到的四季之景，说出了春夏秋冬四季：三面柳为春，四壁荷花为夏，半潭秋水为秋，一房山为冬。春柳轻，夏荷艳，秋水明，冬山静。以舒朗明快的笔调，鲜明地勾勒出拙政园特有的景致。

“墙外清山横黛色，门前流水带花香。”（留园清风池馆，由清书法家杨沂孙所撰）

鉴赏：上联咏远借之景。黛色，就是深青色，是远山的天然美色。下联咏近观之景，似青罗带样轻柔明透的流水，已够迷人的了，何况还有醉人的花香。此联和环境相符，山水本是自然界中富有魅力的基本景观，此联还赋予它们以丰富的感情。“横”和“带”两字突现了山水之性格、神采，有妙造自然之趣。山水与人们的感情相交流，引起人们更美的遐思。

（二）自主鉴赏

1. 拙政园见山楼悬挂行书一联：“林气映天，竹阴在地；日常若岁，水静于人。”

鉴赏：

2. 汪惟韵题环秀山庄：“风景自清嘉，有画舫补秋，奇峰环秀；园林占幽胜，看寒泉飞雪，高阁涵云。”

鉴赏：

3. 顾文彬题环秀山庄：“云树远涵青，偏教十二阑凭，波平如镜；山窗浓叠翠，恰受两三人坐，屋小于舟。”

鉴赏：

二、抒发情志类

（一）名联示例

“曾三颜四，禹寸陶分。”（网师园撷秀楼郑板桥联）

鉴赏：“曾”即孔子弟子曾参。他说过：“吾日三省我身，为人谋而不忠乎？与朋友交而不信乎？传不习乎？”意思是每日反省自己的忠心、守信、复习三个方面，此为“曾三”。“颜”为孔子弟子颜回，他有四勿，即“非礼勿视，非礼勿听，非礼勿言，非礼勿动。”故称颜四。“禹寸”，是说大禹珍惜每一寸光阴。《游南子》谓：“大圣大责尺壁，而重寸之阴”。“陶分”，指学者陶侃珍惜每一分时光。他说过，“大禹圣者，乃惜寸阴，至于众人，当惜分阴”。郑板桥化用古人之名言，以最简练的语句，囊深邃之内容，此联在于激励人们，珍惜时光，思想积极，值得效仿、学习。

“松柏有本性，金石见盟心。”（拙政园真亭康有为联）

鉴赏：表达自己的志向像松柏一样毅然不动，像金石一样坚不可破。

（二）自主鉴赏

1. 耦园枕波轩联：“耦园住佳偶，城曲作书城。”

鉴赏：

2. 曲园乐知堂俞樾自撰寿联：“三多以外有三多，多德多才多觉悟；四美之先标四美，美名美寿美儿孙。”

鉴赏：

3. 俞樾题环秀山庄："丘壑在胸中，看叠石疏泉，有天然画本；园林甲吴下，愿携琴载酒，作人外清游。"

鉴赏：

（三）巧引化用类

引用或化用诗句，借题发挥，与园林景致巧妙结合的楹联。如拙政园中楹联"燕子来时，细雨满天风满院；阑干倚处，青梅如豆柳如烟。"出自欧阳修词《蝶恋花》"燕子双飞，柳软桃花浅。细雨满天风满院，愁眉敛尽无人见。独倚阑干心绪乱。"此词本是闺阁伤春怨别之作，但是经过作联者巧妙的化用，词风明朗，描画出拙政园生机勃勃，鲜明艳丽的春景，与园中环境十分契合。

要求：在游园过程中，以你的古诗文学习经验，寻找几处引用化用类的对联，谈谈其妙处。

【拓展延伸】中国名园对联缩影

一、颐和园名联赏析

中国四大名园是指中华人民共和国国务院公布的第一批全国重点文物保护单位中仅有的四座中国古典园林，它们被公认为中国最优秀的园林建筑。

1961 年 3 月 4 日国务院颁布第一批全国重点文物保护单位，这份名单中属于园林方面的有四处，分别为：江苏省苏州市拙政园、北京市海淀区颐和园、河北省承德市避暑山庄、江苏省苏州市留园。

颐和园，中国清朝时期皇家园林，前身为清漪园，坐落在北京西郊，距城区十五公里，占地约二百九十公顷，与圆明园毗邻。它是以昆明湖、万寿山为基址，以杭州西湖为蓝本，汲取江南园林的设计手法而建成的一座大型山水园林，也是保存最完整的一座皇家行宫御苑，被誉为"皇家园林博物馆"，也是国家重点旅游景点。颐和园的景点楹联也使人目不暇接，内蕴深厚，现采集一二，赏析品味。

例：（1）绣漪桥对联

螺黛一丸，银盆浮碧岫

鳞纹千叠，璧月漾金波

赏析：绣漪桥，位于颐和园昆明湖之最南端，亦名罗锅桥，为自水路进入颐和园的门户。联语表现的是绣漪桥周围妩媚诱人的景色。上联写日景：桥宛如一弯黛眉镶嵌在银白色的湖面上，水中倒映着碧绿的万寿山影。下联写月色：水波粼粼，在皎洁如玉的月亮照耀下，湖面荡漾着金色的清波。螺黛，画眉之墨，一种青黑色矿物颜料，此指黛眉。

将桥喻作美人之黛眉，将倒映之青山说成是浮在水面的碧岫，笔墨传神。一丸与千叠相对，足见桥之娇巧与湖之浩瀚。联语文辞瑰丽，构思奇巧，意境瑰美，就如一幅苍润秀美的水墨画。

（2）宜芸馆道存斋对联

霏红花径和云扫

新绿瓜畦趁雨锄

赏析：联语清新幽雅，落英缤纷，花径霏红如霞，云雾之中，有人轻轻打扫；瓜田菜地，一片新绿如玉，细雨湿润，有人慢慢锄草。霏红，彩霞般的红色。联语用词简练，“趁雨锄”扣紧“宜芸馆”的命名，表现了清新素雅的风格和主人闲适的心境。

（3）月波楼对联

一径竹荫云满地

半帘花影月笼纱

赏析：月波楼，在颐和园昆明湖中。湖中韵南湖岛上，联语描绘竹林、花枝、沙滩在月色笼罩下的微妙变化，使楼的周围、远近充盈着一片迷蒙幽静的气氛，意境十分柔和淡雅。“月笼纱”三字出杜牧《夜泊秦淮》诗：“烟笼寒水月笼沙”联扣月波楼名，甚切。

（4）十七孔桥对联

虹卧石梁，岸引长风吹不断

波回兰桨，影翻明月照还空

赏析：十七孔桥，横跨于颐和园昆明湖的东堤和南湖岛间，桥由十七个孔券组成，长 150 米，为颐和园中最大石桥。上联写水上之桥，下联写桥下之水。石桥宛若卧在水上吹不断的彩虹；兰桨使水波回旋，划碎映于水面明亮清澈的月亮。照还空，指桥的十七孔。

联语描绘水波、明月，水天一色，使这座颐和园内最大的石桥富于神韵和气派。

（5）谐趣园饮绿亭对联

云移溪树侵书幌

风送岩泉润墨池

赏析：谐趣园系北京名园颐和园中之园，原名惠山园。饮绿亭为其中一水榭，曾名水乐园。本联构思奇丽，溪边树梢上一抹彩云飘逸而来，好像触及书房的帷帘；山泉随风流至，仿佛润湿了屋中的砚台。书幌，指书斋中的帷幔窗帘。墨池，洗笔的水池，借指砚台。联语赋予云、风以生命和动感，并与表示清幽、宁静的书幌、墨池融为一体，动中有静，清寂中又透着闹意。“移”“送”“侵”“润”四字，恰到好处地写出了雅逸的意境，使景物充溢活力。

（6）谐趣园知鱼桥对联

月波潋滟金为色

风濑琤琮石有声

赏析：知鱼桥在颐和园谐趣园之东南角，建于清乾隆时。联语通过一看一听将桥下之水景绘得有色有声。明月下，水波涟漪，金光闪烁；风吹水击岸石，发出悦耳的声响。潋滟，水波流动貌。风濑，意为风吹水急。琤琮，原为玉器相击声，此谓水石撞击声。全联咏水，却无一“水”字，显出作者的艺术修养。“潋滟”与“诤琮”双声叠韵相对，增添了音韵之美。联语用词精巧，秀丽娴雅，令人如见其景，如闻其声。

（7）宜芸馆对联

绕砌苔痕初染碧

隔帘花气静闻香

赏析：对联以苔痕、花气为题咏对象，显出其清新淡雅的格调。上联化用刘禹锡《陋室铭》“苔痕上阶绿”句意，说石阶周围的青苔刚刚萌发绿色；下联说花气透过竹帘传来静静幽香。砌，即石阶。此联语词凝练，雅而不俗。

“绕”“隔”“染”“闻”等动词精巧传神，生动地写出了环境的幽静宜人。

（8）画中游对联

幽籁静中观水动

尘心息后觉凉来

赏析：环绕着几曲画廊，游览其中，真有身在画图之感。上联说，寂然宁静之中能体验到水之动，籁之幽，万物无不从容自得。有万物静观皆自得之意。幽籁，幽雅的声音。唐权德舆《酬穆七侍郎早登西楼感怀》诗：“杉梧静幽籁。”下联说，止息了一切杂念，则在烦嚣之中也可直觉地领悟凉意的来临。尘心，凡俗之心，名利之念。宋梅尧臣《送昙颖上人往庐山》诗：“尘心古难洗。”凉，指心灵的安闲自适，即精神的自由。联语启示人们，不能仅仅满足于耳目之游，还得进一步忘名利、齐得丧、同祸福、等贵贱，无牵无挂，走入同乎万物而与造物者游的逍遥境界。

（9）霞芬室对联

窗竹影摇书案上

山泉声入砚池中

赏析：霞芬室，在北京颐和园玉澜堂东配殿。婆娑摇曳的竹影映照在临窗的书桌上，潺潺的山泉声传入室内的砚池中。窗外的竹影、山泉与窗内的书桌、砚池遥相呼应，构成一幅宁静和谐的画面。“摇”字“入”字刻画了景物的动态。联语从视觉、听觉、触觉各个方面给人以美的享受。

（10）涵虚堂澹会轩对联

碧通一径晴烟润

翠涌千峰宿雨收

赏析：涵虚堂为颐和园南湖岛上一主要建筑。联语描绘了颐和园雨后清晨的佳丽景色：万绿丛中有一条小径通向幽幽深处，晴空中的云烟显得格外明润；千座峰峦犹如绿色波涛起伏，下了一夜的雨刚刚停息。对联通过一大（千峰）、一小（小径）突出颐和园的碧翠特色，笔调凝练，诗味浓郁，意境幽雅。

二、承德避暑山庄对联集锦

（一）燕贺莺迁，乐意相关禽对语

兰草挂蕊，生香不断树交花　　——乾隆题承德避暑山庄

（二）水当窗面天然白
山抱林端分外清　　　　　　——题避暑山庄湖山罨

（三）笙簧响入疏松里
锦绣云从翠壁来　　　　　　——题避暑山庄青枫绿屿

（四）云外花为障
风前叶点阶？　　　　　　——题避暑山庄宜照斋

（五）石激水流处
天寒松色间　　　　　　——康熙题避暑山庄

（六）雨过琴书润
风来花木香　　　　　　——乾隆题避暑山庄烟波致爽

（七）野静山气敛
林疏风露长　　　　　　——乾隆题避暑山庄双湖夹镜

（八）庭缥缈云霞气
四壁清凉水石心　　　　　　——题避暑山庄绮望楼

（九）万家烟火随民便
千亩山田待风丰　　　　　　——题承德避暑山庄

（十）西屏翠障常堪挹
北户清风不碍尘　　　　　　——题承德狮子园

要求: 请你查阅相关资料,从以上对联中选取两幅进行赏析,解读其妙处。

【拓展延伸】总结园林对联之美

一、园林对联的共性

从思想性来看，园林对联和其他对联一样，在各个不同的历史时期产生的对联，都打上了不同的阶级烙印，具有时代性或明显的倾向性。从艺术性来看，它和其他对联一样具有美的一般属性：都分上下对称的两联，字数相等，句法相似但含义相反或相对立，上下联平仄相反，在写作技巧上都常采用比喻、比拟、对比、排比、夸张、集句、双关藏字、迭字等手法。

二、园林对联的特性

园林是通过景观建筑的物质来体现精神文明的，故人称园林为“有形的诗”“立体的画”，因而园林对联有它自己的特征。

（一）永久性：一般对联多是应时应酬之作，时过事了就失去了意义，便毁弃或收藏起来。而园林对联一经创作出来，便长期悬挂。一般对联常用纸、续、绢来写，而园林对联多镌刻于木牌或石崖上，便于永久保存。

（二）独创性：一般对联如春联，喜寿、挽联等，套袭应酬的味道浓，很少有独创性，几乎家家处处可以通用。园林对联的独创性很强，工稳贴切，难以易移。如昆明大观楼长联就不能与成都望江楼长联对换。一个景区景点的对联虽常多人题对，但都是在熟悉原有对联之后，进行的再创造，无论意境风格都一副胜过一副，有明显的超前趋势。

（三）严肃性：一般对联多为应酬文字，凡略有笔下功夫的人均能撰写，急就时还可翻开《酬世大全》照抄几副。而园林对联的要求就高，所以曹雪芹在《红楼梦》里指出，“若不亲观其景，亦难悬拟。”必须由对怡情悦性文章有修养的，对园林建筑艺术有知识的名家高手来题咏。有的还要请上方赐题，或先虚拟试制，待征求上下各方意见后再定制。

（四）集美性：其他对联虽也讲求文字和书法，但要求不高。而园林对联不仅要有高度思想性与艺术性相结合的文字，还要有高超的书法艺术和镌刻艺术，还要求材料的优质和制作的精工。集文学、书法、镌刻和匠作等艺术美于一联。而且对联的长短、大小、色调和位置，甚至字体等都要求与园林建筑相协调。

（五）写景性：“天下名山僧占多”。中国的园林建筑虽与名胜古迹、佛道寺院、革命纪念地等融为一体，但风景毕竟占主要地位。现存的园林对联，虽然单纯写景之作的比例不大，但结合周围景观来写的对联还是比较多的。现代园林风景区的分类，是以景观特征来划分的，园林对联必然应以写景为主。

三、园林对联的艺术特色

园林寓教育于山光水色怡情悦性之中，它的教育意义主要是通过园林建筑师的精心杰作，通过物质文明的综合艺术实体来表现精神文明。作为园林建筑一部分的匾额对联，它与碑褐铭记诗文等文字共同引导游人认识园林的含义。园林对联要求思想性艺术性高度统一，忌讳空洞的政治说教，反对道学气、学究气十足，反对袍袖气、枪棒气十足。要有书卷气、金石气、才子气、烟霞气。题寺庙还要带有蔬笋气、药栏气，反对丹铅气、迷信气。

（一）精炼的文句：由于对联这种短小精干的形式所限，不可能在联语中任意铺叙，使用闲笔，堆砌词藻。除少量长联外，一般园林对联多在十余字或四十余字之间，必须要字字珠玑，惜墨如金，结构要凝炼，遣词造句概括性要强，内涵要大。实词多而虚词少，力避重复。

（二）典型的形象：园林对联必须运用形象思维进行创作。要求形象要生动具体，使所写之景意能让游人看得出想得到，从而受到美的熏陶。如南宋爱国诗人陆游题青城山一联："云作王峰时北起，山如翠浪尽东倾"形象就异常生动。事物的特殊性决定了形象的典型性。创作园林对联，必须首先深入实景作细致的观察，从四时、气候，从不同的角度，从历史和现状找出景观景物的本质特征，才能创作出情景交融、形神兼备的典型性强的园林对联来。

（三）诗一样的含蓄：中国传统论人品，讲涵养度量，讲风流蕴藉，中国传统诗教讲"温柔敦厚"，讲"含蓄"。园林对联也同样强调含蓄，虽形式短小，但内涵要深，忌直露，忌一泻无余，要有余意余味。"下笔千言，正桂子香时，槐花黄后；出门一笑，看西湖月满，东浙潮来。"这是杭州贡院的一副对联。贡院是科举时代举行乡试的地方，考期常在八月桂花香时，中国槐七月开花，故谚云"槐花黄，举子忙"。上联说举子们才学好，进入考场下笔千言立就，下联说考试完毕出场时，心情舒畅，正好纵情湖山，赏月观潮。短短二十六字中没有"贡院""举子""考试"等词语，却又把这些含义写得十分贴切。"君妃二魄芳千古，山竹诸斑泪一人。"这副洞庭湖君山联，上联写娥皇女英（传说为舜帝之二妃）为舜死苍梧而奔丧以殉，其对爱情的坚贞当留芳千古。下联写二妃泪洒山竹，尽化斑纹，寄托永远怀念舜帝的心迹。十四字中虽无"爱情"二字，但却寓有深厚的爱情。

（四）综合的美术：园林对联不仅要求内在的意境高，还要求外在形式上的美。文字上要充分注意和利用汉字的特点。刘舞《文心雕龙·练字》篇提出"一避诡异（不写怪字僻字古字）；二审联边（不联用同一偏旁部首的字）；三权重出（同一字的再现要避免）；四调单复（字形笔划多或少的字不要集中连用）"的要求，在短小的对联里更应注意。同时，除叠字叠句外还要避免同音字。还要注意刷色，掌握好词语色彩的明度。光是艳词丽句固然不好，但一味白描素写也未必佳。

（五）广泛的群众性：园林是供群众游赏的地方，对联写得好，游人喜看喜抄喜传，这就符合群众性原则。事实反复证明，古往今来，真正有价值的优秀作品，都是经过人民群众的鉴别之后，被挑选留传下来的。所谓“曲高和寡”，不过是一种贬低群众对文学的鉴赏能力的谬论。园林对联要注意文句的晓畅明白，合符汉语规范。用典使事不可生僻，不故作高古深奥玄妙，使人费解。当然也不宜太通俗化，以至浅淡无味。另外，现存园林对联多用繁体字，现在练书法也爱用繁体字，这是汉字形体美的问题，有待逐步研究解决，但首先不故意使用古写或异体字为好。